水下无人航行器协同定位技术

柴洪洲　杜祯强　靳凯迪　王　敏　黄紫如　著

科学出版社
北　京

内 容 简 介

本书系统阐述了水下无人航行器协同定位的理论和关键技术。全书共九章，主要内容包括背景、意义与研究现状，协同定位基本理论，海洋空间基准快速获取，动基座初始对准技术，自主定位技术，编队构型设计优化方法，协同定位数据融合方法，定位质量控制方法，软件平台设计与开发等内容。

本书可作为海洋工程、导航制导与控制、无人装备工程和智能无人系统等水下无人航行器协同定位相关专业的高年级本科生、研究生的教学用书和参考用书，也可供从事相关专业的科研和工程技术人员阅读和参考。

图书在版编目(CIP)数据

水下无人航行器协同定位技术／柴洪洲等著.—北京：科学出版社，2024.6

ISBN 978-7-03-077612-9

Ⅰ.①水… Ⅱ.①柴… Ⅲ.①人驾驶-可潜器-定位-研究 Ⅳ.U674.941

中国国家版本馆CIP数据核字（2024）第016685号

责任编辑：崔 妍／责任校对：何艳萍

责任印制：赵 博／封面设计：图阅盛世

科学出版社出版

北京东黄城根北街16号

邮政编码：100717

http://www.sciencep.com

北京市金木堂数码科技有限公司印刷

科学出版社发行 各地新华书店经销

*

2024年6月第 一 版 开本：787×1092 1/16

2025年2月第三次印刷 印张：15 1/2

字数：364 000

定价：198.00元

（如有印装质量问题，我社负责调换）

前　言

20 世纪 80 年代以来，随着水下通信、水下定位导航以及自动控制等关键技术的突破，水下无人航行器（unmanned underwater vehicle，UUV）快速发展，在水下无人作战、水下侦察和海洋战场环境建设等军用领域，以及在海洋测绘和海洋地质勘探等民用领域均得到了广泛应用。随着水下任务难度和复杂度的不断提升，单体 UUV 的性能指标已无法满足要求，以集群的形式互相协作成为 UUV 发展的必然趋势，多个 UUV 协同工作，形成面向特定任务的集群体系，可以起到“1+1>2”的作用。

统一时空基准下精确的位置信息对于单体 UUV 执行任务，以及 UUV 集群的编队构型控制、路径合理规划和相互协同作业起着决定性作用。海洋环境的复杂性给高精度定位带来了诸多不确定性，单一的定位技术很难满足水下 UUV 定位导航的要求。在陆地上广泛应用的全球导航卫星系统技术在水下不再适用，甚至在 UUV 浮出水面时也很难实现快速高精度定位。惯性导航技术是水下定位导航的主流方法，但由于惯性测量元器件的自身属性，传感器噪声和系统漂移会随时间的增长而不断累积。以多普勒计程仪为代表的水声定位技术易受海洋环境等因素的影响，如海流干扰、水文参数变化等。

UUV 导航定位技术主要关注精确性、隐蔽性、连续性、可靠性、实时性和海域适用性等性能指标。以惯性导航技术为主体，结合声学定位等新型辅助导航技术，实现单体 UUV 多系统融合定位，是目前 UUV 定位导航的主要方法。对 UUV 集群定位，在上述组合定位技术基础上，利用声学通信的同时，通过时间同步，完成相互之间的距离测量，然后进行多源导航信息融合滤波，实现集群 UUV 多平台间协同定位。UUV 协同定位通过增加多余观测，优化编队构型，可实现连续稳定、自主隐蔽的高精度水下导航定位。

研究团队在国家自然科学基金等项目的支持下，开展了 UUV 自主定位和集群协同定位研究，针对水下 UUV 空间基准获取、动基座初始对准技术、自主定位技术、集群编队构型设计、数据融合方法以及定位质量控制等方面存在的关键问题，提出了 UUV 自主定位和集群协同定位及其质量控制的一系列理论和方法，并伴随研究过程开发了功能完善的 UUV 自主定位和集群协同定位软件平台。由于作者水平有限，错误和不妥之处在所难免，敬请读者批评指正。

目　录

第一章　绪　论

第一节　研究背景及意义

随着国家海洋战略逐步从近海走向远洋、从区域走向全球，人类开发和利用海洋所导致的权益冲突日益加剧，海洋目标安全需求不断提高，如何快速准确地获取海洋目标信息已成为各海洋强国占领制高点的必然需求(杨元喜等，2017；Yang et al.，2020；柴洪洲等，2022)。水下无人航行器(unmanned underwater vehicle，UUV)因其具备可执行危险(dangerous)、肮脏(dirty)、枯燥(dull)、困难(difficult)任务的特点，特别适合水下预警、搜救、目标指示、电子侦查、通信中继、电子对抗和打击作战任务。

随着水下任务难度和复杂度的不断提升，如大面积海洋测绘、失事船只搜索、海底勘探、水下目标探测与识别，单体 UUV 的性能指标已无法满足要求。UUV 以集群的形式互相协作成为 UUV 发展的必然方向，其可以扩大单体 UUV 的感知范围，完成单个 UUV 无法独自执行的复杂任务(Bo et al.，2019a；Bauk et al.，2020；杜祯强等，2022；Du et al.，2022a)。精确的位置信息对于 UUV 集群的编队构型控制、路径合理规划，以及相互协同作业起着决定性作用(Kemp et al.，2004；Cui et al.，2015；Sands，2020；Xin et al.，2021)，主要体现在：①任务的复杂性要求实时的精确位置，UUV 集群协同感知探测、大范围海洋测绘、电子对抗协同攻击，都需要实时精确的位置信息。②环境的复杂性要求稳定的精确位置，洋流、风浪、电磁干扰等复杂海洋环境的影响，水下的未知因素、突发的障碍以及无人设备面临的对抗环境，都会对传感器的观测和 UUV 之间的数据传输产生显著影响，需要更加稳健的定位算法。③无人系统的复杂性要求适应性更强的定位算法。

UUV 集群中存在不同类型和功能的 UUV，承担着不同的任务和分工，搭载着不同类别和性能的传感器，因此需要定位算法具有更强的适应性(Fiorelli et al.，2006；Cao et al.，2018；Zhang et al.，2019a)。由于电磁波在水介质中会快速衰减，UUV 在水下无法通过接收全球导航卫星系统(global navigation satellite system，GNSS)的信号获取自身高精度位置(Leonard and Bahr，2016)。传统声学导航方法也存在设备庞大、操作复杂、布设成本高等缺点。单一的惯性导航系统(inertial navigation system，INS)误差会随着时间的推移不断累积，难以满足 UUV 在水下长航程、高精度定位导航的需求。随着水声通信技术的发展，基于水声通信网络的 UUV 集群协同定位技术得到越来越多的关注和发展，UUV 之间可以利用水声测距实现互相观测，通过水声通信实现信息共享，实现定位误差的协同校正(Huang et al.，2016；Li et al.，2017；Ren et al.，2022)。UUV 集群协同定位不仅可以提高整个集群的定位精度，同时能够以低成本、多数量、小尺寸的优势弥补单体 UUV 功能单一的不足，实现群体级稳态，削弱个体成员的增减对系统造成的影响，显著增强 UUV 集群的协同作业能力。因此，深入分析和研究 UUV 集群协同定位具有重要的理论意义和实际工程价值。

第二节　国内外研究现状

一、水下无人航行器的发展

水下无人航行器可执行水下勘探侦察、海洋工程、水下作业和水下作战等任务，具有一定智能的水下自航行载体。按控制方式可分为自主式水下航行器(autonomous underwater vehicle，AUV)和遥控式航行器(remotely operated vehicle，ROV)两种。自第一艘 UUV “SPURV”于 1957 年诞生于华盛顿大学应用物理实验室以来，UUV 因其不依赖母船提供动力、机动性强、活动范围大、作业效率高等特点，逐步成为世界各国的主要研究对象，国外的典型 UUV 及其具体参数如表 1.1 所示(钟宏伟，2017；Sahoo et al.，2019；宋保维等，2022)。

表 1.1　国外的典型 UUV 及其具体参数

类型	国家	型号	用途	外形/m	重量/kg	航速/kn	续航力/续航时间
便携型	美国	SAHRV	反水雷	1.60(长)、0.19(直径)	36	4.5	>10h
		Swordfish		1.60(长)、0.19(直径)	36	3~5	22h
轻型	美国	LBS-Glider	海洋环境调查	1.50(长)、0.22(直径)	54	0.68	—
		Bluefin-9	反水雷	1.65(长)、0.24(直径)	50	5	12h
		SMCM 1 SMCM 2		3.77(长)、0.32(直径)	213	5	26h
		Kingfish		3.25(长)、0.32(直径)	240	5	70h
	法国	Alister-9	反水雷	1.7~2.5(长)	50~90	2~3	24h
	印度	玛雅	海洋环境调查	1.74(长)、0.23(直径)	54.7	2~4	4~6h
重型	美国	REMUS-600	反水雷	3.25(长)、0.32(直径)	240	4.5	70h
		BPAUV	反水雷	3.30(长)、0.53(直径)	330	4.5	25h
		X-Ray	海洋环境调查	1.7×6.1×0.7(长宽高)	850	0.58	200h
	俄罗斯	泰菲洛娜斯	失事潜艇搜索	3.50(长)、0.80(直径)	750	3.9	35h
		MT-88		3.80(长)、1.12(直径)	1150	2	6h
		管道海狮	海底地图绘制	3.03(长)、0.64(直径)	320	2.4	8h
	德国	海獭 MK Ⅱ	反水雷	3.5×1.0×0.5(长宽高)	1100	0~8	24h
		Deep C		长 3.5~4	2000	1~8	60h
	瑞典	双鹰 SAROV	反水雷	2.9×1.3×1.0(长宽高)	540	0~8	>10h
		AUV62-MR		7(长)、0.53(直径)	1000	0~20	—
	挪威	休金 1000	反水雷	4.5(长)、0.75(直径)	850	2~6	20h
	英国	泰利斯曼	反水雷	4.8×2.2×1.1(长宽高)	1200	0~5	12~24h

续表

类型	国家	型号	用途	外形/m	重量/kg	航速/kn	续航力/续航时间
大型	美国	MANTA	察打一体特种作战	10×2.4×0.9(长宽高)	7×103	0～10	5n mile①
	英国	MASTT		18.6(长)、1.8(直径)	4×104	0～8	—
	俄罗斯	Piranha		45(长)、2.3(直径)	—	0～8	1000n mile
	意大利	MG120//ER		14(长)、1.6(直径)	8×103	0～8	—

目前应用最广的 UUV 是美国的 Bluefin(金枪鱼)系列和 Remus(莱姆斯)系列。Bluefin 系列 UUV 由美国蓝鳍金枪鱼机器人公司研发，主要包括 Bluefin-9、Bluefin-12 和 Bluefin-21，如图 1.1(a)～(c)所示(Rentschler，2003；Rentschler et al.，2006)。2014 年马航 MH370 失踪后，美国海军派出了“Bluefin-21”UUV 进行水下搜救，如图 1.1(d)所示，其直径为 0.53m，长 4.93m，重 750kg，在 3 节航速和标准负载下，其续航能力可到达 25h (LeHardy and Moore，2014)。2018 年美国通用动力公司在“Oceans 2018”会议上展示了“Bluefin-9”系列最新款的 UUV，如图 1.1(e)所示(Haji et al.，2020)，其可集高分辨率声呐、高精度导航和精密作业于一体，同时可测量温度、盐度、深度、浊度等海洋环境数据。表 1.2 展示了 Bluefin 系列 UUV 的具体参数。

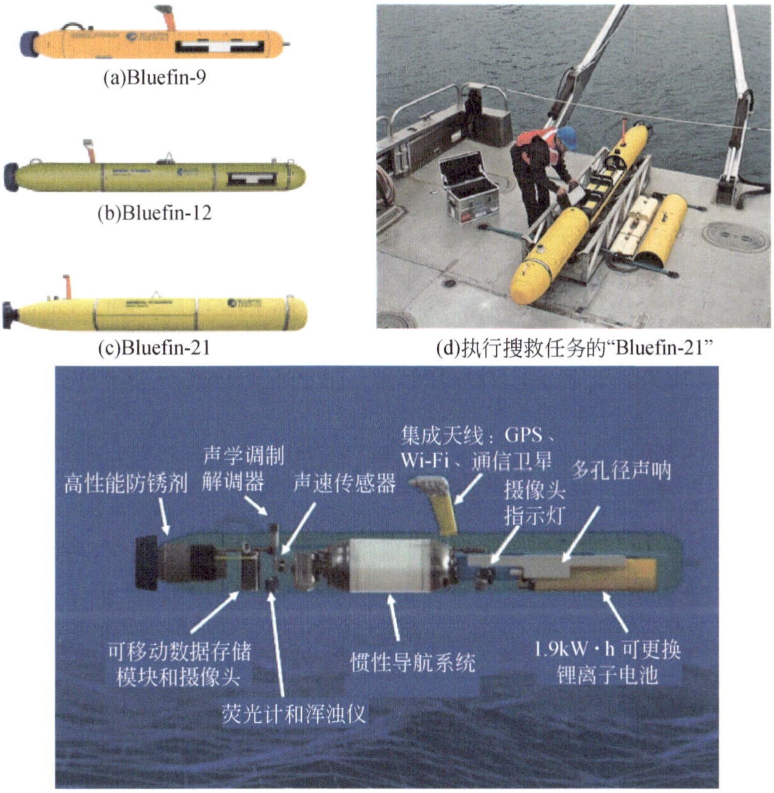

(a)Bluefin-9

(b)Bluefin-12

(c)Bluefin-21

(d)执行搜救任务的“Bluefin-21”

(e) “Oceans 2018” 会议上的 “Bluefin-9”

图 1.1　美国 Bluefin 系列 UUV

① 1n mile=1.852km

表 1.2　美国 Bluefin 系列 UUV 的具体参数

型号	长度/m	直径/m	重量/kg	最大潜深/m	续航时间/h
Bluefin-9	1. 65	0. 24	50	200	12
Bluefin-12S	3. 66	0. 32	213	200	20
Bluefin-12D	4. 33	0. 32	260	1500	30
Bluefin-21	3. 80	0. 65	750	4500	25

Remus 系列 UUV 由美国伍兹霍尔海洋研究所研发，主要包括 Remus 100、Remus 600 和 Remus 6000（以最大潜深编号），如图 1.2 所示（Allen et al.，1997；Prestero，2001；Gallimore et al.，2018）。其中 Remus 100 为系列中最小的 UUV，其长度为 1. 32m，直径为 0. 19m，重 37kg，在 3kn 航速和标准负载下，其续航能力可到达 15h。在 2003 年 3 月伊拉克战争中，美国海军特种作战队将 Remus 100 投入使用（Ryan，2003），对驶向乌姆盖斯尔港的航道进行反水雷搜索，使一般需要连续潜水 21 天的作业量在 16h 内完成，搜索水域面积达 250 万 m^2。表 1. 3 展示了 Remus 系列 UUV 的具体参数。

(a)Remus 100　(b)Remus 600　(c)Remus 6000

图 1. 2　美国 Remus 系列 UUV

表 1. 3　美国 Remus 系列 UUV 的具体参数

型号	长度/m	直径/m	重量/kg	最大潜深/m	续航力/h
Remus 100	1. 32	0. 19	37	100	15
Remus 600	3. 25	0. 32	240	600	70
Remus 3000	3. 70	0. 36	335	3000	44
Remus 6000	3. 84	0. 71	864	6000	22

近年来，我国以哈尔滨工程大学、中国科学院沈阳自动化研究所、西北工业大学为代表的多个研究机构在 UUV 关键技术上已取得突破进展，已研制了“探索者”“CR”“潜龙”等系列 UUV，如图 1. 3（a）~（c）所示。在 2019 年的国庆阅兵式上，我国自主研发的“HSU001”UUV 首次亮相，如图 1. 3（d）所示，其直径约 1m，长约 5m，排水量约 3t，标志着我国已掌握了大型高性能无人潜航器的研发和制造。同年 11 月，由中国科学院沈阳自动化研究所研制的“海鲸 2000”UUV 在南海进行了长续航试验，如图 1. 3（e）所示，其连续航行 37 天，航程突破 2000km。

(a)“探索者”UUV

(b)“CR02”UUV

(c)“潜龙三号”UUV

(d)“HSU001”UUV

(e)“海鲸2000”UUV

图 1.3 我国研发的系列 UUV

二、水下传统声学定位技术发展概况

相比 GNSS 的电磁波信号，声波在水介质中的衰减很小，传播距离可达上千千米，低频声波甚至能传播上万千米。水声定位系统根据水声基元间的距离可分为超短基线(ultra short baseline，USBL)水声定位系统、短基线(short baseline，SBL)水声定位系统和长基线(long baseline，LBL)水声定位系统，其具体对比如表 1.4 所示(Paull et al.，2014；Melo and Matos，2017；孙大军等，2019)。长基线定位系统由多个在海底预先布设的声信标和 UUV 换能器组成，通过距离交会解算 UUV 的位置。其定位精度高，但系统复杂且成本高昂，适合局部地区的高精度定位(Thomson et al.，2017)。短基线水声定位系统由安装在船体两侧的信标和 UUV 换能器组成，通过距离交会得到 UUV 的位置。其操作简便，但基线取决于船体的长度，且精度易受到船体形变影响(Yuyi et al.，2009)。超短基线水声定位系统由安装在船体上的多元声基阵和 UUV 换能器组成，通过测量距离和方位确定 UUV 的位置。其成本低，便于操作，但基线的距离一般小于 10m，适合用于 UUV 回收(Mandić et al.，2016)。随着水声技术的不断发展，水下声学应答器、伪长基线(pseudo long baseline，PLBL)和综合定位系统等技术相继被提出(严浙平和王璐，2017；Aparicio et al.，2022)。PLBL 是在 LBL 的基础上，将原本布设在海底的多个声信标改为在海底–海面布放的两个声信标，通过 UUV 机动实现高精度定位。UTP 是在海底布设声学应答器，通过不同频率的信号测量 UUV 的距离和方位。综合定位系统是融合了长基线系统和超短基线系统，形成的组合系统，其兼顾了长基线的高精度和超短基线的便捷性。

表 1.4　长基线、短基线和超短基线水声定位系统对比

	长基线(LBL)	短基线(SBL)	超短基线(USBL)
基线长度/m	100～6000	1～50	<10
作业方式	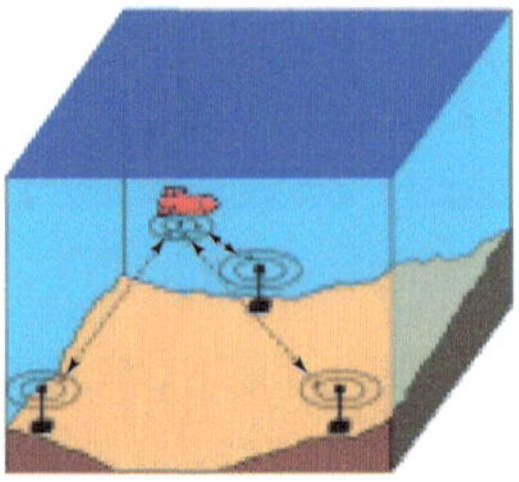	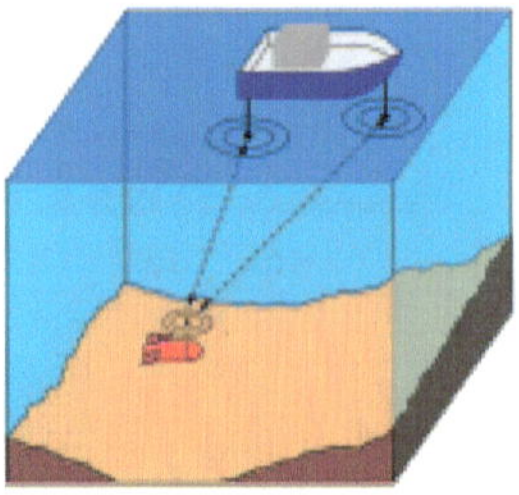	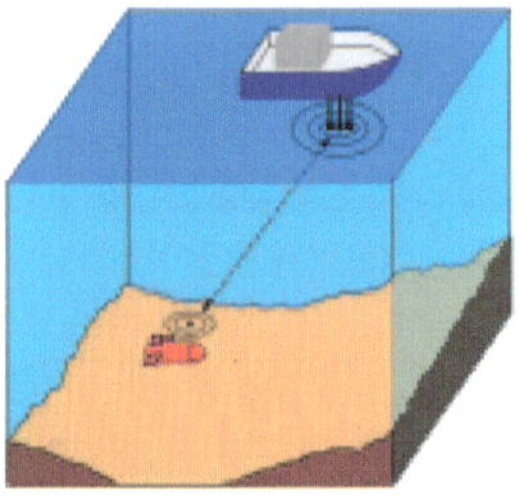
定位原理	由多个固定在海底的声信标通过距离交会解算位置	由安装在船体两侧的信标通过距离交会解算位置	由安装在船体上的多元声基阵确定 UUV 的位置
优点	精度高	作业简便	成本低，便于操作
缺点	作业成本高 须提前布设海底基阵	基线取决于船体的长度 精度易受到船体形变影响	基线短 须进行精确的方向校准

近年来，大地测量学家在水下传统声学定位的基础上提出了 GNSS/声学(GNSS-Acoustic、GNSS-A)定位技术，融合 GNSS 和水声定位的优势，可实现海底控制点的高精度定位(Bürgmann and Chadwell，2014；赵建虎等，2016，2017，2018；Tomita et al.，2019；杨元喜等，2020；辛明真等，2022；赵爽等，2023)，如图 1.4 所示。其中 GNSS/声学数据的处理方法，尤其是声速误差的处理，可借鉴应用于 UUV 水下声学定位。

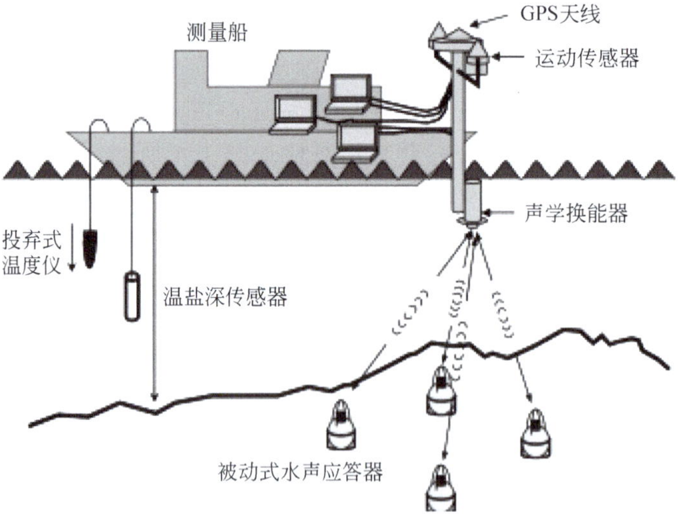

图 1.4　GNSS/声学定位技术示意图

在 GNSS/声学定位技术中，测量船换能器的位置精度直接决定着海底控制点的位置精度。通常测船上会搭载 GNSS 天线和惯性导航系统，前者可通过获取 GNSS 信号得到天线中心的高精度坐标，后者可输出测量船的姿态，已知GNSS天线中心与换能器中心的相对位置，即可通过姿态转换矩阵求得换能器的精确坐标(邝英才等，2018，2019，2020；Ishikawa et al.，2020)。目前，GNSS包括GPS(美国)、GLONASS(俄罗斯)、Galileo(欧盟)和BDS(中国)四大卫星导航系统，QZSS(日本)和IRNSS(印度)区域导航卫星系统，以及地基、空基等增强系统。GNSS定位信号可分为测距码和载波相位，在定位精度要求不高的领域，如便携式终端定位、车辆导航，通常采用测距码进行伪距单点定位(single point positioning，SPP)，精度可达到米级。在定位需求较高的领域，如测绘、无人驾驶、地壳形变监测，通常采用伪距码和载波相位观测值进行精密定位，主要包括动态实时定位(real-time kinematic，RTK)、网络RTK(network-based RTK，NRTK)、精密单点定位(precise point positioning，PPP)，以及PPP-RTK技术(Zumberge et al.，1997；Landau et al.，2003；Kubo et al.，2004；Wabbena et al.，2005；Li et al.，2011；Li et al.，2018；Tao et al.，2022)。由于海上环境难以布设基准站，且缺乏相应的大气改正产品，RTK、NRTK及PPP-RTK技术并不适用。PPP作为一种高精度的绝对定位技术，摆脱了对基准站的依赖，尤其适合海上用户进行精密定位(柴洪洲等，2016；Du et al.，2020b)。然而，由于卫星的几何构型变化缓慢及受到伪距噪声的影响，PPP通常需要30min左右的收敛时间，尤其是随着UUV逐渐小型化和低成本化，风浪和海流易造成GNSS信号的短时中断和PPP频繁的初始化，致使海上位置服务无法满足应用需求。为了加快PPP的收敛速度，Ge等(2008)将相位未校准硬件延迟(uncalibrated phase delays，UPD)与模糊度参数进行分离，实现PPP整周模糊度的固定(PPP ambiguity resolution，PPP-AR)，可迅速将定位精度提升至厘米级。考虑到UPD的整数部分不影响模糊度参数的整周特性，只需要对UPD的小数部分(fractional cycle bias，FCB)进行改正。为了提升PPP的稳定性，PPP-AR与INS组合模型得到了越来越多的关注(Liu et al.，2016；Zhang et al.，2019b；Du et al.，2021；Li et al.，2021a)。然而，目前的研究大多集中于城市环境和大气增强模型，在海上环境下，GNSS信号中断后仍需要较长时间才能重新固定，PPP-AR的脆弱性依旧没有被很好地解决。

在GNSS/声学定位技术中，水声测距误差同样是不容忽视的误差源。由于海洋声速存在明显的时空变化和局部的不规律性，作业时测得的声速剖面(sound velocity profile，SVP)不可避免地存在误差。赵建虎和梁文彪(2019)指出，声速短时变化大且规律性不强，难以通过所谓的声速时变规律来消除或削弱声速的影响。Liu等(2020)和王薪普等(2021)分别论证了表层声速误差和声速剖面梯度扰动对于水声测距误差的影响，指出当水深较深时，大入射角下的声速误差会对测距精度产生显著影响。此外，水声测距误差通常可分为声速未标定引起的常数误差、声速变化引起的长周期和短周期项误差、与距离有关的测区相关性误差以及随机误差(Xu et al.，2020)。通过圆走航或过顶的十字直线走航方式可以削弱声速误差、声线弯曲、归心参数等系统误差的影响(Chen et al.，2020；曾安敏等；2021；Xue et al.，2022)。然而，目前UUV集群协同定位的研究并未对误差源进行分析总结，GNSS-A搭载的传感器和函数模型与UUV集群协同定位也存在较大差异，其相关结论并不适用。

三、水下无人航行器协同定位技术发展现状

自20世纪中期以来，欧盟、美国、奥地利等地区和国家针对UUV集群协同定位技术开展了一系列研究项目，并在海洋监测、水下排雷、资源探查以及军事作战等领域进行初步应用。2006年，欧盟组织法国、挪威、葡萄牙、德国、意大利等国家联合开展了主题为协作无人系统的协调和控制项目(Coordination and Control of Cooperating Unmanned Systems，GREX)(Kalwa，2009)，其主要任务是基于多个无人水下航行器协作完成海底地图测绘，如图1.5(a)所示。美国的自主海洋采样网络项目(Autonomous Ocean Sampling Network，AOSN)始于1995年，由美国华盛顿大学应用物理实验室、伍兹霍尔海洋研究所、麻省理工学院海洋实验室等多家研究机构共同参与完成，在蒙特利湾附近海域进行了多UUV组成的"AOSN"试验，如图1.5(b)所示。

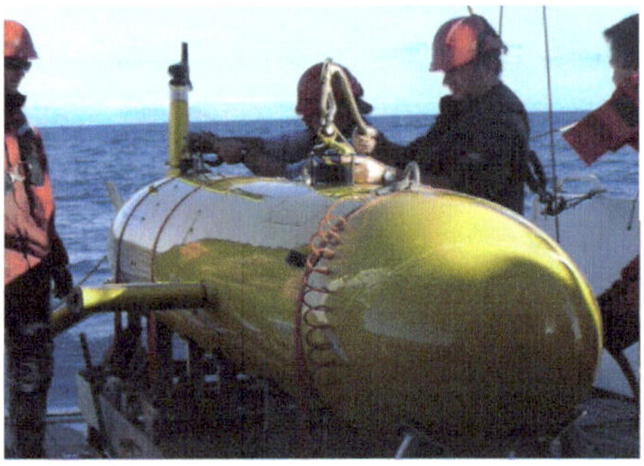

(a) "GREX" 项目

(b) "AOSN" 项目

图1.5　欧盟"GREX"项目和美国"AOSN"项目

奥地利Ganz人工生命实验室于2011年发布了由41个UUV组成的"CoCoRo"自主水下航行器集群，其主要任务是进行水下监测和搜救(Schmickl et al.，2011)，如图1.6(a)所示。欧盟于2014~2015年开展了可扩展移动水声组网技术项目(The Widely scalable Mobile Underwater Sonar Technology，WiMUST)，其主要任务是设计和测试新一代UUV集群系统进行水下地震勘探，当UUV充当水下声学网络的感知和通信节点时，相比于传统的拖缆平台有着显著的优势(Simetti et al.，2021)，如图1.6(b)所示。此外，还有许多其他正在进行或已经完成的UUV集群协作项目，如美国启动的"PLUSNet"项目(Grund et al.，2006)、"CADRE"项目(Willcox et al.，2006)以及新泽西海湾布设的大陆架观测系统(Glenn and Schofield，2002)；欧盟开展的"Co3-AUV"UUV编队协同认知控制项目(Birk et al.，2012)；北约水下研究中心完成的通用海洋阵列技术声呐"GOATS"项目(Schmidt，2001)；英国Nekton研究机构开展的水下多智能体平台"UMAP"项目(Schulz et al.，2003)。当前UUV集群协同定位研究重点集中在编队构型设计、观测量误差改正、模型与解算方法以及结果质量控制四个方面。

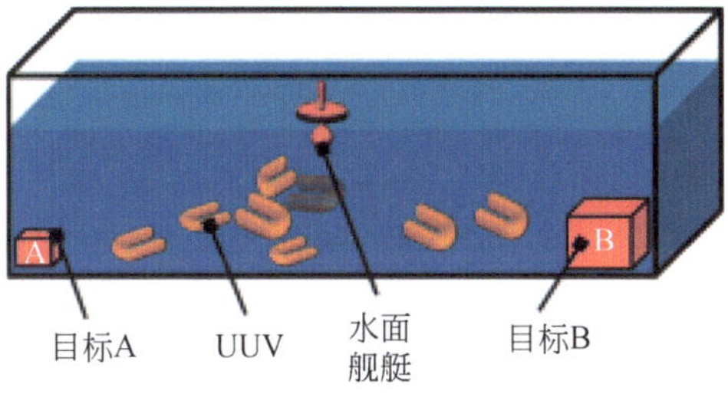

(a) “CoCoRo” 项目

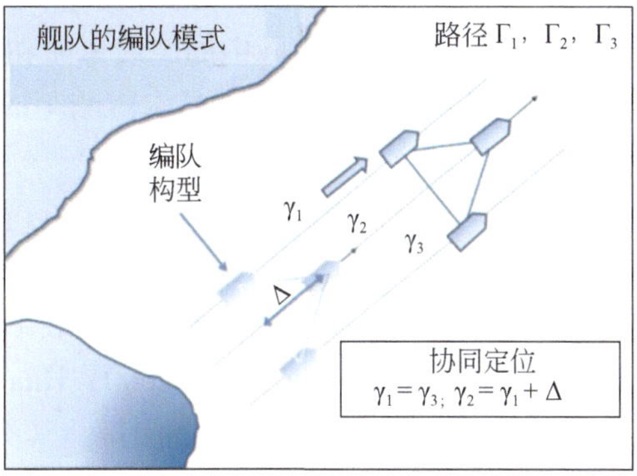

(b) “WiMUST” 项目

图 1.6 奥地利“CoCoRo”项目和欧盟“WiMUST”项目

(一) UUV 集群协同定位编队构型设计

由于水下的弱通信条件和水介质的特殊性，UUV 集群编队构型的优劣直接影响着协同定位的精度(刘明雍，2014；Harris and Whitcomb，2018)。目前 UUV 集群编队构型主要分为主从式和并行式两种。主从式将 UUV 集群分为主 UUV 和跟随 UUV，主 UUV 搭载高精度传感器，通过定期接收 GNSS 信号获取自身高精度的位置信息。跟随 UUV 搭载低精度传感器，通过水声通信设备接收来自主 UUV 的观测信息，并对自身 INS 的航位推算误差进行校正。这种主从式的编队构型最早由 Cruz(1978)提出，随后被 Wang(1991)引入机器人集群编队控制中。与主从式不同，并行式 UUV 集群无中心节点和主从之分，更适合执行高危险性的任务。目前的编队构型设计研究大多针对主从式，为了设计最优的 UUV 集群编队构型，Cramer Rao 下界(Cramer Rao lower bound，CRLB)和 Fisher 信息矩阵(Fisher information matrix，FIM)指标被引入研究“双主”和“三主”的协同定位构型(Fang and Yan，2012；Fang et al.，2014)。Moreno-Salinas 等(2013)进一步研究了方位观测量的影响，并将最优构型的设计转化为求解最小 CRLB 的问题。考虑到 UUV 集群协同定位系统的非线性特点，Arrichiello 等(2011)基于李导数可观测性理论推导了双主情况下的最优编队构型，指出双主 UUV 关于跟随 UUV 前进方向呈对称分布，且分离角为 90°时为最优构型。

为了解决基于接收信号强度差的水声测距发射功率未知问题，Lohrasbipeydeh 等(2014)提出了基于半正定规划的构型设计方法，Bo 等(2020)在此基础上研究了跟随 UUV 位置不确定的情况。针对基于到达时间差的水声测距方法，Bo 等(2018)将其转化为 FIM 指标进行最优构型设计。为解决 UUV 编队构型设计缺乏统一性的问题，张立川等(2020)引入网络导航模型的思想，将 UUV 集群划分为四种不同的编队构型并推导相应的 FIM 指标。对于并行式 UUV 集群协同定位，其编队构型的研究较少且通常基于特定任务。张宏瀚等(2020)针对 UUV 集群执行海底信标搜索任务，在任务区域建立搜索能力函数和优化的约束条件，得到搜索概率最大化的 UUV 编队构型。目前 UUV 集群编队构型设计主要采用李导数、CRLB、FIM 等单一的函数分析手段，导致直观性较差，不利于实际使用。可将信息椭圆-误差椭圆的理论引入，并将其与传统的 CRLB、FIM 相联系，确保准确性的同时实现 UUV 集群编队构型设计的可视化。此外，目前的 UUV 集群编队构型设计中模型假设过于理想，均未考虑实际中的声线弯曲和声速变化误差。应进一步研究考虑水声误差的 UUV 集群编队构型设计，尤其是水声测距的系统性偏差以及 UUV 之间入射角的变化引起的构型优劣变化。

（二）UUV 集群协同定位观测量误差改正

相比无线电信号，声波信号在水中衰减很小，在水下 UUV 集群协同定位中主要采用声波作为信息载体（Sharif et al.，2000；Huang et al.，2021）。通过水下声速和声波的传播时间可以获得 UUV 之间的距离观测量，其测量精度受 UUV 之间的时间同步误差、海水温度、盐度、深度等因素的影响（Chu et al.，2016）。由于水下弱通信条件下 UUV 集群通信频带受限，通常采取单向水声通信（one way travel time，OWTT）模式实现水声测距。在 OWTT 模式下，UUV 集群内部需保持时间同步。即使 UUV 集群可通过 GNSS 完成授时，但随着时间的推移集群内部时钟必然会发生漂移。针对时间不同步问题，Curcio 等（2005）基于水声传播延迟和时间同步信号进行了 UUV 相对位置测量。张福斌等（2013）在 UUV 协同定位方程中引入了时钟不同步变量，建立了时钟漂移模型，并采用最小二乘算法进行求解。Yan 等（2018）基于卡尔曼（Kalman）滤波进行 UUV 协同定位，并对时延造成的定位误差予以补偿。此外，针对 UUV 集群协同定位中受水下未知洋流的影响，李闻白等（2011）利用损失函数极小化方法建立了洋流干扰下的 UUV 协同定位转移损失函数。为处理多径效应引起的量测厚尾噪声，Li 等（2017）和 Sun 等（2018）分别提出基于 Student-t 分布和最大相关熵的滤波算法。

UUV 集群协同定位需要融合多源异构传感器数据，高精度定位需要有符合系统特性的随机模型，该研究最早主要出现在 GNSS 定位领域中，最为常见的是高度角随机模型和信噪比随机模型，即先验定权方法。但是由于观测受环境、信号等多种因素影响，先验权随机模型精度有限。杨元喜等（2001）提出基于移动窗口实时估计双差观测值先验协方差阵的方法提高定位精度。李博峰等（2008）针对观测值精度、时间相关性、交叉相关性对随机模型的影响进行研究，建立新的定权方法。针对水声学定位的多传感器数据融合，需建立精确随机模型，Zhao 等（2018）和 Wang 等（2019b）分别提出顾及声线入射角的水下随机模型、顾及观测值时空相关性估计当前历元残差的方差协方差随机模型。孟庆波等（2019）利用赫尔默特方差分量估计解算水下定位的随机模型，自适应降权解决较大粗差的问题，通过后验定权估计进一步提高了水下定位的精度。目前的 UUV 集群协同观测量的误差改正主要集中于时钟偏移误差处理和随机模型构建，而忽视了 UUV 集群协同观测量受声速误差的系统性影响显著，造成精度各异、误差特性复杂且难以精确改正的问题。其中，声速受水下环境（温度、盐度和深度）影响，应进一步考虑水下声线弯曲和声速变化误差，基于实际海洋环境建立声线修正模型，提高 UUV 集群协同定位观测量的精度。

（三）UUV 集群协同定位模型与解算方法

协同定位与单体 UUV 定位的最大区别是多个 UUV 之间可进行信息交互和资源共享，如何用合理的数据融合算法有效地融合 UUV 内、外部传感器信息以及 UUV 之间的声学测距信息是实现 UUV 集群协同定位的关键(徐博, 2019; Du et al., 2022b)。数据融合的概念自 20 世纪 70 年代诞生，是指对多源传感器数据进行分析和组合获得更精确估计的过程(Bar- Shalom and Tse, 1975; Roecker and Mcgillem, 1988; Daum, 1996; Chang et al., 1997)。美国麻省理工学院对 UUV 集群协同定位算法进行了大量研究，首先提出了基于"移动长基线"的协同定位方法，并利用有人驾驶的母船通过声学通信设备实现了水下 UUV 的协同定位(Vaganay et al., 2004)。基于水声单程测距技术，Bahr 等(2009)利用水声通信获取主艇的参考位置坐标、协方差矩阵以及观测数据，实现了跟随艇协同定位。Fallon 等(2010a, 2010b)提出了一种新的协同定位解算框架，以在极低的数据传输速率下实现 UUV 协同定位，并在此基础上开展了单水面艇辅助的水下 UUV 协同定位实验。针对单领航 UUV 协同系统对定位精度和实时性的要求，张立川等(2013)对双伪测量的 UUV 移动长基线协同定位算法进行了研究，通过构建双伪测量提高 UUV 集群的定位精度。Allotta 等(2014)研究了 UUV 之间的几何关系和相对位置，基于水声通信测距进行了实验验证。针对主 UUV 协同定位的可观性弱，以及对主 UUV 的机动性要求高等问题，高伟等(2014)提出一种基于双主交替领航的 UUV 协同定位方法，在相邻量测时刻，跟随 UUV 分别利用不同主 UUV 的水声测距信息进行位置误差的协同校正。由于协同更新频率低和水声距离异常量测噪声造成的常规滤波算法性能受限问题，Gao 等(2014)提出了一种基于 Huber 的迭代差分滤波器算法。针对水声信号受到非视距传播影响造成 UUV 间相对距离测量误差较大的问题，马朋等(2015)基于双领航者的 UUV 协同定位系统，研究设计了非视距误差识别与平滑算法。

针对水下 UUV 集群协同定位中存在未知噪声的问题，Huang 等(2017a)提出一种基于自适应 Kalman 滤波的协同定位方法，Bo 等(2019b)构建了一种基于 Huber 算法和自适应噪声估计的 UUV 协同定位方法。近年来，因子图模型开始应用于 UUV 集群协同定位领域，因子图和积算法原理是载体间信息交互的基础，Fan 等(2019)提出了一种基于距离观测的因子图多 UUV 协同定位算法，Ben 等(2021)再将角度测量引入模型。相比于经典扩展 Kalman 算法，因子图算法能够有效降低线性化截断误差，灵活性与扩展性更佳。由于任务多样化和环境复杂化引起的 UUV 传感器异步、时延与有效性动态改变的问题，以 Kalman 滤波为核心的分散式算法融合信息时将产生庞大的通信时延，同时由于集中式数据融合方法容错性低，中心节点故障将使整个系统瘫痪，应进一步研究 UUV 集群协同定位的分散式处理方法，在顾及计算复杂度和通信开销的情况下，降低平台间的水声通信量，实现 UUV 集群协同定位的"去中心化"。

(四) UUV 集群协同定位结果质量控制

UUV 集群协同定位作为一种水下动态定位技术，除了定位精度，如何保证实时定位结果的连续性和可靠性是其应用的关键(Maybeck, 1982; Kinsey et al., 2006; 张伟等, 2020)。在复杂的水下环境下，海流的干扰、水文参数变化产生的不平衡力以及海底铁磁物质的扰动，使得传感器数据的中断和定位系统的时间延迟不可避免，造成定位结果不可靠。动态定位的质量控制目前主要分为三部分：数据预处理阶段的质量控制、参数估计过程中的异常探测和排除，以及定位结果的质量分析与检验。在数据预处理阶段，Syed 和

Heidemann(2006)对时间延迟进行控制，其节点假设为静止状态且模型过于理想，没有考虑到洋流等因素对节点造成的影响。Lu 等(2010)进一步考虑了节点的移动性，但需在节点周围布设大量的锚节点，成本过高且不易部署。卢健等(2012)研究了水声通信的误差修正算法，基于所提出误差间的相关性假设削弱观测量的误差。在参数估计阶段，主要是对数据预处理过程中无法检测到的异常值进行进一步排查(Teunissen，1990)。由于此时观测数据中包含的粗差较小，且多源异构传感器的误差反映在观测残差中，可以根据抗差和假设检验的理论，基于观测残差及其协方差进行质量控制(Seepersad and Bisnath，2013)。通常有三种处理方法，即经验阈值法、假设检验和数据探测法以及抗差估计方法(杨元喜，2006；郭斐，2013)，目前水下 UUV 集群协同定位主要基于滤波方法进行异常观测量的探测和剔除(Lu et al.，2020；Bai et al.，2020a，2020b；Xu et al.，2020，2021，2022)。

然而，当前针对实时动态条件下 UUV 集群的协同定位结果尚缺乏有效的质量控制方法。Feng 等(2009)指出，通过对数据预处理阶段的质量控制和对参数估计过程中的异常探测与排除，能够消除大多数的异常观测量，但复杂环境中依旧会存在少量的观测异常。Jokinen 等(2012)根据参数估值将方差-协方差矩阵作为内符合精度指标，计算基于位置参数的保护水平，从一定程度上能够反映定位结果的质量。秘金钟(2012)从故障的检测和保护水平的计算对定位结果进行质量控制，并提出接收机自主完好性算法，保证定位结果的精度和可靠性。Madrid 等(2016)基于 Kalman 滤波的后验残差，提出了一种基于卫星定位的用户保护性水平计算方法。但目前方法主要面向卫星导航定位，针对 UUV 集群协同定位结果的质量控制方法还有待进一步研究和验证。

第二章　水下无人航行器协同定位的基本理论

水下无人航行器集群中存在不同类型和用途的个体，承担着不同的任务和分工，配置的传感器类别、性能和工作模式有所不同，获取的定位信息在精度上存在差异和不确定性，决定了水下无人航行器集群协同定位技术的基本特征是依赖多领域理论的融合。本章介绍了 UUV 集群协同定位中的基本理论，包括坐标系及姿态角的定义、系统的状态方程和观测方程、UUV 搭载传感器的特性、水下波束声线跟踪的基本原理。系统剖析了影响 UUV 集群协同定位精度的几个关键因素，即编队构型、测距误差(包括时钟漂移误差、水声测距误差和声速剖面误差)、主 UUV 位置误差，明确其对 UUV 集群协同定位的影响程度，为 UUV 集群的编队构型设计和高精度动态定位提供理论参考。

第一节　水下无人航行器的函数模型

一、坐标系及姿态角定义

要描述 UUV 的位置，即描述 UUV 上一个固定的点在某个坐标系中的位置，该点可以是 UUV 的几何中心、质心，或者是 UUV 上任意一个传感器的中心，通常以 UUV 搭载的惯性导航系统的中心为 UUV 的原点。要描述 UUV 的姿态，即描述 UUV 所在载体的坐标系相对于参考坐标系的旋转角度。参考坐标系的选择在理论上是任意的，但合理的坐标系能够更加清晰、简洁地描述 UUV 的运动状态(Zhou and Henry，1997；Helmick and Rice，2002；Gebre et al.，2004；吕志平，2016；杜佳新，2019)。因此，本节对 UUV 集群协同定位中常用的坐标系及 UUV 的姿态角进行介绍。

1. 地心惯性坐标系

地心惯性(earth-centered inertial，ECI)坐标系是以地球质心为坐标原点，以地球自转轴为 z 轴，以赤道平面上的恒星方向为 x 轴构成的右手坐标系，用符号 i 表示，如图 2.1 所示(Herman，1995)。惯性系相对于宇宙其他部分保持恒定，没有转动和加速度，惯性导航系统测量的是相对于惯性系的运动。由于地球自转轴的缓慢移动以及银河系相对于宇宙的缓慢旋转，地心惯性坐标系严格上并不是一个惯性系，但其影响远小于传感器的测量噪声，因此在实际中予以忽略。

2. 地心地固坐标系

地心地固坐标系(earth-centered earth-fixed，ECEF)的坐标原点和 z 轴均与 ECI 坐标系相同，但其 x 轴和 y 轴与地球固连。以地球质心指向赤道与协议零度子午线(又称 IERS 参

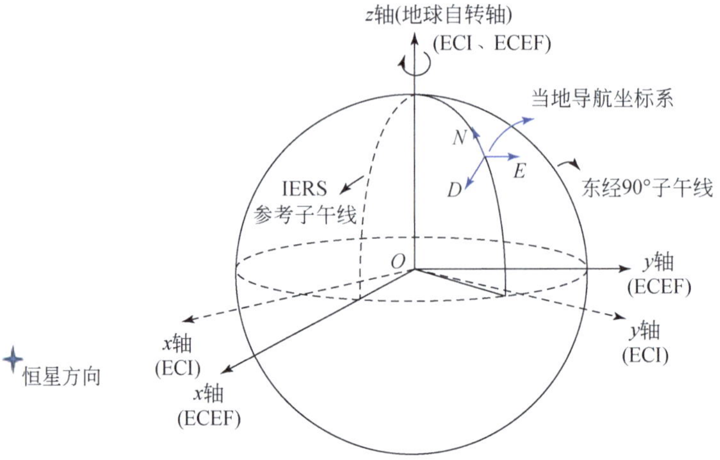

图 2.1　地心惯性坐标系、地心地固坐标系和当地导航坐标系的坐标轴

考子午线）交点的方向为 x 轴，以地球质心指向赤道与东经 90°子午线交点的方向为 y 轴，其也是右手坐标系，用符号 e 表示，如图 2.1 所示（Zhou et al.，1999）。在 GNSS 导航定位中，无论是 GPS、BDS、GLONASS 还是 Galileo，用户位置的解算均是在地心地固坐标系下完成的。此外，基于 GNSS、卫星激光测距（satellite laser ranging，SLR）、甚长基线干涉测量（very long baseline interferometry，VLBL）等多种观测技术建立和维持的国际大地参考框架（international terrestrial reference frame，ITRF）也是地心地固坐标系。

3. 当地导航坐标系

当地导航坐标系（local navigation frame），又称当地水平坐标系或地理坐标系，以载体上某一固定点作为坐标原点。通常以载体在参考椭球体指向地心的法线方向为 z 轴（又称 D 轴），以载体在垂直于 z 轴的平面内指向北极的方向为 x 轴（又称 N 轴），由右手坐标系确定 y 轴（又称 E 轴），用符号 n 表示，如图 2.1 所示（Nebot et al.，1997）。此外，东向、北向、天向也是当地导航坐标系常用的一种轴系顺序，即 $x=E$，$y=N$，$z=U$，满足右手定则。由于地球极区的特殊性，惯性导航系统在当地导航系下的机械编排并不适用于极区环境，通常需要转换到其他坐标系下进行求解。

4. 当地切平面坐标系

当地切平面坐标系（local tangent plane frame），又称当地测地坐标系，用符号 l 表示。其以地球上某一固定点为坐标原点，以原点在参考椭球体的法线方向为 z 轴，可以同当地导航系一样以北向或东向为 x 轴和 y 轴，亦可以建筑物、道路等标志性方向为坐标轴，但需满足右手定则（Oran，1973）。当地切平面坐标系与地球固连，常用于小范围的局部导航，可使得载体的运动轨迹更为清晰。

5. 载体坐标系

载体坐标系（body frame）是以载体上某一固定点作为坐标原点（与当地导航坐标系一致），通常以载体运动方向的前向为 x 轴，以载体运动方向的右向为 y 轴，以载体运动方

向的地向为 z 轴，其满足右手定则并与载体固连，用符号 b 表示(Littlejohn et al.，1998)。载体所搭载的传感器与载体坐标系的姿态关系通常相对固定，包括惯性导航系统在内的传感器测量值均是相对于载体坐标系。为便捷描述载体的姿态，即描述载体坐标系相对于当地导航坐标系的方位，通常选用欧拉角将载体姿态分解为连续三个角度的转动，即横滚角(roll)、俯仰角(pitch)和偏航角(yaw)，对应载体坐标系的 x 轴、y 轴和 z 轴也被称为横滚轴、俯仰轴和偏航轴，如图 2.2 所示。

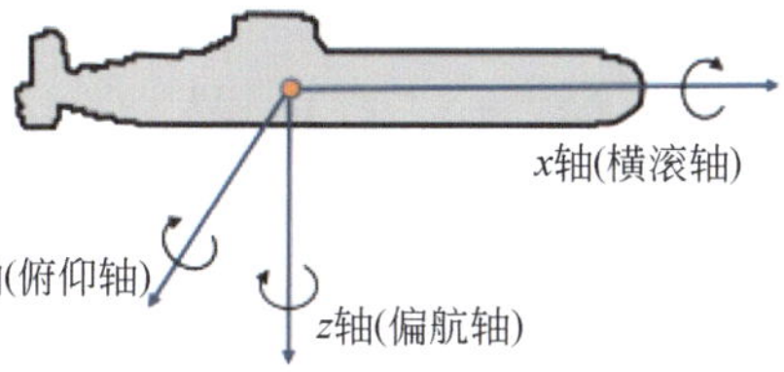

图 2.2　载体坐标系的坐标轴

需要注意的是，三个旋转角度没有互换性，即按照不同的顺序(先旋转横滚角、再旋转俯仰角、最后旋转偏航角)对载体坐标系进行旋转，得到的当地导航坐标系轴系不同。

二、水下无人航行器的状态方程

k 时刻 UUV 集群的状态参数 $\boldsymbol{X}_k$ 可表示为 $\boldsymbol{X}_k=[\boldsymbol{X}_k^{(1)}, \boldsymbol{X}_k^{(2)}, \cdots, \boldsymbol{X}_k^{(N)}]$，$N$ 表示集群中 UUV 的个数。UUV 集群协同定位的状态方程可表示为

$$\boldsymbol{X}_{k+1}=\begin{bmatrix} f^1(\boldsymbol{X}_k^{(1)},\boldsymbol{u}_k^{(1)}) \\ f^2(\boldsymbol{X}_k^{(2)},\boldsymbol{u}_k^{(2)}) \\ \vdots \\ f^N(\boldsymbol{X}_k^{(N)},\boldsymbol{u}_k^{(N)}) \end{bmatrix}+\boldsymbol{W}_k=\boldsymbol{\Phi}(\boldsymbol{X}_k,\boldsymbol{U}_k)+\boldsymbol{W}_k \tag{2.1}$$

式中，$\boldsymbol{X}_k^{(i)}=[x_k^{(i)}, y_k^{(i)}, z_k^{(i)}, \varphi_k^{(i)}, \psi_k^{(i)}, \chi_k^{(i)}]^{\mathrm{T}}$ 表示 k 时刻 UUV(编号 i)的状态参数，其中 $x_k^{(i)}$、$y_k^{(i)}$ 和 $z_k^{(i)}$ 分别表示 k 时刻在当地切平面坐标系下，以导航原点为参考点的 UUV(编号 i)的水平位置和深度，$\phi_k^{(i)}$、$\psi_k^{(i)}$ 和 $\chi_k^{(i)}$ 分别表示 k 时刻 UUV(编号 i)的偏航角、俯仰角和横滚角；$\boldsymbol{U}_k=[\boldsymbol{u}_k^{(1)}, \boldsymbol{u}_k^{(2)}, \cdots, \boldsymbol{u}_k^{(N)}]^{\mathrm{T}}$，其中 $\boldsymbol{u}_k^{(i)}$ 表示计算 $k+1$ 时刻 UUV(编号 i)状态所需要的传感器输入参数；$\boldsymbol{W}_k=[\boldsymbol{w}_k^{(1)}, \boldsymbol{w}_k^{(2)}, \cdots, \boldsymbol{w}_k^{(N)}]^{\mathrm{T}}$ 表示 k 时刻 UUV 集群的系统噪声，其中 $\boldsymbol{w}_k^{(i)}$ 表示 UUV(编号 i)的系统噪声；$f^i(\cdot)$表示 UUV(编号 i)搭载惯性导航系统的机械编排。

由上述分析，在 GNSS 导航定位中用户位置的解算基准均是 ECEF 坐标系，选择其作为 INS 机械编排的坐标基准较为方便。因此，k 时刻 UUV(编号 i)在 ECEF 坐标系下机械编排为

$$\begin{bmatrix} \delta\dot{\boldsymbol{r}}_e^{(k)} \\ \delta\dot{\boldsymbol{v}}_e^{(k)} \\ \dot{\boldsymbol{\varphi}}_e^{(k)} \end{bmatrix}=\begin{bmatrix} \delta\boldsymbol{v}_e^{(k)} \\ -2\boldsymbol{\Omega}_{ie}^{e}\delta\boldsymbol{v}_e^{(k)}+[(\boldsymbol{C}_{b,(k)}^{e}\boldsymbol{f}_{ib,(k)}^{b})\wedge]\boldsymbol{\varphi}_e^{(k)}-\boldsymbol{C}_{b,(k)}^{e}\delta\boldsymbol{f}_{ib,(k)}^{b} \\ -\boldsymbol{\Omega}_{ie}^{e}\boldsymbol{\varphi}_e^{(k)}+\boldsymbol{C}_{b,(k)}^{e}\delta\boldsymbol{\omega}_{ib,(k)}^{b} \end{bmatrix} \tag{2.2}$$

式中，$\boldsymbol{r}_e^{(k)}$、$\boldsymbol{v}_e^{(k)}$ 和 $\boldsymbol{\varphi}_e^{(k)}$ 分别表示 k 时刻 UUV(编号 i)在 ECEF 坐标系下的位置、速度和姿态，上标和下标 e、i 和 b 分别表示 ECEF 坐标系、ECI 坐标系和载体坐标系；$\delta\boldsymbol{r}_e^{(k)}$、$\delta\boldsymbol{v}_e^{(k)}$ 分别表示 k 时刻 UUV(编号 i)位置和速度的误差，$\boldsymbol{\varphi}_e^{(k)}$ 表示其姿态失准角，符号上的点表示其导数；$\boldsymbol{C}_{b,(k)}^{e}$ 表示 k 时刻 UUV(编号 i)载体坐标系转换到 ECEF 坐标系下的旋转矩阵；$\boldsymbol{\Omega}_{ie}^{e}=[\boldsymbol{\omega}_{ie}^{e}\wedge]$ 表示地球转动角速度矢量 $\boldsymbol{\omega}_{ie}^{e}$ 的反对称矩阵；$\boldsymbol{f}_{ib,(k)}^{b}$ 和 $\delta\boldsymbol{f}_{ib,(k)}^{b}$ 分别表示 k 时刻惯性导航系统加速度计的比力输出及其误差；$\delta\boldsymbol{\omega}_{ib,(k)}^{b}$ 表示陀螺的角速度输出误差。

考虑到加速度计和陀螺的主要误差组成：

$$\delta\boldsymbol{f}_{ib,(k)}^{b}=\delta\boldsymbol{b}_a^{(k)}+\boldsymbol{S}_a^{(k)}\boldsymbol{f}_{ib,(k)}^{b}+\boldsymbol{M}_a^{(k)}\boldsymbol{f}_{ib,(k)}^{b}+\varepsilon_a \tag{2.3}$$

$$\delta\boldsymbol{\omega}_{ib,(k)}^{b}=\delta\boldsymbol{b}_g^{(k)}+\boldsymbol{S}_g^{(k)}\boldsymbol{\omega}_{ib,(k)}^{b}+\boldsymbol{M}_g^{(k)}\boldsymbol{\omega}_{ib,(k)}^{b}+\varepsilon_g \tag{2.4}$$

式中，$\delta\boldsymbol{b}_a^{(k)}$ 和 $\delta\boldsymbol{b}_g^{(k)}$ 分别表示 k 时刻 UUV(编号 i)加速度计和陀螺的零偏；$\boldsymbol{M}_a^{(k)}$ 和 $\boldsymbol{M}_g^{(k)}$ 分别表示加速度计和陀螺的交叉耦合误差系数阵；$\boldsymbol{S}_a^{(k)}$ 和 $\boldsymbol{S}_g^{(k)}$ 分别表示加速度计和陀螺的标度因数系数阵；ε_a 和 ε_g 分别表示加速度计和陀螺的随机噪声。

若不及时对 UUV 惯性导航系统的状态参数进行校正，其输出的位置、速度、姿态误差将随着时间的增加不断增大。

三、水下无人航行器的观测方程

由于 UUV 搭载 GNSS、INS、多普勒计程仪(Doppler velocity loger，DVL)、压力深度计、时间同步板和声学通信测距系统等多源传感器，不同传感器的中心存在位置偏差，需要将多源传感器的观测值转换到统一的基准。考虑到定位结果转换的便捷性以及与状态方程的一致性，选择 ECEF 坐标系作为 UUV 观测方程的坐标系。图 2.3 为主 UUV 搭载的 GNSS、INS、水声换能器的中心，根据任务精度的需求主 UUV 定期上浮，通过 GNSS 设备及目前较成熟的定位技术，如 PPP-AR 和 PPP-RTK，获取自身高精度的位置信息。k 时刻主 UUV 所搭载 GNSS 天线中心的坐标为 $\boldsymbol{A}_{\mathrm{ECEF}}(k)=[A_X\quad A_Y\quad A_Z]^{\mathrm{T}}$，其中 A_X、A_Y 和 A_Z 分别表示其在 ECEF 坐标系的 X 轴、Y 轴和 Z 轴坐标。k 时刻 INS 输出的姿态参数为 $\boldsymbol{\Theta}_{\mathbf{D}}(k)=[\theta_r^{\mathbf{D}}\quad\theta_p^{\mathbf{D}}\quad\theta_y^{\mathbf{D}}]^{\mathrm{T}}$，其中 $\theta_r^{\mathbf{D}}$、$\theta_p^{\mathbf{D}}$ 和 $\theta_y^{\mathbf{D}}$ 分别表示主 UUV 的横滚角、俯仰角和偏航角。由于 INS 的航位推算误差会随时间的增加而增大，可通过 GNSS 对 INS 误差进行校正，保证自身高精度姿态信息的输出。

k 时刻主 UUV 水声换能器的坐标为 $\boldsymbol{D}(k)$，假定 UUV 为刚体，认为 INS 中心、GNSS 天线中心和换能器中心的姿态相同。在载体坐标系下，主 UUV 换能器中心至 GNSS 天线中心的相对位置为 $\boldsymbol{M}_1=[M_{1,F}\quad M_{1,R}\quad M_{1,D}]^{\mathrm{T}}$，定义为天线到换能器(antenna to transducer，ATD)偏移量，其中 $M_{1,F}$、$M_{1,R}$ 和 $M_{1,D}$ 分别表示其在载体运动方向的前向、右向和地向坐标。通过坐标旋转矩阵可得到主 UUV 换能器中心的坐标 $\boldsymbol{D}(k)$：

$$\boldsymbol{D}(k)=\boldsymbol{A}(k)+\boldsymbol{R}(\boldsymbol{\Theta}_{\mathbf{D}}(k))\boldsymbol{M}_1 \tag{2.5}$$

式中，$\boldsymbol{R}(\boldsymbol{\Theta}_{\mathrm{D}}(k))=\boldsymbol{R}_{\mathrm{ned2ECEF}}\boldsymbol{R}(\theta_y^{\mathbf{D}})\boldsymbol{R}(\theta_p^{\mathbf{D}})\boldsymbol{R}(\theta_r^{\mathbf{D}})$，其中 $\boldsymbol{R}_{\mathrm{ned2ECEF}}$ 表示当地导航坐标系到 ECEF 坐标系的旋转矩阵，$\boldsymbol{R}(\theta_r^{\mathbf{D}})$、$\boldsymbol{R}(\theta_p^{\mathbf{D}})$ 和 $\boldsymbol{R}(\theta_y^{\mathbf{D}})$ 分别表示载体坐标系转换至当地导航坐标系经过横滚、俯仰、偏航三次旋转的坐标旋转矩阵。

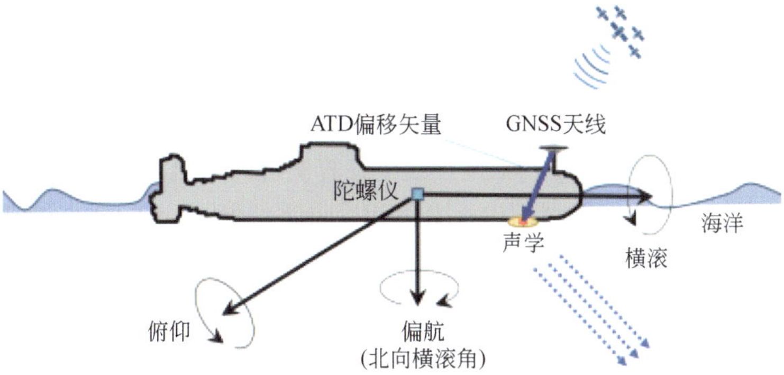

图 2.3　主 UUV 搭载的各类传感器的中心

对于跟随 UUV，由于电磁波在水下的快速衰减，其无法通过 GNSS 获取自身位置和速度信息，要尽可能利用自身所搭载的传感器信息，如压力深度计和 DVL 等。同时，要通过水声通信设备获取主 UUV 发送的协同信息对自身位置进行校正。图 2.4 为跟随 UUV 搭载的压力深度计、INS、DVL 和水声应答器的中心，k 时刻 INS 输出的姿态参数为 $\boldsymbol{\Theta}_{\mathrm{P}}(k)=[\theta_r^{\mathrm{P}}\quad\theta_p^{\mathrm{P}}\quad\theta_y^{\mathrm{P}}]^{\mathrm{T}}$，其中 θ_r^{P}、θ_p^{P} 和 θ_y^{P} 分别表示跟随 UUV 的横滚角、俯仰角和偏航角。压力深度计至 INS 中心的相对位置为 $\boldsymbol{M}_2=[M_{2,F}\quad M_{2,R}\quad M_{2,D}]^{\mathrm{T}}$。$k$ 时刻压力深度计的测量值为 G_D，通过坐标旋转矩阵可得跟随 UUV 的 INS 中心在当地导航系下 D 方向的坐标 P_D：

$$P_D=G_D+\boldsymbol{R}(\theta_y^{\mathrm{P}})\boldsymbol{R}(\theta_p^{\mathrm{P}})\boldsymbol{R}(\theta_r^{\mathrm{P}})\boldsymbol{M}_2 \tag{2.6}$$

式中，$\boldsymbol{R}(\theta_r^{\mathrm{P}})$、$\boldsymbol{R}(\theta_p^{\mathrm{P}})$ 和 $\boldsymbol{R}(\theta_y^{\mathrm{P}})$ 分别表示载体坐标系转换至当地导航坐标系经过横滚、俯仰、偏航三次旋转的坐标旋转矩阵。

k 时刻 DVL 输出的速度值为 $\boldsymbol{V}_{\mathrm{FRD}}(k)=[V_F\quad V_R\quad V_D]^{\mathrm{T}}$，其中 V_F、V_R 和 V_D 分别表示其在载体坐标系下的前向、右向和地向速度。通过姿态旋转矩阵得到 k 时刻 INS 中心在 ECEF 坐标系下的速度 $\boldsymbol{V}_{\mathrm{ECEF}}(k)$：

$$\boldsymbol{V}_{\mathrm{ECEF}}(k)=\boldsymbol{R}_{\mathrm{ned2ECEF}}\boldsymbol{R}(\theta_y^{\mathrm{P}})\boldsymbol{R}(\theta_p^{\mathrm{P}})\boldsymbol{R}(\theta_r^{\mathrm{P}})\boldsymbol{V}_{\mathrm{FRD}}(k) \tag{2.7}$$

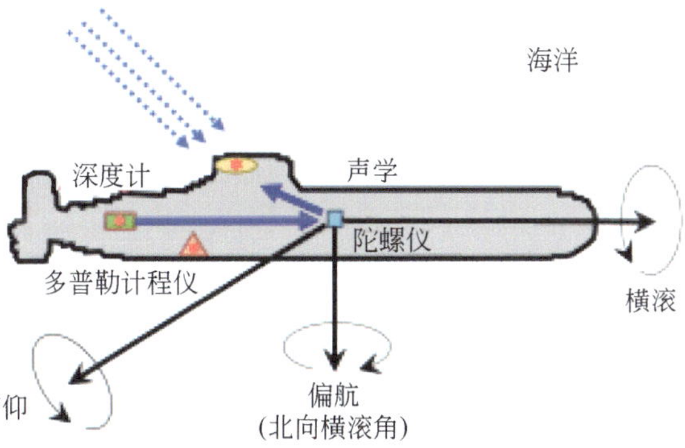

图 2.4　跟随 UUV 搭载的各类传感器的中心

如式(2.6)和式(2.7)所示，通过压力深度计和 DVL 的观测值对 INS 的递推误差进行校正。跟随 UUV 的 INS 中心至水声应答器的相对位置已知，通过坐标旋转矩阵可得 k 时刻跟随 UUV 换能器中心的位置 $\boldsymbol{P}(k)$。k 时刻主 UUV 通过水声通信测距系统将换能器中心位置 $\boldsymbol{D}(k)$ 发送给跟随 UUV，由于主 UUV 和跟随 UUV 皆搭载时间同步板，通过时间戳可得到水声信号的单程传播时间 Π_t，采用声线跟踪算法可计算出主 UUV 与跟随 UUV 的距离 ρ_{3d}。根据发射时刻主 UUV 换能器的中心坐标和接收时刻跟随 UUV 应答器的中心坐标，可构建相应的观测方程：

$$v_\rho = \rho_{3d} - |\boldsymbol{D}(k) - \boldsymbol{P}(k)| \tag{2.8}$$

式中，v_ρ 表示水声测距噪声。改正后的跟随 UUV 应答器中心坐标通过旋转矩阵转换到 INS 中心，对跟随 UUV 的 INS 递推误差进行校正。

第二节　水下无人航行器的传感器特性

在 UUV 集群协同定位中，单体 UUV 为保持自主定位所搭载的传感器称为单体传感器，如 GNSS、INS、DVL 和压力深度计等。UUV 之间为进行数据传输和信息校正所搭载的传感器称为协同传感器，如水声通信测距系统、时钟同步模块等。

一、单体传感器特性

1. GNSS

GNSS 属于被动式定位系统，UUV 只需接收来自导航卫星的无线电信号，即可实现全天候、全天时的高精度授时、定位和测速(Zhu et al., 2018)。GNSS 信号从结构上可以分为测距码、载波和数据码，采用频分多址(frequency division multiple access, FDMA)和码分多址(code division multiple access, CDMA)两种多址技术，GPS、BDS 和 Galileo 仅采用 CDMA，GLONASS 初期采用 FDMA，目前已在卫星波段中添加 CDMA 信号。GPS 的信号结构如表 2.1 所示(Sanz et al., 2013)。

表 2.1　GPS 的信号结构

信号结构	数值
原子钟频率/MHz	$f_0=10.23$
L1 频率/MHz	1575.420
L1 波长/cm	19.03
L2 频率/MHz	1227.600
L2 波长/cm	24.42
P 码频率(码片率)/MHz	$f_0=10.23$
P 码波长/m	29.31
P 码周期/天	266，7

续表

信号结构	数值
C/A 码频率(码片率)/MHz	$f_0/10=1.023$
C/A 码波长/m	293.1
C/A 码周期/ms	1
导航电文速率/(bit/s)	50
帧长度/s	30
电文总长度/min	12.5

测距码作为伪距定位的量测信号，因其码元宽度较大(GPS：C/A 码 ±3m；P 码 ±0.3m)，使得定位精度不高。相比而言，载波的波长较短(GPS：λ_1 0.19m；λ_2 0.24m)，其测距精度相较于测距码高出 2～3 个数量级。但载波是一种没有标记的弦波，接收机只能测量其不足一周的部分，无法确定其整周部分。因此，目前 GNSS 定位方法大多是解决整周模糊度的快速固定问题，如 RTK(Bisnath，2020)、PPP-AR(Geng et al.，2019b)、PPP-RTK(Li et al.，2022)，模糊度正确固定后定位精度可迅速达到厘米级。然而，由于 GNSS 信号在水面的反射和水中的快速衰减，其无法应用于水下定位，UUV 需要定期上浮以校正自身位置。

2. INS

INS 作为一种独立自主的传感器，以其不依赖外部环境、隐蔽性好、连续稳定的特点广泛应用于 UUV 的水下导航定位，按照精度等级分为战略级、导航级和战术级，如表 2.2 所示(Nassar，2003)。战略级惯导系统 1h 的定位偏差不超过 30m，通常应用于潜艇和洲际战略导弹；导航级惯导系统 1h 的定位偏差在 0.5～2n mile，成本为 7 万～10 万美元，普遍应用于高精度测绘和通用航空等领域；战术级惯导系统 1h 的定位偏差在 10～20n mile，成本为 1 万～2 万美元，通常与 GNSS 组合得到高精度、稳定的定位结果。

表 2.2　不同精度等级的惯性导航系统

惯性导航系统	战略级	导航级	战术级
定位误差	<30m/h	0.5～2.0/(n mile/h)	10～20/(n mile/h)
陀螺零偏/[(°)/h]	0.0001	0.015	1～10
加速度计零偏/μg	1	50～100	100～1000
应用领域	潜艇、洲际弹道导弹	高精度测绘、通用航空	战术导弹(短时) 与 GNSS 组合使用

INS 搭载的陀螺仪和加速度计分别测量载体的角速率和比力，两者均含有零偏误差，即由仪器零偏引起的传感器输出误差，如图 2.5 所示(Groves，2015)。

零偏包含静态分量和动态分量，静态分量又称固定零偏、零偏重复性或启动零偏，在仪器启动后保持不变；动态分量又称零偏不稳定性或工作期间零偏变化量，通常动态分量占静态分量的 10%。此外，INS 还含有交叉耦合误差、比例因子误差、随机噪声和一些深

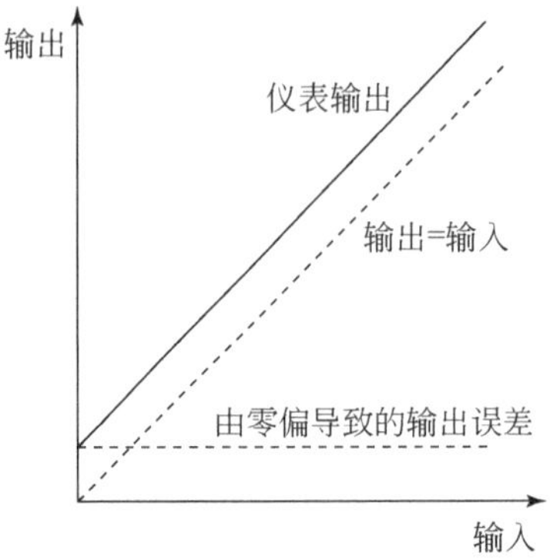

图 2.5　含有零偏的陀螺仪和加速度计的输入输出

层误差，如 g 相关零偏、振动整流误差等。因此，INS 的递推误差随时间增加迅速增大，需要 GNSS、DVL 等外部传感器定期对其误差进行校正。

3. DVL

DVL 通过换能器向海底发射脉冲信号(单波束、双波束或四波束)，利用多普勒效应测量载体的速度，如图 2.6 所示(Tal et al.，2017)。按照距海底距离可分为水跟踪模式和底跟踪模式，前者离海底距离较远，DVL 测量载体相对于水流的速度；后者距海底较近，DVL 测量载体相对于海底的前向和侧向速度。表 2.3 展示了德立达 RD 仪器(Teledyne RD Instrument，TRDI)公司旗下 Workhorse 型号 DVL 的参数，DVL 的测量频率越高，其测量精度越高，测量距离越短。

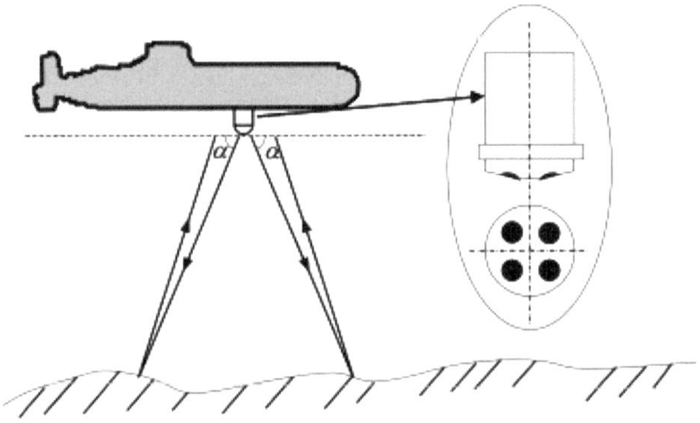

图 2.6　四波束 DVL 的工作原理

表 2.3　TRDI 公司旗下 Workhorse 型号 DVL 的参数

频率/kHz	长期精度/(cm/s)	工作范围/m(5℃)
300	±0.4% ±0.2	200
600	±0.2% ±0.1	90
1200	±0.2% ±0.1	30

DVL 的测速误差主要包括刻度系数误差、偏流角误差和速度偏移误差，其中偏流角误差和速度偏移误差可用一阶马尔可夫过程描述，刻度系数误差可用随机过程描述。海底地形的起伏变化和 UUV 行驶轨迹的更改，都可能使得 DVL 离海底的距离超过其最大工作量程，显著影响测速精度。复杂的海洋环境，如海流的干扰、水文参数的变化也会造成 DVL 的观测数据丢失或失效，使得 UUV 无法获取自身精确的速度信息。

4. 压力深度计

除上述传感器外，UUV 还可搭载压力深度计以获取精确的深度信息(Tucker et al., 1963；Joseph et al., 2004；Xiong et al., 2020)。图 2.7 展示了英国 Impact Subsea 压力深度计，其测深精度可达到 0.01% FS，即量程的 0.01%。由于其测量的是压力深度计中心至瞬时海面的距离，其测深精度必然受到海面波浪的影响，可以对 UUV 之间的深度测量值作差以得到高精度的相对深度。

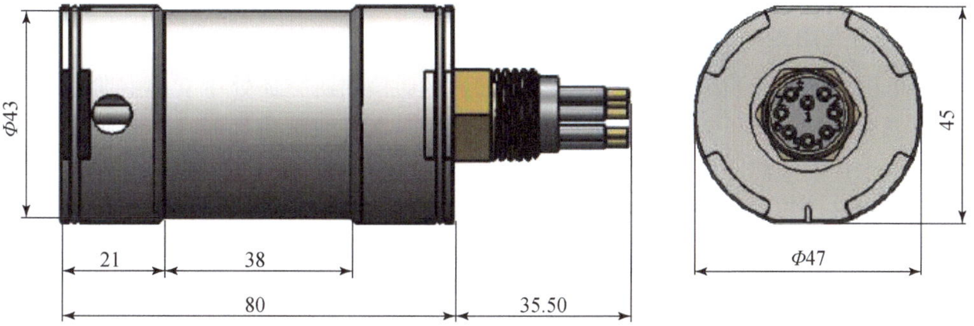

图 2.7　英国 Impact Subsea 压力深度计(单位：mm)

二、协同传感器特性

1. 时钟同步模块

水声测距模式可分为应答式和广播式(Peng et al., 2007)，应答式的优点是不需要 UUV 之间严格的时间同步，缺点是 UUV 必须在收到询问信号后发送应答信号，一方面增加了水声信号的传播时间，扩大了协同周期；另一方面不利于 UUV 的实时应用。广播式是 UUV 采用广播的模式发送信号，UUV 集群皆搭载时钟同步模块，因此无须发送应答信号，通常选择广播式作为 UUV 集群协同定位的测距模式。

UUV 的时钟同步模块由四部分组成：GNSS 授时和同步模块、本地守时模块、主控模块和脉冲产生模块，如图 2.8 所示。UUV 集群在水面接收 GNSS 信号，利用接收机生成的秒脉冲和时间信息将 GNSS 的时间基准传递给本地时钟。时钟同步完成后，UUV 集群潜入水下工作，本地守时模块生成秒脉冲和本地时间为主控模块授时，脉冲产生模块根据主控模块的参数生成脉冲控制信号，实现 UUV 集群的时钟同步。

时钟同步模块主要受到 GNSS 授时误差和本地守时误差的影响。在 GNSS 授时工作中，接收机模块利用 GNSS 信号对晶振时钟进行校准，授时误差约为 5ns。对于本地守时误差，

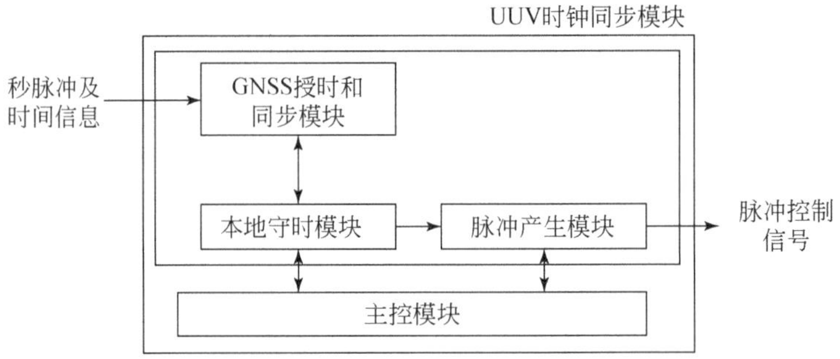

图 2.8　UUV 的时钟同步模块

主要是由于振荡器电路元件和晶体元件的缓慢变化造成了晶振时漂不断累加，目前 24h 的秒脉冲误差小于 12μs，等效水声测距误差约为 1.8cm/km。

2. 水声通信测距系统

由于电磁波在水介质中的快速衰减，蓝绿激光通信的研究还处于实验室阶段，中微子通信、磁感应通信、量子通信等技术还在探索阶段，水声通信是目前水下远距离通信最可靠的手段。水声通信测距系统将需要发送的信息通过水声换能器调制放大，转换为水声信号并发送，水声应答器接收信号后进行滤波降噪并将其转换为系统可识别的数据。目前水声通信在工程上还处于半双工模式，且当前传输速率为 50～180kb/(s·km)，表 2.4 展示了 UUV 集群中各种数据所需的传输速率，根据目前的硬件水平无法任意传输集群中所有数据，需要进行数据选择和优先级排序。

表 2.4　UUV 集群中各种数据所需的传输速率　（单位：kb/s）

数据类型	数据率
图像，视频(光学)	24200
图像(声学)	>500
磁场数据	1
重力场数据	1
声速剖面仪数据(温盐深)	1.136
指令	<0.1
位置数据	<1

UUV 通过水声通信测距设备接收集群中另一 UUV 发射的信号，由于两端时钟对齐，通过时间戳可得到水声信号的传播时间，结合声速剖面即可得到 UUV 之间的距离。

第三节　水下波束声线跟踪基本原理

为了求解声学信号在水下的传播轨迹，一种方法是基于严格的数理理论，结合已知条件解算波动方程，求得声学信号在水下的振幅和相位变化；另一种方法是将高频的声学信号在水下的传播看作是声线在水介质中的折射或反射，基于射线声学理论求得声线的传播距离，其本质是对声学信号的近似处理，但能有效、直观地求解声学信号在水下的传播问题。因此，本书基于射线声学理论，介绍两种常用的水下声线跟踪方法。

一、水下常梯度声线跟踪

由于声速具有显著的垂直分层特点，将声速沿垂直方向分成若干层，每一层中的声速在水平方向相同，层内声速梯度为常数(Dushaw and Colosi，1998；陆秀平等，2012；辛明真等，2020)。如图 2.9 所示，将水深分为 n 层，斯涅尔(Snell)定律可表示为

$$S_n=\frac{\sin\chi_k}{c_k},k=1,\cdots,n \tag{2.9}$$

式中，S_n 表示斯涅尔常数；χ_1 和 c_1 分别表示声线初始入射角和表层声速；χ_k 和 c_k 分别表示声线进入第 k 层水层的波束入射角和相应声速。

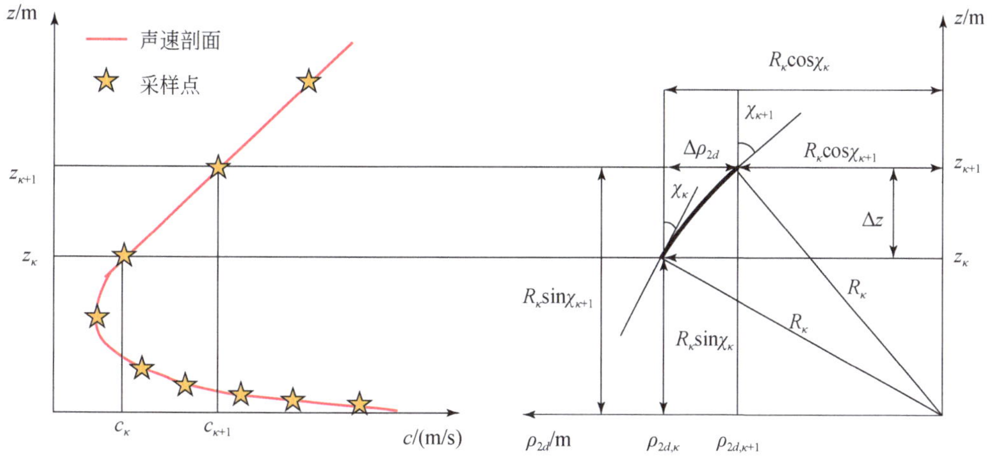

图 2.9　水下常梯度声线跟踪算法

由射线声线方程可知，声线曲率表示为

$$\frac{\mathrm{d}\chi}{\mathrm{d}s}=\frac{\sin\chi}{c}\cdot\frac{\mathrm{d}c}{\mathrm{d}z} \tag{2.10}$$

式中，χ 和 c 分别表示声线的波束入射角和声速；ds 表示声线圆弧长度微元。

由于声速在层内等梯度变化，声速梯度 $Grv=\mathrm{d}c/\mathrm{d}z$，则第 k 层的声线曲率半径 Cur_k 表示为

$$Cur_k=\frac{1}{|S_n\cdot Grv_k|}s_k \tag{2.11}$$

式中，第 k 层的声速梯度 Grv_k 可由 $(c_{k+1}-c_k)/(z_{k+1}-z_k)$ 计算得到，依据图 2.9，第 k 层声线的水平传播距离 $\Delta\rho_{2d,k}$ 和垂直距离 Δz_k 可表示为

$$\begin{cases}\Delta\rho_{2d,k}=Cur_k\cdot(\cos\chi_k-\cos\chi_{k+1})\\ \Delta\rho_{z,k}=Cur_k\cdot(\sin\chi_{k+1}-\sin\chi_k)\end{cases} \tag{2.12}$$

由式(2.12)可以看出，声线的初始位置、初始波束入射角χ_1、声速剖面和声线的传播时间决定了声线轨迹。采用弧长积分的方式计算声线的传播时间，即声线从圆弧点到s_{k+1}所经历的时间t_k为

$$t_k = \int_{s_k}^{s_{k+1}} (1/c)\,\mathrm{d}s \tag{2.13}$$

声线圆弧长度微元 ds 与垂向微元 dz 之间的关系为 $\mathrm{d}s=\mathrm{d}z/\cos\chi$，代入式(2.13)可得

$$t_k = \int_{z_k}^{z_{k+1}} \mathrm{d}z/(c\cdot\cos\chi)\,\mathrm{d}s \tag{2.14}$$

由式(2.9)可得到 $\mathrm{d}z=(-\sin\chi/Grv_k\cdot S_n)\mathrm{d}\chi$，代入式(2.14)进行积分并利用半角公式化简得第k层声线的传播时间：

$$t_k = \frac{1}{Grv_k}\ln\left(\tan\frac{\chi_{k+1}}{2}/\tan\frac{\chi_k}{2}\right) \tag{2.15}$$

依据式(2.15)可反推出声线进入$k+1$层的波束入射角$\chi_{k+1}=2\arctan(\mathrm{e}^{t_k\cdot Grv_k}\tan(\chi_k/2))$，声线在各层的传播时间可表示为

$$t_k=\ln(\tan(\chi_{k+1}/2)/\tan(\chi_k/2))/Grv_k, k=1,2,\cdots,n \tag{2.16}$$

根据式(2.9)，用声线初始波束入射角χ_1、表层声速c_1和进入$k+1$层的声速c_{k+1}替换χ_{k+1}，则式(2.16)可进一步表示为

$$t_k=\ln\left(\frac{\tan(\arcsin(c_{k+1}\cdot\sin\chi_1/c_1)/2)}{\tan(\arcsin(c_k\cdot\sin\chi_1/c_1)/2)}\right)/Grv_k, k=1,2,\cdots,n \tag{2.17}$$

其中，各层的声速梯度Grv_1，Grv_2，…，Grv_n和声线进入各层的声速c_1，c_2，…，c_n可由声速剖面获得，若已知声线初始波束入射角χ_1，代入式(2.12)和式(2.17)，累加即可得到声线传播的水平距离ρ_{2d}、垂直距离ρ_z和传播时间t：

$$\rho_{2d}=\sum_{k=1}^{n}\Delta\rho_{2d,k}, \rho_z=\sum_{k=1}^{n}\Delta\rho_{z,k}, t=\sum_{k=1}^{N}t_k \tag{2.18}$$

在UUV集群协同定位中，声线的传播时间t和传播深度ρ_z为已知量，声线初始波束入射角χ_1和声线传播的水平距离ρ_{2d}为未知量，通常先通过式(2.12)和式(2.17)搜索声线初始波束入射角，再代入式(2.18)求得ρ_{2d}，即UUV之间的水平距离。

二、水下等效声速声线跟踪

针对水下常梯度声线跟踪方法计算量大、模型复杂的问题，Zielinski(1999)提出水下等效声速声线跟踪方法，即认为表层声速相同、声线传播时间相同、声速剖面曲线相对于深度积分面积相同的声线，在相同的初始波束入射角下声线的水平传播距离和垂直传播距离相同，如图2.10所示。S_0表示第k层的常声速声线相对于深度积分的面积，ΔS表示第k层的常梯度声线与常声速声线相对于深度积分的面积差。

第k层的水平和深度位移相对误差ε_{2d}、ε_z分别定义如下：

$$\begin{cases}\varepsilon_{2d}=\dfrac{\bar{\rho}_{2d,k}-\rho_{2d,k}}{\rho_{2d,k}}=\dfrac{\bar{\rho}_{2d,k}}{\rho_{2d,k}}-1\\ \varepsilon_z=\dfrac{\bar{\rho}_z-\rho_z}{\rho_z}=\dfrac{\bar{\rho}_z}{\rho_z}-1\end{cases} \tag{2.19}$$

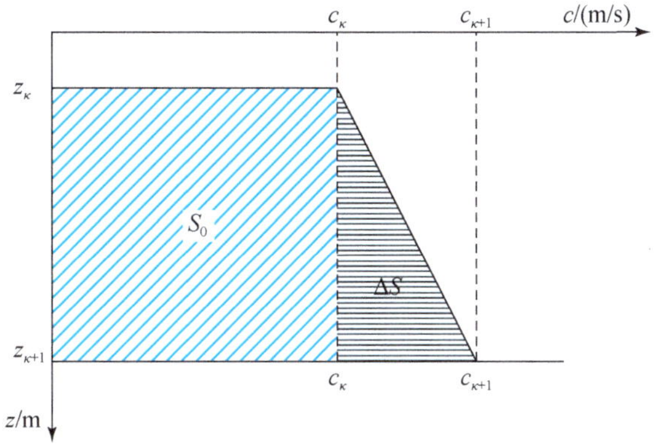

图 2.10　常梯度声线与常声速声线相对于深度积分的面积差

式中，$\rho_{2d,k}$ 和 ρ_z 表示常梯度声线在第 k 层的水平传播距离和垂直传播距离；$\bar{\rho}_{2d,k}$ 和 $\bar{\rho}_z$ 表示常声速声线在第 k 层的水平传播距离和垂直传播距离，其计算公式为

$$\begin{cases}\bar{\rho}_{2d,k}=c_k t_k \sin\chi_k \\ \bar{\rho}_z=c_k t_k \cos\chi_k\end{cases} \tag{2.20}$$

式中，t_k 表示声线传播时间；χ_k 表示声线进入第 k 层的波束入射角。

相对面积差 ε_s 定义如下

$$\varepsilon_s=\frac{\Delta S}{S_0}=\frac{c_{k+1}-c_k}{2c_k} \tag{2.21}$$

将式(2.12)和式(2.20)代入式(2.19)中，简化整理得

$$\begin{cases}\varepsilon_x=\dfrac{\sin\chi_k \ln\{(1+2\varepsilon_s)(1+\cos\chi_k)/(1+\sqrt{1-[(1+2\varepsilon_s)\sin\chi_k]^2})\}}{2\varepsilon_s\{\sqrt{1-[(1+2\varepsilon_s)\sin\chi_k]^2}-\cos\chi_k/\sin\chi_k-(1+2\varepsilon_s)\sin\chi_k\}}-1 \\ \varepsilon_z=\dfrac{\cos\chi_k}{2\varepsilon_s}\ln\left[\dfrac{(1+2\varepsilon_s)(1+\cos\chi_k)}{1+\sqrt{1-[(1+2\varepsilon_s)\sin\chi_k]^2}}\right]-1\end{cases} \tag{2.22}$$

声线在第 k 层的水平和深度位移相对误差仅与相对面积差 ε_s 和声线进入第 k 层的波束入射角 χ_k 有关，因此可用一个表层声速相同、声速剖面曲线相对于深度积分面积相同的等效声速剖面替代真实的声速剖面，以简化水下声线跟踪模型，如图 2.11 所示。

实际声速剖面曲线相对于零梯度声速剖面的面积为 $S=S_A+S_B+S_D$，等效声速剖面曲线相对于零梯度声速剖面的面积为 $S=S_B+S_C$，等效声速梯度 Gre 的表达式为

$$Gre=\frac{c_A-c_1}{z_n-z_1}=\frac{2S}{(z_n-z_1)^2}-\frac{2c_1}{z_n-z_1} \tag{2.23}$$

由式(2.11)，等效声速剖面法的声线曲率半径 Cur_e 表示为

$$Cur_e=\frac{1}{|S_n\cdot Gre|} \tag{2.24}$$

由式(2.12)，等效声速剖面法中声线的水平传播距离 $\Delta\rho_{2d}$ 和垂直距离 $\Delta\rho_z$ 可表示为

$$\begin{cases}\Delta\rho_{2d}=Cur_e\cdot(\cos\chi_1-\cos\chi_r) \\ \Delta\rho_z=Cur_e\cdot(\sin\chi_r-\sin\chi_1)\end{cases} \tag{2.25}$$

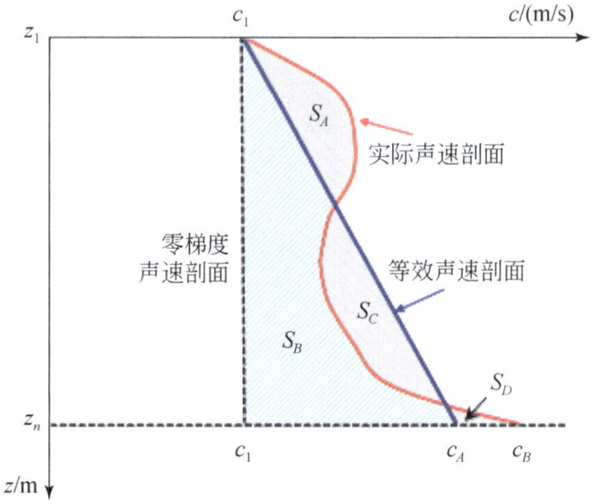

图 2.11 水下等效声速声线跟踪算法

式中，χ_r 表示采用等效声速剖面法得到的波束出射角，可由式(2.9)计算得到。

根据式(2.17)，等效声速剖面法中声线传播时间 t 为

$$t=\ln(\tan(\chi_r/2)/\tan(\chi_1/2))/Gre \tag{2.26}$$

根据式(2.26)即可得到由声线传播时间求解波束出射角 χ_r 的公式为

$$\chi_r=2\arctan(e^{t\cdot Gre}\tan(\chi_1/2)) \tag{2.27}$$

因此，水下等效声速剖面法将多层的声线跟踪问题转换为单层的声线跟踪，原理简单、计算快捷、便于实现。由于水下等效声速剖面法忽略了声线在每一水层波束入射角的变化，其精度较水下常梯度声线跟踪方法有一定损失，但其显著地简化了水下声线跟踪模型，具有重要的实际工程价值。

第四节　影响 UUV 集群协同定位的关键因素

一、主 UUV 位置误差影响

主 UUV 通常邻近海面，通过定期接收 GNSS 的信号获取自身高精度位置信息，其位置的精度决定了 UUV 集群协同定位的精度。主 UUV 位置误差对于协同定位的影响规律类似于 RTK 中基准站的位置误差对于流动站位置的影响规律，即跟随 UUV 的协同定位误差会直接包含主 UUV 的位置误差。按照信号的传播路径，GNSS 定位的主要误差源可分为三类：①卫星相关误差；②空间传播相关误差；③GNSS 接收机相关误差（李征航，2009；Kouba，2009；潘宗鹏，2018）。其包含的主要误差和相关的处理策略如表 2.5 所示。

卫星相关误差主要包括卫星钟差、卫星轨道误差和卫星天线相位中心偏差。卫星钟差为 GNSS 系统时与卫星原子钟的钟面时之间的偏差，可通过国际 GNSS 服务（International GNSS Service，IGS）中心发布的精密钟差产品进行改正。卫星轨道误差为根据星历得到卫

星计算位置与卫星实际位置的偏差，可通过 IGS 发布的精密星历产品进行改正。由于 GNSS 观测量以卫星天线相位中心起算，而通过精密星历得到的位置为卫星质量中心，定义卫星天线相位中心偏差为卫星质量中心与天线相位中心之间的偏差，可通过 IGS 发布的天线相位中心改正模型(igs14_wwww. atx)进行改正(Li et al., 2018)。

空间传播相关误差主要包括对流层延迟误差、电离层延迟误差和相对论效应误差。对流层为离地面 50km 以下的中性大气，GNSS 信号通过对流层时会产生折射，由此引起的延迟称为对流层延迟，其可分为干延迟和湿延迟(韩春好，1994)。对流层干延迟占 80% ~ 90%，主要由对流层中的干燥气体引起，可用 Saastamoinen、Hopfield、UNB3 等模型进行改正(袁运斌等，2017)。对流层湿延迟主要由水汽引起，变化较大且难以用模型改正，通常将其作为未知参数进行估计(袁运斌等，2021；姚宜斌和赵庆志，2022)。电离层离地面 50 ~ 1000km，GNSS 信号通过充满大量电子的电离层时会产生延迟，称为电离层延迟(袁运斌和欧吉坤，1999；霍夫曼-韦伦霍夫等，2009)。对于单频伪距定位，通常采用 GIM、NeQuick、Klobuchar 等电离层模型进行改正(李子申，2012；袁运斌，2022)；对于双频精密定位，可以通过消电离层组合来削弱电离层延迟的影响，或将其作为参数进行估计(张宝成等，2011)。由于相对论效应的存在，会对卫星原子钟的频率、信号传播的路径以及 GNSS 接收机天线转动产生影响，可通过偏心改正模型、Sagnac 效应改正模型和相位缠绕效应改正模型进行改正(Wu et al., 1993；霍夫曼-韦伦霍夫等，2009；韩春好，2017)。

表 2.5　GNSS 定位的主要误差源及处理策略

主要误差源		处理策略
卫星相关误差	卫星轨道误差	精密星历产品改正
	卫星钟差	精密钟差产品改正
	卫星天线相位中心偏差	天线相位中心产品改正
空间传播相关误差	电离层延迟误差	消电离层组合或作为参数估计
	对流层延迟误差	干延迟模型改正，湿延迟作为参数估计
	相对论效应误差	模型改正
GNSS 接收机相关误差	差分码偏差	DCB 产品改正
	接收机钟差	作为参数估计
	接收机天线相位中心偏差	天线相位中心产品改正
	地球潮汐误差	EOP 产品改正

GNSS 接收机相关误差包括差分码偏差(differential code bias, DCB)、接收机钟差、接收机天线相位中心偏差、地球潮汐误差。差分码偏差是由硬件和固件偏差引起的通道时延，可根据欧洲定轨中心(Center for Orbit Determiation in Europe, CODE)发布的 DCB 产品进行改正(Montenbruck et al., 2013；Liu et al., 2017, 2019)。接收机钟差为 GNSS 系统时与接收机的钟面时之间的偏差，由于 GNSS 接收机通常采用石英钟，稳定性较差且难以用模型改正，通常将其作为未知参数进行估计(Geng et al., 2019a)。类似卫星天线相位中心偏差，GNSS 接收机也存在相位中心与几何中心不一致的情况，可用 IGS 发布的天线相位

中心改正模型(igs14_wwww. atx）进行改正。地球潮汐包括固体潮、海潮和极潮，可通过国际地球自转服务（International Earth Rotation Service，IERS）发布的地球定向参数（earth orientation parameter，EOP）进行改正（Petit and Luzum，2013）。

二、编队构型影响

由于水下的弱通信条件，UUV 集群编队构型的优劣将直接影响协同定位的精度。在 UUV 集群协同定位中，主 UUV 通过 GNSS 和 INS 获取高精度的位置姿态信息，跟随 UUV 通过水声通信测距设备获取主 UUV 的信息，以校正自身航位推算误差。由于跟随 UUV 的深度信息由压力深度计提供，一维的距离观测信息估计二维的位置参数至少需要两个观测量。当编队中只存在一个主 UUV 领航时，由于系统可观测性的要求，主 UUV 需要在协同周期内不停地快速移动，这在实际操作中是难以实现的。通常编队中至少需要两个主 UUV 领航，其可以在保持稳态行驶的同时，交替向跟随 UUV 发送观测信息，以满足系统可观测性的要求，如图 2. 12 所示。

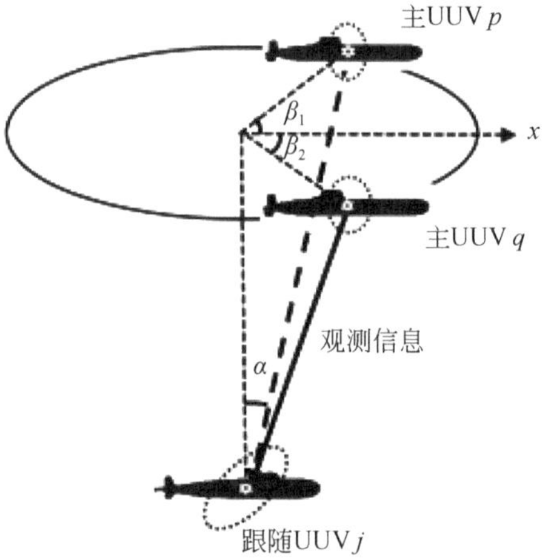

图 2. 12　UUV 编队构型的分离角和天顶距

UUV 编队构型的两个主要指标为分离角 $\beta=\beta_1+\beta_2$ 和天顶距 α。为削弱系统性误差的影响，同时便于协同周期控制，主 UUV 通常关于跟随 UUV 呈对称分布，即 $\beta_1=\beta_2$。主 UUV 到跟随 UUV 的水平距离为观测半径，主 UUV 到跟随 UUV 的垂直距离为观测水深，UUV 编队天顶距 α 的正切值为观测半径除以观测水深。需要注意水下声线弯曲和声速变化，以及 UUV 之间距离变化引起的入射角差异，都是影响 UUV 编队构型的主要因素。此外，随着 UUV 集群作业范围的扩大和效率要求的提升，集群中 UUV 的数目进一步增加，传统的双领航单跟随 UUV 的对称编队构型难以满足需求，大编队下的非对称 UUV 构型设计也是需要研究的重点。

三、测距误差影响

相比于 GNSS 电磁波信号，声波在水介质中的衰减很小，UUV 集群协同定位中通常采用水声信号作为信息传输的载体。由于水下观测信息较少，UUV 之间的测距误差会显著影响协同定位的精度。影响 UUV 之间的测距精度的主要因素有：①时钟漂移误差；②水声测距误差；③声速剖面误差。

时钟漂移误差是由于 UUV 之间时间不同步造成的测距误差。跟随 UUV 通过搭载水声通信设备接收主 UUV 发射的声学信号，测量信号从发射到接收的时间，结合声速剖面计算得到其与主 UUV 的距离。由于水下弱通信条件下 UUV 集群通信频带受限，通常采取单向水声通信模式实现水声测距（Eustice et al.，2006）。在单向水声通信模式下，UUV 集群内部需保持时间同步，即使部分 UUV 可通过 GNSS 完成授时，但随着时间的推移，UUV 集群内部时钟必然会发生漂移，从而影响 UUV 之间的测距精度。

由于海洋中声波的传播路径为曲线，同时声线还受到声速未标定误差、声速变化误差和随机误差的影响，水声测距误差通常包括以下五种误差［式（2.28）］（Xu et al.，2005）。

$$\delta\rho = c_1 + c_2 \sin\left(\frac{2\,(t-t_0)_m}{T_w}\pi\right) + c_3 \sin\left(\frac{(t-t_0)_h}{12}\pi\right) + c_4\left\{1-\exp\left[-\frac{1}{2}s^2/(2\mathrm{km})^2\right]\right\} + \varepsilon \tag{2.28}$$

式中，c_1 表示声速未标定误差引起的常数误差，通常与测区海域有关；c_2 表示声速变化引起的短周期项误差，通常由内波和涌浪引起；t_0 表示初始观测时间；t 表示当前观测时间；下标 m 表示单位为分钟；T_w 表示时间，通常为 20min；c_3 表示声速变化引起的长周期项误差，通常由潮汐引起；下标 h 表示单位为小时；c_4 表示与声线传播距离有关的测区相关性误差；s 表示主 UUV 与跟随 UUV 之间的距离；ε 表示随机误差。

可见，UUV 集群协同定位中的水声测距误差并不仅仅是随机误差，也包含系统性、周期性的误差。此外，水下声线弯曲误差的精确改正也是提高 UUV 集群协同定位精度的关键。

海洋声速存在明显的时空变化和局部的不规律性，作业时测得的声速剖面不可避免地存在误差。声速剖面误差可分为仪器测量误差和声速剖面代表性误差，前者随着仪器制造工艺的提高可有效减小，目前可达到 0.051m/s 的测量精度；后者受目前水下声速测量手段的限制，同时考虑到海洋环境下声速的快速变化，难以实现连续、稳定、实时的声速剖面快速采集，采用临近声速剖面所引入的误差即为声速剖面代表性误差。图 2.13 表示在圣地亚哥诺马角和吕宋海峡定点连续测量 1000 条和 755 条声速剖面，可见在海洋复杂环境下声速变化快且几乎无规律，难以通过所谓声速时变规律来消除或削弱声速影响（Bianco and Gerstoft，2017；赵建虎和梁文彪，2019）。由于跟随 UUV 需要结合声速剖面通过声线跟踪算法得到其与主 UUV 的距离，声速剖面的误差同样也是影响 UUV 之间测距精度的主要因素。

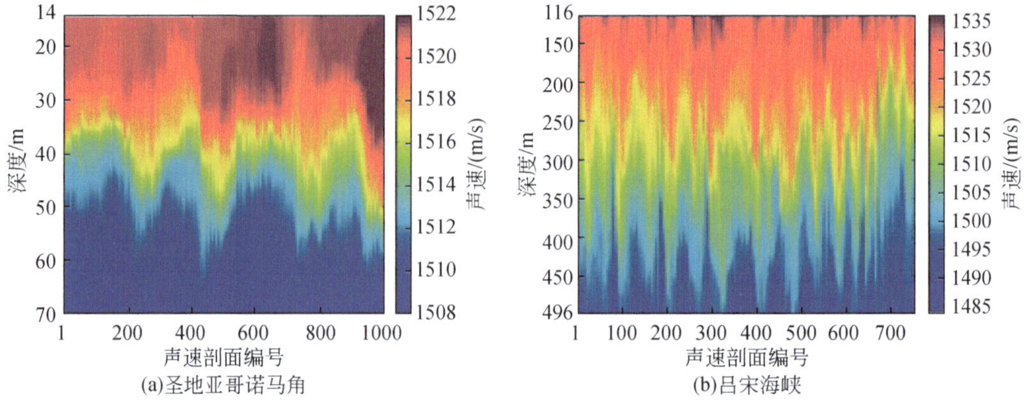

图 2.13　声速剖面的短期变化

四、其他误差

除了上述误差，UUV 集群协同定位还受到一些其他因素的影响，如 UUV 动力系统产生的设备机械噪声、UUV 搭载传感器的安装误差、UUV 之间的通信量和通信间隔、海水的运动和内部的扰动、多源传感器数据的时间对齐误差。可以通过设备安装校正和调试削弱这些误差的影响，并将残余部分作为未模型化的误差。

第三章　水下无人航行器海洋空间基准的快速获取

海洋空间基准是水下无人航行器集群进行水下协同作业的必要前提。由于水介质的特殊性，导航卫星的电磁波信号无法穿过海水到达 UUV，同时水下基准点的布设范围和服务区域的局限性也难以在任意海域为 UUV 提供空间基准服务。因此，需要集群中的部分 UUV 在水面或邻近水面航行，定期上浮接收 GNSS 卫星信号获取自身位置，并通过水声通信设备将空间基准信息传递至水下 UUV 编队。精密单点定位作为一种高精度的绝对定位技术，摆脱了对陆地基准站的依赖，尤其适合 UUV 进行海面快速精密定位。其非差模糊度经 FCB 产品改正后，可恢复其整周特性，显著缩短初始化的时间（Geng et al.，2009；Zhang et al.，2013；Wang et al.，2019a）。由于用户端模糊度固定模型需与服务端 FCB 产品保持一致，不仅造成了用户端面临不同 FCB 产品无法使用的问题，而且加重了服务端的链路传输压力。本章提出一种基于用户端三种 PPP 模型（消电离层组合、无电离层约束的非组合以及先验电离层约束的非组合模型）的统一模糊度固定方法，不同用户端可采用同一种 FCB 产品实现模糊度的快速固定。

为了提升 PPP 模型的稳定性，基于模糊度固定解的 PPP 模型与 INS 组合模型得到了越来越多的关注（Liu et al.，2016；Zhang et al.，2019b；Du et al.，2021；Li et al.，2021a）。然而，目前的研究大多集中于城市环境和大气增强模型，海上环境下 GNSS 信号中断后 PPP 依旧需要较长时间才能重新固定，PPP-AR 的脆弱性依旧没有被很好地解决。针对 UUV 逐渐小型化和低成本化，风浪和海流易造成导航卫星信号的短时中断，PPP-AR 需要频繁初始化的问题，从服务端 FCB 产品的估计方法、系统更新和观测更新模型、用户端模糊度固定方法三个方面，提出一种模糊度固定解的全球导航卫星系统 惯性导航系统–多普勒测速仪组合导航模型，使得 UUV 在全球任意海域能够快速稳定地获取海洋空间基准。

第一节　基于 PPP-AR 的 UUV 快速精密定位

一、PPP 精密定位模型

GNSS 原始的伪距和载波相位观测方程为

$$\begin{cases} P_{m,k}^{i}=\rho_{k}^{i}+c\delta t_{k}-c\delta t^{i}+d_{\mathrm{orb}}^{i}+\gamma_{m}I_{1,k}^{i}+T_{k}^{i}+d_{m,k}-d_{m}^{i}+\varepsilon(P_{m,k}^{i}) \\ L_{m,k}^{i}=\rho_{k}^{i}+c\delta t_{k}-c\delta t^{i}+d_{\mathrm{orb}}^{i}-\gamma_{m}I_{1,k}^{i}+T_{k}^{i}+b_{m,k}-b_{m}^{i}+\lambda_{m}N_{m,k}^{i}+\varepsilon(L_{m,k}^{i}) \end{cases} \tag{3.1}$$

式中，$P_{m,k}^{i}$、$L_{m,k}^{i}$分别表示以米为单位的原始伪距和载波观测量，下标 k 表示接收机编号，下标 m 表示某一频率，上标 i 表示卫星编号；ρ_{k}^{i} 表示接收机和卫星的几何距离；δt^{i} 表示卫星钟差；δt_k 表示接收机钟差；d^i_{orb} 表示卫星轨道误差；$I^i_{1,k}$ 表示 L_1 频点的电离层延迟参数；$\gamma_m = f_1^2/f_m^2$，f 表示频率；T^i_k 表示对流层延迟；$d_{m,k}$、d^i_m 和 $b_{m,k}$、b^i_m 分别表示接收机端和卫星端伪距和载波相位硬件延迟偏差；λ_m 表示第 m 个频点的载波波长；$N^i_{m,k}$ 表示整周模糊度；$\varepsilon(P^i_{m,k})$ 和 $\varepsilon(L^i_{m,k})$ 分别表示伪距和载波相位的观测噪声。

当采用消电离层组合(ionosphere-free，IF)来消除电离层延迟一阶项的影响时，卫星端和接收机端的伪距硬件延迟分别与卫星钟差和接收机钟差参数合并，伪距硬件延迟被引入模糊度参数中，消电离层组合 PPP(IF-PPP)模型的伪距和载波相位观测方程为

$$\begin{cases}P^i_{\mathrm{IF},k} = \rho^i_k + c(\delta t_k + d_{\mathrm{IF},k}) - c(\delta t^i + d^i_{\mathrm{IF}}) + d^i_{\mathrm{orb}} + T^i_k + \varepsilon(P^i_{\mathrm{IF},k}) \\ L^i_{m,k} = \rho^i_k + c(\delta t_k + d_{\mathrm{IF},k}) - c(\delta t^i + d^i_{\mathrm{IF}}) + d^i_{\mathrm{orb}} + T^i_k + \lambda_{\mathrm{IF}} B^i_{\mathrm{IF},k} + \varepsilon(L^i_{\mathrm{IF},k}) \\ \lambda_{\mathrm{IF}} B^i_{\mathrm{IF},k} = b_{\mathrm{IF},k} - d_{\mathrm{IF},k} + d^i_{\mathrm{IF}} - b^i_{\mathrm{IF}} + \lambda_{\mathrm{IF}} N^i_{\mathrm{IF},k}\end{cases} \tag{3.2}$$

式中，下标 IF 表示消电离层组合；$B^i_{\mathrm{IF},k}$ 表示含有硬件延迟的实数模糊度。

国际 GNSS 服务 IGS 中心基于消电离层组合 PPP 模型生成精密钟差产品，其包含消电离层组合的卫星硬件延迟。对于 IF-PPP 模型，其卫星钟差和轨道误差可采用 IGS 精密钟差和星历产品直接改正。对流层延迟 T^i_k 分为干延迟和湿延迟，干延迟部分可采用 Saastamoinen 等先验模型进行改正；湿延迟部分可进行参数估计。此外，观测量需要进行相位缠绕改正、天线相位中心改正、潮汐改正、相对论效应改正等一系列误差改正。IF-PPP 模型的观测方程可进一步写为

$$\begin{cases}\tilde{P}^i_{\mathrm{IF},k} = \boldsymbol{\mu}^i_k \boldsymbol{r} + c\hat{\delta t}_k + M^i_k \cdot d_{\mathrm{trop},k} + \varepsilon(\tilde{P}^i_{\mathrm{IF},k}) \\ \tilde{L}^i_{m,k} = \boldsymbol{\mu}^i_k \boldsymbol{r} + c\hat{\delta t}_k + M^i_k \cdot d_{\mathrm{trop},k} + \lambda_{\mathrm{IF}} B^i_{\mathrm{IF},k} + \varepsilon(\tilde{L}^i_{m,k}) \\ \lambda_{\mathrm{IF}} B^i_{\mathrm{IF},k} = b_{\mathrm{IF},k} - d_{\mathrm{IF},k} + d^i_{\mathrm{IF}} - b^i_{\mathrm{IF}} + \lambda_{\mathrm{IF}} N^i_{\mathrm{IF},k}\end{cases} \tag{3.3}$$

式中，$\tilde{P}^i_{\mathrm{IF},k}$ 和 $\tilde{L}^i_{m,k}$ 表示经过误差改正的消电离层组合伪距和载波相位观测量；$\boldsymbol{\mu}^i_k$ 表示接收机与卫星的方向向量；$\boldsymbol{r}$ 表示接收机坐标；$\hat{\delta t}_k = \delta t_k + d_{\mathrm{IF},k}$ 表示合并后的接收机钟差参数。

IF-PPP 模型的待估参数为$[\boldsymbol{r},\ \hat{\delta t}_k,\ d_{\mathrm{trop},k},\ B^1_{\mathrm{IF},k},\ \cdots,\ B^S_{\mathrm{IF},k}]$，其中上标 S 表示参与解算的卫星个数。

相比于传统的消电离层组合，非差非组合(uncombined and unconstrained，UU)避免了观测噪声的放大。为了使用 IGS 精密钟差产品，将非差非组合 PPP(UU-PPP)模型中的接收机钟差和卫星钟差参数分别与消电离层组合的接收机端和卫星端伪距硬件延迟相合并，其余项合并至电离层和模糊度参数。UU-PPP 的观测方程可表示为

$$\begin{cases}P^i_{m,k} = \rho^i_m + c(\hat{\delta t}_k + d_{\mathrm{IF},k}) - c(\delta t^i + d^i_{\mathrm{IF}}) + [\gamma_m I^i_{1,k} + (d^i_{\mathrm{IF}} - d^i_m) - (d_{\mathrm{IF},k} - d_{m,k})] \\ \qquad + d^i_{\mathrm{orb}} + T^i_k + \varepsilon(P^i_{m,k}) \\ L^i_{m,k} = \rho^i_m + c(\hat{\delta t}_k + d_{\mathrm{IF},k}) - c(\delta t^i + d^i_{\mathrm{IF}}) - [\gamma_m I^i_{1,k} + (d^i_{\mathrm{IF}} - d^i_m) - (d_{\mathrm{IF},k} - d_{m,k})] \\ \qquad + d^i_{\mathrm{orb}} + T^i_k + \lambda_m B^i_{m,k} + \varepsilon(L^i_{m,k}) \\ \lambda_m B^i_{m,k} = 2(d^i_{\mathrm{IF}} - d_{\mathrm{IF},k}) + (d_{m,k} - d^i_m) + (b_{m,k} - b^i_m) + \lambda_m N^i_{m,k}\end{cases} \tag{3.4}$$

式中，将 $\gamma_m I^i_{1,k} + (d^i_{\mathrm{IF}} - d^i_m) - (d_{\mathrm{IF},k} - d_{m,k})$ 合并为电离层延迟参数 $\gamma_m \hat{\boldsymbol{I}}^i_{1,k}$。由于固件和硬件的

影响，不同伪距观测量产生的时延不一致，其差异称为差分码偏差（different code bias，DCB）。$\mathrm{DCB}^i_{P1P2}=d^i_2-d^i_1$ 和 $\mathrm{DCB}_{P1P2,k}=d_{2,k}-d_{1,k}$ 分别表示卫星端 DCB 和接收机端 DCB。UU-PPP 模型中电离层延迟参数 $\hat{I}^i_{1,k}$ 可表示为

$$\hat{I}^i_{1,k}=I^i_{1,k}-\frac{1}{1-\gamma_2}\mathrm{DCB}_{P1P2,k}+\frac{1}{1-\gamma_2}\mathrm{DCB}^i_{P1P2} \tag{3.5}$$

可以看出，UU-PPP 模型中的电离层延迟参数 $\hat{I}^i_{1,k}$ 包含卫星端 DCB 和接收机端 DCB。卫星端 DCB 可采用 CODE 发布的 DCB 产品进行改正（Gao et al.，2017），卫星钟差和轨道误差采用 IGS 精密钟差和星历产品进行改正，观测量进行误差改正，UU-PPP 的观测方程可进一步表示为

$$\begin{cases}\tilde{P}^i_{m,k}=\boldsymbol{\mu}^i_k\boldsymbol{r}+c\hat{\delta t}_k+M^i_k\cdot d_{\mathrm{trop},k}+\gamma_m\bar{I}^i_{1,k}+\varepsilon(\tilde{P}^i_{m,k})\\ \tilde{L}^i_{m,k}=\boldsymbol{\mu}^i_k\boldsymbol{r}+c\hat{\delta t}_k+M^i_k\cdot d_{\mathrm{trop},k}-\gamma_m\bar{I}^i_{1,k}+\lambda_m B^i_{m,k}+\varepsilon(\tilde{L}^i_{m,k})\\ \lambda_m B^i_{m,k}=d^i_{\mathrm{IF}}-2d_{\mathrm{IF},k}+d_{m,k}+(b_{m,k}-b^i_m)+\lambda_m N^i_{m,k}\end{cases} \tag{3.6}$$

式中，$\bar{I}^i_{1,k}=I^i_{1,k}-1/(1-\gamma_2)\cdot\mathrm{DCB}_{P1P2,k}$；$\tilde{P}^i_{m,k}$ 和 $\tilde{L}^i_{m,k}$ 表示经过误差改正的伪距和载波相位观测量。UU-PPP 模型中的待估参数为［$\boldsymbol{r}$，$\hat{\delta t}_k$，$d_{\mathrm{trop},k}$，$\bar{I}^1_{1,k}$，…，$\bar{I}^S_{1,k}$，$B^1_{1,k}$，…，$B^S_{1,k}$，$B^1_{2,k}$，…，$B^S_{2,k}$］。

非差非组合 PPP 模型可顾及先验电离层的时变特性，进一步缩短 PPP 的初始化时间。本书加入全球电离层地图（global ionospheric map，GIM）模型进行改正（Ren et al.，2019），对接收机 DCB 进行估计，对电离层参数采用随机游走过程建模并进行估计。则附加先验电离层约束的 PPP（ionospheric-constrained PPP，IC-PPP）的观测方程为

$$\begin{cases}P^i_{m,k}=\rho^i_m+c(\hat{\delta t}_k+d_{\mathrm{IF},k})-c(\delta t^i+d^i_{\mathrm{IF}})+[\gamma_m I^i_{1,k}+(d^i_{\mathrm{IF}}-d^i_m)-(d_{\mathrm{IF},k}-d_{m,k})]\\ \qquad +d^i_{\mathrm{orb}}+T^i_k+\varepsilon(P^i_{m,k})\\ L^i_{m,k}=\rho^i_m+c(\hat{\delta t}_k+d_{\mathrm{IF},k})-c(\delta t^i+d^i_{\mathrm{IF}})-[\gamma_m I^i_{1,k}+(d^i_{\mathrm{IF}}-d^i_m)-(d_{\mathrm{IF},k}-d_{m,k})]\\ \qquad +d^i_{\mathrm{orb}}+T^i_k+\lambda_m B^i_{m,k}+\varepsilon(L^i_{m,k})\\ \lambda_m B^i_{m,k}=(d^i_{\mathrm{IF}}-d_{\mathrm{IF},k})+(b_{m,k}-b^i_m)+\lambda_m N^i_{m,k}\\ I^i_{\mathrm{GIM}}=I^i_{1,k}\end{cases} \tag{3.7}$$

式中，I^i_{GIM} 表示全球 GIM 模型。

加入了先验电离层约束后，可消除接收机端 DCB 与电离层延迟参数之间的相关性，卫星端 DCB 采用 CODE 发布的产品进行改正，观测量相关误差进行改正后，IC-PPP 的观测方程可进一步表示为

$$\begin{cases}\tilde{P}^i_{m,k}=\boldsymbol{\mu}^i_k\boldsymbol{r}+c\hat{\delta t}_k+M^i_k\cdot d_{\mathrm{trop},k}+\gamma_m I^i_{1,k}+\gamma_m/(1-\gamma_2)\cdot\mathrm{DCB}_{P1P2,k}+\varepsilon(\tilde{P}^i_{m,k})\\ \tilde{L}^i_{m,k}=\boldsymbol{\mu}^i_k\boldsymbol{r}+c\hat{\delta t}_k+M^i_k\cdot d_{\mathrm{trop},k}-\gamma_m I^i_{1,k}+\lambda_m B^i_{m,k}+\varepsilon(\tilde{L}^i_{m,k})\\ \lambda_m B^i_{m,k}=(d^i_{\mathrm{IF}}-d_{\mathrm{IF},k})+(b_{m,k}-b^i_m)+\lambda_m N^i_{m,k}\\ I^i_{\mathrm{GIM}}=I^i_{1,k}\end{cases} \tag{3.8}$$

其中，IC-PPP 模型中的待估参数为［$\boldsymbol{r}$，$\hat{\delta t}_k$，$d_{\mathrm{trop},k}$，$I^1_{1,k}$，…，$I^S_{1,k}$，$B^1_{1,k}$，…，$B^S_{1,k}$，

$B_{2,k}^{1}$，$\cdots$，$B_{2,k}^{S}$]。PPP 精密定位中误差及处理策略如表 3.1 所示，其中地球定位定向参数 EOP 由国际地球自转服务 IERS 提供的产品改正。对于 IF-PPP、UU-PPP 和 IC-PPP 模型，观测量误差改正完成后，可采用扩展 Kalman 滤波进行未知参数的估计。当 PPP 参数收敛后，即可得到接收机的高精度位置坐标。

二、服务端 FCB 产品估计

在 PPP 模型中无法消除接收机端和卫星端的硬件延迟，使得模糊度参数失去了整周特性，即模糊度参数包括整周模糊度和未校准硬件延迟 UPD。为了加快 PPP 的收敛速度，可将模糊度参数与 UPD 进行分离，实现 PPP 整周模糊度的固定，显著缩短 PPP 的收敛时间。考虑到 UPD 的整数部分不影响模糊度参数的整周特性，只需要对 UPD 的小数部分 FCB 进行改正。目前 FCB 产品估计方法主要分为两类，一类是星间单差法，即服务端通过星间单差的方式消去接收机的 FCB，向用户端播发星间单差 FCB 产品；另一类是非差法，即服务端通过引入某一颗卫星或接收机 FCB 作为基准，同时估计卫星端 FCB 和接收机端 FCB，向用户端播发非差 FCB 产品。相比于星间单差法，非差法可以减轻数据链路的传输压力，更好地适应于实时的场景。本书采用非差法进行 FCB 产品的估计。

表 3.1　PPP 精密单点定位的误差及处理策略

误差	处理策略		
	IF-PPP 模型	UU-PPP 模型	IC-PPP 模型
卫星差分码偏差	不改正	CODE 发布的 DCB 产品改正	CODE 发布的 DCB 产品改正
接收机差分码偏差	不估计	不估计	随机游走估计
电离层延迟	不估计	随机游走估计	GIM 格网模型改正
卫星轨道和钟差	IGS 的精密星历和钟差改正		
天线相位中心误差	igs_ 14. atx 模型改正		
潮汐和相对论效应影响	模型改正		
地球定位定向参数	IERS 产品改正		
接收机钟差	随机游走估计		
对流层延迟	干延迟模型改正，湿延迟随机游走估计		

对于 IF-PPP 模型，由式(3.3)可得消电离层模糊度参数为

$$\lambda_{\mathrm{IF}} B_{\mathrm{IF},k}^{i}=b_{\mathrm{IF},k}-d_{\mathrm{IF},k}+d_{\mathrm{IF}}^{i}-b_{\mathrm{IF}}^{i}+\lambda_{\mathrm{IF}} N_{\mathrm{IF},k}^{i} \tag{3.9}$$

由于消电离层组合失去了整数特性，通常将 $B_{\mathrm{IF},k}^{i}$ 分为宽巷模糊度 $B_{\mathrm{WL},k}^{i}$ 和窄巷模糊度 $B_{\mathrm{NL},k}^{i}$ 分别固定：

$$B_{\mathrm{IF},k}^{i}=\frac{f_1 f_2}{f_1^2-f_2^2}B_{\mathrm{WL},k}^{i}+\frac{f_1}{f_1+f_2}B_{\mathrm{NL},k}^{i} \tag{3.10}$$

式中，宽巷模糊度 $B_{\mathrm{WL},k}^{i}=B_{1,k}^{i}-B_{2,k}^{i}$；窄巷模糊度 $B_{\mathrm{NL},k}^{i}=B_{1,k}^{i}$。

其中宽巷模糊度可采用 MW 组合进行历元间平滑得到：

$$B_{\mathrm{WL},k}^{i}=\left\langle\left(\frac{f_1}{f_1-f_2}L_{1,k}^{i}-\frac{f_2}{f_1-f_2}L_{1,k}^{i}\right)-\left(\frac{f_1}{f_1+f_2}P_{1,k}^{i}+\frac{f_2}{f_1+f_2}P_{2,k}^{i}\right)\right\rangle/\lambda_{\mathrm{WL}} \tag{3.11}$$

$$=N_{\mathrm{WL},k}^{i}+f_{\mathrm{WL},k}-f_{\mathrm{WL}}^{i}$$

式中，〈 * 〉表示多历元求均值；λ_{WL}表示宽巷模糊度的波长；$f_{\mathrm{WL},k}$和f_{WL}^{i}分别表示宽巷模糊度中的接收机端和卫星端卫星硬件延迟。

以非差模糊度作为虚拟观测量组成方程：

$$\begin{bmatrix} b_{\mathrm{WL},1}^{1} \\ \vdots \\ b_{\mathrm{WL},1}^{S} \\ \vdots \\ b_{\mathrm{WL},n}^{1} \\ \vdots \\ b_{\mathrm{WL},n}^{S} \end{bmatrix}=\begin{bmatrix} B_{\mathrm{WL},1}^{1}-N_{\mathrm{WL},1}^{1} \\ \vdots \\ B_{\mathrm{WL},1}^{S}-N_{\mathrm{WL},1}^{S} \\ \vdots \\ B_{\mathrm{WL},n}^{1}-N_{\mathrm{WL},n}^{1} \\ \vdots \\ B_{\mathrm{WL},n}^{S}-N_{\mathrm{WL},n}^{S} \end{bmatrix}=\begin{bmatrix} 1 & \cdots & 0 & -1 & \cdots & 0 \\ \vdots & \ddots & \vdots & \vdots & \ddots & \vdots \\ 1 & \cdots & 0 & 0 & \cdots & -1 \\ \vdots & \vdots & \vdots & \vdots & \vdots & \vdots \\ 0 & \cdots & 1 & -1 & \cdots & 0 \\ \vdots & \ddots & \vdots & \vdots & \ddots & \vdots \\ 0 & \cdots & 1 & 0 & \cdots & -1 \end{bmatrix}\begin{bmatrix} f_{\mathrm{WL},1} \\ \vdots \\ f_{\mathrm{WL},n} \\ f_{\mathrm{WL}}^{1} \\ \vdots \\ f_{\mathrm{WL}}^{S} \end{bmatrix} \tag{3.12}$$

式中，n 表示测站个数；S 表示每个测站观测到的卫星数目；$b_{\mathrm{WL},k}^{i}$表示非差模糊度的小数部分即虚拟观测量；$N_{\mathrm{WL},k}^{i}$表示宽巷整周模糊度固定解。

由于式(3.12)法方程秩亏，需在法方程中选取某个接收机或者某颗卫星 FCB=0 作为基准，平差即可得到宽巷 FCB。将固定的宽巷模糊度带入消电离层模糊度中，扣除宽巷模糊度即可求得窄巷模糊度实数解 $B_{\mathrm{NL},k}^{i}$：

$$B_{\mathrm{NL},k}^{i}=\frac{f_1+f_2}{f_1}B_{\mathrm{IF},k}^{i}-\frac{f_1}{f_1-f_2}N_{\mathrm{WL},k}^{i} \tag{3.13}$$

类似地，以窄巷模糊度作为虚拟观测量组成方程，平差解得卫星端 FCB f_{NL}^{i}和接收机端窄巷 FCB $f_{\mathrm{NL},k}$，将生成的卫星端宽巷 FCB 和窄巷 FCB 播发给用户端。对于 UU-PPP 模型和 IC-PPP 模型，FCB 的估计方法相同。

实验选取 216 个全球分布的多 GNSS 试验(the Multi-GNSS experiment，MGEX)测站数据解算 FCB 产品，另选取了不参与解算的 50 个测站用于评估 PPP 模糊度固定的效果。观测时间为 2019 年，年积日为 81～87，数据采样间隔为 30s，参考站的坐标真值为德国地球科学研究中心(German Research Centre for Geosciences，GFZ)周解的结果。

图 3.1 和图 3.2 分别给出了部分卫星的宽巷和窄巷 FCB 序列。其中宽巷 FCB 变化比较稳定，相邻天之间变化小于 0.1 周，一天内的 STD 值小于 0.02 周，可当天估计一组。相比宽巷 FCB，窄巷 FCB 一天内变化较明显，一天内变化幅度可达到 0.2 周，因此需要每 10～15min 估计一次。

为了分析 FCB 产品的精度，将生成的 FCB 产品应用于服务端 216 个 MGEX 测站，所有测站经 FCB 产品改正后的宽巷和窄巷模糊度残差分布如图 3.3 所示。可以看出，对于服务端 216 个 MGEX 测站经 FCB 产品改正后，96.3% 的宽巷模糊度残差分布在±0.25 之间，97.6% 的窄巷模糊度残差分布在±0.25 之间，说明服务端生成的 FCB 产品精度较高，可以发布给用户端使用。

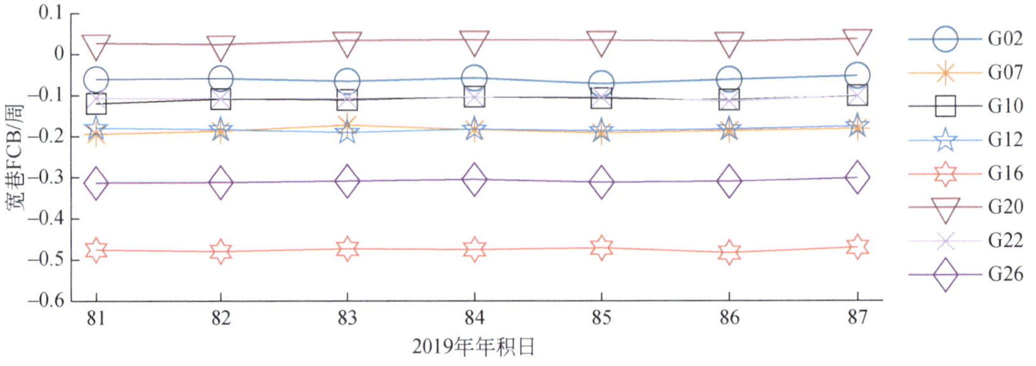

图 3. 1　消电离层 PPP 的宽巷 FCB 序列

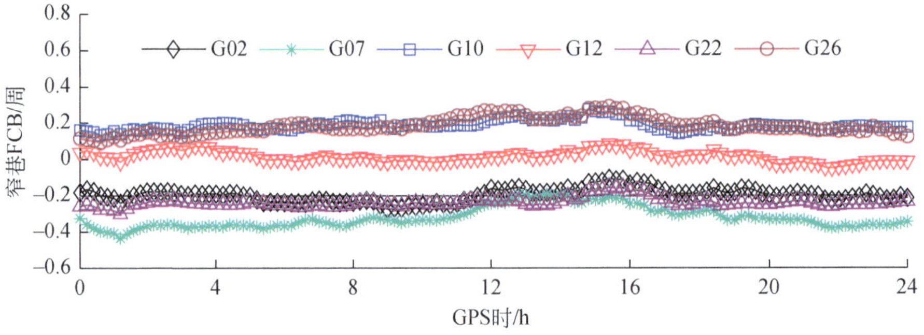

图 3. 2　消电离层 PPP 的窄巷 FCB 序列

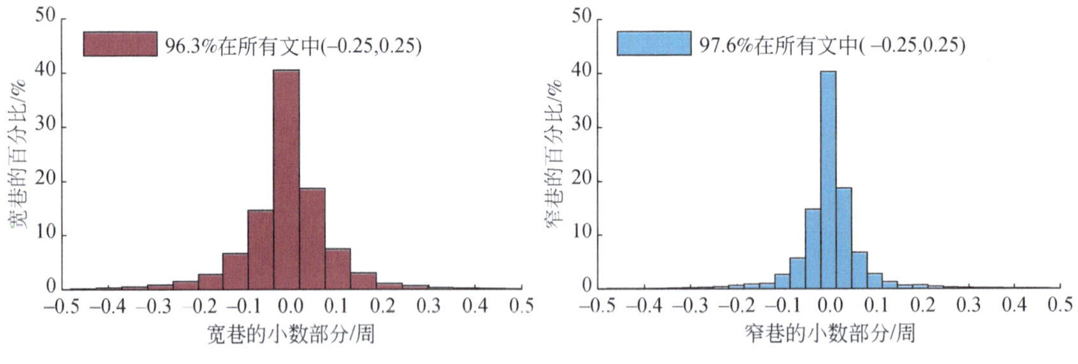

图 3. 3　消电离层宽巷模糊度残差与窄巷模糊度残差

三、用户端 PPP 快速固定

对于用户端 IF-PPP 模型而言，为与服务端的 IF-PPP 模型保持一致，其宽巷模糊度采用MW组合计算得到，则用户端相应采用MW组合进行历元间平滑，得到宽巷模糊度浮点解。对得到的宽巷模糊度浮点解进行星间单差，消去接收机端FCB：

$$N_{\mathrm{WL},k}^{i,j}=B_{\mathrm{WL},k}^{i,j}-f_{\mathrm{WL}}^{i,j} \tag{3.14}$$

式中，$N_{\mathrm{WL},k}^{i,j}=N_{\mathrm{WL},k}^{i}-N_{\mathrm{WL},k}^{j}$，$B_{\mathrm{WL},k}^{i,j}=B_{\mathrm{WL},k}^{i}-B_{\mathrm{WL},k}^{j}$，$f_{\mathrm{WL}}^{i,j}=f_{\mathrm{WL}}^{i}-f_{\mathrm{WL}}^{j}$。

宽巷模糊度波长较长，经宽巷FCB产品改正后可直接取整进行固定。取整成功率按照式(3.15)计算，若成功率大于0.999且维数大于4，则认为宽巷模糊度固定成功。

$$\begin{cases} P_0=1-\sum_{i=1}^{\infty}\left[\mathrm{erfc}\left(\dfrac{i-|B-N|}{\sqrt{2}\sigma}\right)-\mathrm{erfc}\left(\dfrac{i+|B-N|}{\sqrt{2}\sigma}\right)\right] \\ \mathrm{erfc}(x)=\dfrac{2}{\sqrt{\pi}}\displaystyle\int_x^{\infty}\mathrm{e}^{-t^2}\mathrm{d}t \end{cases} \tag{3.15}$$

式中，P_0 表示宽巷模糊度取整的成功率；B 表示经过FCB产品改正后的模糊度浮点解；N 表示 B 的直接取整值；σ 表示模糊度中误差。

按照式(3.16)联合消电离层组合模糊度和固定的宽巷模糊度求得星间单差的窄巷模糊度浮点解 $B_{\mathrm{NL},k}^{i,j}$。

$$B_{\mathrm{NL},k}^{i,j}=\frac{f_1+f_2}{f_1}B_{\mathrm{IF},k}^{i,j}-\frac{f_1}{f_1-f_2}N_{\mathrm{WL},k}^{i,j} \tag{3.16}$$

式中，$B_{\mathrm{NL},k}^{i,j}=B_{\mathrm{NL},k}^{i}-B_{\mathrm{NL},k}^{j}$。

考虑到窄巷模糊度的波长较短且模糊度之间具有相关性，同时顾及某些情况下固定模糊度全集较为困难，因此采用分步模糊度固定方法。首先，将窄巷模糊度及其相应协方差阵按照协方差的大小进行排序，如式(3.17)所示：

$$\boldsymbol{B}_{\mathrm{NL}}=\begin{bmatrix} B_{\mathrm{NL}}^1 \\ B_{\mathrm{NL}}^2 \\ \vdots \\ B_{\mathrm{NL}}^i \\ \vdots \\ B_{\mathrm{NL}}^S \end{bmatrix},\sigma_{B_{\mathrm{NL},k}}^2=\begin{bmatrix} \sigma_{B_{\mathrm{NL}}^1}^2 & \sigma_{B_{\mathrm{NL}}^1B_{\mathrm{NL}}^2}^2 & \cdots & \sigma_{B_{\mathrm{NL}}^1B_{\mathrm{NL}}^i}^2 & \cdots & \sigma_{B_{\mathrm{NL}}^1B_{\mathrm{NL}}^S}^2 \\ \sigma_{B_{\mathrm{NL}}^1B_{\mathrm{NL}}^2}^2 & \sigma_{B_{\mathrm{NL}}^2}^2 & \cdots & \sigma_{B_{\mathrm{NL}}^2B_{\mathrm{NL}}^i}^2 & \cdots & \sigma_{B_{\mathrm{NL}}^2B_{\mathrm{NL}}^S}^2 \\ \vdots & \vdots & & \vdots & & \vdots \\ \sigma_{B_{\mathrm{NL}}^1B_{\mathrm{NL}}^i}^2 & \sigma_{B_{\mathrm{NL}}^2B_{\mathrm{NL}}^i}^2 & \cdots & \sigma_{B_{\mathrm{NL}}^i}^2 & \cdots & \sigma_{B_{\mathrm{NL}}^iB_{\mathrm{NL}}^S}^2 \\ \vdots & \vdots & & \vdots & & \vdots \\ \sigma_{B_{\mathrm{NL}}^1B_{\mathrm{NL}}^S}^2 & \sigma_{B_{\mathrm{NL}}^2B_{\mathrm{NL}}^S}^2 & \cdots & \sigma_{B_{\mathrm{NL}}^iB_{\mathrm{NL}}^S}^2 & \cdots & \sigma_{B_{\mathrm{NL}}^S}^2 \end{bmatrix} \tag{3.17}$$

式中，$\boldsymbol{B}_{\mathrm{NL}}$表示按协方差大小排序的窄巷模糊度；$\sigma_{B_{\mathrm{NL},k}}^2$表示其协方差；$S$ 表示星间单差窄巷模糊度的维数。

其次，采用LAMBDA算法对模糊度域进行搜索固定并计算出相应ratio值，若通过检验则按照固定解输出。若未通过检验，则删去协方差值最大的模糊度及其协方差，对模糊度域进行"降维"处理，重复上述步骤，再次进行搜索固定。

最后，直至通过检验得到PPP固定解，或者整周模糊度维数小于4按照浮点解输出。

为验证算法的有效性，在2022年7月1日(年积日180)，于中国天津大沽口开展UUV水面试验，时间为2h。GNSS接收机型号为中海达IRTK5，采样间隔为1s。由于UUV体型过小，为避免接收机在水中浸泡，将其置于浮板边缘并围绕湖面航行一周，试验场景和航行轨迹如图3.4所示。选择GrafNet 8.90软件RTK固定解作为参考值。

图 3.4　天津试验场景及航行轨迹

图 3.5 表示 PPP 浮点解[图 3.5(a)]和 PPP 模糊度固定解[图 3.5(b)]的定位误差，从上至下分别表示在 E、N、U 和 3D 方向上的定位误差。对于 PPP 浮点解，其需要较长时间才能收敛至厘米级定位精度，且更容易受到动态条件下晃动和水面多路径的影响。对于 PPP 模糊度固定解，在 37min 47s 时模糊度参数得到固定，其定位精度迅速收敛至厘米级，尤其是 E 方向的提升效果最为明显。

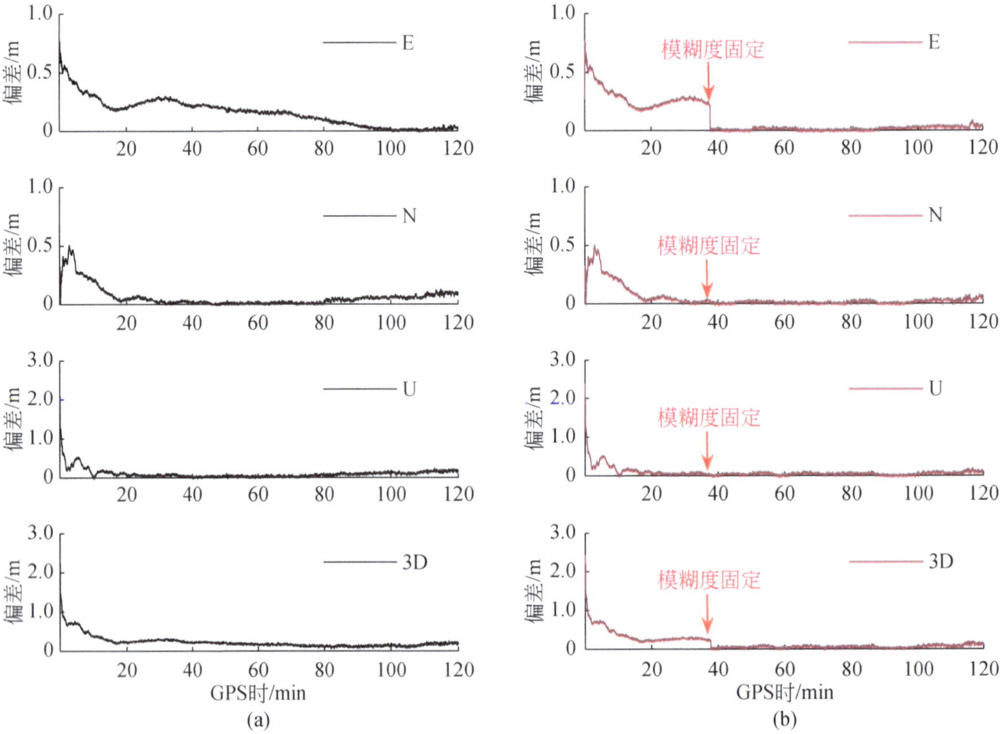

图 3.5　PPP 浮点解及 PPP 模糊度固定解

第二节　不同 PPP 模型的统一模糊度固定方法

目前服务端 FCB 产品主要采用 PPP 三种模型，即消电离层组合 PPP(IF-PPP)(Pan et al.，2019；杜祯强等，2021)、无电离层约束的非组合 PPP(UU-PPP)(张宝成等，2010；Du et al.，2020a)和附加先验电离层约束的非组合 PPP(IC-PPP)(张宝成，2014；Gao et al.，2016)。服务端采用不同 PPP 模型生成 FCB 产品时，模糊度参数所吸收的硬件延迟不同，导致不同 FCB 产品中的硬件延迟不同(杜祯强等，2020)。通常用户端 PPP 模型需与服务端 PPP 模型保持一致，使用户端 PPP 模糊度固定算法与服务端 FCB 产品保持自洽，但这造成用户端面临不同 FCB 产品无法使用的问题。同时，多种 FCB 产品会加重服务端的链路传输压力，不利于用户端实时应用。本书提出一种基于用户端三种 PPP 模型(IF-PPP、UU-PPP 以及 IC-PPP)的统一模糊度固定方法，不同用户端可采用同一种 FCB 产品实现模糊度的快速固定。

一、消电离层组合 PPP-AR

对于 IF-PPP 模型，由式(3.3)可得消电离层模糊度参数为

$$\lambda_{\mathrm{IF}} B_{\mathrm{IF},k}^{i}=b_{\mathrm{IF},k}-d_{\mathrm{IF},k}+d_{\mathrm{IF}}^{i}-b_{\mathrm{IF}}^{i}+\lambda_{\mathrm{IF}} N_{\mathrm{IF},k}^{i} \tag{3.18}$$

由于消电离层组合失去了整数特性，根据式(3.10)将 $B_{\mathrm{IF},k}^{i}$ 分为宽巷模糊度 $B_{\mathrm{WL},k}^{i}=B_{1,k}^{i}-B_{2,k}^{i}$ 和窄巷模糊度 $B_{\mathrm{NL},k}^{i}=B_{1,k}^{i}$ 分别固定。其中宽巷模糊度可采用 MW 组合进行历元间平滑得到，为消除接收机 FCB 的影响，对宽巷模糊度进行星间单差，此时宽巷模糊度中卫星端硬件延迟为

$$f_{\mathrm{WL\_IF}}^{i,j}=\left(\frac{f_2}{f_1-f_2}b_2^{i,j}-\frac{f_1}{f_1-f_2}b_1^{i,j}+d_{\mathrm{IF}}^{i,j}\right)/\lambda_{\mathrm{WL}} \tag{3.19}$$

式中，$f_{\mathrm{WL\_IF}}^{i,j}$ 表示星间单差的宽巷模糊度中卫星端硬件延迟；$b_1^{i,j}$ 和 $b_2^{i,j}$ 表示星间单差的载波相位硬件延迟偏差；$d_{\mathrm{IF}}^{i,j}$ 表示星间单差的伪距硬件延迟偏差；λ_{WL} 表示宽巷模糊度的波长。

由于宽巷模糊度波长较长，经宽巷 FCB 产品改正后可直接取整进行固定。将固定的星间单差宽巷模糊度带入消电离层模糊度中，扣除宽巷模糊度即可求得星间单差的窄巷模糊度实数解 $B_{\mathrm{NL,k}}^{i,j}$。

$$B_{\mathrm{NL},k}^{i,j}=\frac{f_1+f_2}{f_1}B_{\mathrm{IF},k}^{i,j}-\frac{f_1}{f_1-f_2}N_{\mathrm{WL},k}^{i,j} \tag{3.20}$$

式中，$B_{\mathrm{IF},k}^{i,j}$ 表示星间单差的消电离层组合模糊度；$N_{\mathrm{WL},k}^{i,j}$ 表示固定后的星间单差宽巷模糊度。由于窄巷模糊度波长较短且模糊度参数之间存在相关性，通常采用 LAMBDA 算法进行部分模糊度搜索固定。

二、无先验电离层约束的非差非组合 PPP-AR

对于 UU-PPP 模型，由式(3.3)可得消电离层模糊度参数为

$$\lambda_m B_{m,k}^i = d_{\mathrm{IF}}^i - 2d_{\mathrm{IF},k} + d_{m,k} + (b_{m,k} - b_m^i) + \lambda_m N_{m,k}^i \tag{3.21}$$

对原始频点模糊度重新组成消电离层组合模糊度

$$\lambda_{\mathrm{IF}} B_{\mathrm{IF\_UU},k}^i = b_{\mathrm{IF},k} - d_{\mathrm{IF},k} + d_{\mathrm{IF}}^i - b_{\mathrm{IF}}^i + \lambda_{\mathrm{IF}} N_{\mathrm{IF},k}^i \tag{3.22}$$

式中，$B_{\mathrm{IF_UU},k}^i$表示原始频点重构的消电离层组合模糊度。

与式（3.18）对比，可见UU-PPP模型重构的消电离层模糊度中硬件延迟与消电离层PPP模型解算出的模糊度硬件延迟相同，即

$$\lambda_{\mathrm{IF}} B_{\mathrm{IF\_UU},k}^i = \lambda_{\mathrm{IF}} B_{\mathrm{IF},k}^i \tag{3.23}$$

考虑到MW组合需要历元间平滑，此处直接对UU-PPP模型解算出的原始频点模糊度作差得宽巷模糊度实数解：

$$B_{\mathrm{WL\_UU},k}^i = B_{1,k}^i - B_{2,k}^i \tag{3.24}$$

同理将硬件延迟分为卫星端和接收机端硬件延迟，其中卫星端宽巷硬件延迟为

$$f_{\mathrm{WL\_UU}}^{i,j} = \left(\frac{f_2}{f_1 - f_2} b_2^{i,j} - \frac{f_1}{f_1 - f_2} b_1^{i,j} + d_{\mathrm{IF}}^{i,j}\right) / \lambda_{\mathrm{WL}} \tag{3.25}$$

与式(3.19)对比可以看出，IF-PPP模型中通过MW组合得到的宽巷模糊度卫星端FCB与UU-PPP模型中原始频点直接作差得到的宽巷模糊度卫星端FCB相同，即

$$f_{\mathrm{WL\_UU}}^{i,j} = f_{\mathrm{WL\_IF}}^{i,j} \tag{3.26}$$

直接取整固定宽巷模糊度，由已固定的宽巷模糊度和重构的消电离层模糊度求得窄巷模糊度浮点解$B_{\mathrm{NL_UU},k}^{i,j}$：

$$B_{\mathrm{NL\_UU},k}^{i,j} = \frac{f_1 + f_2}{f_1} B_{\mathrm{IF\_UU},k}^{i,j} - \frac{f_1}{f_1 - f_2} N_{\mathrm{WL\_UU},k}^{i,j} \tag{3.27}$$

结合式(3.23)、式(3.26)与式(3.20)对比，UU-PPP模型中的窄巷模糊度卫星端FCB$f_{\mathrm{NL_UU},k}^{i,j}$与IF-PPP卫星端FCB $f_{\mathrm{NL_IF},k}^{i,j}$中保持一致，即

$$f_{\mathrm{NL\_UU},k}^{i,j} = f_{\mathrm{NL\_IF},k}^{i,j} \tag{3.28}$$

证明了用户端IF-PPP模型与UU-PPP模型模糊度固定方法的自洽性。

三、附加先验电离层约束的非差非组合PPP-AR

对于IC-PPP模型，由式(3.8)可得消电离层模糊度参数为

$$\lambda_m B_{m,k}^i = (d_{\mathrm{IF}}^i - d_{\mathrm{IF},k}) + (b_{m,k} - b_m^i) + \lambda_m N_{m,k}^i \tag{3.29}$$

同理，对原始频点模糊度重新组成消电离层组合模糊度：

$$\lambda_{\mathrm{IF\_IC}} B_{\mathrm{IF\_IC},k}^i = b_{\mathrm{IF},k} - d_{\mathrm{IF},k} + d_{\mathrm{IF}}^i - b_{\mathrm{IF}}^i + \lambda_{\mathrm{IF}} N_{\mathrm{IF},k}^i \tag{3.30}$$

与式(3.18)对比可以看出，IC-PPP模型重构的消电离层模糊度中所包含的硬件延迟与IF模型解算出的模糊度硬件延迟相同，即

$$\lambda_{\mathrm{IF\_IC}} B_{\mathrm{IF\_IC},k}^i = \lambda_{\mathrm{IF}} B_{\mathrm{IF},k}^i \tag{3.31}$$

由于IC-PPP模型可直接解算原始频点模糊度，同理直接作差得到宽巷模糊度实数解：

$$B_{\mathrm{WL\_IC},k}^i = B_{1,k}^i - B_{2,k}^i \tag{3.32}$$

同理将硬件延迟分为卫星端和接收机端硬件延迟，其中卫星端宽巷硬件延迟为

$$f_{\mathrm{WL\_IC}}^{i,j} = \left(\frac{f_2}{f_1 - f_2} b_2^{i,j} - \frac{f_1}{f_1 - f_2} b_1^{i,j} + d_{\mathrm{IF}}^{i,j}\right) / \lambda_{\mathrm{WL}} \tag{3.33}$$

与式(3.19)对比可以看出，IF-PPP 模型中通过 MW 组合得到的宽巷模糊度卫星端 FCB 与 IC-PPP 模型中原始频点直接作差得到的宽巷模糊度卫星端 FCB 相同，即

$$f^{i,j}_{\mathrm{WL\_IC}}=f^{i,j}_{\mathrm{WL\_IF}} \tag{3.34}$$

同理也可直接固定宽巷模糊度，并与重构的消电离层模糊度求得窄巷模糊度浮点解：

$$B^{i,j}_{\mathrm{NL\_IC},k}=\frac{f_1+f_2}{f_1}B^{i,j}_{\mathrm{IF\_IC},k}-\frac{f_1}{f_1-f_2}N^{i,j}_{\mathrm{WL\_IC},k} \tag{3.35}$$

结合式(3.31)、式(3.34)并与式(3.20)对比，UU-PPP 模型中的窄巷模糊度卫星端 FCB 与 IF-PPP 中保持一致。IF-PPP 模型、UU-PPP 模型和 IC-PPP 模型中的宽/窄巷模糊度的卫星 FCB 相同，即

$$\begin{cases}f^{i,j}_{\mathrm{WL\_IC}}=f^{i,j}_{\mathrm{WL\_UU}}=f^{i,j}_{\mathrm{WL\_IF}}\\ f^{i,j}_{\mathrm{NL\_IC},k}=f^{i,j}_{\mathrm{NL\_UU},k}=f^{i,j}_{\mathrm{NL\_IF},k}\end{cases} \tag{3.36}$$

因此，可以证明 IF-PPP 模型、UU-PPP 模型和 IC-PPP 模型模糊度固定方法的自洽性。

四、三种 PPP 模型的统一模糊度固定方法效果分析

相较于传统方法服务端需播发三种 FCB 产品，本书方法服务端只需发布一种 FCB 产品，用户端可自由选择 PPP 模型进行模糊度固定。本书以 IF-PPP FCB 产品为例，算法流程图如图 3.6 所示。对于 IF-PPP 模型用户端，使用 MW 组合得到宽巷模糊度，经宽巷 IF-PPP FCB 产品改正后直接取整进行固定，利用固定的宽巷模糊度和消电离层模糊度构建窄巷模糊度浮点解，经窄巷 IF-PPP FCB 产品改正后利用 LAMBDA 算法进行搜索固定。对于 UU-PPP 模型和 IC-PPP 模型用户端，在原始频点上直接作差即可得到宽巷模糊度浮点解，经宽巷 IF-PPP FCB 产品改正后直接取整固定。基于原始频点重新构建消电离层模糊度，利用固定的宽巷模糊度和构建的消电离组合模糊度生成窄巷模糊度，经窄巷 IF-PPP FCB 产品改正后利用 LAMBDA 算法进行搜索固定。

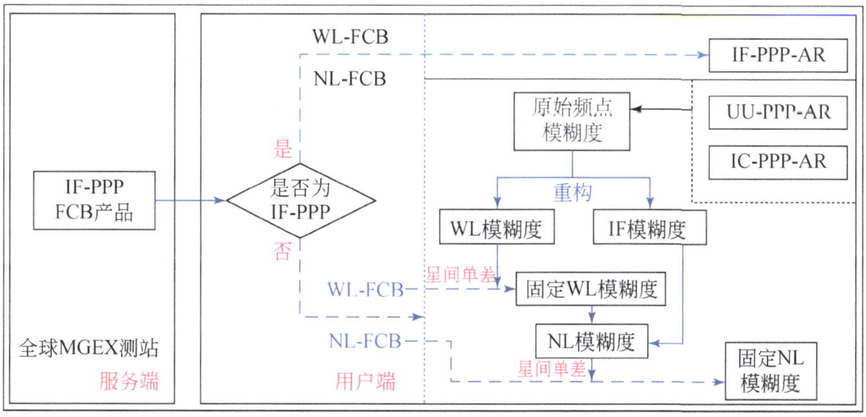

图 3.6　不同 PPP 模型的统一模糊度固定算法流程图

采用三种 PPP 模型，即 IF-PPP、UU-PPP、IC-PPP，生成三种 FCB 产品播发。数据采样间隔为 30s，观测时间为 2019 年，年积日为 81～87，参考站的坐标真值为 SINEX

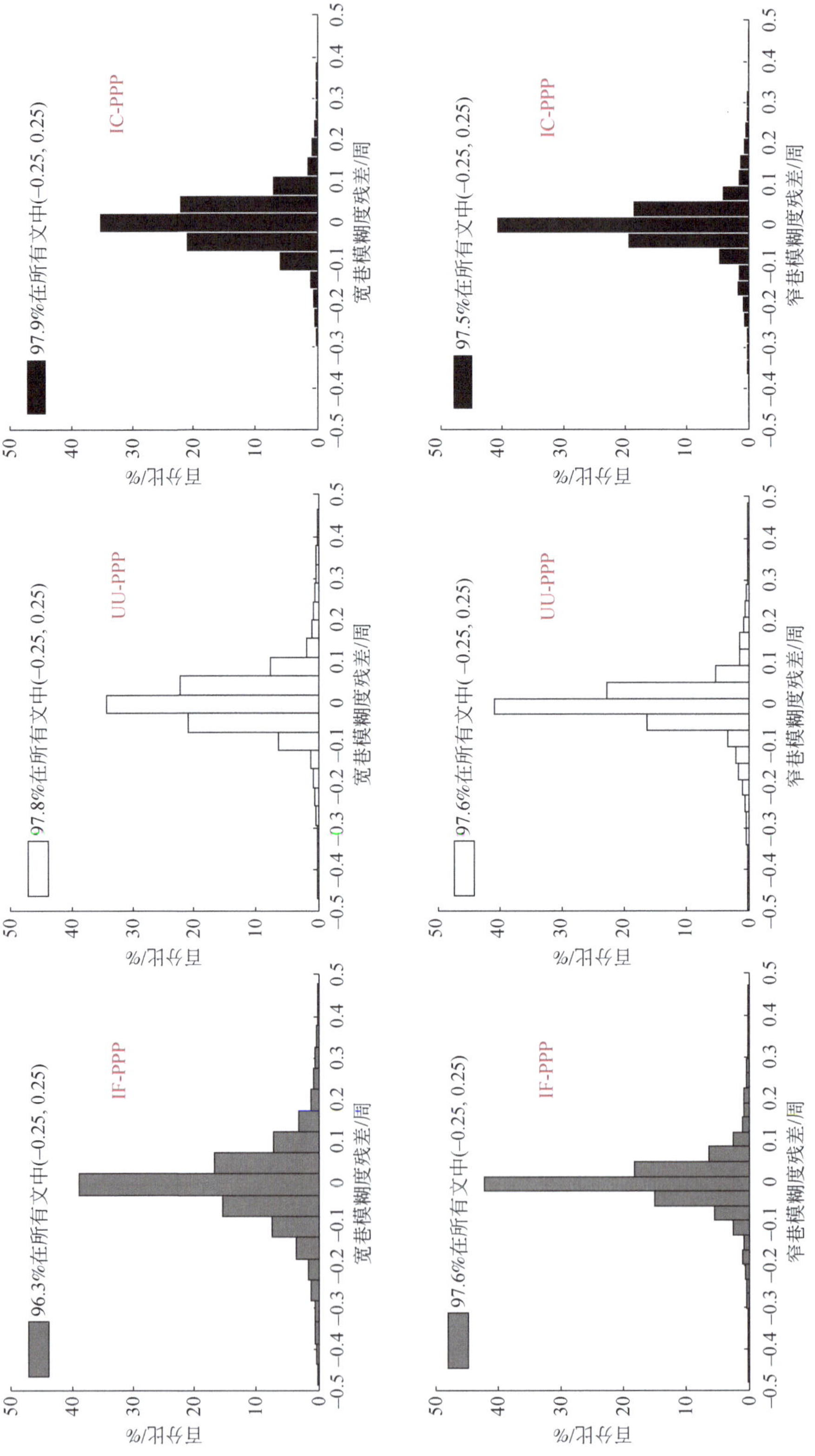

图3.7　三种FCB产品的宽窄巷残差

(Solution Independent Exchange Format)周解。选取未参与服务端解算的50个MGEX测站作为用户端，采用三种方案进行解算对比，如表3.2所示。服务端采用非差法进行三种FCB产品的解算。将生成的三种FCB产品应用于服务端216个测站，经三种FCB产品改正后的宽巷模糊度残差如图3.7所示。可以看出，在使用三种FCB产品改正后，96.3%的IF-PPP宽巷模糊度残差分布在±0.25周之间，97.8%的UU-PPP宽巷模糊度残差分布在±0.25周之间，97.9%的UU-PPP宽巷模糊度残差分布在±0.25周之间，说明生成的三种宽巷FCB产品内符合精度较好。

表3.2　用户端三种PPP模型采用的三种方案

方案	处理策略
方案1	用户端三种PPP模型均采用浮点解，不进行模糊度固定
方案2	用户端三种PPP模型采用传统方式进行模糊度固定
方案3	用户端三种PPP模型采用本书提出的新方法进行模糊度固定

选用全球未参与服务端FCB产品解算的50个测站作为用户端，分别采用三种方案进行仿动态PPP解算，统计50个测站30min在N、E、U和3D方向上三种方案的定位精度，如图3.8所示。仿动态条件下将测站坐标的过程噪声方差设为10000m^2。相对于UU-PPP浮点解，传统方案和本书方法定位精度分别提升了47.8%和49.8%；相对于IC-PPP浮点解，传统方案和本书方法定位精度分别提升了43.6%和45.4%；相对于IF-PPP浮点解，传统方案和本书方法定位精度分别提升了57.7%和57.7%。

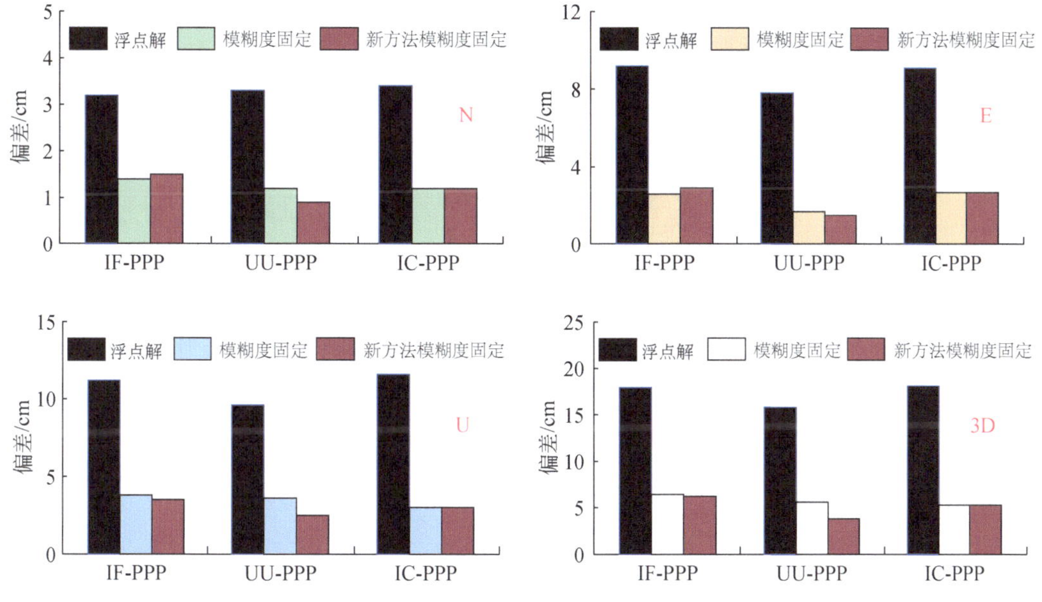

图3.8　三种方案下50个测站的仿动态定位精度对比

表3.3统计了50个测站采用三种方案的仿动态定位精度对比，30min内UU-PPP、IC-

PPP 和 IF-PPP 浮点解精度分别为 17.9cm、15.8cm 和 18.1cm，而采用传统方案固定模糊度定位精度分别为 6.4cm、5.6cm 和 5.3cm，采用新方法固定模糊度定位精度分别为 6.2cm、3.8cm 和 5.3cm，说明仿动态情况下，新方法所采用的统一的 PPP 模糊度固定方法与三种模型的传统方法定位精度均保持一致。

表 3.3　统计 50 个测站三种方案的仿动态定位精度对比　　（单位：cm）

方向	UU-浮点解	UU-模糊度固定	UU-新方法模糊度固定	IC-浮点解	IC-模糊度固定	IC-新方法模糊度固定	IF-浮点解	IF-模糊度固定
N	3.2	1.4	1.5	3.3	1.2	0.9	3.4	1.2
E	9.2	2.6	2.9	7.8	1.7	1.5	9.1	2.7
U	11.2	3.8	3.5	9.6	3.6	2.5	11.6	3.0
3D	17.9	6.4	6.2	15.8	5.6	3.8	18.1	5.3

为分析用户端 PPP 的收敛时间，把 PPP 在 N、E、U 三个方向的定位偏差均小于 10cm 且其后 5min 均满足该条件作为收敛条件。图 3.9 为 50 个测站采用三种方案的收敛时间对比。相对于 UU-PPP 浮点解，传统方案和本书方法收敛时间分别缩短了 56.2% 和 56.2%；相对于 IC-PPP 浮点解，传统方案和本书方法收敛时间分别缩短了 57.7% 和 59.6%；相对于 IF-PPP 浮点解，传统方案和本书方法收敛时间分别缩短了 51.4% 和 51.4%。

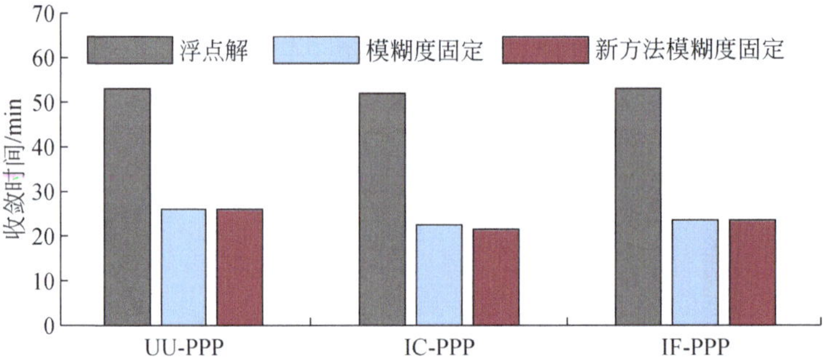

图 3.9　三种方案下 50 个测站的仿动态收敛时间对比

采用第三章第一节所述试验数据验证算法的有效性，服务端采用 IF-PPP 模型生成 FCB 产品，用户端分别用 IF-PPP 模型、UU-PPP 模型和 IC-PPP 模型进行 PPP-AR。图 3.10 表示三种 PPP 模型的统一模糊度固定结果，从左到右三列分别表示 IF-PPP、UU-PPP 和 IC-PPP，从上到下四行分别表示 E、N、U 和 3D 方向的定位误差。对于 IF-PPP、UU-PPP 和 IC-PPP 其首次固定时间分别为 37min47s、37min57s 和 37min47s。

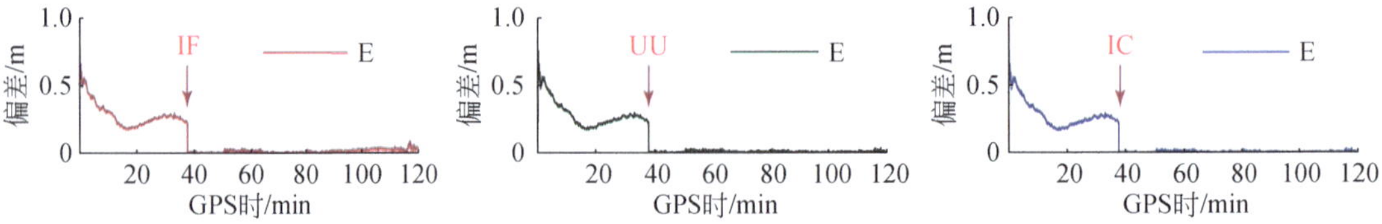

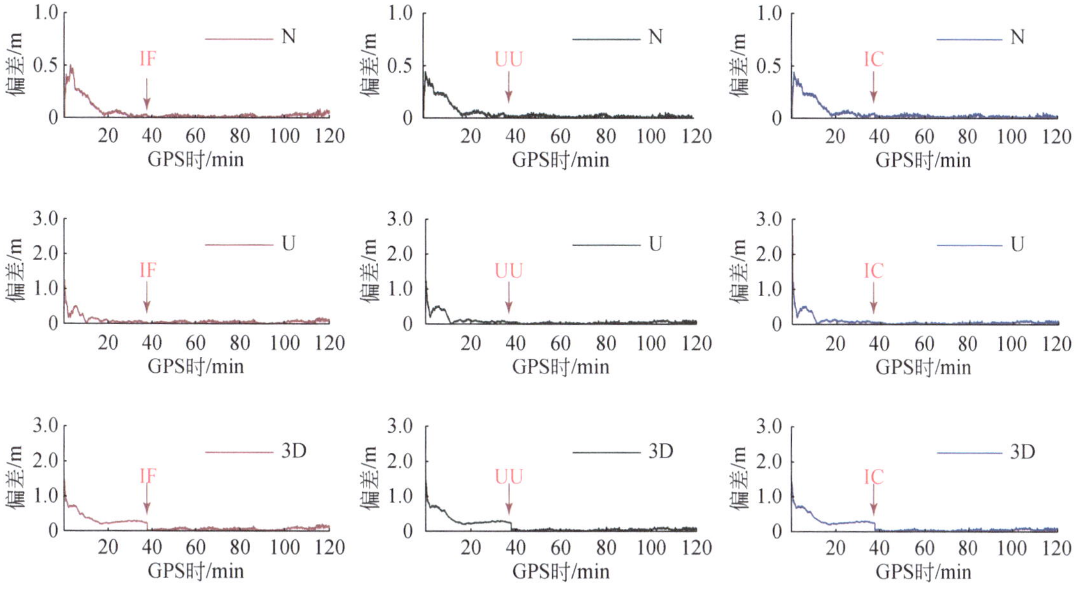

图 3.10　三种 PPP 模型的统一模糊度固定结果

可以看出，相较于传统 PPP 浮点解，无论是传统模糊度固定方案还是本书方法均能显著缩短 PPP 的收敛时间。本书方法采用统一的 PPP 模糊度固定方法，与传统 UU-PPP、IC-PPP、IF-PPP 方法收敛时间均保持一致，解决了不同 PPP 模型中模糊度参数所吸收的硬件延迟不同，需要生成多种 FCB 产品，不仅加重数据链路的传输压力，而且用户端无法灵活使用不同 FCB 产品的问题，实现了不同 PPP 模型的用户端可采用同一种 FCB 产品实现模糊度的快速固定。

第三节　海上环境下 INS 与 PPP-AR 紧组合方法

一、海面 PPP-AR/INS 紧组合模型

根据式(3.1)，PPP 的原始观测方程可表示为

$$\begin{cases} P^i_{m,k}=\rho^i_k+c\delta t_k-c\delta t^i+d^i_{\mathrm{orb}}+\gamma_m I^i_{1,k}+T^i_k+d_{m,k}-d^i_m+\varepsilon(P^i_{m,k}) \\ L^i_{m,k}=\rho^i_k+c\delta t_k-c\delta t^i+d^i_{\mathrm{orb}}-\gamma_m I^i_{1,k}+T^i_k+b_{m,k}-b^i_m+\lambda_m N^i_{m,k}+\varepsilon(L^i_{m,k}) \end{cases} \tag{3.37}$$

式中，ρ^i_k 表示信号发射时刻卫星位置与信号接收时刻 GNSS 天线相位中心之间的距离，可进一步表示为

$$\rho^i_k=\left|\boldsymbol{r}^e_s-\boldsymbol{r}^e_a\right|=\left|\boldsymbol{r}^e_s-(\boldsymbol{r}^e_{\mathrm{ins}}+\boldsymbol{C}^e_b\boldsymbol{l}^b_{ba})\right| \tag{3.38}$$

式中，$\boldsymbol{r}^e_s$ 表示在地心地固坐标系(简称 E 系)下卫星位置向量；$\boldsymbol{r}^e_a$ 表示在 E 系下接收机天线相位中心位置向量；$\boldsymbol{r}^e_{\mathrm{ins}}$ 表示在 E 系下 INS 中心位置向量；$\boldsymbol{C}^e_b$ 表示从 B 系到 E 系的旋转矩阵；$\boldsymbol{l}^b_{ba}$ 表示在载体坐标系(简称 B 系)下杆臂长度向量。

$$
\begin{aligned}
|\boldsymbol{r}_s^e-\boldsymbol{r}_a^e| &= \sqrt{(\hat{\boldsymbol{r}}_s^e-(\hat{\boldsymbol{r}}_a^e+\delta\hat{\boldsymbol{r}}_a^e))^{\mathrm{T}}(\hat{\boldsymbol{r}}_s^e-(\hat{\boldsymbol{r}}_a^e+\delta\hat{\boldsymbol{r}}_a^e))} \\
&= \sqrt{(\hat{\boldsymbol{r}}_s^e-\hat{\boldsymbol{r}}_a^e)^{\mathrm{T}}(\hat{\boldsymbol{r}}_s^e-\hat{\boldsymbol{r}}_a^e)-2(\hat{\boldsymbol{r}}_s^e-\hat{\boldsymbol{r}}_a^e)^{\mathrm{T}}\delta\hat{\boldsymbol{r}}_a^e+\delta\hat{\boldsymbol{r}}_a^e\delta\hat{\boldsymbol{r}}_a^e}
\end{aligned} \tag{3.39}
$$

式中，$\hat{\boldsymbol{r}}_s^e$ 表示由精密星历算出的 E 系下卫星的位置；$\hat{\boldsymbol{r}}_a^e$ 表示 E 系下接收机位置的近似值；$\delta\hat{\boldsymbol{r}}_a^e$ 表示其相应的改正数。

由于 $\boldsymbol{r}_a^e=\boldsymbol{r}_{\mathrm{ins}}^e+C_b^e\boldsymbol{l}_{ba}^b$，展开得到

$$
\begin{aligned}
\boldsymbol{r}_a^e+\delta\boldsymbol{r}_a^e &= \boldsymbol{r}_{\mathrm{ins}}^e+\delta\boldsymbol{r}_{\mathrm{ins}}^e+(\boldsymbol{I}_3+[\boldsymbol{\varphi}_{eb}^e\wedge])C_b^e\boldsymbol{l}_{ba}^b \\
&= \boldsymbol{r}_{\mathrm{ins}}^e+\delta\boldsymbol{r}_{\mathrm{ins}}^e+C_b^e\boldsymbol{l}_{ba}^b+[\boldsymbol{\varphi}_{eb}^e\wedge]C_b^e\boldsymbol{l}_{ba}^b \\
&= \boldsymbol{r}_{\mathrm{ins}}^e+\delta\boldsymbol{r}_{\mathrm{ins}}^e+C_b^e\boldsymbol{l}_{ba}^b-[(C_b^e\boldsymbol{l}_{ba}^b)\wedge]\boldsymbol{\varphi}_{eb}^e
\end{aligned} \tag{3.40}
$$

式中，$\boldsymbol{I}_3$ 表示单位矩阵；$\boldsymbol{\varphi}_{eb}^e$表示 INS 姿态失准角；$[\boldsymbol{\varphi}_{eb}^e\wedge]$表示 $\boldsymbol{\varphi}_{eb}^e$的反对称矩阵。

将式(3.37)写为误差方程，$v_{m,p}^i$ 和 $v_{m,L}^i$ 分别表示伪距和载波相位的观测残差：

$$
\begin{cases}
v_{m,P}^i=\rho_m^i-P_{m,k}^i+c\delta\hat{t}_k-c\delta t^i+\gamma_m I_1^i+M_k^i\cdot d_{\mathrm{trop},k}+d_{m,k}-d_m^i \\
v_{m,L}^i=\rho_m^i-L_{m,k}^i+c\delta\hat{t}_k-c\delta t^i-\gamma_m I_1^i+M_k^i\cdot d_{\mathrm{trop},k}+b_{m,k}-b_m^i+\lambda_m N_{m,k}^i
\end{cases} \tag{3.41}
$$

由于上述方程非线性，取一阶截断误差，即

$$
\begin{cases}
\boldsymbol{\Psi}=\dfrac{\partial v_{m,P}^i}{\partial\delta\boldsymbol{r}_{\mathrm{ins}}^e}=\dfrac{\partial v_{m,p}^i}{\partial\delta\boldsymbol{r}_a^e}\dfrac{\partial\delta\boldsymbol{r}_a^e}{\partial\delta\boldsymbol{r}_{\mathrm{ins}}^e}=-\dfrac{(\hat{\boldsymbol{r}}_s^e-\hat{\boldsymbol{r}}_a^e)^{\mathrm{T}}}{\sqrt{(\hat{\boldsymbol{r}}_s^e-\hat{\boldsymbol{r}}_a^e)^{T}(\hat{\boldsymbol{r}}_s^e-\hat{\boldsymbol{r}}_a^e)}} \\
\dfrac{\partial v_{m,P}^i}{\partial\boldsymbol{\varphi}^e}=\dfrac{\partial v_{m,p}^i}{\partial\delta\boldsymbol{r}_a^e}\dfrac{\partial\delta\boldsymbol{r}_a^e}{\partial\boldsymbol{\varphi}^e}=\dfrac{(\hat{\boldsymbol{r}}_s^e-\hat{\boldsymbol{r}}_a^e)^{\mathrm{T}}}{\sqrt{(\hat{\boldsymbol{r}}_s^e-\hat{\boldsymbol{r}}_a^e)^{\mathrm{T}}(\hat{\boldsymbol{r}}_s^e-\hat{\boldsymbol{r}}_a^e)}}[(C_b^e\boldsymbol{l}_{ba}^b)\times] \\
\dfrac{\partial v_{m,P}^i}{\partial\delta\hat{t}_k}=\dfrac{\partial v_{m,L}^i}{\partial\delta\hat{t}_k}=c,\ \dfrac{\partial v_{m,P}^i}{\partial d_{\mathrm{trop},k}}=\dfrac{\partial v_{m,L}^i}{\partial d_{\mathrm{trop},k}}=M_k^i,\ \dfrac{\partial v_{m,L}^i}{\partial N_{m,k}^i}=\lambda_m
\end{cases} \tag{3.42}
$$

此时方程待估参数为$[\delta\boldsymbol{r}^e,\ \delta\boldsymbol{v}^e,\ \boldsymbol{\varphi}^e,\ \delta\boldsymbol{b}_a,\ \delta\boldsymbol{b}_g,\ \delta\hat{t}_k,\ d_{\mathrm{trop},k},\ N_{m,k}^i]^{\mathrm{T}}$。利用 GNSS 的多普勒观测量进行速度更新，其误差方程为

$$
v_{m,D}^i=\dot{\rho}_k^i+\lambda_m D_{m,k}^i+c\dot{\delta t}_k^i-c\dot{\delta t}^i \tag{3.43}
$$

式中，$v_{m,D}^i$表示多普勒的观测残差；上标 i 表卫星编号；下标 k 表示接收机编号；下标 m 表示某一频率；$D_{m,k}^i$表示多普勒观测值；$\dot{\delta t}_k^i$ 和 $\dot{\delta t}^i$ 分别表示接收机钟漂和卫星钟漂；$\dot{\rho}_k^i$ 表示卫星位置与接收机位置之间的距离变化率。

$$
\begin{aligned}
\dot{\rho}_k^i &= \boldsymbol{e}_k^{i\mathrm{T}}(\boldsymbol{v}^i(t^i)-\boldsymbol{v}_a)+\frac{\omega_e}{c}(v_y^i x_k+y^i v_{x,k}-v_x^i y_k-x^i v_{y,k}) \\
&= \boldsymbol{e}_k^{i\mathrm{T}}(\boldsymbol{v}^i(t^i)-\boldsymbol{v}_a)+\frac{\omega_e}{c}(\boldsymbol{v}^{i\mathrm{T}}\underbrace{\begin{bmatrix}0&-1&0\\1&0&0\\0&0&0\end{bmatrix}}_{A}\boldsymbol{r}_a^e+\boldsymbol{v}_e^{i\mathrm{T}}\underbrace{\begin{bmatrix}0&1&0\\-1&0&0\\0&0&0\end{bmatrix}}_{B}\boldsymbol{r}_s^e) \\
&= \boldsymbol{e}_k^{i\mathrm{T}}(\boldsymbol{v}^i(t^i)-\boldsymbol{v}_a)+\frac{\omega_e}{c}(\boldsymbol{v}^{i\mathrm{T}}\boldsymbol{A}\boldsymbol{r}_a^e+\boldsymbol{v}_e^{i\mathrm{T}}\boldsymbol{B}\boldsymbol{r}_s^e)
\end{aligned} \tag{3.44}
$$

式中，$\boldsymbol{v}^i(t^i)$和 $\boldsymbol{v}_a$ 分别表示卫星和 GNSS 天线中心的运动速度；ω_e 表示地球自转角速度；$\boldsymbol{e}_k^{i\mathrm{T}}=(\boldsymbol{r}_s^e-\boldsymbol{r}_s^e)/(|\boldsymbol{r}_s^e-\boldsymbol{r}_s^e|)$表示卫星与 GNSS 天线相位中心连线的单位向量。

上述多普勒误差方程可表示为

$$v_{m,D}^{i}=\boldsymbol{e}_{k}^{i\mathrm{T}}(\boldsymbol{v}^{i}(t^{i})-\boldsymbol{v}_{a})+\frac{\omega_{e}}{c}(\boldsymbol{v}^{i\mathrm{T}}\boldsymbol{A}\boldsymbol{r}_{a}^{e}+\boldsymbol{v}_{e}^{i\mathrm{T}}\boldsymbol{B}\boldsymbol{r}_{s}^{e})+\lambda_{m}D_{m,k}^{i}+c\dot{\delta t}_{k}^{i}-c\dot{\delta t}^{i} \tag{3.45}$$

式(3.45)泰勒级数一阶展开：

$$\begin{aligned}v_{m,D}^{i}&=\boldsymbol{e}_{k}^{i\mathrm{T}}(\boldsymbol{v}^{i}-(\boldsymbol{v}_{a}+\delta\boldsymbol{v}_{a}))+\frac{\boldsymbol{\omega}_{ie}^{e}}{c}(\boldsymbol{v}^{i\mathrm{T}}\boldsymbol{A}(\boldsymbol{r}_{a}^{e}+\delta\boldsymbol{r}_{a}^{e})+(\boldsymbol{v}_{a}+\delta\boldsymbol{v}_{a})^{\mathrm{T}}\boldsymbol{B}\boldsymbol{r}_{s}^{e})\\&\quad+\lambda_{m}D_{m,k}^{i}+c\dot{\delta t}_{k}^{i}-c\dot{\delta t}^{i}\\&=\begin{pmatrix}\boldsymbol{e}_{k}^{i\mathrm{T}}(\boldsymbol{v}^{i}-\boldsymbol{v}_{a})+\frac{\boldsymbol{\omega}_{ie}^{e}}{c}(\boldsymbol{v}^{i\mathrm{T}}\boldsymbol{A}\boldsymbol{r}_{a}^{e}+\boldsymbol{v}_{a}^{\mathrm{T}}\boldsymbol{B}\boldsymbol{r}_{s}^{e})-\\\boldsymbol{e}_{k}^{i\mathrm{T}}\delta\boldsymbol{v}_{a}+\frac{\boldsymbol{\omega}_{ie}^{e}}{c}\boldsymbol{v}^{i\mathrm{T}}\boldsymbol{A}\delta\boldsymbol{r}_{a}^{e}+\frac{\boldsymbol{\omega}_{ie}^{e}}{c}\boldsymbol{r}_{s}^{e\mathrm{T}}\boldsymbol{B}^{\mathrm{T}}\delta\boldsymbol{v}_{a}\end{pmatrix}+\lambda_{m}D_{m,k}^{i}+c\dot{\delta t}_{k}^{i}-c\dot{\delta t}^{i}\end{aligned} \tag{3.46}$$

考虑到 INS 的速度 $\boldsymbol{v}_{\mathrm{ins}}^{i}$ 与 GNSS 天线速度 $\boldsymbol{v}_{a}^{i}$ 的差异，$\boldsymbol{v}_{a}^{i}$ 可进一步表示为

$$\begin{aligned}\boldsymbol{v}_{a}^{i}&=\boldsymbol{v}_{\mathrm{ins}}^{i}+\boldsymbol{C}_{b}^{e}[\boldsymbol{\omega}_{eb}^{b}\times]\boldsymbol{l}_{ba}^{a}\\&=\boldsymbol{v}_{\mathrm{ins}}^{i}+\boldsymbol{C}_{b}^{e}[\boldsymbol{\omega}_{ib}^{b}\times]\boldsymbol{l}_{ba}^{a}-[\boldsymbol{\omega}_{ie}^{e}\times]\boldsymbol{C}_{b}^{e}\boldsymbol{l}_{ba}^{a}\end{aligned} \tag{3.47}$$

式中，$\boldsymbol{\omega}_{eb}^{b}$ 表示 B 系相对于 E 系的角速率在 B 系下的投影。

对式(3.47)对其泰勒级数一阶展开：

$$\begin{aligned}\delta\boldsymbol{v}_{a}^{i}&=\boldsymbol{v}_{\mathrm{ins}}^{i}-\boldsymbol{v}_{a}^{i}+\delta\boldsymbol{v}_{\mathrm{ins}}^{i}+(\boldsymbol{I}+[\boldsymbol{\varphi}^{e}\times])\boldsymbol{C}_{b}^{e}[(\boldsymbol{\omega}_{ib}^{b}+\delta\boldsymbol{\omega}_{ib}^{b})\times]\boldsymbol{l}_{ba}^{a}-[\boldsymbol{\omega}_{ie}^{e}\times](\boldsymbol{I}+[\boldsymbol{\varphi}^{e}\times])\boldsymbol{C}_{b}^{e}\boldsymbol{l}_{ba}^{a}\\&=\boldsymbol{v}_{\mathrm{ins}}^{i}-\boldsymbol{v}_{a}^{i}+\boldsymbol{C}_{b}^{e}[\boldsymbol{\omega}_{ib}^{b}\times]\boldsymbol{l}_{ba}^{a}-[\boldsymbol{\omega}_{ie}^{e}\times]\boldsymbol{C}_{b}^{e}\boldsymbol{l}_{ba}^{a}+\delta\boldsymbol{v}_{\mathrm{ins}}^{i}+\boldsymbol{C}_{b}^{e}[\delta\boldsymbol{\omega}_{ib}^{b}\times]\boldsymbol{l}_{ba}^{a}\\&\quad+[\boldsymbol{\varphi}^{e}\times]\boldsymbol{C}_{b}^{e}[\boldsymbol{\omega}_{ib}^{b}\times]\boldsymbol{l}_{ba}^{a}+\underbrace{[\boldsymbol{\varphi}^{e}\times]\boldsymbol{C}_{b}^{e}[\delta\boldsymbol{\omega}_{ib}^{b}\times]\boldsymbol{l}_{ba}^{a}}_{\approx 0}-[\boldsymbol{\omega}_{ie}^{e}\times][\boldsymbol{\varphi}^{e}\times]\boldsymbol{C}_{b}^{e}\boldsymbol{l}_{ba}^{a}\\&\approx\delta\boldsymbol{v}_{\mathrm{ins}}^{i}-\boldsymbol{C}_{b}^{e}[\boldsymbol{l}_{ba}^{a}\times]\delta\boldsymbol{\omega}_{ib}^{b}-([(\boldsymbol{C}_{b}^{e}[\boldsymbol{\omega}_{ib}^{b}\times]\boldsymbol{l}_{ba}^{a})\times]-[\boldsymbol{\omega}_{ie}^{e}\times][(\boldsymbol{C}_{b}^{e}\boldsymbol{l}_{ba}^{a})\times])\boldsymbol{\varphi}^{e}\end{aligned} \tag{3.48}$$

对未知参数求偏导：

$$\begin{cases}\boldsymbol{\Theta}=\dfrac{\partial v_{m,D}^{i}}{\partial\delta\boldsymbol{v}_{a}}=-\boldsymbol{e}_{k}^{i\mathrm{T}}+\dfrac{\boldsymbol{\omega}_{ie}^{e}}{c}\boldsymbol{r}_{s}^{e\mathrm{T}}\boldsymbol{B}^{\mathrm{T}}\\\Delta=\dfrac{\partial\delta\boldsymbol{v}_{a}^{i}}{\partial\boldsymbol{\varphi}^{e}}=-([(\boldsymbol{C}_{b}^{e}[\boldsymbol{\omega}_{ib}^{b}\times]\boldsymbol{l}_{ba}^{a})\times]-[\boldsymbol{\omega}_{ie}^{e}\times][(\boldsymbol{C}_{b}^{e}\boldsymbol{l}_{ba}^{a})\times])\\\dfrac{\partial\delta\boldsymbol{v}_{a}^{e}}{\partial\delta\boldsymbol{v}_{\mathrm{ins}}^{e}}=\boldsymbol{I},\dfrac{\partial\delta\boldsymbol{v}_{a}^{i}}{\partial\delta\boldsymbol{b}_{g}}-\dfrac{\partial\delta\boldsymbol{v}_{a}^{i}}{\partial\delta\boldsymbol{\omega}_{ib}^{b}}\dfrac{\partial\delta\boldsymbol{\omega}_{ib}^{b}}{\partial\delta\boldsymbol{b}_{g}}=-\boldsymbol{C}_{b}^{e}[\boldsymbol{l}_{ba}^{a}\times]\end{cases} \tag{3.49}$$

则 PPP/INS 的观测方程可表示为

$$\begin{bmatrix}v_{m,P}^{i}\\v_{m,L}^{i}\\v_{m,D}^{i}\end{bmatrix}=\begin{bmatrix}\boldsymbol{\Psi}&0&-\boldsymbol{\Psi}[(\boldsymbol{C}_{b}^{e}\boldsymbol{l}_{ba}^{b})\times]&0&0&c&M_{k}^{i}&0\\\boldsymbol{\Psi}&0&-\boldsymbol{\Psi}[(\boldsymbol{C}_{b}^{e}\boldsymbol{l}_{ba}^{b})\times]&0&0&c&M_{k}^{i}&\lambda_{m}\\0&\boldsymbol{\Theta}&\boldsymbol{\Theta}\Delta&0&-\boldsymbol{\Theta}\boldsymbol{C}_{b}^{e}[\boldsymbol{l}_{ba}^{a}\times]&0&0&0\end{bmatrix}\begin{bmatrix}\delta\boldsymbol{r}^{e}\\\delta\boldsymbol{v}^{e}\\\boldsymbol{\varphi}^{e}\\\delta\boldsymbol{b}_{a}\\\delta\boldsymbol{b}_{g}\\\delta\hat{t}_{k}\\d_{\mathrm{trop},k}\\N_{m,k}^{i}\end{bmatrix} \tag{3.50}$$

PPP/INS 系统在 E 系下的系统方程可表示为

$$\begin{bmatrix}\delta\dot{\boldsymbol{r}}^e\\ \delta\dot{\boldsymbol{v}}^e\\ \dot{\boldsymbol{\varphi}}^e\end{bmatrix}=\begin{bmatrix}\delta\boldsymbol{v}^e\\ -2\boldsymbol{\Omega}_{ie}^e\delta\boldsymbol{v}^e+[(\boldsymbol{C}_b^e\boldsymbol{f}_{ib}^b)\times]\boldsymbol{\varphi}^e-\boldsymbol{C}_b^e\delta\boldsymbol{f}_{ib}^b\\ -\boldsymbol{\Omega}_{ie}^e\boldsymbol{\varphi}^e+\boldsymbol{C}_b^e\delta\boldsymbol{\omega}_{ib}^b\end{bmatrix}\tag{3.51}$$

式中，上标 e 和下标 i、b 分别表示 E 系、地心惯性坐标系（简称 I 系）和 B 系；$\delta\boldsymbol{r}^e$ 和 $\delta\boldsymbol{v}^e$ 分别表示在 E 系中 INS 位置 $\boldsymbol{r}^e$ 和速度 $\boldsymbol{v}^e$ 的误差；$\boldsymbol{\varphi}^e$ 表示 E 系下姿态失准角，符号上的点表示其导数；$\boldsymbol{C}_b^e$ 表示从 B 系到 E 系的旋转矩阵；$[\boldsymbol{A}\times]$表示对矩阵 $\boldsymbol{A}$ 取反对称矩阵；$\boldsymbol{\Omega}_{ie}^e=[\boldsymbol{\omega}_{ie}^e\times]$表示地球转动角速度矢量的反对称矩阵；$\boldsymbol{f}_{ib}^b$ 和 $\delta\boldsymbol{f}_{ib}^b$ 分别表示加速度的比力输出和其误差；$\delta\boldsymbol{\omega}_{ib}^b$ 表示陀螺的角速度输出误差。

对常值零偏进行反馈补偿：

$$\begin{cases}\delta f_{ib}^b=\delta b_a+\varepsilon_a\\ \delta\omega_{ib}^b=\delta b_g+\varepsilon_g\end{cases}\tag{3.52}$$

式中，δb_a 和 δb_g 分别表示加速度计和陀螺仪的常值零偏；ε_a 和 ε_g 分别表示加速度计和陀螺仪的零偏不稳定性。

E 系下的 PPP/INS 系统方程可进一步表示为

$$\begin{bmatrix}\delta\dot{\boldsymbol{r}}^e\\ \delta\dot{\boldsymbol{v}}^e\\ \dot{\boldsymbol{\varphi}}^e\\ \delta\dot{\boldsymbol{b}}_a\\ \delta\dot{\boldsymbol{b}}_g\end{bmatrix}=\begin{bmatrix}0 & \boldsymbol{I} & 0 & 0 & 0\\ 0 & -2\boldsymbol{\Omega}_{ie}^e & [(\boldsymbol{C}_b^e\boldsymbol{f}_{ib}^b)\times] & -\boldsymbol{C}_b^e & 0\\ 0 & 0 & -\boldsymbol{\Omega}_{ie}^e & 0 & \boldsymbol{C}_b^e\\ 0 & 0 & 0 & 0 & 0\\ 0 & 0 & 0 & 0 & 0\end{bmatrix}\begin{bmatrix}\delta\boldsymbol{r}^e\\ \delta\boldsymbol{v}^e\\ \boldsymbol{\varphi}^e\\ \delta\boldsymbol{b}_a\\ \delta\boldsymbol{b}_g\end{bmatrix}+\begin{bmatrix}0 & 0\\ -\boldsymbol{C}_b^e & 0\\ 0 & \boldsymbol{C}_b^e\\ 0 & 0\\ 0 & 0\end{bmatrix}\begin{bmatrix}\boldsymbol{\varepsilon}_a\\ \boldsymbol{\varepsilon}_g\end{bmatrix}\tag{3.53}$$

如图 3.11 为海面 PPP/INS 紧组合模糊度固定的算法流程图。算法分为服务端和用户端，服务端采用全球 MGEX 测站进行 FCB 产品的估计，并将宽巷和窄巷 FCB 产品发送给用户端。其中宽巷 FCB 每天发送一组，窄巷 FCB 每 10min 发送一组。用户端分别对 GNSS 和 INS 进行数据预处理和机械编排，一方面完成时间匹配后进入卡尔曼滤波，随后解算得到消电离层模糊度；另一方面，GNSS 采用 MW 组合进行历元间平滑得到宽巷模糊度，随后利用服务端发送的宽巷 FCB 产品进行宽巷模糊度固定。固定的宽巷模糊度和消电离层模糊度生成窄巷模糊度浮点解，利用服务端发送的窄巷 FCB 产品进行窄巷模糊度固定。需要注意的是，有时候不能固定全部模糊度，采用固定部分模糊度方法。固定之后的窄巷模糊度作为约束输入到 Kalman 滤波中，最终得到固定解。

二、海面 PPP-AR/INS 定位性能分析

为进一步验证结论的可靠性，在 2019 年 8 月 4 日，年积日 216 日，于中国黄海海域开展船载实验，时间大约为 1h（GPS 2019/08/04 06:20 ~ 07:16）。船体均在动态过程中完成 PPP 收敛及对准。用户端 GNSS 采用 IRTK5 接收机，船载 INS 选择 NovAtel SPAN-IGM-S1/A1，搭载的设备和其运动轨迹如图 3.12 所示。GNSS 采样间隔为 1s，INS 频率为 200Hz。SPAN-IGM-S1 高精度组合导航系统集成了挪威 Sensonor 的高精度惯性测量单元 STIM300 和

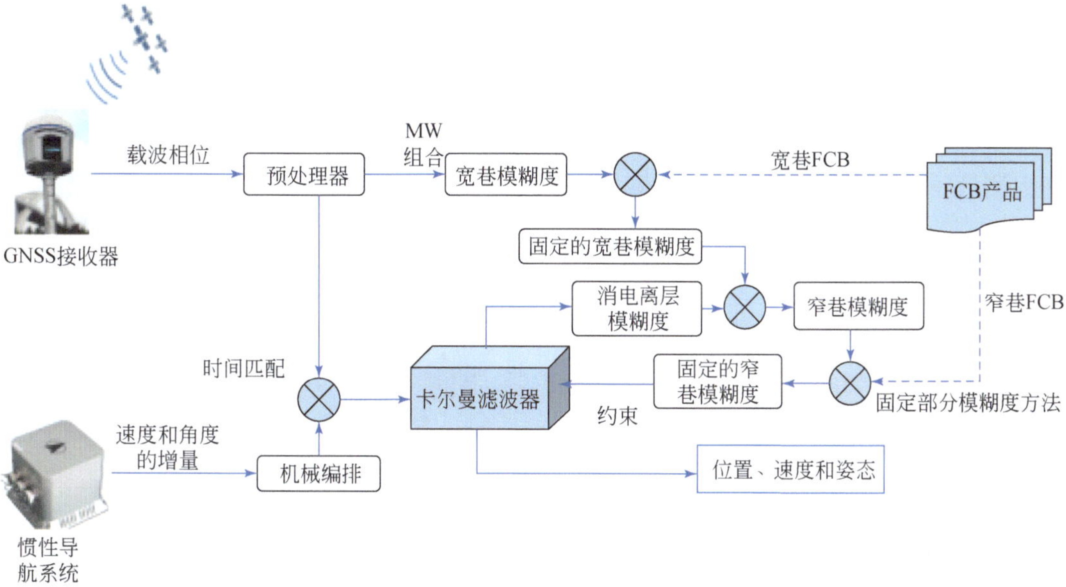

图 3.11　海面 PPP/INS 紧组合模糊度固定的算法流程图

NovAtelOEM615 板卡，其参数指标如表 3.4 所示。

表 3.4　NovAtel SPAN-IGM-S1/A1 具体参数

设备	零偏		零偏不稳定性(艾伦方差)	
	陀螺	加速度计	陀螺	加速度计
SPAN-IGM-S1	6°/h	0.1mg	$0.03°/\sqrt{h}$	$0.029m/s/\sqrt{h}$

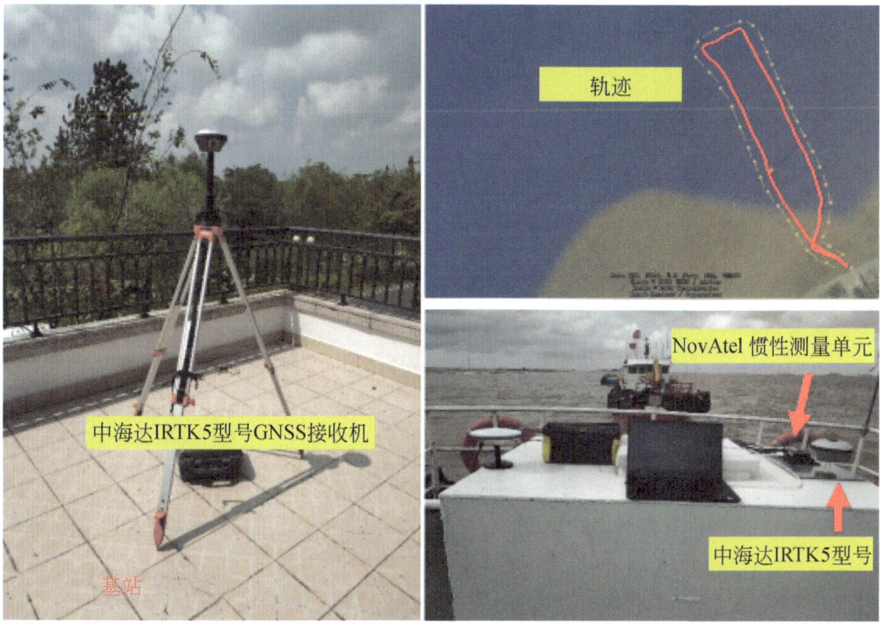

图 3.12　船载实验设备场景及其轨迹

图 3.13 表示在陆地环境[图 3.13(a)]和海洋环境[图 3.13(b)]下 P1 频点的伪距噪声，陆地情况下伪距噪声的均值和 STD 分别为 0.32m 和 0.27m，而在海上情况下伪距噪声的均值和 STD 分别为 0.62m 和 0.46m。此外，在海上环境下还存在卫星信号中断的情况，如图 3.13(b)中所框出来的红色框，可能是由于船体转弯对 GNSS 信号造成了遮挡。可见，海上测量环境对伪距噪声的影响较大。

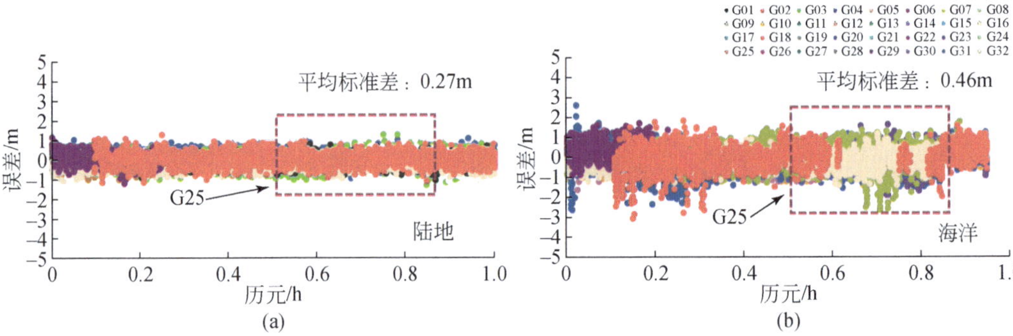

图 3.13　陆地与海洋环境下 GNSS 观测量的伪距噪声对比

按照测量规范，利用 GNSS 测量时应避免在光滑的反射面附近，但在海洋环境下无法避免。采用伪距观测量和载波相位观测量进行组合提取观测量的残差，除了观测值的随机噪声和系统的硬件延迟，还存在载波相位的整周模糊度，所以还需要再扣除残差序列中的均值，得到伪距和载波多路径的影响。相对伪距多路径，载波多路径的影响可忽略不计，故可以据此分析海上环境下多路径效应的影响。

图 3.14 表示陆地与海洋环境下 G25 号卫星 GNSS 观测量的多路径对比。对于 C1C 和 C2P 频点，陆地环境下多路径的均值分别为 0.24m 和 0.22m，海洋环境下多路径的均值分别为 0.32m 和 0.29m。可见，较陆地测量环境，海洋环境下多路径效应的影响较为严重，也出现了卫星信号中断的情况。表 3.5 展示了在不同 GNSS 信号中断时间下采用的四种方案，即 PPP、PPP-AR、PPP 和 INS 紧组合(PPP/INS TC)、PPP-AR 和 INS 紧组合(PPP-AR/INS TC)。当 GNSS 信号中断后，模糊度参数全部初始化。

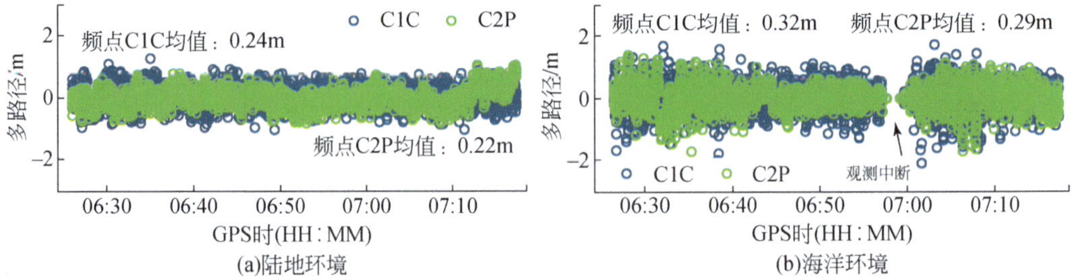

图 3.14　陆地与海洋环境下 G25 号卫星 GNSS 观测量的多路径对比

表 3.5　不同 GNSS 信号中断时间下采用的四种方案

方案	处理策略
方案 1	PPP
方案 2	PPP-AR
方案 3	PPP/INS TC
方案 4	PPP-AR/INS TC

图 3.15(a)表示在 INS 的递推误差为 0.09m 时，采用四种方案的定位结果。灰色、蓝色和绿色线分别表示在 N、E、U 三个方向上的定位误差，从上到下依次为 PPP、PPP-AR、PPP/INS TC 和 PPP-AR/INS TC 四种方案。当发生卫星信号短时中断，方案 1 和方案 2 都需较长收敛时间，才可再次提供稳定的高精度结果。对于方案 3，INS 递推的位置误差不到窄巷波长一半的情况下，可以避免 PPP 的重新初始化，但依旧存在一个收敛过程。对于方案 4，由于 INS 递推的位置精度较高，作为约束可以显著地缩小模糊度子集的搜索范围，因此在本实验中仅需 2s 即可实现模糊度的重新固定。

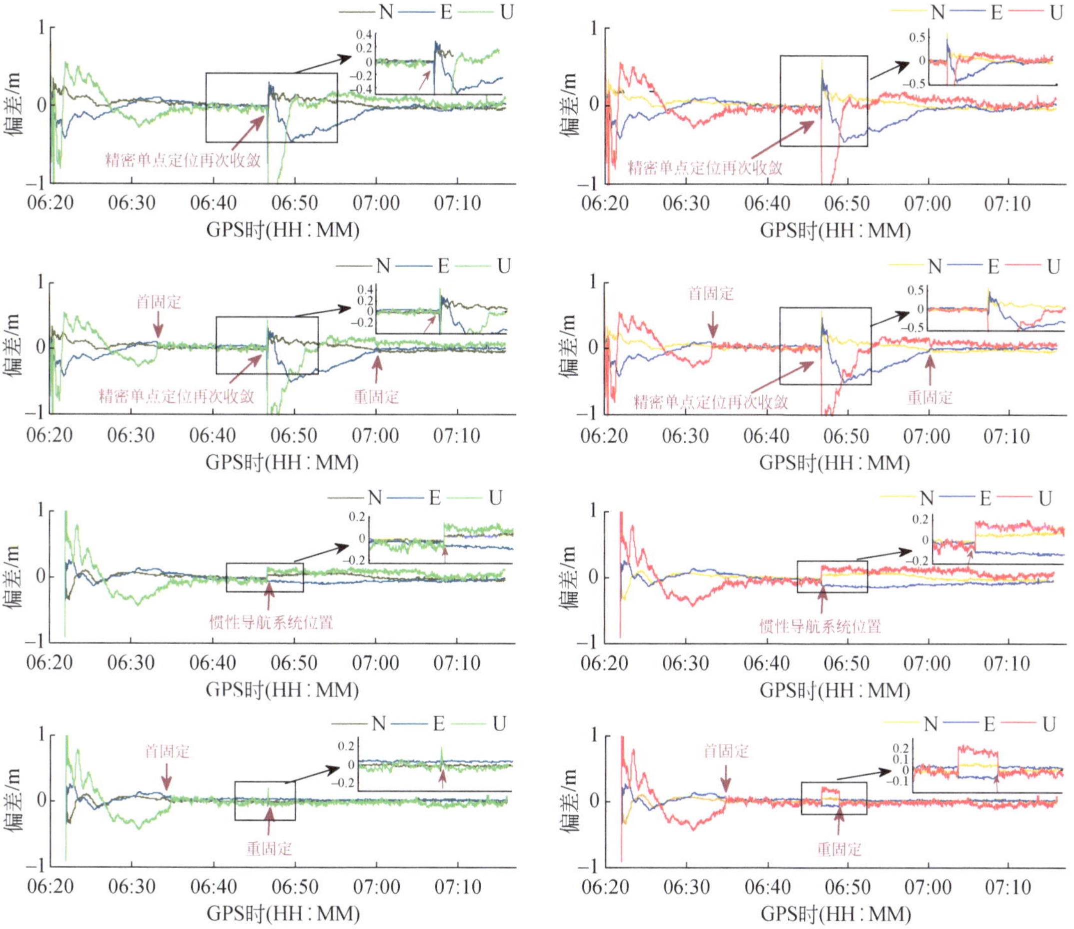

(a)0.09m　(b)0.19m

图 3.15　位置误差为 0.09m 和 0.19m 时不同方案的定位结果

图 3.15(b)表示在 INS 的递推误差为 0.19m 时，采用四种方案的定位结果。从上到下依次为 PPP、PPP-AR、PPP/INS TC 和 PPP-AR/INS TC，黄色、蓝色、红色分别表示在 N、E、U 三个方向上的定位误差。方案 1 和方案 2 也同样需要较长时间进行收敛，方案 3 依旧避免了 PPP 的重新初始化，但也存在较长的收敛时间。由于 INS 的递推误差达到 0.19m，位置精度虽然下降，但作为约束还是可以缩小模糊度子集的搜索范围，因此在本实验中仅需 2min16s 即可实现模糊度的重新固定。

图 3.16(a)表示在 INS 的递推误差为 0.23m 时，采用方案 4 的定位结果，粉色、绿色、黄色分别表示在 N、E、U 三个方向上的定位误差。相较于 INS 递推位置误差为 0.19m 时，重固定时间进一步延长，需要 4min18s 才可重新固定。图 3.16(b)表示在 INS 的递推误差为 0.46m 时，采用方案 4 的定位结果。相较于图 3.16(a)，重固定时间进一步延长，需要 8min34s 才可重新固定。这是因为，由于 INS 递推位置精度的下降，对模糊度参数的约束效果进一步减弱。当 INS 的递推位置精度与伪距单点定位相当时，方案 3 和方案 4 也需要进行 PPP 的重新初始化。

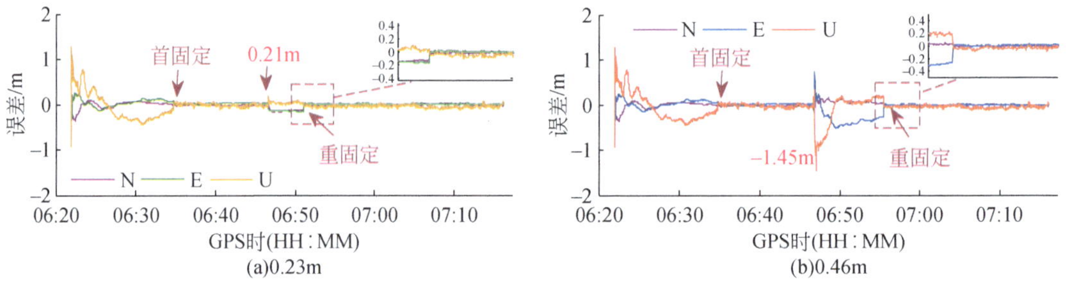

图 3.16　位置误差为 0.23m 和 0.46m 时的定位结果

三、海面多模 PPP-AR/INS 快速重固定

相较于单系统 PPP，多模 GNSS 可以进一步缩短 PPP 的收敛时间，加快 PPP-AR 的重固定。此外，INS 在短时间可提供高精度的位置信息，也可加快 PPP-AR 的重固定。针对多模 PPP-AR/INS 紧组合模型，进一步分析在 PPP-AR 重固定中多模 GNSS 与 INS 的作用。

以 GPS 单系统为例，Kalman 滤波的状态向量简化为

$$\boldsymbol{x}=[\delta\boldsymbol{r},\delta\boldsymbol{N}_G,\delta\boldsymbol{x}_{un}]^{\mathrm{T}} \tag{3.54}$$

式中，$\delta\boldsymbol{r}$ 表示 GNSS 接收机在 E 系下的坐标改正数；$\delta\boldsymbol{N}_G$ 表示消电离层组合的 GPS 模糊度的改正数；$\delta\boldsymbol{x}_{un}$ 表示其余参数的改正数。

在中断后重新接收到 GNSS 信号，模糊度参数全部重新初始化。此时，GPS 模糊度浮点解 $\delta\boldsymbol{N}_G$ 与其他参数没有相关性，$\boldsymbol{x}$ 的先验协方差矩阵 $\boldsymbol{\Sigma}_x^-$ 可表示为

$$\boldsymbol{\Sigma}_x^-=\begin{pmatrix}\boldsymbol{\Sigma}_{\delta r}^- & 0 & \boldsymbol{\Sigma}_{\delta r,\delta x_{un}}^- \\ 0 & \boldsymbol{\Sigma}_{\delta N_G}^- & 0 \\ \boldsymbol{\Sigma}_{\delta x_{un},\delta r}^- & 0 & \boldsymbol{\Sigma}_{\delta x_{un}}^-\end{pmatrix} \tag{3.55}$$

式中，$\boldsymbol{\Sigma}^-_{\delta x_{un},\delta r}$表示位置参数 $\delta\boldsymbol{r}$ 与其余待估参数 $\delta\boldsymbol{x}_{un}$之间的协方差。

GPS 短时中断后，位置参数由 INS 提供，模糊度参数全部重置，系统观测方程可简化为

$$v_L=(\boldsymbol{H}_{\delta r,G}\quad \boldsymbol{I}\quad 0)\begin{pmatrix}\delta\boldsymbol{r}^e_a\\ \delta\boldsymbol{N}_G\\ \delta\boldsymbol{x}_{un}\end{pmatrix} \tag{3.56}$$

式中，v_L 表示载波相位的观测残差；$\boldsymbol{H}_{\delta r,G}$表示 GPS 卫星对应的设计矩阵；$\boldsymbol{I}$ 表示单位矩阵。

经过卡尔曼滤波，$\boldsymbol{x}$ 的协方差矩阵 $\boldsymbol{\Sigma}^+_x$ 可表示为

$$\boldsymbol{\Sigma}^+_x=\boldsymbol{\Sigma}^-_x-\boldsymbol{\Sigma}^-_x\boldsymbol{H}^{\mathrm{T}}_{\delta r,G}(\boldsymbol{H}_{\delta r,G}\boldsymbol{\Sigma}^-_x\boldsymbol{H}^{\mathrm{T}}_{\delta r,G}+\boldsymbol{\Sigma}_G)^{-1}\boldsymbol{H}_{\delta r,G}\boldsymbol{\Sigma}^-_x \tag{3.57}$$

式中，$\boldsymbol{\Sigma}_G$ 表示 GPS 观测量的协方差矩阵。

将协方差矩阵 $\boldsymbol{\Sigma}^+_{\delta N_G}$展开，GPS 模糊度对应的协方差矩阵 $\boldsymbol{\Sigma}^+_{\delta N_G}$可表示为

$$\boldsymbol{\Sigma}^+_{\delta N_G}=\boldsymbol{\Sigma}^-_{\delta N_G}-\boldsymbol{\Sigma}^-_{\delta N_G}\boldsymbol{\Theta}^{-1}\boldsymbol{\Sigma}^-_{\delta N_G} \tag{3.58}$$

式中，$\boldsymbol{\Theta}^{-1}=(\boldsymbol{H}_{\delta r,G}\boldsymbol{\Sigma}^-_{\delta r}\boldsymbol{H}^{\mathrm{T}}_{\delta r,G}+\boldsymbol{\Sigma}^-_{\delta N,G}+\boldsymbol{\Sigma}_R)^{-1}$。对于多模 GNSS，卡尔曼滤波的状态向量变化为

$$\boldsymbol{x}=[\delta\boldsymbol{r},\delta\boldsymbol{N}_G,\delta\boldsymbol{N}_A,\delta\boldsymbol{x}_{un}]^{\mathrm{T}} \tag{3.59}$$

式中，$\delta\boldsymbol{N}_A$ 表示加入的 GNSS 卫星模糊度参数改正数，此时 $\boldsymbol{x}$ 的先验协方差矩阵 $\boldsymbol{\Sigma}^-_x$ 可表示为

$$\boldsymbol{\Sigma}^-_x=\begin{pmatrix}\boldsymbol{\Sigma}^-_{\delta\boldsymbol{r}} & 0 & 0 & \boldsymbol{\Sigma}^-_{\delta\boldsymbol{r},\delta\boldsymbol{x}_{un}}\\ 0 & \boldsymbol{\Sigma}^-_{\delta N_G} & 0 & 0\\ 0 & 0 & \boldsymbol{\Sigma}^-_{\delta N_A} & 0\\ \boldsymbol{\Sigma}^-_{\delta\boldsymbol{x}_{un},\delta\mathrm{r}} & 0 & 0 & \boldsymbol{\Sigma}^-_{\delta\boldsymbol{x}_{un}}\end{pmatrix} \tag{3.60}$$

式中，$\boldsymbol{\Sigma}^-_{\delta N_A}$表示加入的 GNSS 卫星模糊度对应的协方差矩阵，系统观测方程表示为

$$v_L=\begin{pmatrix}\boldsymbol{H}_{\delta r,G} & \boldsymbol{I} & 0 & 0\\ \boldsymbol{H}_{\delta r,A} & 0 & \boldsymbol{I} & 0\end{pmatrix}\begin{pmatrix}\delta\boldsymbol{r}^e_a\\ \delta\boldsymbol{N}_G\\ \delta\boldsymbol{N}_A\\ \delta\boldsymbol{x}_{un}\end{pmatrix} \tag{3.61}$$

式中，$\boldsymbol{H}_{\delta r,A}$表示加入的 GNSS 卫星对应的设计矩阵，经过卡尔曼滤波，$\boldsymbol{x}$ 的协方差矩阵 $\boldsymbol{\Sigma}^+_x$ 可表示为

$$\boldsymbol{\Sigma}^+_x=\boldsymbol{\Sigma}^-_x-\boldsymbol{\Sigma}^-_x\boldsymbol{H}^{\mathrm{T}}\begin{pmatrix}\boldsymbol{A}+\boldsymbol{\Sigma}^-_{\delta N,G}+\boldsymbol{\Sigma}_G & \boldsymbol{B}\\ \boldsymbol{C} & \boldsymbol{D}+\boldsymbol{\Sigma}^-_{\delta N,A}+\boldsymbol{\Sigma}_A\end{pmatrix}^{-1}\boldsymbol{H}\boldsymbol{\Sigma}^-_x \tag{3.62}$$

式中，$\boldsymbol{\Sigma}_A$ 表示加入的 GNSS 卫星观测量的协方差矩阵；$\boldsymbol{A}=\boldsymbol{H}_{\delta r,G}\boldsymbol{\Sigma}^-_{\delta r}\boldsymbol{H}^{\mathrm{T}}_{\delta r,G}$；$\boldsymbol{B}=\boldsymbol{H}_{\delta r,G}\boldsymbol{\Sigma}^-_{\delta r}\boldsymbol{H}^{\mathrm{T}}_{\delta r,A}$；$\boldsymbol{C}=\boldsymbol{H}_{\delta r,A}\boldsymbol{\Sigma}^-_{\delta r}\boldsymbol{H}^{\mathrm{T}}_{\delta r,G}$；$\boldsymbol{D}=\boldsymbol{H}_{\delta r,A}\boldsymbol{\Sigma}^-_{\delta r}\boldsymbol{H}^{\mathrm{T}}_{\delta r,A}$。

$\boldsymbol{H}_{\delta r,G}$和 $\boldsymbol{\Sigma}_G$ 的具体形式为

$$\boldsymbol{H}_{\delta r,G}=\begin{pmatrix}\mu_{11} & \mu_{12} & \mu_{13}\\ \mu_{21} & \mu_{22} & \mu_{23}\\ \cdot & \cdot & \cdot\\ \mu_{S1} & \mu_{S2} & \mu_{S3}\end{pmatrix},\boldsymbol{\Sigma}_G=\begin{pmatrix}\boldsymbol{\Sigma}_G^1 & & & \\ & \boldsymbol{\Sigma}_G^2 & & \\ & & \ddots & \\ & & & \boldsymbol{\Sigma}_G^S\end{pmatrix} \tag{3.63}$$

式中，S 表示参与解算的 GPS 卫星数目；μ_{i1}、μ_{i2}和μ_{i3}表示接收机与卫星间的方向向量。

由于 INS 在短时间内可提供高精度的位置信息，位置参数协方差矩阵 $\boldsymbol{\Sigma}_{\delta r}^-$几乎为零矩阵。由于模糊度参数重置，$\boldsymbol{\Sigma}_{\delta N,G}^-$对应位置上的元素远大于 $\boldsymbol{A}$ 和 $\boldsymbol{\Sigma}_G$。根据分块矩阵的求逆公式，经过 Kalman 滤波后的 GPS 模糊度协方差 $\boldsymbol{\Sigma}_{\delta N_G}^+$可表示为

$$\boldsymbol{\Sigma}_{\delta N_G}^+=\boldsymbol{\Sigma}_{\delta N_G}^- -\boldsymbol{\Sigma}_{\delta N_G}^-\boldsymbol{\Theta}_{11}^{-1}\boldsymbol{\Sigma}_{\delta N_G}^- \tag{3.64}$$

$$\begin{aligned}\boldsymbol{\Theta}_{11}^{-1}=&(\boldsymbol{A}+\boldsymbol{\Sigma}_{\delta N,G}^-+\boldsymbol{\Sigma}_G)^{-1}+(\boldsymbol{A}+\boldsymbol{\Sigma}_G)^{-1}\boldsymbol{B}(\boldsymbol{D}+\boldsymbol{\Sigma}_{\delta N,A}^-\\&+\boldsymbol{\Sigma}_A-\boldsymbol{C}(\boldsymbol{A}+\boldsymbol{\Sigma}_{\delta N,G}^-+\boldsymbol{\Sigma}_G)^{-1}\boldsymbol{B})^{-1}\cdot\boldsymbol{C}(\boldsymbol{A}+\boldsymbol{\Sigma}_{\delta N,G}^-+\boldsymbol{\Sigma}_G)^{-1}\end{aligned} \tag{3.65}$$

对比式(3.58)和式(3.64)，加入 GNSS 卫星对于 GPS 模糊度的影响为 $\Delta=\boldsymbol{\Sigma}_{\delta N_G}^-(\boldsymbol{\Theta}_{11}^{-1}-\boldsymbol{\Theta}^{-1})\boldsymbol{\Sigma}_{\delta N_G}^-$，考虑到 $\boldsymbol{B}=\boldsymbol{C}^{\mathrm{T}}$，则 $\boldsymbol{\Theta}_{11}^{-1}-\boldsymbol{\Theta}^{-1}$可进一步表示为

$$\begin{aligned}\boldsymbol{\Theta}_{11}^{-1}-\boldsymbol{\Theta}^{-1}=&(\boldsymbol{A}+\boldsymbol{\Sigma}_{\delta N,G}^-+\boldsymbol{\Sigma}_G)^{-1}\boldsymbol{B}(\boldsymbol{D}+\boldsymbol{\Sigma}_{\delta N,G}^-+\boldsymbol{\Sigma}_A-\boldsymbol{B}^{\mathrm{T}}(\boldsymbol{A}+\boldsymbol{\Sigma}_{\delta N,G}^-+\boldsymbol{\Sigma}_G)^{-1}\boldsymbol{B})^{-1}\\&\cdot\boldsymbol{B}^{\mathrm{T}}(\boldsymbol{A}+\boldsymbol{\Sigma}_{\delta N,G}^-+\boldsymbol{\Sigma}_G)-1\end{aligned} \tag{3.66}$$

由上述分析，$(\boldsymbol{A}+\boldsymbol{\Sigma}_{\delta N,G}^-+\boldsymbol{\Sigma}_G)^{-1}\approx(\boldsymbol{\Sigma}_{\delta N,G}^-)^{-1}$，$\boldsymbol{B}^{\mathrm{T}}(\boldsymbol{\Sigma}_{\delta N,G}^-)^{-1}\boldsymbol{B}\approx\boldsymbol{0}$，则式(3.67)可进一步表示为

$$\boldsymbol{\Theta}_{11}^{-1}-\boldsymbol{\Theta}^{-1}\approx(\boldsymbol{\Sigma}_{\delta N,G}^-)^{-1}\boldsymbol{B}(\boldsymbol{\Sigma}_{\delta N,E}^-)^{-1}\cdot\boldsymbol{B}^{\mathrm{T}}(\boldsymbol{\Sigma}_{\delta N,G}^-)^{-1} \tag{3.67}$$

将式(3.67)代入式(3.64)得到加入 GNSS 卫星对于 GPS 模糊度的影响为

$$\begin{aligned}\Delta&=\boldsymbol{\Sigma}_{\delta N_G}^-(\boldsymbol{\Theta}_{11}^{-1}-\boldsymbol{\Theta}^{-1})\boldsymbol{\Sigma}_{\delta N_G}^-\\&\approx\boldsymbol{\Sigma}_{\delta N,G}^-(\boldsymbol{\Sigma}_{\delta N,G}^-)^{-1}\boldsymbol{B}(\boldsymbol{\Sigma}_{\delta N,G}^-)^{-1}\boldsymbol{B}^{\mathrm{T}}(\boldsymbol{\Sigma}_{\delta N,G}^-)^{-1}\boldsymbol{\Sigma}_{\delta N,G}^-\\&=\boldsymbol{B}(\boldsymbol{\Sigma}_{\delta N,G}^-)^{-1}\boldsymbol{B}^{\mathrm{T}}\\&\approx 0\end{aligned} \tag{3.68}$$

上述分析表明，当 INS 能够提供较高精度的位置信息时，多模 GNSS 的加入对于模糊度的精度改善可忽略不计，仅能提供更多的模糊度候选子集。这意味着，当 GNSS 短时中断且 INS 可维持较高精度的位置时，加入的多模 GNSS 系统需要相应的 FCB 产品参与模糊度的固定，否则加入的多模 GNSS 对于 PPP-AR 重固定并无明显改善效果。

为验证结论的可靠性，在 2022 年 7 月 1 日(年积日 180)，于中国天津渤海海面，开展 UUV 水面试验，时间为 2h。用户端 GNSS 采用 IRTK5 接收机，INS 选择内置的中船航海 MFG-ⅢU 光纤惯导，试验场景和航行轨迹如图 3.17 所示。选择 Inertial Explorer 8.9 RTK/INS 紧组合软件解算结果作为真值。GNSS 采样间隔为 1s，INS 频率为 100Hz。MFG-ⅢU 采用中高精度光纤陀螺和石英加速度计，陀螺零偏≤0.2(°)/h，加速度计零偏≤5mg。在 1.0h 处分别对 GNSS 信号进行 1s、10s、20s 和 30s 的中断，并对所有模糊度参数进行重置。

表 3.6 表示用户端进行 PPP-AR/INS 紧组合采用的四种方案，方案 A 表示只使用单系统 GPS，方案 B 表示使用双系统 GPS+GLONASS(仅固定 GPS)，方案 C 表示使用三系统 GPS+GLONASS+Galileo(仅固定 GPS)，方案 D 表示使用三系统 GPS+GLONASS+Galileo(仅

固定 GPS 和 Galileo)。

图 3.17　天津渤海海面试验场景及航行轨迹

表 3.6　用户端 PPP-AR/INS 紧组合采用的四种方案

方案	策略
方案 A	GPS(固定 GPS)
方案 B	GPS+GLONASS(仅固定 GPS)
方案 C	GPS+GLONASS+Galileo(仅固定 GPS)
方案 D	GPS+GLONASS+Galileo(仅固定 GPS 和 Galileo)

图 3.18 表示不同中断时间下，用户端采用四种方案的定位精度。从上到下四行分别表示方案 A、方案 B、方案 C 和方案 D，从左到右分别表示 GNSS 信号中断时间为 1s、10s、20s 和 30s 的情况。方案 A、方案 B、方案 C 和方案 D 的首次固定时间分别为 37min49s、23min37s、21min02s 和 17min44s，可见多模 GNSS 可以显著缩短 PPPAR/INS 的首次固定时间。其次，当 GNSS 中断时间为 1s 时，方案 A、方案 B、方案 C 和方案 D 都仅需 2s 完成 PPP-AR 的重固定。当 GNSS 中断时间为 10s 时，方案 A、方案 B、方案 C 皆需要 33s 完成 PPPAR 的重固定，方案 D 仅需要 2s 完成重固定。说明当 GNSS 短时间中断，INS 提供高精度的位置信息，未参与模糊度固定的系统对于 PPP/INS 的重固定几乎没有贡献，而模糊度固定候选集的增多可以显著缩短 PPP-AR/INS 的重固定时间。

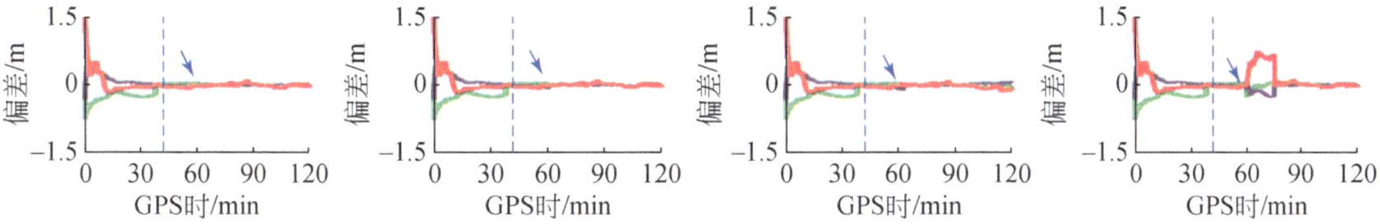

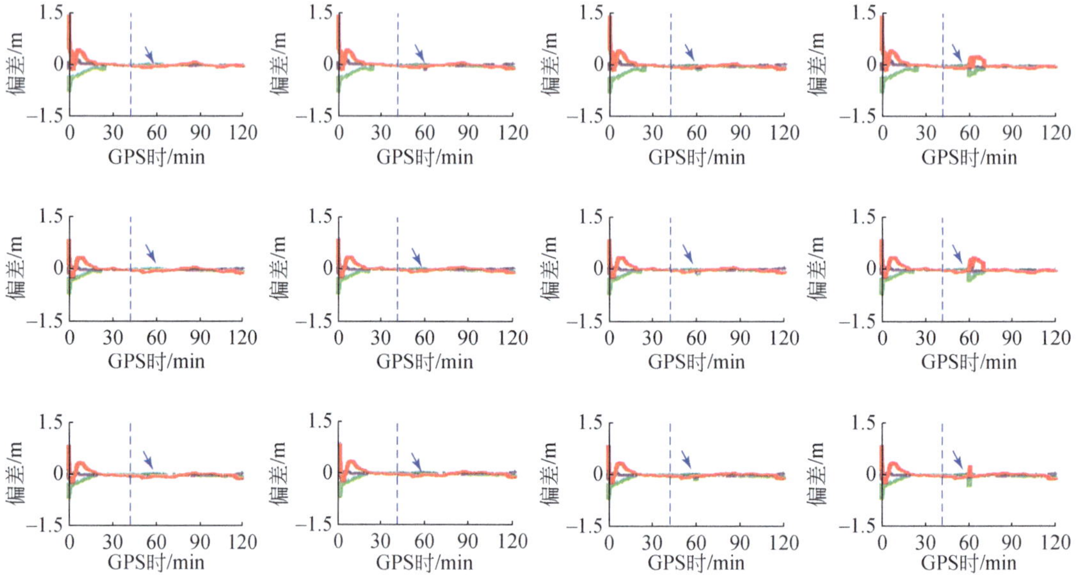

图 3.18　不同中断时间下四种方案的定位结果

此外，当 GNSS 中断时间为 20s 时，方案 A、方案 B、方案 C 和方案 D 分别需要 79s、76s、72s 和 7s 完成 PPP-AR 的重固定。当 GNSS 中断时间为 30s 时，方案 A、方案 B、方案 C 和方案 D 分别需要 948s、624s、603s 和 54s 完成 PPP-AR 的重固定。说明当 INS 提供的位置精度逐渐下降时，未参与模糊度固定的多模 GNSS 开始对 PPP 起到收敛作用。

第四节　北斗 B2b 海面定位技术

精密单点定位(precise point positioning，PPP)技术具有不受基准站分布限制、作用范围广和运作成本低等特点，已持续成为近年来 GNSS 精密定位技术领域研究的热点，也是满足海上精密定位应用需求的关键技术之一。此前，实时精密单点定位技术的实现主要依靠 IGS 实时服务(real-time service，RTS)和各类商用精密定位改正服务，但此类服务均需依托地面互联网通信或卫星通信接收定位改正信息，这要求用户在定位时除测量系统外，还要配备改正信息通信设备或订购专门商用服务，提高了作业成本。

近年来，多个主要 GNSS 陆续将精密单点定位作为一项标准服务免费向用户提供，其中包括我国于 2020 年 7 月开通的北斗三号系统(BDS-3)。作为北斗三号系统七大服务之一的精密单点定位服务(PPP-B2b 服务)，利用 PPP-B2b 信号向中国及周边区域播发精密卫星轨道和钟差等改正信息，用户仅通过被动接收卫星信号并在定位过程中同步解码改正信息，经过实时解算即可获得高精度定位和授时结果。其仅通过被动方式定位，作业灵活度高，使用成本低，特别适合为各类海上作业和应用提供高精度定位支持。

BDS-3 系统采用混合星座组网方案，空间星座由 3 颗地球静止轨道(geostationary earth orbit，GEO)卫星、3 颗倾斜地球同步轨道(inclined geoSynchronous orbit，IGSO)卫星和 24

颗中圆地球轨道(medium earth orbit, MEO)卫星组成。其中精密单点定位服务(PPP-B2b)由3颗GEO卫星通过PPP-B2b信号向中国及周边地区(75°E～135°E, 10°N～55°N)播发支持高精度定位、测速和授时应用的实时卫星轨道、钟差和伪距偏差等改正信息，该服务标称定位精度为水平方向小于30cm，高程方向小于60cm，收敛时间小于60min。

一、PPP-B2b服务改正信息格式及用户端算法

北斗三号系统精密单点定位服务的改正信息由PPP-B2b信号播发，该信号载波频率以1207.14MHz为中心，带宽20.46MHz。PPP-B2b信号包括I支路和Q支路分量，目前PPP-B2b信号仅在I支路分量播发，信号调制方式为BPSK(10)，符号速率为1000sps，后续投入服务的GEO卫星将同时在I支路和Q支路播发精密单点定位改正信息，该服务的定位改正信息采用的时空基准与北斗系统一致，也就是时间系统采用北斗时(BeiDou navigation satellite system time, BDT)，坐标系采用北斗坐标系(BeiDou coordinate system)。PPP-B2b信号一个完整的电文帧的长度为1000符号位，也就是每秒发送一个完整的电文数据帧，一个电文基本帧的结构如图3.19所示。

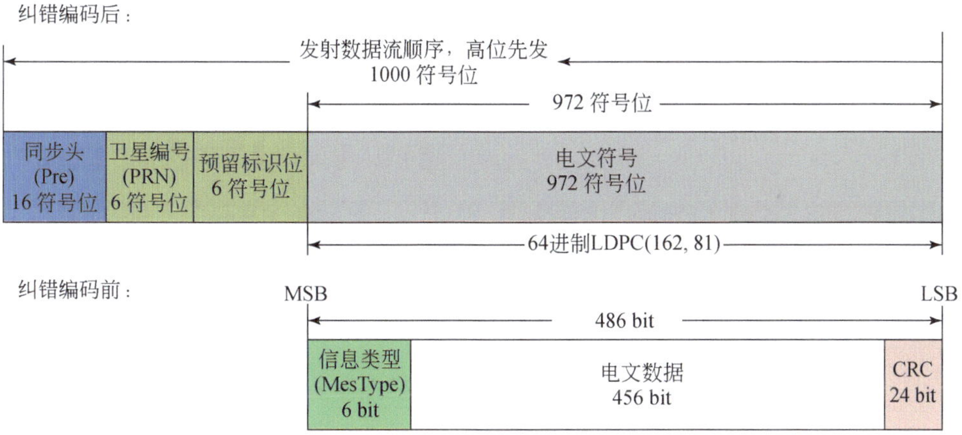

图3.19　PPP-B2b信号I支路电文数据基本帧结构

LSB: least significant bit，最低有效位；MSB: most significant bit，最高有效位；
LDPC: low density parity check，低密度奇偶校验；CRC: cyclic redundancy check，循环冗余校验

用户在收到电文后经过解码可以得到456bit长度的电文信息数据，具体的信息类型由电文数据头的6bit标识，根据PPP-B2b服务用户接口控制文档，服务已定义的信息类型如表3.7所示，但目前PPP-B2b服务实际发送的改正信息为1～4类型的改正信息。

表3.7　PPP-B2b改正信息类型定义

信息类型	信息内容	更新间隔/s	有效时间/s
1	卫星掩码	48	—
2	卫星轨道改正数及用户测距精度指数	48	96

续表

信息类型	信息内容	更新间隔/s	有效时间/s
3	码间偏差改正数	48	86400
4	卫星钟差改正数	6	12
5	用户测距精度指数	暂未使用	
6	钟差改正数与轨道改正数-组合 1		
7	钟差改正数与轨道改正数-组合 2		
8～62	预留		
63	空信息		

如图 3.20 所示，各类型改正信息的发送顺序以 48s 为一个单元反复重复，在 48s 内共可以发送 48 个改正信息电文帧，其中第一帧为类型 1 的各卫星掩码电文，主要指示各卫星改正信息的可用状态，目前 PPP-B2b 服务包含的改正信息主要是中国及周边区域可见的 GPS 卫星及 BDS-3 系统的 IGSO 和 MEO 卫星。随后连续播发 3 帧类型 4 的卫星钟差改正数电文，此后的类型 4 电文会规律地间隔 6s 发送一次，每次连续播发 3 帧，这样在类型 4 电文之间会有 3s 的间隔，在这些间隔内会首先发送 3 帧、3 帧和 1 帧的类型 3 电文，用于播发伪距码间偏差。随后再在间隔内播发 2 帧和 2 帧的类型 2 电文，包含各卫星的轨道改正参数。

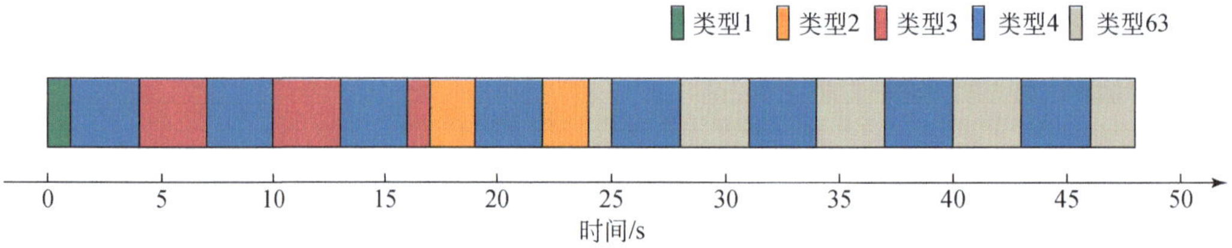

图 3.20　PPP-B2b 改正信息帧播发顺序示意图

在解码改正信息的过程中需注意各类型改正电文的一致性，电文中采用多种数据版本号(issue of data，IOD)对数据进行标识，这些版本号包括以下几种。

(1)IOD SSR：表示状态空间描述(state space representation，SSR)数据的版本号，目前已有定义的信息类型中均播发该字段，不同信息类型中的 IOD SSR 相同时，这些数据可匹配使用；IOD SSR 不同时，数据不可匹配使用。IOD SSR 一般在系统端配置发生变化时才会进行更新。

(2)IODP：表示卫星掩码的数据版本号。IODP 在信息类型 1、信息类型 4、信息类型 5、信息类型 6 中播发，用户可通过该字段判断上述信息类型中的数据是否匹配。

(3)IODN：表示 GNSS 下行信号播发的星钟、星历的数据版本号。其在信息类型 2 中播发，用户可通过 IODN 判断基本导航电文的星历与星钟参数与信息类型 2、6、7 中的轨道改正数是否匹配。对于 BDS 卫星，PPP-B2b 电文需匹配 B1C 信号的 CNAV1 电文，对 GPS、Galileo 和 GLONASS 卫星则需分别匹配 LNAV、I/NAV 和 L1OCd 电文。信息类型 2、

6、7 中同时播发另一个版本号 IOD Corr，用于与信息类型 4、6、7 的钟差改正数关联，用户可通过 IODN、IOD Corr 判断基本导航电文的钟差参数与信息类型 4、6、7 中的钟差改正数是否匹配。

(4) IOD Corr：表示轨道改正数和钟差改正数的版本号。其在信息类型 2、信息类型 4、信息类型 6 和信息类型 7 中播发。对于同一颗卫星，钟差改正数的 IOD Corr 与轨道改正数的 IOD Corr 相同时，两者可匹配使用(需要注意，IOD Corr 与参数内容非一一对应，当钟差或轨道改正数发生变化时，IOD Corr 可能不变；多组参数的 IOD Corr 均匹配时，用户应选择其中历元时刻最新的参数使用)。

在收到 PPP-B2b 信号电文后，可在相应广播星历电文的卫星轨道和钟差计算结果的基础上改正得到更精确的卫星位置和卫星钟差，此外还需要改正伪距观测量中的码间偏差。具体的卫星轨道改正计算方法如下：

$$\boldsymbol{X}_{\text{orbit}} = \boldsymbol{X}_{\text{brdc}} - [\boldsymbol{e}_r \quad \boldsymbol{e}_a \quad \boldsymbol{e}_c] \cdot \delta\boldsymbol{O} \tag{3.69}$$

式中，$\boldsymbol{X}_{\text{orbit}}$表示改正后卫星在 ECEF 下的位置；$\boldsymbol{X}_{\text{brdc}}$表示广播星历卫星位置；$\delta\boldsymbol{O}$ 表示 PPP-B2b 电文中卫星轨道在径向、切向、法向上的改正数；$\boldsymbol{e}_r$、$\boldsymbol{e}_a$ 和$\boldsymbol{e}_c$ 分别表示径向、切向、法向上的单位向量，可由式(3.70)～式(3.72)计算：

$$\boldsymbol{e}_r = \frac{\boldsymbol{r}}{|\boldsymbol{r}|} \tag{3.70}$$

$$\boldsymbol{e}_c = \frac{\boldsymbol{r} \times \dot{\boldsymbol{r}}}{|\boldsymbol{r} \times \dot{\boldsymbol{r}}|} \tag{3.71}$$

$$\boldsymbol{e}_a = \boldsymbol{e}_c \times \boldsymbol{e}_r \tag{3.72}$$

式中，$\boldsymbol{r}$ 和 $\dot{\boldsymbol{r}}$ 分别表示卫星位置和速度向量。

卫星钟差的改正计算方法如下：

$$t_{\text{sat}} = t_{\text{brdc}} - \frac{C_0}{c} \tag{3.73}$$

式中，t_{sat}表示改正后卫星钟差；t_{brdc}表示由广播星历计算得到的卫星钟差；C_0 表示钟差改正数，m；c 表示光速。

伪距观测量码间偏差的改正方法如下：

$$\tilde{l}_{\text{sig}} = l_{\text{sig}} - \text{DCB}_{\text{sig}} \tag{3.74}$$

式中，$\tilde{l}_{\text{sig}}$表示改正后的伪距观测量；l_{sig}表示改正前的伪距观测量；DCB_{sig}表示来自 PPP-B2b 电文的码间偏差改正数。

二、PPP-B2b 服务改正信息精度分析

在评估 PPP-B2b 服务改正信息精度时，通常采用 IGS 分析中心发布的轨道和钟差产品作为参考值进行对比分析，但两者的卫星位置参考点和卫星钟差的参考信号均不同，不能直接对比，需要首先改正这一差异。对于卫星位置，PPP-B2b 改正信息的参考点为天线相位中心，而 IGS 分析中心卫星轨道产品的参考点为卫星质心，因此它们之间在卫星径向、

法向、切向上的差值向量$[\delta R \quad \delta A \quad \delta C]$可用式(3.75)计算：

$$[\delta R \quad \delta A \quad \delta C]^{\mathrm{T}}=\boldsymbol{R}_2 \cdot [\boldsymbol{X}_{\mathrm{IGS}}-(\boldsymbol{X}_{\mathrm{B2b}}+\boldsymbol{R}_1 \cdot \boldsymbol{V}_{\mathrm{PCO}})] \tag{3.75}$$

式中，$\boldsymbol{X}_{\mathrm{IGS}}$表示地心地固系下由 IGS 事后产品计算的卫星位置向量，此向量的参考点是卫星质心；$\boldsymbol{X}_{\mathrm{B2b}}$表示由 PPP-B2b 改正信息计算的地心地固系下卫星位置向量；$\boldsymbol{V}_{\mathrm{PCO}}$表示在星固系下卫星天线相位中心改正向量；$\boldsymbol{R}_1$ 表示星固系到地心地固系下的转换矩阵；$\boldsymbol{R}_2$ 表示地心地固系到局部轨道坐标系(也简称作 RTN 坐标系)的转换矩阵。

需要说明的是，在 PPP-B2b 改正信息中，BDS 卫星位置参的考点是 B3I 频点相位的中心，而 GPS 卫星位置的参考点为 L_1 和 L_2 频点的无电离层组合的天线相位中心，则在对比 PPP-B2b 改正信息时采用的 GPS 卫星天线相位中心改正向量$V_{\mathrm{PCO_{GPS}}}$和 BDS 卫星天线相位中心改正向量$V_{\mathrm{PCO_{BDS}}}$分别由式(3.76)和式(3.77)计算得到：

$$\boldsymbol{V}_{\mathrm{PCO_{GPS}}}=\frac{f_1^2}{f_1^2-f_2^2}\boldsymbol{V}_{\mathrm{L1}}-\frac{f_2^2}{f_1^2-f_2^2}\boldsymbol{V}_{\mathrm{L2}} \tag{3.76}$$

$$\boldsymbol{V}_{\mathrm{PCO_{BDS}}}=\boldsymbol{V}_{\mathrm{B3}} \tag{3.77}$$

式中，$\boldsymbol{V}_{\mathrm{L1}}$和$\boldsymbol{V}_{\mathrm{L2}}$分别表示 GPS 卫星 L1 频点和 L2 频点天线相位中心改正；$\boldsymbol{V}_{\mathrm{B3}}$表示 BDS 卫星 B3 频点天线相位中心改正，以上天线相位中心均可参考 IGS 发布的天线相位中心改正文件及北斗系统发布的天线相位中心改正参数。

PPP-B2b 改正信息与 IGS 产品中的 GPS 卫星钟差的参考频点均是 L1 和 L2 频点的无电离层组合，在比较时可以忽略参考频点之间的差异。但 PPP-B2b 改正信息中 BDS 卫星钟差的基准频点为 B3，而 IGS 产品中 BDS 卫星钟差的参考频点为 B1 和 B3 的无电离层组合，在比较前要首先改正参考频点不同带来的码间偏差的差异，具体的改正公式如下所示：

$$\mathrm{d}t_{\mathrm{IF_{B1B3}}}=\mathrm{d}t_{\mathrm{B3}}-\frac{f_1^2}{f_1^2-f_3^2}\cdot b_{\mathrm{B1B3}}^{\mathrm{j}} \tag{3.78}$$

式中，$\mathrm{d}t_{\mathrm{IF_{B1B3}}}$表示参考频点为 B1 和 B3 频点无电离层组合的卫星钟差；$\mathrm{d}t_{\mathrm{B3}}$表示参考频点为 B3 的卫星钟差；$b_{\mathrm{B1B3}}$表示 B1 频点和 B3 频点间的码间偏差改正数。

在分析 PPP-B2b 改正信息卫星钟差精度时为消除不同卫星钟差估值序列间时间基准的差异，通常采用二次差分法分析 PPP-B2b 改正信息中的卫星钟差精度，也就是首先将经 PPP-B2b 改正信息改正得到的卫星钟差与 IGS 钟差产品做差，再进一步计算钟差二次差序列，具体的计算公式如下：

$$\Delta \nabla \mathrm{d}t(t)=\mathrm{d}t_{\mathrm{B2b}}(t)-\mathrm{d}t_{\mathrm{IGS}}(t)-\sum_{n=1}^{ns}\frac{\mathrm{d}t_{\mathrm{B2b}}(t)-\mathrm{d}t_{\mathrm{IGS}}(t)}{ns} \tag{3.79}$$

式中，$\Delta \nabla \mathrm{d}t(t)$表示 t 历元的钟差双差序列；$\mathrm{d}t_{\mathrm{B2b}}(t)$表示 t 历元的 PPP-B2b 服务改正后的卫星钟差；ns 表示参与比较的 t 历元内卫星数目，再统计时需逐个卫星导航系统分别统计计算。

在得到评估时段内的钟差双差序列后可进一步计算钟差序列的均方根(root mean square，RMS)和标准差(standard deviation，STD)来评估卫星钟差精度。此外，由于 PPP-B2b 改正信息采用区域观测网解算得到，区域网内可见卫星不断升落使卫星钟差解算基准不断变化，需要在钟差双差序列中改正不同弧段内的参考基准变化。

空间信号测距误差(signal-in-space ranging error，SISRE)可以描述为卫星星历误差到地面测站至卫星视线向量的投影，可以综合表示定位服务的轨道和钟差误差对定位精度的影响。服务区域内不同位置瞬时 SISRE 不同，可将服务区内所有区域的 SISRE 计算结果的平均值作为对用户定位精度影响的参考指标，SISRE 由式(3.80)表示：

$$\mathrm{SISRE}=\sqrt{(\omega_1 R-T)^2+\omega_2^2(A^2+C^2)} \tag{3.80}$$

式中，R、A、C、T 分别表示轨道径向、切向、法向误差以及钟差的误差；ω_1 和 ω_2^2 表示径向和法切项误差的加权系数，与卫星轨道高度以及用户高度截止角等因素有关，具体参数设置数值见表 3.8，从中也可以看出在轨道的三个方向的误差中，径向误差对定位结果的影响最为显著。

表 3.8　不同类型卫星的加权因子值

卫星类型	ω_1	ω_2^2
BDS-3 MEO	0.98	1/54
BDS-3 IGSO	0.99	1/126
GPS	0.98	1/49

仅反映轨道误差的形式由式(3.81)表示，用户在定位时卫星共有的偏差项被接收机钟差参数吸收，并不影响定位精度，因此在计算 SISRE 时可将各卫星瞬时 SISRE 均值扣除。

$$\mathrm{SISRE}_{\mathrm{orbit}}=\sqrt{\omega_2^2 R^2+\omega_2^2(A^2+C^2)} \tag{3.81}$$

采用 2021 年 121 日至 2022 年 121 日一整年的 PPP-B2b 改正电文数据对 PPP-B2b 服务性能进行分析，图 3.21 为实验时段内 PPP-B2b 服务可用卫星的时间分布图，图中全部卫星不可用的时段是实验中由于测站维护及接收机软件升级等导致数据接收偶有中断，其他时段改正信息接收正常，其中 G05 和 G28 卫星由于卫星退役等原因在实验时段内不再提供服务。由于 PPP-B2b 服务改正信息由区域地面监测网络产生，卫星飞入飞出监测网络可视范围导致卫星可用状态不连续，但 PPP-B2b 服务可用卫星弧段分布较为均匀，可以保证任意时刻存在 7 颗以上 GPS 卫星和 8 颗以上 BDS-3 卫星可用。

为评估 PPP-B2b 产品改正信息的卫星轨道和钟差精度，将其与德国地学中心(German Research Centre for Geosciences，GFZ)分析中心发布的多系统轨道和钟差产品做对比，对比北斗卫星天线相位中心改正参数采用中国卫星导航系统管理办公室测试评估研究中心发布的结果(http://www.csno-tarc.cn/datacenter/satelliteparameters[2023-12-05])。图 3.22 ~ 图 3.24 分别展示了 BDS-3 MEO、GPS 和 BDS-3 IGSO 卫星在径向、切向和法向上的轨道误差累积分布函数(cumulative distribution function，CDF)趋势，可以看出，BDS-3 MEO 卫星径向 CDF 曲线出现两种趋势，经过分析发现两种趋势下的卫星分别由中国航天科技集团有限公司(China Aerospace Science and Technology Corporation，CASC)和中国科学院微小卫星创新研究院(Innovation Academy for Microsatellites of Chinese Academy of Science，IAMCAS)制造，它们的 90% 径向误差分位数分别为 0.07m 和 0.12m，推测这可能是两种厂家的卫星天线相位中心改正模型误差不一致产生的偏差。进一步计算 GPS 和 BDS-3 IGSO 卫星径向误差 90% 分位数分别为 0.12m 和 0.29m，由此可知三种不同轨道类型卫星的精度关系为 BDS-3 MEO>GPS>BDS-3 IGSO。

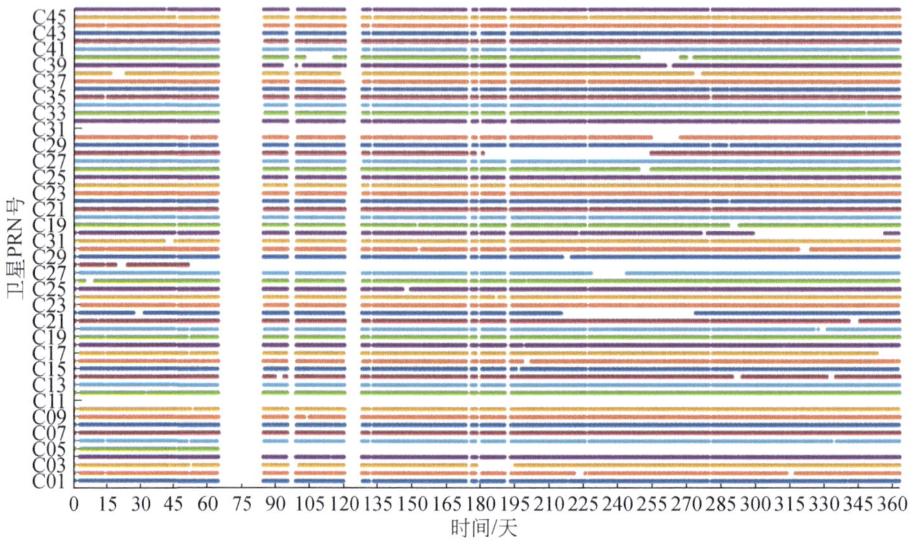

图 3.21　实验时段内 PPP-B2b 服务可用卫星时间分布

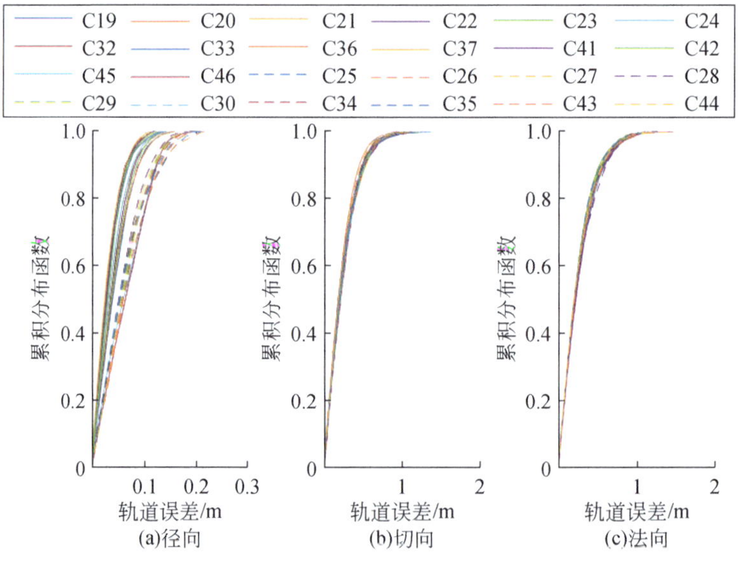

图 3.22　BDS-3 MEO 卫星轨道径向、切向、法向 CDF

图 3.25 展示了 BDS-3 卫星和 GPS 卫星径向、切向、法向的平均轨道误差，可以发现，BDS-3 MEO 卫星和 GPS 卫星径向误差均在 0.1m 以内，相比之下 BDS-3 IGSO 卫星的径向误差更大，但也小于 0.2m。BDS-3MEO、GPS 和 BDS-3 IGSO 这三种类型卫星轨道切向和法向误差均为径向误差的三倍或以上，并且同种卫星之间轨道误差表现相似，BDS-3 MEO 不同卫星之间径向、切向、法向误差的 STD 分别为 0.012m、0.013m、0.012m，GPS 不同卫星之间径向、切向、法向误差的 STD 分别为 0.007m、0.029m、0.028m，这说明由于卫

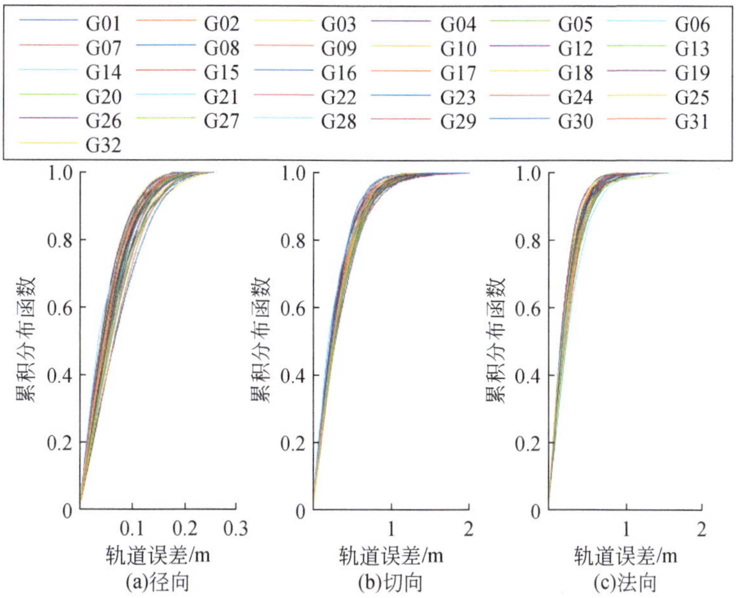

图 3.23　GPS 卫星轨道径向、切向、法向 CDF

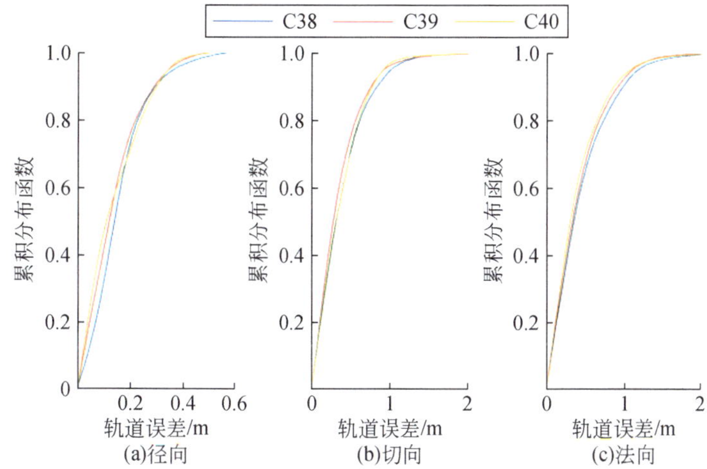

图 3.24　BDS-3 IGSO 卫星轨道径向、切向、法向 CDF

星轨道误差的相似性，相同轨道类型的卫星误差具有很好的一致性，采用同类型卫星轨道误差均值反映该类型卫星整体精度具有合理性。

图 3.26 上中下三部分分别表示 GPS、BDS-3 MEO 和 BDS-3 IGSO 卫星径切法三个方向上的轨道误差日平均值，从图 3.26 中可以看出，在一年的实验时段内三种类型卫星径向误差曲线较为平稳，切向和法向误差波动较大，BDS-3 IGSO 卫星法向误差最大达到近 2m。值得注意的是，不同类型卫星切向和法向误差变化趋势具有一定相似性，特别是 2022 年 80～87 日，GPS 和 BDS-3 MEO 卫星切向和法向误差超过 1m，具体原因还有待进一步分析。

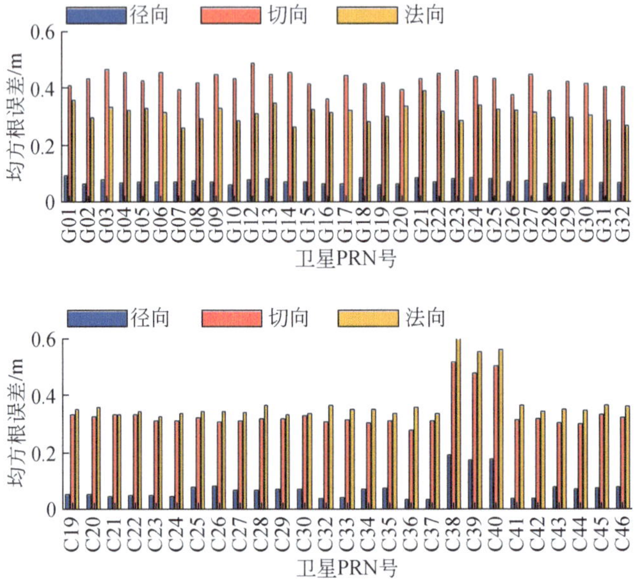

图 3.25　PPP-B2b 服务中各卫星平均径向、切向、法向轨道误差的 RMS

上下部分分别代表 GPS 和 BDS-3

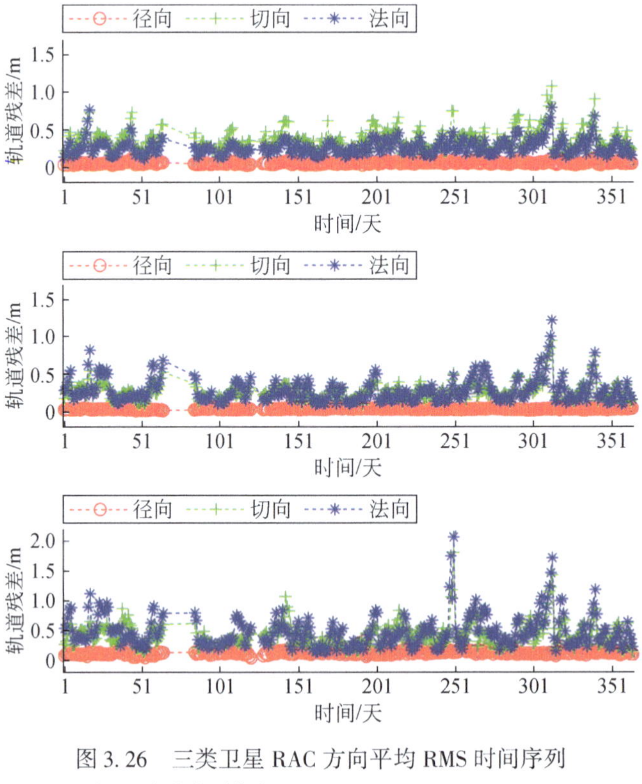

图 3.26　三类卫星 RAC 方向平均 RMS 时间序列

上中下三部分分别代表 GPS、BDS-3 MEO 和 BDS-3 IGSO

表3.9中列出了三种不同轨道类型卫星三个方向平均RMS值，对于PPP-B2b服务，整体上GPS卫星和BDS-3 MEO径向误差可达厘米级，且前者大于后者，BDS-3 IGSO卫星径向误差超过0.1m。GPS卫星法向误差小于切向误差，BDS-3卫星则相反，这可能是由于BDS-3估计改正信息时采用的星间链路观测对轨道切向误差减小的贡献更大。

表3.9　三类不同轨道类型卫星三个方向平均RMS值　（单位：m）

系统	R	A	C
GPS	0.069	0.375	0.277
BDS-3 MEO	0.056	0.274	0.293
BDS-3 IGSO	0.172	0.445	0.501

为避免较长时间对齐影响钟差实际精度的评估，按天计算卫星钟差二次差序列并统计计算STD，同时绘制CDF曲线进行分析，图3.27和图3.28所示分别为BDS卫星和GPS卫星钟差STD的CDF曲线，从中可以看出三颗BD3-IGSO卫星（C38、C39和C40卫星）的CDF曲线与其他MEO卫星差异较大，钟差精度明显低于MEO卫星。在所有BDS-3 MEO卫星中C35卫星钟差精度最高，C35卫星的CDF曲线95%分位数为0.38ns。在所有GPS卫星中，G05卫星由于在实验时段内不再可用，G05卫星钟差积累数据较少，导致其CDF曲线呈阶梯状。总体来说PPP-B2b改正信息中BDS-3 MEO卫星钟差精度优于GPS卫星。

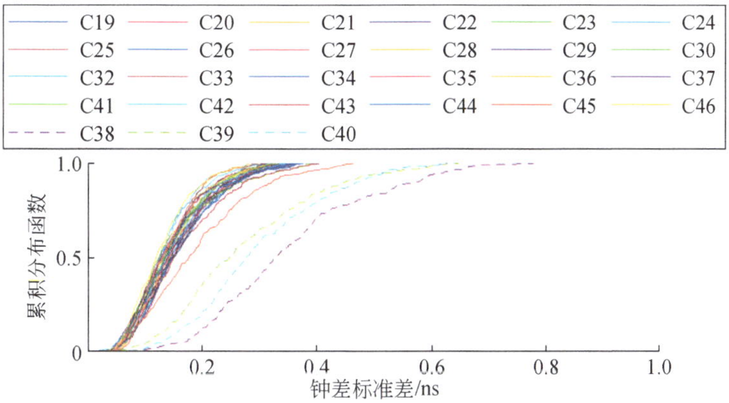

图3.27　BDS卫星钟差STD统计结果CDF图形

图3.29是实验时段内PPP-B2b改正信息中各卫星钟差二次差序列STD和RMS平均值，GPS除G05和G28外所有卫星钟差STD均在0.25ns以内，平均STD为0.20ns；BDS-3 MEO卫星除C35卫星外，其余卫星钟差STD均在0.2ns以内，平均STD为0.16ns；BDS-3 IGSO卫星钟差STD可达0.33ns，平均值为0.31ns。尽管RMS是各卫星弧段平均的结果，依然可以看出PPP-B2b改正信息中的钟差中的常数偏差较大。

在分析PPP-B2b改正信息的SISRE过程中，为避免由于钟差序列不连续影响SISRE的评估效果，SISRE评估时采取同卫星钟差类似的策略，按天计算各卫星SISRE的STD和RMS值，并进一步按采样点个数按天加权统计。图3.30上下部分分别是实验时段内GPS

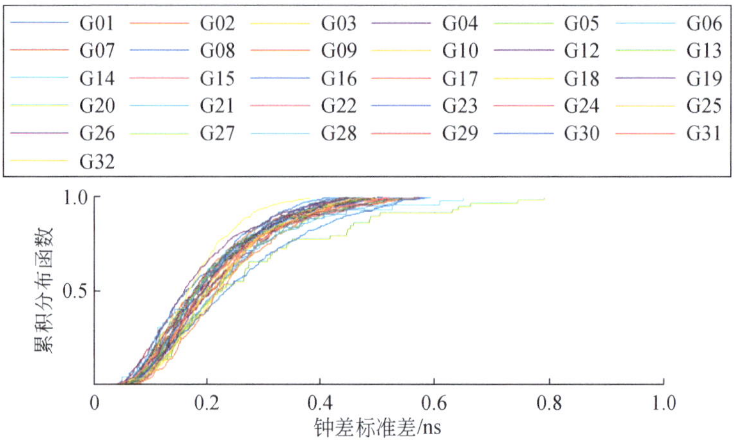

图 3.28　GPS 卫星钟差 STD 统计结果 CDF 图形

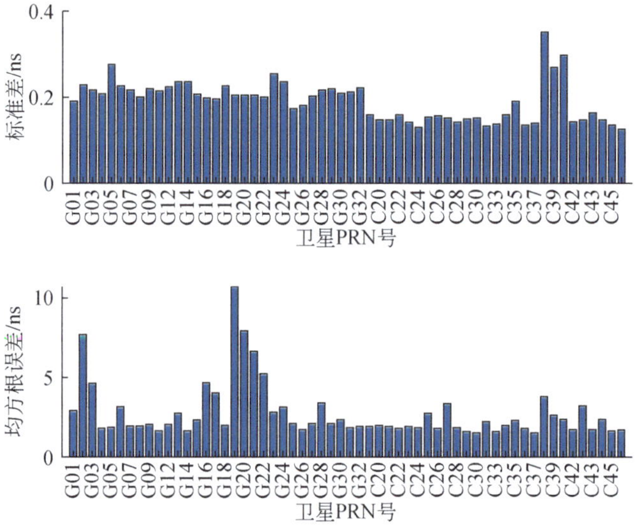

图 3.29　PPP-B2b 改正信息中各卫星钟差二次差序列 STD 和 RMS 平均值统计图

和 BDS-3 卫星每日 SISRE 的 STD 统计结果，GPS 卫星 SISRE 值 STD 中位数接近 0.1m，G16 和 G23 卫星最大日平均 STD 可达 0.27m。BDS-3 MEO 卫星 SISRE 值 STD 中位数在 0.1m 以内，最大日平均 STD 在 0.2m 以内。BDS-3 IGSO 卫星 SISRE 值 STD 中位数超过 0.1m。可以看出与轨道的精度关系一致，各轨道类型卫星 SISRE 的精度大小关系同样是 BDS-3 MEO>GPS>BDS-3 IGSO，从 SISRE 精度分析结果来看 PPP-B2b 服务具备提供厘米分米级精密定位的基本条件。

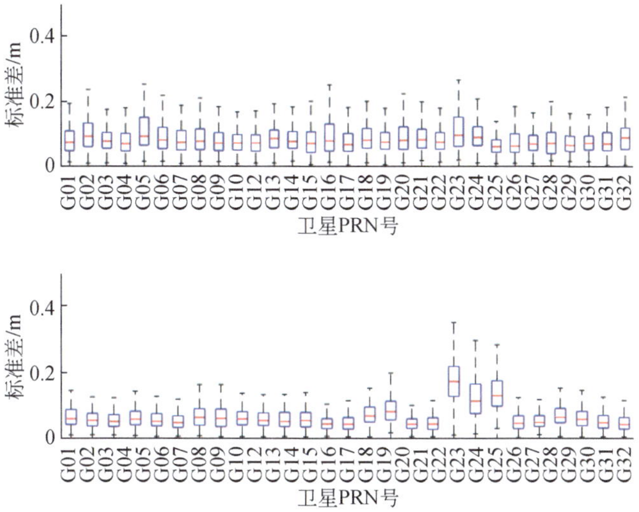

图 3.30　PPP-B2b 改正信息 SISRE 每日 STD 统计结果

三、PPP-B2b 服务定位性能分析

为系统验证 PPP-B2b 服务定位能力，选取 11 个 MGEX 测站 2021 年 335 日至 2022 年 80 日(其中 2022 年 6 日 PPP-B2b 电文缺失)共 110 天的观测数据进行 PPP 实验，评估 PPP-B2b 服务的长期定位服务性能。需要说明的是，实验时段内 JDPR 站部分天数观测值缺失，缺失天数不进行 PPP 统计。

如表 3.10 所示为定位实验中采用的数据解算策略，在定位实验中 GPS 采用 L1 和 L2 频点观测量组成无电离层组合观测量，BDS 采用 B1 和 B3 组成无电离层组合观测量。在数据解算中分别对比单独 GPS、单独 BDS 和 GPS+BDS 组合定位模式的定位结果，与采用 IGS 事后产品的精密单点定位解算不同的是，由于 PPP-B2b 改正信息的卫星位置参考点为卫星天线相位中心，在数据解算中不再需要改正卫星天线相位中心偏差。

表 3.10　PPP-B2b 定位实验数据解算策略

	参数	处理方法
观测量	基本观测量	无电离层组合载波和伪距观测量 GPS：L1/L2 无电离层组合 BDS：B1/B3 无电离层组合
	观测量随机模型	$P=1$，$e>30°$ $P=\sin^2 e$，$e\leqslant 30°$ 伪距载波相位观测量权比：1∶10000
	高度截止角	7°

续表

	参数	处理方法
模型改正	接收机天线相位中心改正	GPS：igs14_wwww. atx BDS：GPS 改正值
	对流层模型	GMF+GPT+Saastamoinen
	EOP 参数	GFZ 产品
	DCB 改正	PPP-B2b 改正信息
	潮汐改正	固体潮：IERS 2010 极移潮汐：IERS2010 海洋潮汐：FES2004
	相位缠绕效应	改正
参数估计	测站位置	静态模式：常数模型估计 动态模式：白噪声模型估计
	接收机钟差	白噪声模型估计
	卫星钟差	白噪声模型估计
	模糊度参数	作为实数估计
	系统时差	白噪声模型估计
	对流层延迟参数	按照随机游走模型估计湿延迟部分
	参数估计方法	卡尔曼滤波

图 3. 31 所示为 JFNG 测站实验时段内单天静态 PPP 定位误差序列及定位中使用的卫星个数序列，其中红色、绿色和蓝色曲线分别表示 N、E 和 U 三方向的静态定位误差，棕色曲线表示定位实验中采用的卫星数目。从中可以看出实验时段内 PPP-B2b 服务能够实现稳定的厘米级静态定位，并且 BDS-3 单系统定位结果精度略好于 GPS 单系统结果。

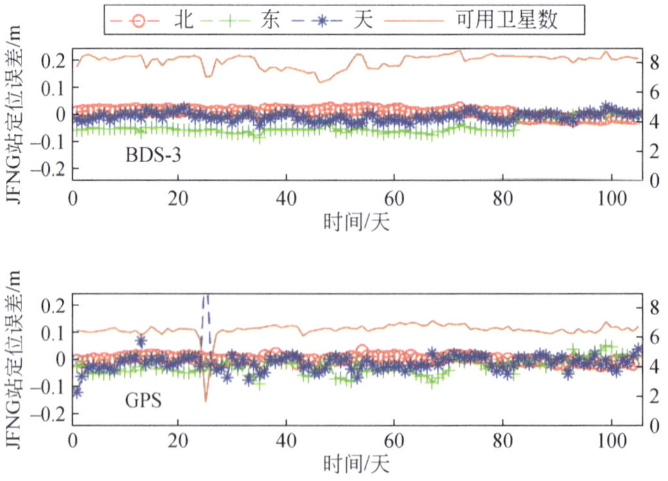

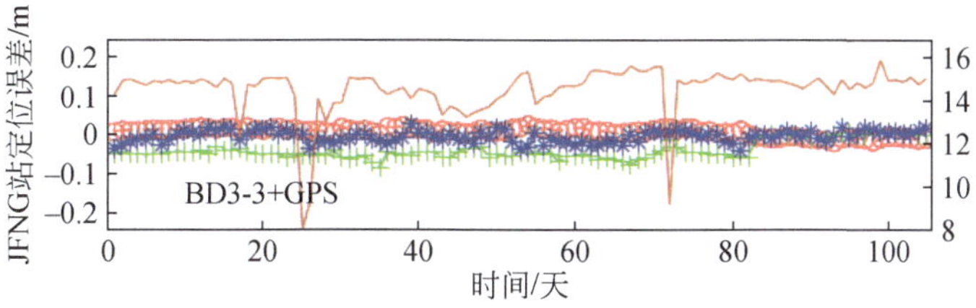

图 3.31　JFNG 测站 PPP-B2b 单天静态定位误差序列图

进一步统计出 11 个参与实验的测站在 108 天的实验时段内的平均定位误差及收敛时间并列于图 3.32，其中收敛时间定义为定位精度达到水平 0.1m、高程精度 0.2m 的收敛时间。从中可以发现，BDS-3 和 GPS 单系统定位北方向精度最高，均在 0.025m 左右，东方向精度较低，为 0.05m 左右，总体上 BDS-3 定位精度稍好于 GPS。BDS-3 平均收敛时间 45.12min，而 GPS 平均收敛时间为 61.65min，这可能是 GPS 卫星有较大的钟差常数偏差所致。此外结合图 3.31 分析可以发现，测站定位精度的高低还与测站分布与服务区域中心的距离有关，受数据来源限制本次实验中选择的测站主要分布于国外，也据 PPP-B2b 服务区域的中心较远，其中 POL2、KITG、JDPR、IISC 和 LCK3 等距离国内较远的测站其定位精度和收敛速度低于其他测站，这五个测站在单 BDS-3 定位模式下，东、北、天三个方向定位结果平均 RMS 分别为 0.052m、0.028m 和 0.064m，平均收敛时间为 54.21min，均大于平均水平。

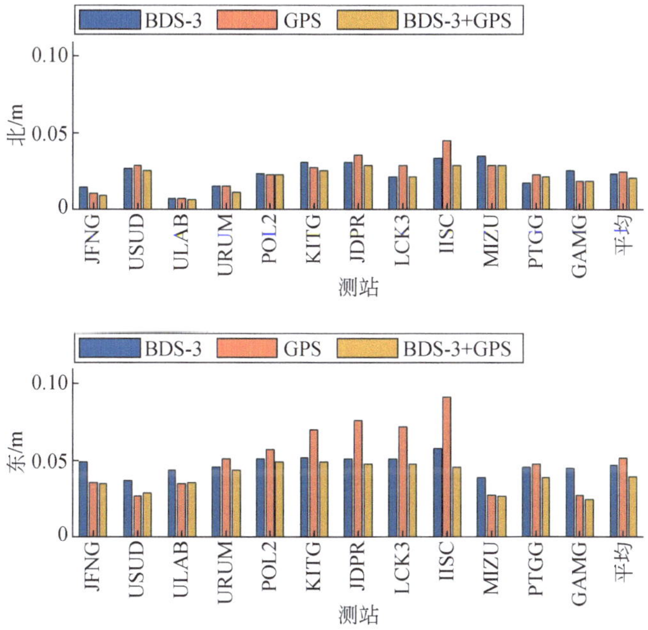

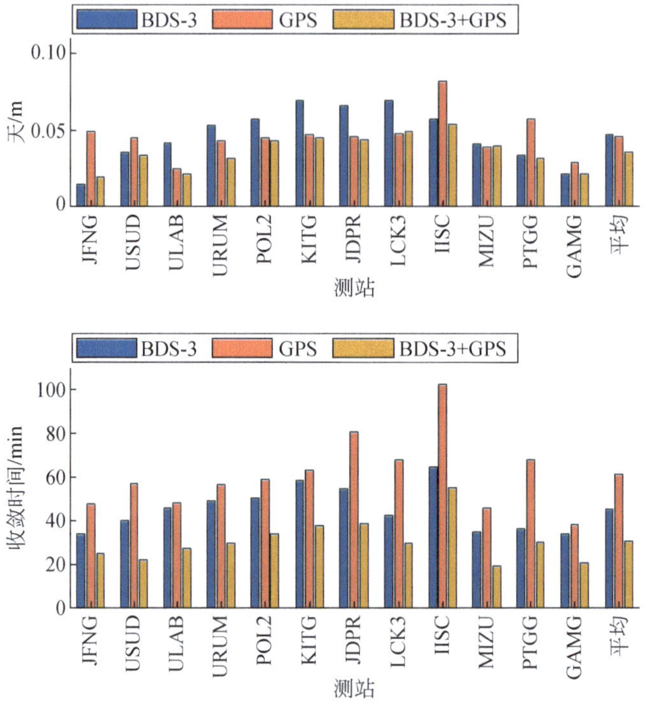

图 3.32　实验时段内所有测站静态定位结果统计图

静态模式下，由于测站坐标在估计中施加了常数约束，收敛后部分误差对位置估计的影响不大，故进一步选取静态 PPP 定位结果较好的测站 JFNG 进行仿动态定位实验，图 3.33 展示了 JFNG 站 2022 年 3 月 19 日（年积日 78 日）PPP-B2b 服务 GPS、BDS-3 及 GPS 加 BDS-3 组合模式下的可用卫星数和 PDOP 值，分别用红色、蓝色和绿色曲线标注。其中 GPS 和 BDS-3 全天平均可用卫星数分别为 6.744 颗和 8.44 颗，GPS 的 PDOP 稍大于 BDS-3，但两者平均 PDOP 接近，均在 1.4 以内。

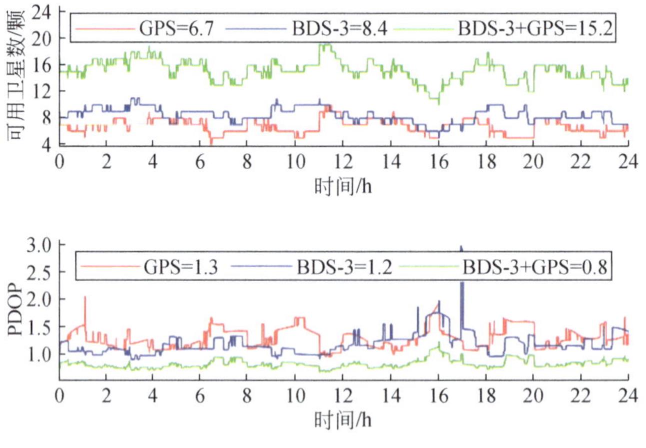

图 3.33　2022 年 3 月 19 日 JFNG 测站 PPP-B2b 服务定位采用的卫星数据及 PDOP 值

图 3.34 展示了该日 GPS 和 BDS-3 仿动态定位结果，三个方向全天 RMS 分别用红色、绿色和蓝色曲线标注，可以看出，GPS 误差序列明显大于 BDS-3，特别是 6:00 ~ 8:00，GPS 三个方向误差序列波动较大，可能是由于此时 GPS 可用卫星数较少，PDOP 较大，N、E、U 方向全天 RMS 分别可达 0.078m、0.125m 和 0.392m，显著大于 BDS-3。由此可见，在两系统平均 PDOP 值接近的情况下，BDS-3 仿动态定位结果更好。

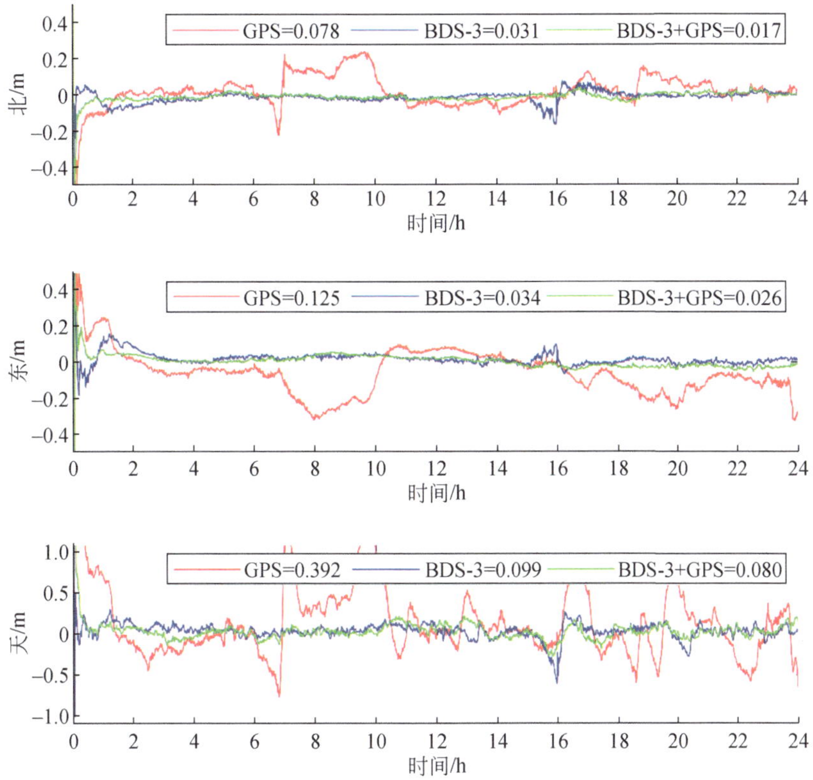

图 3.34 2022 年 3 月 19 日 JFNG 测站 PPP-B2b 动态定位误差序列

四、PPP-B2b 服务海洋浮标定位效果评估

进一步分析验证 PPP-B2b 服务用于海洋浮标的实时精密定位的性能，实验采用海洋浮标数据来自南海 1 号浮标（代号 JF101），浮标搭载中海达 K20 接收机和 AT35101 天线，浮标与锚链连接投放在港珠澳大桥附近海域，用于无人验潮和潮汐监测等应用。浮标的动态参考值取 GAMIT Track 模块解算的动态长基线结果（双差相对定位算法），基线的基准站为香港 CORS 的 HKCL 测站。Track 解算时设置随机游走的动态模型，每秒速度三分量的变化阈值设置为 1.5m，该阈值与典型潮流流速近似，同时设置截止高度角为 15°，以减弱多路径效应的影响。为了与陆地实验作对比，选取同一天的海洋观测数据进行 PPP 实验，分别使用 PPP-B2b 服务和 IGS 分析中心 GFZ 发布的 GBM 事后产品进行解算对比。

不同系统组合的具体解算结果如图 3.35 ~ 图 3.37 所示，从图 3.35 中可以看出浮标定位有明显的重收敛现象，这是浮标数据周跳较多所导致的重新初始化。浮标的随波运动可能会在观测中引入更多的噪声，从而使解算结果精度下降。对比 PPP-B2b 与事后产品的结果，就 BDS 单系统来看，PPP-B2b 与事后产品在东、北、天方向误差数值范围差异不大，而对于 GPS，PPP-B2b 与事后产品相比效果较差。利用事后产品进行 BDS/GPS 组合定位，其定位结果优于单系统定位。而利用 PPP-B2b 组合系统定位时，组合结果比 BDS 定位差，比 GPS 好。导致这样的原因是 GPS 在 PPP-B2b 中的轨钟精度较差，加之可用卫星少，从而导致了组合定位精度的降低。

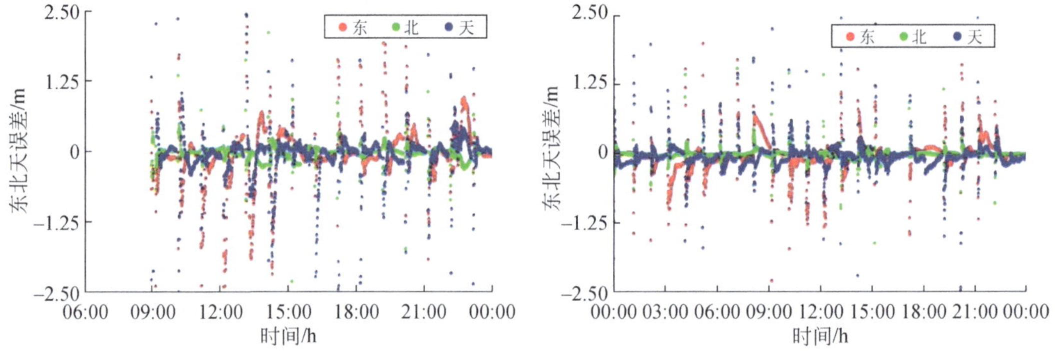

图 3.35　海洋浮标 BDS 三个方向的定位结果

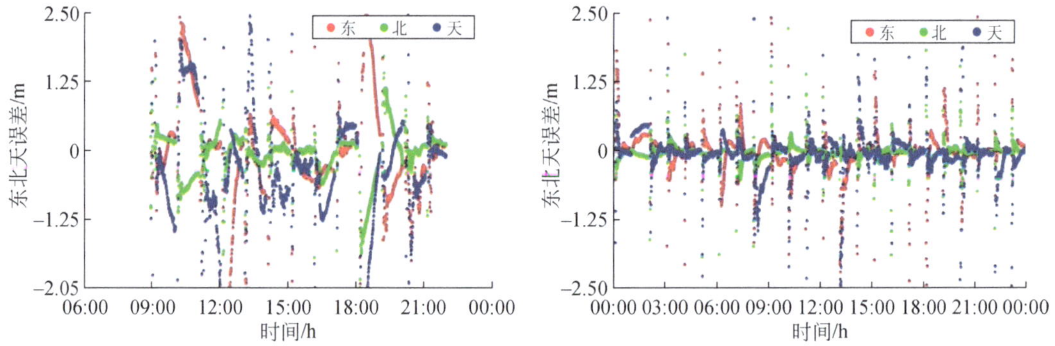

图 3.36　海洋浮标 GPS 三个方向的定位结果

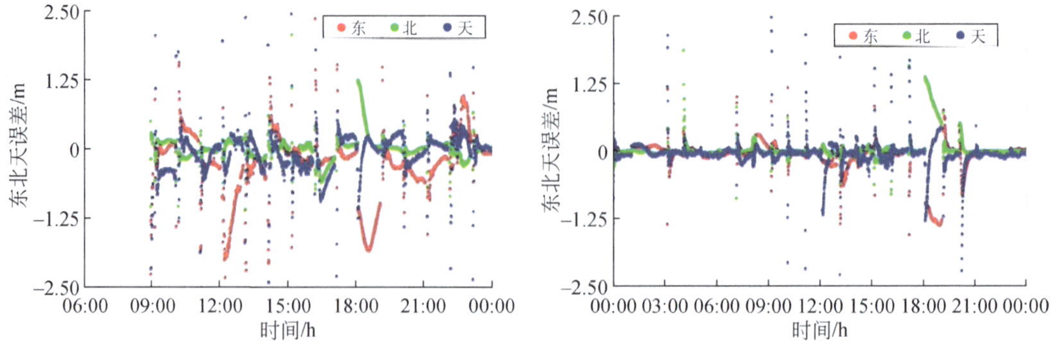

图 3.37　海洋浮标 BDS/GPS 三个方向的定位结果

第四章 水下惯性导航系统动基座初始对准技术

作为水下无人航行器的定位主传感器，捷联惯性导航系统（strapdown inertial navigation system，SINS）在进行导航解算前需要获取载体一定精度的姿态信息（Kang et al.，2013）。UUV 上的 SINS 初始对准可分为静基座、晃动基座和动基座三种，其中晃动基座对准允许载体进行角运动，适合系泊情况下的 UUV 初始对准。动基座对准则允许载体进行线运动和角运动，可以适应海浪等外界环境干扰，极大地提升了初始对准的鲁棒性和灵活性，因此是 UUV 惯性导航初始对准的理想方式（Jin et al.，2022a）。

快速性和准确性是初始对准的两个目标。按对准阶段，初始对准可分为粗对准和精对准。其中粗对准的目的是为精对准提供姿态初值。基于惯性系的粗对准算法可以隔离载体角运动，并以此扩展出动基座下的基于优化的初始对准（optimization-based alignment，OBA）算法（Wu and Pan，2011a，2011b）。OBA 算法对 SINS 初始姿态无任何要求，在任意初始失准角下均有较快的收敛速度和对准精度。然而，由于未在系统模型中建模惯性元件（inertial measurement unit，IMU）零偏，OBA 本质上仍为粗对准算法，仍需使用卡尔曼滤波分离 IMU 零偏对姿态的影响。两阶段对准策略已在工程上得到广泛应用，但仍存在以下缺点：①对准过程划分为两部分，导致单一算法无法完整利用所有量测信息，影响数据利用率；②无法准确衡量粗对准的精度，只能通过约束对准时间作为结束粗对准的标志；③粗对准无法为精对准提供先验信息，只能依靠经验设置滤波初值。基于大失准角误差模型的非线性滤波对准统一了粗对准和精对准两个阶段，可以有效提高数据利用率，缩短对准时间，提升 UUV 动基座对准的精度和效率。

本章面向水下无人航行器的水面和水下状态，分别研究了 GNSS 和多普勒计程仪（doppler velocity logger，DVL）辅助的 SINS 快速初始对准算法。首先，针对传统 OBA 对准未考虑观测矢量权重的问题，分析了积分矢量的历元间相关性，提出了相应的改进方案。其次，在推导小失准角误差模型的基础上，建立了 GNSS 和 DVL 辅助的 Kalman 滤波精对准模型。最后，基于无迹卡尔曼滤波（unscented Kalman filter，UKF）和容积卡尔曼滤波（cubature Kalman filter，CKF）提出 UUV 动基座下的大失准角 SINS 初始对准模型，系统分析了大失准非线性对准的快速性和精确性。使得 UUV 在布放前后均可快速准确获取 SINS 的初始姿态。

第一节　顾及矢量相关性的 OBA 初始对准算法

一、常用坐标系及双矢量定姿数学模型

首先将 SINS 惯性系初始对准中常用坐标系作如下定义。

（1）地球坐标系（e 系）：原点 O_e 位于地球质心，x_e 轴位于赤道面指向格林尼治零子午线，z_e 沿地球自转方向，y_e 轴与 x_e、z_e 构成右手坐标系。

（2）地心惯性坐标系（i 系）：惯性坐标系是固定于惯性空间的一个坐标系，原点 O_i 为地球地心，x_i 轴指向春分点且在赤道平面内，z_i 轴指向北极，i 系不随地球自转而转动。

（3）导航坐标系（n 系）：又称为地理坐标系，是惯导中常用描述载体运动信息的基本参考系。常用的导航坐标系有“东-北-天”和“北-东-地”，分别与载体坐标系的“右-前-上”和“前-右-下”相对应。

（4）载体坐标系（b 系）：原点位于载体质心，常用的载体坐标系有“右-前-上”和“前-右-下”。以“右-前-上”载体坐标系为例，x_b 轴指向载体横轴右方，y_b 轴指向载体前进的方向，z_b 轴与 x_b 轴和 y_b 轴构成右手系。

（5）导航惯性坐标系（in_0 系）：将对准初始时刻的 n 系凝固，in_0 系不随地球自转与载体运动而转动，相对惯性空间保持不动。

（6）载体惯性坐标系（ib_0 系）：将对准初始时刻的 b 系凝固，ib_0 系不随地球自转和载体运动而转动，相对惯性空间保持不动。

（7）初始时刻导航坐标系（n_0 系）：将对准初始时刻的 n 系凝固，相对地球表面静止不动，n_0 系不随载体运动而运动。

各坐标系间相对关系如图 4.1 所示。

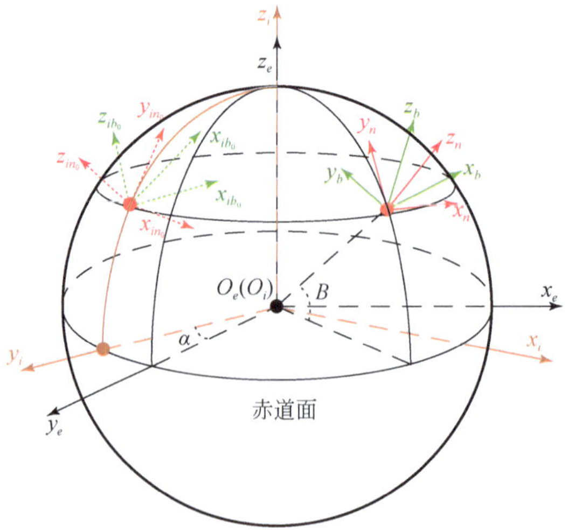

图 4.1　惯性系初始对准中的常用坐标系

初始对准的目的是获取导航初始时刻的 SINS 姿态矩阵$\boldsymbol{C}_b^n(t)$。双矢量定姿算法是 OBA 算法的前身，使用两个观测矢量构建对准模型。

首先，根据链式法则将$\boldsymbol{C}_n^b(t)$分解为

$$\boldsymbol{C}_n^b(t)=\boldsymbol{C}_{ib_0}^b(t)\boldsymbol{C}_{in_0}^{ib_0}\boldsymbol{C}_{n_0}^{in_0}(t)\boldsymbol{C}_n^{n_0}(t) \tag{4.1}$$

式中，$\boldsymbol{C}_{n_0}^{in_0}(t)$仅与地球自转角速度$\omega_{ie}$在$n_0$系的投影$\boldsymbol{\omega}_{ie}^{n_0}$和对准时间$t$有关，令$\alpha=\omega_{ie}t$，则有

$$\boldsymbol{C}_{n_0}^{in_0}(t)=e^{(t\omega_{ie}^{n_0}\times)}\approx\begin{bmatrix}\cos\alpha & -\sin\alpha\sin B_0 & \sin\alpha\cos B_0\\ \sin\alpha\sin B_0 & 1-(1-\cos\alpha)\sin^2 B_0 & (1-\cos\alpha)\cos B_0\sin B_0\\ -\sin\alpha\cos B_0 & (1-\cos\alpha)\cos B_0\sin B_0 & 1-(1-\cos\alpha)\cos^2 B_0\end{bmatrix} \tag{4.2}$$

$\boldsymbol{C}_{ib_0}^b(t)$可由陀螺观测量$\boldsymbol{\omega}_{ib}^b$通过方向余弦矩阵微分方程求得

$$\dot{\boldsymbol{C}}_b^{ib_0}(t)=\boldsymbol{C}_b^{ib_0}(t)\boldsymbol{\omega}_{ib}^b\times \tag{4.3}$$

由ib_0系的定义可知$\boldsymbol{C}_b^{ib_0}(t)$初值为$\boldsymbol{I}$，利用姿态更新算法即可递推任意时刻的$\boldsymbol{C}_b^{ib_0}(t)$。因此求解变化的$\boldsymbol{C}_b^{ib_0}(t)$便转换成为求解常值矩阵$\boldsymbol{C}_{in_0}^{ib_0}$。

根据 SINS 比力方程：

$$\dot{\boldsymbol{v}}^n=\boldsymbol{C}_b^n(t)\boldsymbol{f}^b-(2\boldsymbol{\omega}_{ie}^n+\boldsymbol{\omega}_{en}^n)\times\boldsymbol{v}^n+\boldsymbol{g}^n \tag{4.4}$$

式中，$\boldsymbol{g}^n=[0,\ 0,\ -g]^{\mathrm{T}}$表示重力在导航系中的投影，其中$g$为载体所在位置的重力值；$\boldsymbol{\omega}_{en}^n$表示$n$系相对于$e$系的角速度在$n$系中的投影。$\boldsymbol{\omega}_{ie}^n$和$\boldsymbol{\omega}_{en}^n$的具体形式为

$$\boldsymbol{\omega}_{ie}^n=[0\quad \omega_{ie}\cos B\quad \omega_{ie}\sin B]^{\mathrm{T}} \tag{4.5a}$$

$$\boldsymbol{\omega}_{en}^n=\begin{bmatrix}-\dfrac{\boldsymbol{v}_N^n}{R_{Mh}} & \dfrac{\boldsymbol{v}_E^n}{R_{Nh}} & \dfrac{\boldsymbol{v}_U^n}{R_{Nh}}\tan B\end{bmatrix}^{\mathrm{T}} \tag{4.5a}$$

式中，$R_{Mh}=R_M+h$，$R_{Nh}=R_N+h$，其中R_M和R_N分别表示载体所在位置的子午圈曲率半径和卯酉圈曲率半径；h表示载体的高程；$\boldsymbol{v}^n=[v_E^n,\ v_N^n,\ v_U^n]^{\mathrm{T}}$表示载体在导航系中的速度；$B$表示载体当前纬度。

在晃动基座下，载体的线速度和速度微分为 0，式(4.4)可简化为$\boldsymbol{C}_b^n(t)\boldsymbol{f}^n=-\boldsymbol{g}^n$，由于$\boldsymbol{C}_b^n(t)=[\boldsymbol{C}_n^b(t)]^{\mathrm{T}}$，将式(4.1)代入$\boldsymbol{C}_b^n(t)\boldsymbol{f}^n=-\boldsymbol{g}^n$有

$$-\boldsymbol{C}_{n_0}^n(t)\boldsymbol{C}_{in_0}^{n_0}(t)\boldsymbol{C}_{ib_0}^{in_0}\boldsymbol{C}_b^{ib_0}(t)\boldsymbol{f}^n=\boldsymbol{g}^n \tag{4.6}$$

在式(4.6)等号两侧同时左乘$\boldsymbol{C}_{n_0}^{in_0}(t)\boldsymbol{C}_n^{n_0}(t)$可得

$$\boldsymbol{C}_{ib_0}^{in_0}\boldsymbol{f}^{ib_0}=-\boldsymbol{g}^{in_0} \tag{4.7}$$

式中，$\boldsymbol{f}^{ib_0}$表示加速度计的量测值在ib_0系上的投影；$\boldsymbol{g}^{in_0}$表示重力矢量在in_0系上的投影。

根据惯性系定义可知，$\boldsymbol{g}^{in_0}$在一天之内做圆锥运动，因此一天任意两时刻的$\boldsymbol{g}^{in_0}$必然不共线。

获得两时刻的$\boldsymbol{f}_1^{ib_0}$、$\boldsymbol{f}_2^{ib_0}$和$\boldsymbol{g}_1^{in_0}$、$\boldsymbol{g}_2^{in_0}$后，便可通过式(4.8)求得常矩阵$\boldsymbol{C}_{ib_0}^{in_0}$。

$$\boldsymbol{C}_{ib_0}^{in_0}=\begin{bmatrix}-(\boldsymbol{g}_1^{in_0})^{\mathrm{T}}\\ (\boldsymbol{g}_1^{in_0}\times\boldsymbol{g}_2^{in_0})^{\mathrm{T}}\\ -(\boldsymbol{g}_1^{in_0}\times\boldsymbol{g}_2^{in_0}\times\boldsymbol{g}_1^{in_0})^{\mathrm{T}}\end{bmatrix}^{-1}\begin{bmatrix}(\boldsymbol{f}_1^{ib_0})^{\mathrm{T}}\\ -(\boldsymbol{f}_1^{ib_0}\times\boldsymbol{f}_2^{ib_0})^{\mathrm{T}}\\ (\boldsymbol{f}_1^{ib_0}\times\boldsymbol{f}_2^{ib_0}\times\boldsymbol{f}_1^{ib_0})^{\mathrm{T}}\end{bmatrix} \tag{4.8}$$

为了避免 IMU 随机噪声影响，可将对准区间分成两段分别对$\boldsymbol{f}^{ib_0}$和$\boldsymbol{g}^{in_0}$进行积分：

$$\boldsymbol{v}^{ib_0}=\int_0^t \boldsymbol{C}_b^{ib_0}(t)\boldsymbol{f}^b \mathrm{d}t=\sum_{k=0}^{M-1}\boldsymbol{C}_b^{ib_0}(t_k)\Delta\boldsymbol{v} \tag{4.9}$$

$$\boldsymbol{v}^{in_0}=-\int_0^t \boldsymbol{C}_n^{in_0}(t)\boldsymbol{g}^n \mathrm{d}t=-\sum_{k=0}^{M-1}\boldsymbol{C}_n^{in_0}(t_k)\left(T\boldsymbol{I}+\frac{T^2}{2}\boldsymbol{\omega}_{in}^n\times\right)\boldsymbol{g}^n \tag{4.10}$$

式中，$\Delta\boldsymbol{v}$ 表示双子样算法获得的速度增量 T；M 表示观测历元总数。为更新间隔，得到$\boldsymbol{C}_{ib_0}^{in_0}\boldsymbol{v}^{ib_0}=\boldsymbol{v}^{in_0}$，再利用式(4.8)求解$\boldsymbol{C}_{ib_0}^{in_0}$。

二、GNSS/DVL 辅助下的 OBA 对准模型

将晃动基座对准扩展到动基座，根据 UUV 在水面和水下航行场景中辅助传感器的不同，将动基座对准分为导航系速度$\boldsymbol{v}^n$(GNSS)辅助和载体系速度$\boldsymbol{v}^b$(DVL)辅助的动基座对准。

1. GNSS 辅助下的 OBA 对准模型

将式(4.1)代入式(4.4)中并整理：

$$\boldsymbol{C}_{n_0}^n(t)\boldsymbol{C}_{in_0}^{n_0}(t)\boldsymbol{C}_{ib_0}^{in_0}\boldsymbol{C}_b^{ib_0}(t)\boldsymbol{f}^b=\dot{\boldsymbol{v}}^n+(2\boldsymbol{\omega}_{ie}^n+\boldsymbol{\omega}_{en}^n)\times\boldsymbol{v}^n-\boldsymbol{g}^n \tag{4.11}$$

式(4.11)等号两侧同时左乘$\boldsymbol{C}_{n_0}^{in_0}(t)\boldsymbol{C}_n^{n_0}(t)$可得

$$\boldsymbol{C}_{ib_0}^{in_0}\boldsymbol{f}^{ib_0}=\boldsymbol{C}_n^{in_0}(t)\left[\dot{\boldsymbol{v}}^n+(2\boldsymbol{\omega}_{ie}^n+\boldsymbol{\omega}_{en}^n)\times\boldsymbol{v}^n-\boldsymbol{g}^n\right] \tag{4.12}$$

对式(4.12)两侧积分，其中等号左侧积分同式(4.9)，等号右侧积分为

$$\boldsymbol{v}^{in_0}=\int_0^t \boldsymbol{C}_n^{in_0}(t)\dot{\boldsymbol{v}}^n \mathrm{d}t+\int_0^t \boldsymbol{C}_n^{in_0}\left[(2\boldsymbol{\omega}_{ie}^n+\boldsymbol{\omega}_{en}^n)\times\boldsymbol{v}^n\right]\mathrm{d}t-\int_0^t \boldsymbol{C}_n^{in_0}\boldsymbol{g}^n \mathrm{d}t \tag{4.13}$$

式(4.13)中右侧第一项积分为

$$\boldsymbol{v}^{in_0}=\boldsymbol{C}_n^{in_0}(t)\boldsymbol{v}^n-\boldsymbol{v}^n(0)-\int_0^t \boldsymbol{C}_n^{in_0}(t)\boldsymbol{\omega}_{in}^n\times\boldsymbol{v}^n \mathrm{d}t \tag{4.14}$$

将(4.14)代入式(4.13)中，式(4.13)简化为

$$\boldsymbol{v}^{in_0}=\boldsymbol{C}_n^{in_0}(t)\boldsymbol{v}^n-\boldsymbol{v}^n(0)+\int_0^t \boldsymbol{C}_n^{in_0}(\boldsymbol{\omega}_{ie}^n\times\boldsymbol{v}^n)\mathrm{d}t-\int_0^t \boldsymbol{C}_n^{in_0}\boldsymbol{g}^n \mathrm{d}t \tag{4.15}$$

式(4.15)中的第二个积分同式(4.10)，第一个积分式为

$$\int_0^t \boldsymbol{C}_n^{in_0}(\boldsymbol{\omega}_{ie}^n\times\boldsymbol{v}^n)\mathrm{d}t\approx\sum_{k=0}^{M-1}T\boldsymbol{C}_n^{in_0}(t_k)\boldsymbol{\omega}_{ie}^n\times\boldsymbol{v}^n \tag{4.16}$$

结合将式(4.10)和式(4.16)代入可得

$$\boldsymbol{v}^{in_0}=\boldsymbol{C}_n^{in_0}(t)\boldsymbol{v}^n-\boldsymbol{v}^n(0)+\sum_{k=0}^{M-1}T\boldsymbol{C}_n^{in_0}(t_k)\boldsymbol{\omega}_{ie}^n\times\boldsymbol{v}^n-\sum_{k=0}^{M-1}\boldsymbol{C}_n^{in_0}(t_k)\left(T\boldsymbol{I}+\frac{T^2}{2}\boldsymbol{\omega}_{in}^n\times\right)\boldsymbol{g}^n \tag{4.17}$$

至此，式(4.12)转换成$\boldsymbol{C}_{ib_0}^{in_0}\boldsymbol{v}^{ib_0}=\boldsymbol{v}^{in_0}$形式。如果 GNSS 只能获得载体位置，只需将$\boldsymbol{v}^{ib_0}$和$\boldsymbol{v}^{in_0}$再次进行积分即可。

2. DVL 辅助下的 OBA 对准模型

将式(4.1)代入式(4.4)，并在等式两侧同时乘$\boldsymbol{C}_n^b(t)$并整理得

$$\boldsymbol{C}_{ib_0}^{in_0}\boldsymbol{C}_b^{ib_0}(t)(\dot{\boldsymbol{v}}^b-\boldsymbol{f}^b+(\boldsymbol{\omega}_{ie}^b+\boldsymbol{\omega}_{ib}^b)\times\boldsymbol{v}^b)=\boldsymbol{C}_{n_0}^{in_0}(t)\boldsymbol{C}_n^{n_0}(t)\boldsymbol{g}^n \tag{4.18}$$

当载体有姿态机动时，认为$\boldsymbol{\omega}_{ie}^b\ll\boldsymbol{\omega}_{ib}^b$，式(4.18)简化为

$$\boldsymbol{C}_{ib_0}^{in_0}\boldsymbol{C}_b^{ib_0}(t)(\dot{\boldsymbol{v}}^b-\boldsymbol{f}^b+\boldsymbol{\omega}_{ib}^b\times v^b)=\boldsymbol{C}_{n_0}^{in_0}(t)\boldsymbol{C}_n^{n_0}(t)\boldsymbol{g}^n \tag{4.19}$$

对式(4.19)两侧积分，其中等号右侧积分的计算同式(4.10)，将等式左侧积分：

$$\boldsymbol{v}^{ib_0}=\int_0^t\boldsymbol{C}_b^{ib_0}(t)\dot{\boldsymbol{v}}^b\mathrm{d}t-\int_0^t\boldsymbol{C}_b^{ib_0}(t)\boldsymbol{f}^b\mathrm{d}t+\int_0^t\boldsymbol{C}_b^{ib_0}(t)(\boldsymbol{\omega}_{ib}^b\times\boldsymbol{v}^b)\mathrm{d}t \tag{4.20}$$

式(4.20)右侧第一项积分为

$$\int_0^t\boldsymbol{C}_b^{ib_0}(t)\dot{\boldsymbol{v}}^b\mathrm{d}t=\boldsymbol{C}_b^{ib_0}(t)\boldsymbol{v}^b-\boldsymbol{v}^b(0)-\int_0^t\boldsymbol{C}_b^{ib_0}(t)(\boldsymbol{\omega}_{ib}^b\times\boldsymbol{v}^b)\mathrm{d}t \tag{4.21}$$

将式(4.21)代入式(4.20)中，式(4.20)简化为

$$\boldsymbol{v}^{ib_0}=\boldsymbol{C}_b^{ib_0}(t)\boldsymbol{v}^b-\boldsymbol{v}^b(0)-\int_0^t\boldsymbol{C}_b^{ib_0}(t)\boldsymbol{f}^b\mathrm{d}t \tag{4.22}$$

式(4.22)中的积分计算同式(4.9)一致。至此，式(4.18)转换为$\boldsymbol{C}_{ib_0}^{in_0}\boldsymbol{v}^{ib_0}=\boldsymbol{v}^{in_0}$形式。

三、顾及矢量相关性的 OBA 算法

(一)基于四元数的姿态估计

虽然晃动基座、GNSS 和 DVL 辅助的动基座初始对准数学模型中积分计算不同，但均统一转换为式(4.23)的形式：

$$\boldsymbol{C}_{ib_0}^{in_0}\boldsymbol{v}^{ib_0}=\boldsymbol{v}^{in_0} \tag{4.23}$$

为了进一步提高粗对准精度和速度，可以利用初始对准区间内的所有积分矢量$\{\boldsymbol{v}_i^{ib_0}\}$和$\{\boldsymbol{v}_i^{in_0}\}$($i=1,2,\cdots,M$)构造$M$组方程，利用这$M$组方程求解姿态矩阵的过程便称为多矢量定姿，在初始对准中称为 OBA 算法。由于使用了更多的冗余观测信息，OBA 可以有更高的初始对准精度和更快的收敛速度。

将$\boldsymbol{C}_{ib_0}^{in_0}$转换为单位四元数$\boldsymbol{q}=[s\quad\boldsymbol{\eta}]^{\mathrm{T}}$，两者之间的转换关系为

$$\boldsymbol{C}_{ib_0}^{in_0}=(s^2-\boldsymbol{\eta}^{\mathrm{T}}\boldsymbol{\eta})\boldsymbol{I}+2\boldsymbol{\eta}\boldsymbol{\eta}^{\mathrm{T}}-2s(\boldsymbol{\eta}\times) \tag{4.24}$$

将式(4.23)表达为四元数形式：

$$\boldsymbol{q}\otimes\boldsymbol{v}^{ib_0}\otimes\boldsymbol{q}^*\approx\boldsymbol{v}^{in_0} \tag{4.25}$$

其中，$\otimes$表示四元数乘法，$\boldsymbol{q}^*=[s\quad-\boldsymbol{\eta}]^{\mathrm{T}}$为$\boldsymbol{q}$的共轭四元数。四元数乘法可表示为

$$\boldsymbol{q}_1\otimes\boldsymbol{q}_2=[\overset{+}{\boldsymbol{q}}_1]\boldsymbol{q}_2=[\overset{-}{\boldsymbol{q}}_2]\boldsymbol{q}_1 \tag{4.26}$$

其中，

$$[\overset{+}{\boldsymbol{q}}]=\begin{bmatrix}s & \boldsymbol{\eta}^{\mathrm{T}}\\ \eta & s\boldsymbol{I}+(\boldsymbol{\eta}\times)\end{bmatrix},\quad[\overset{-}{\boldsymbol{q}}]=\begin{bmatrix}s & -\boldsymbol{\eta}^{\mathrm{T}}\\ \eta & s\boldsymbol{I}-(\boldsymbol{\eta}\times)\end{bmatrix} \tag{4.27}$$

将式(4.25)两侧同时右乘$\boldsymbol{q}$，并使用式(4.26)的矩阵乘法整理得到残差向量：

$$\boldsymbol{\delta}=([\overset{-}{\boldsymbol{v}}{}^{ib_0}]-[\overset{+}{\boldsymbol{v}}{}^{in_0}])\boldsymbol{q} \tag{4.28}$$

由多个历元的残差向量构造代价函数：

$$
\begin{aligned}
\boldsymbol{L}(\boldsymbol{q}) &= \frac{1}{2}\sum_{i=1}^{M} w_i\, \boldsymbol{q}^{\mathrm{T}}\left([\overset{-}{\boldsymbol{v}}{}^{ib_0}] - [\overset{+}{\boldsymbol{v}}{}^{in_0}]\right)^{\mathrm{T}}\left([\overset{-}{\boldsymbol{v}}{}^{ib_0}] - [\overset{+}{\boldsymbol{v}}{}^{in_0}]\right)\boldsymbol{q} \\
&= \frac{1}{2}\boldsymbol{q}^{\mathrm{T}}\sum_{i=1}^{M} w_i\left([\overset{-}{\boldsymbol{v}}{}^{ib_0}] - [\overset{+}{\boldsymbol{v}}{}^{in_0}]\right)^{\mathrm{T}}\left([\overset{-}{\boldsymbol{v}}{}^{ib_0}] - [\overset{+}{\boldsymbol{v}}{}^{in_0}]\right)\boldsymbol{q} \\
&\triangleq \frac{1}{2}\boldsymbol{q}^{\mathrm{T}}\left(\sum_{i=1}^{M} w_i\, \boldsymbol{K}^{\mathrm{T}}\boldsymbol{K}\right)\boldsymbol{q} = \frac{1}{2}\boldsymbol{q}^{\mathrm{T}}\boldsymbol{N}\boldsymbol{q}
\end{aligned}
\tag{4.29}
$$

式中，w_i 表示权因子。

使代价函数取最小值即 $\boldsymbol{L}(\boldsymbol{q})=\min$ 时的 $\boldsymbol{q}$ 即为目标解。

显然式(4.29)中 $\boldsymbol{N}$ 为四阶正定矩阵，将四元数约束条件$\boldsymbol{q}^{\mathrm{T}}\boldsymbol{q}=1$ 代入式(4.29)，构造拉格朗日代价函数：

$$
\boldsymbol{L}(\boldsymbol{q}) = \frac{1}{2}\boldsymbol{q}^{\mathrm{T}}\boldsymbol{N}\boldsymbol{q} - \frac{1}{2}\lambda(\boldsymbol{q}^{\mathrm{T}}\boldsymbol{q}-1) \tag{4.30}
$$

对式(4.30)求导，并令导函数等于 0 可得

$$
\begin{cases}
\dfrac{\partial \boldsymbol{L}(\boldsymbol{q})}{\partial \boldsymbol{q}} = (\boldsymbol{N}-\lambda\boldsymbol{I})\boldsymbol{q} = 0 \\
\boldsymbol{N}\boldsymbol{q} = \lambda\boldsymbol{q}
\end{cases}
\tag{4.31}
$$

式中，λ 表示矩阵 $\boldsymbol{N}$ 的特征值；$\boldsymbol{q}$ 表示该特征值对应的特征向量。当代价函数最小时，$\boldsymbol{q}$ 应为 $\boldsymbol{N}$ 的最小特征值对应的特征单位向量。

(二)积分矢量的相关性分析

传统算法通常认为每个积分矢量是等权的，即认为式(4.29)中的权因子 $w_i=1$。本节将对积分矢量的相关性进行分析，并针对不同运动状态的对准提出相应的改进策略。由于粗对准中不考虑 IMU 零偏，此处将 IMU 误差建模为白噪声。

式(4.23)中认为外部辅助信息较准确，误差仅与 IMU 相关，因此 w_i 仅与$\boldsymbol{v}^{ib_0}$相关。因为单位采样间隔增量 $|\Delta \boldsymbol{v}^{ib_0}| \approx gT$，因此积分矢量 $|\boldsymbol{v}^{ib_0}| \approx MgT$，其中 $|\cdot|$表示向量的模。矢量转换为四元数需进行归一化，因此，式(4.29)中的积分矢量均为单位矢量。考虑第 i 个历元和第 j 个历元的单位矢量$\bar{\boldsymbol{v}}_i^{ib_0}$ 和$\bar{\boldsymbol{v}}_j^{ib_0}$($1\leqslant i\leqslant j\leqslant M$)之间的相关性，因为

$$
\bar{\boldsymbol{v}}_i^{ib_0} = \frac{1}{igT}\sum_{k=0}^{i-1}\Delta \boldsymbol{v}_k^{ib_0}, \quad \bar{\boldsymbol{v}}_j^{ib_0} = \frac{1}{jgT}\sum_{k=0}^{j-1}\Delta \boldsymbol{v}_k^{ib_0} \tag{4.32}
$$

根据误差传播定理，$\bar{\boldsymbol{v}}_i^{ib_0}$ 和$\bar{\boldsymbol{v}}_j^{ib_0}$ 间的协方差为

$$
\sigma^2_{\bar{v}_i^{ib_0}\bar{v}_j^{ib_0}} = \frac{1}{ij}[\boldsymbol{I} \quad \cdots \quad \boldsymbol{I}]_{1\times i}\sigma^2\boldsymbol{I}\begin{bmatrix}\boldsymbol{I}\\ \vdots \\ \boldsymbol{I}\end{bmatrix}_{i\times 1} = \frac{1}{j}\sigma^2\boldsymbol{I} \quad (1\leqslant i\leqslant j\leqslant M) \tag{4.33}
$$

式中，$\sigma^2\boldsymbol{I}$ 表示等权增量的方差；$\boldsymbol{I}$ 表示 3×3 的单位矩阵。

考虑 M 个历元的单位矢量，总的协方差矩阵为

$$
\boldsymbol{\Sigma} = \sigma^2\begin{bmatrix}
\boldsymbol{I} & \boldsymbol{I}/2 & \cdots & \boldsymbol{I}/M \\
\boldsymbol{I}/2 & \boldsymbol{I}/2 & \cdots & \boldsymbol{I}/M \\
\vdots & \vdots & \ddots & \vdots \\
\boldsymbol{I}/M & \boldsymbol{I}/M & \cdots & \boldsymbol{I}/M
\end{bmatrix}_{M\times M} \tag{4.34}
$$

从式(4.34)中协方差矩阵的对角线元素可见，随着积分时间的增加，单位化积分矢量的方差逐渐减小，因此积分处理对平滑噪声有一定作用。在忽略积分矢量历元间相关性情况下，设单位权中误差为$\mu=\sigma$，得到顾及权因子的代价函数为

$$\boldsymbol{L}(\boldsymbol{q})=\frac{1}{2}\boldsymbol{q}^{\mathrm{T}}\left[\sum_{i=1}^{M} i\left(\left[\overset{-}{\bar{\boldsymbol{v}}}{}^{ib_0}\right]-\left[\overset{+}{\bar{\boldsymbol{v}}}{}^{in_0}\right]\right)^{\mathrm{T}}\left(\left[\overset{-}{\bar{\boldsymbol{v}}}{}^{ib_0}\right]-\left[\overset{+}{\bar{\boldsymbol{v}}}{}^{in_0}\right]\right)\right]\boldsymbol{q},\quad \mu=\sigma \tag{4.35}$$

在传统处理方案中，往往不对积分矢量进行单位化处理，且取$w_i=1$，因此其代价函数实质上是

$$\boldsymbol{L}(\boldsymbol{q})=\frac{1}{2}\boldsymbol{q}^{\mathrm{T}}\left[\sum_{i=1}^{M} i^2\left(\left[\overset{-}{\bar{\boldsymbol{v}}}{}^{ib_0}\right]-\left[\overset{+}{\bar{\boldsymbol{v}}}{}^{in_0}\right]\right)^{\mathrm{T}}\left(\left[\overset{-}{\bar{\boldsymbol{v}}}{}^{ib_0}\right]-\left[\overset{+}{\bar{\boldsymbol{v}}}{}^{in_0}\right]\right)\right]\boldsymbol{q},\quad \mu=\frac{\sigma}{g} \tag{4.36}$$

可见传统处理中未考虑积分矢量的相关性。

1)无线速度基座对准(包括静基座和晃动基座)

以高斯-马尔可夫为数学模型的最小二乘原理可以有效处理观测值中的高斯白噪声。在无线速度基座初始对准中，不存在外测速度(或者认为外测速度为0)，而且惯性导航的采样频率足够高，在最小二乘原则下可以有效减弱白观测噪声影响。充分考虑其相关性，建议直接选择等权且独立的增量$\boldsymbol{C}_b^{ib_0}(t_k)\Delta\boldsymbol{v}$作为观测值，而不使用积分矢量。

2)动基座对准(包括GNSS辅助和DVL辅助)

由于辅助传感器的观测值为速度$\boldsymbol{v}^n$、$\boldsymbol{v}^b$，且GNSS和DVL通常采样率较低。如果使用增量$\boldsymbol{C}_b^{ib_0}(t_k)\Delta\boldsymbol{v}$解算，将会带来速度微分误差。因此选择归一化的积分矢量$\bar{\boldsymbol{v}}^{ib_0}$和$\bar{\boldsymbol{v}}^{in_0}$作为量测，在仅考虑式(4.34)中对角线元素的情况下，代价函数应为式(4.35)。如果选择未归一化的积分矢量$\boldsymbol{v}^{ib_0}$和$\boldsymbol{v}^{in_0}$作为量测，代价函数应为

$$\boldsymbol{L}(\boldsymbol{q})=\frac{1}{2}\boldsymbol{q}^{\mathrm{T}}\left[\sum_{i=1}^{M}\frac{1}{i}\left(\left[\overset{-}{\boldsymbol{v}}{}^{ib_0}\right]-\left[\overset{+}{\boldsymbol{v}}{}^{in_0}\right]\right)^{\mathrm{T}}\left(\left[\overset{-}{\boldsymbol{v}}{}^{ib_0}\right]-\left[\overset{+}{\boldsymbol{v}}{}^{in_0}\right]\right)\right]\boldsymbol{q},\quad \mu=\frac{\sigma}{g} \tag{4.37}$$

获得准确的权因子后，便可进行四元数估计得到SINS初始姿态角。

四、试验分析

为了验证顾及矢量相关性的OBA算法的可行性，在动基座条件下进行仿真实验。对于动基座对准，由于所提方案对v^n和v^b辅助动对准的处理一致，设计了时长350s的$\boldsymbol{v}^n$(GNSS)辅助动基座对准轨迹，如图4.2所示，初始姿态角为[0°　0°　-45°]，GNSS采样频率为1Hz。分别设置如下仿真方案：①方案1采用速度微分，即认为$\boldsymbol{P}=\boldsymbol{I}$；②方案2不考虑归一化，认为$\boldsymbol{P}=\mathrm{diag}(1,\ 2^2,\ \cdots,\ M^2)$；③方案3为降权处理，认为$\boldsymbol{P}=\mathrm{diag}(1,\ 2,\ \cdots,\ M)$。

姿态角误差如图4.3所示。从仿真结果可以看出：三种方案的水平姿态角误差较小，偏航角误差较大，三种方案的偏航角误差分别收敛至2.114°、-0.1859°、0.0160°；方案1的姿态角误差最大且波动最剧烈，这是由于低采样的外测速度微分得到的加速度不准确，在实际应用中还会放大外部参考异常，因此与晃动基座不同，动基座对准不宜采用增量解算；方案2和方案3的姿态角误差较为接近，但方案3估计误差曲线抑制了斜坡项，较为平稳，尤其在偏航角误差上体现得较为明显，这是由于方案3的观测矢量定权较为准确。

进一步，使用上述轨迹进行500次仿真实验，统计结果如图4.4所示。使用均方根差

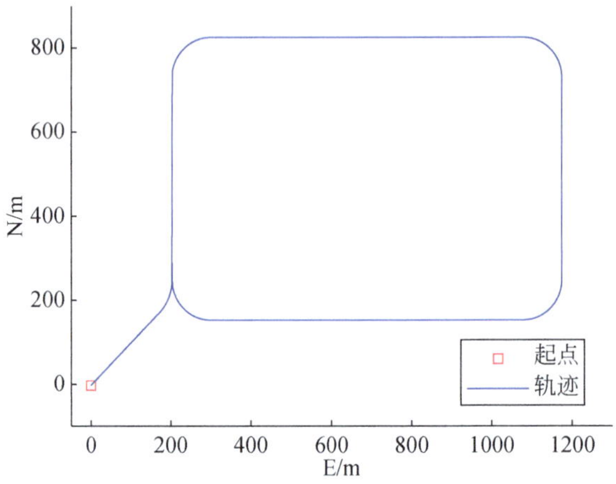

图 4.2　动基座初始对准轨迹

(root mean square，RMS) 衡量估计精度，从图 4.4 可以看出，三种方案在 500 次仿真下各自具有基本一致的特性；方案 1 的偏航角误差 RMS 为 2.1301°，方案 2 的偏航角误差 RMS 为 0.1421°，方案 3 的偏航角误差 RMS 为 0.0428°；采用积分调权的方案 3 较传统解法的偏航角误差 RMS 降低约 0.1°。

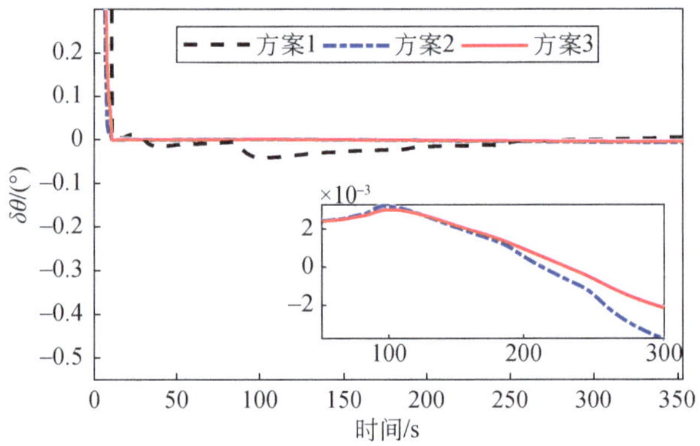

(a)俯仰角误差对比

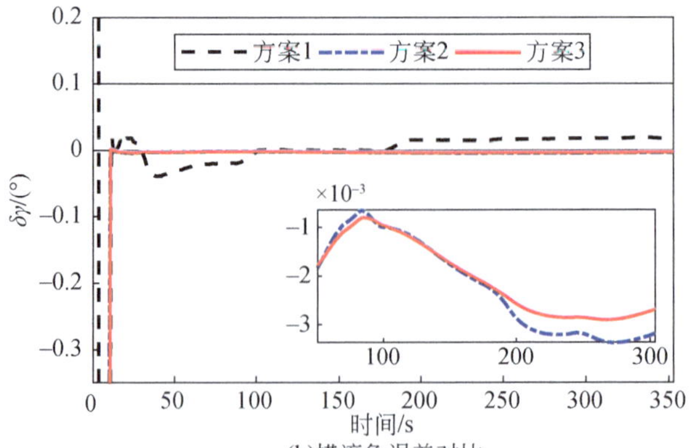

(b)横滚角误差对比

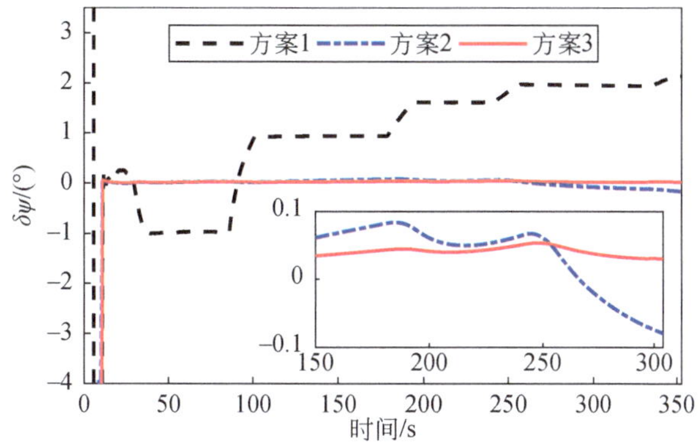

(c)偏航角误差对比

图 4.3　三种方案动基座对准误差对比

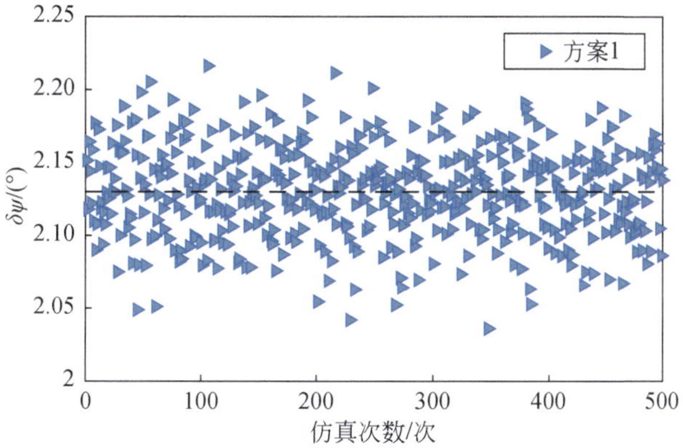

(a)方案1中500次仿真偏航角误差

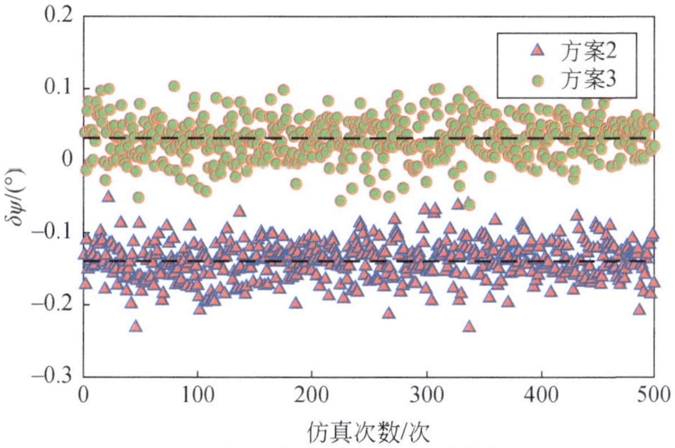

(b)方案2和方案3中500次仿真偏航角误差

图 4.4　500 次动基座仿真偏航角误差对比

第二节　小失准角下的 SINS 卡尔曼滤波精对准

一、SINS 小失准角误差模型

根据 SINS 力学编排过程，得到 SINS 姿态、速度和位置微分方程分别为

$$\dot{\boldsymbol{C}}_b^n=\boldsymbol{C}_b^n(\boldsymbol{\omega}_{nb}^b\times) \tag{4.38}$$

$$\dot{\boldsymbol{v}}^n=\boldsymbol{C}_b^n\boldsymbol{f}^b-(2\boldsymbol{\omega}_{ie}^n+\boldsymbol{\omega}_{en}^n)\times\boldsymbol{v}^n+\boldsymbol{g}^n \tag{4.39}$$

$$\dot{\boldsymbol{p}}=\begin{bmatrix}0 & 1/R_{Mh} & 0\\ \sec B/R_{Nh} & 0 & 0\\ 0 & 0 & 1\end{bmatrix}\boldsymbol{v}^n \tag{4.40}$$

式中，$\boldsymbol{p}=[B\quad L\quad h]^{\mathrm{T}}$ 为载体的大地坐标。

实际计算中，计算机导航坐标系 n' 与地理导航坐标系 n 间存在失准角 $\boldsymbol{\phi}$，使得计算机姿态矩阵 $\tilde{\boldsymbol{C}}_b^n$ 与理想的姿态矩阵 $\boldsymbol{C}_b^n$ 间存在误差，当 $\boldsymbol{\phi}$ 为小角度时，$\tilde{\boldsymbol{C}}_b^n$ 和 $\boldsymbol{C}_b^n$ 的关系为

$$\tilde{\boldsymbol{C}}_b^n=(\boldsymbol{I}-\boldsymbol{\phi}\times)\boldsymbol{C}_b^n \tag{4.41}$$

其中，$\boldsymbol{\phi}\times$ 为 $\boldsymbol{\phi}$ 的反对称矩阵。

$\dot{\boldsymbol{C}}_b^n$ 和 $\dot{\tilde{\boldsymbol{C}}}_b^n$ 的计算公式如下：

$$\dot{\boldsymbol{C}}_b^n=\boldsymbol{C}_b^n(\boldsymbol{\omega}_{ib}^b\times)-(\boldsymbol{\omega}_{in}^n\times)\boldsymbol{C}_b^n \tag{4.42}$$

$$\dot{\tilde{\boldsymbol{C}}}_b^n=\tilde{\boldsymbol{C}}_b^n(\tilde{\boldsymbol{\omega}}_{ib}^b\times)-(\tilde{\boldsymbol{\omega}}_{in}^n\times)\tilde{\boldsymbol{C}}_b^n \tag{4.43}$$

其中：

$$\tilde{\boldsymbol{\omega}}_{ib}^b=\boldsymbol{\omega}_{ib}^b+\delta\boldsymbol{\omega}_{ib}^b \tag{4.44}$$

$$\tilde{\boldsymbol{\omega}}_{in}^n=\boldsymbol{\omega}_{in}^n+\delta\boldsymbol{\omega}_{in}^n \tag{4.45}$$

式中，$\delta\boldsymbol{\omega}_{ib}^b$ 表示陀螺测得的角速度的误差；$\delta\boldsymbol{\omega}_{in}^n=\delta\boldsymbol{\omega}_{ie}^n+\delta\boldsymbol{\omega}_{en}^n$ 表示 $\boldsymbol{\omega}_{in}^n$ 的误差。

将式(4.41)进行微分，并将式(4.42)～式(4.45)代入，可以得到

$$\begin{aligned}&-\dot{\boldsymbol{\phi}}\times\boldsymbol{C}_b^n+(\boldsymbol{I}-\boldsymbol{\phi}\times)[\boldsymbol{C}_b^n(\boldsymbol{\omega}_{ib}^b\times)-(\boldsymbol{\omega}_{in}^n\times)\boldsymbol{C}_b^n]\\&=(\boldsymbol{I}-\boldsymbol{\phi}\times)\boldsymbol{C}_b^n[(\boldsymbol{\omega}_{ib}^b+\delta\boldsymbol{\omega}_{ib}^b)\times]-[(\boldsymbol{\omega}_{in}^n+\delta\boldsymbol{\omega}_{in}^n)\times](\boldsymbol{I}-\boldsymbol{\phi}\times)\boldsymbol{C}_b^n\end{aligned} \tag{4.46}$$

将式(4.46)整理可得

$$\begin{aligned}\dot{\boldsymbol{\phi}}\times&=[(\boldsymbol{\phi}\times\boldsymbol{\omega}_{in}^n)\times]+(\delta\boldsymbol{\omega}_{in}^n\times)-(\delta\boldsymbol{\omega}_{ib}^n\times)\\&=[(\boldsymbol{\phi}\times\boldsymbol{\omega}_{in}^n+\delta\boldsymbol{\omega}_{in}^n-\delta\boldsymbol{\omega}_{ib}^n)\times]\end{aligned} \tag{4.47}$$

可得 SINS 姿态误差方程：

$$\dot{\boldsymbol{\phi}}=\boldsymbol{\phi}\times\boldsymbol{\omega}_{in}^n+\delta\boldsymbol{\omega}_{in}^n-\delta\boldsymbol{\omega}_{ib}^n \tag{4.48}$$

在捷联惯导解算中，计算机的计算速度与理想速度间存在偏差，这个误差称为速度误差。通常用速度微分方程来描述这一变化规律：

$$\begin{aligned}\delta\dot{\boldsymbol{v}}^n &= \dot{\tilde{\boldsymbol{v}}}^n-\dot{\boldsymbol{v}}^n\\ &=\tilde{\boldsymbol{C}}_b^n\tilde{\boldsymbol{f}}^b-(2\tilde{\boldsymbol{\omega}}_{ie}^n+\tilde{\boldsymbol{\omega}}_{en}^n)\times\tilde{\boldsymbol{v}}^n+\tilde{\boldsymbol{g}}^n-[\boldsymbol{C}_b^n\boldsymbol{f}^b-(2\boldsymbol{\omega}_{ie}^n+\boldsymbol{\omega}_{en}^n)\times\boldsymbol{v}^n+\boldsymbol{g}^n]\end{aligned}\tag{4.49}$$

其中：

$$\tilde{\boldsymbol{f}}^b=\boldsymbol{f}^b+\delta\boldsymbol{f}^b;\ \tilde{\boldsymbol{\omega}}_{ie}^n=\boldsymbol{\omega}_{ie}^n+\delta\boldsymbol{\omega}_{ie}^n;\ \tilde{\boldsymbol{\omega}}_{en}^n=\boldsymbol{\omega}_{en}^n+\delta\boldsymbol{\omega}_{en}^n;\ \tilde{\boldsymbol{g}}^n=\boldsymbol{g}^n+\delta\boldsymbol{g}^n$$

式中，$\tilde{\boldsymbol{v}}^n$ 表示计算速度；$\delta\boldsymbol{f}^b$ 表示加速度计测得的比力误差；$\delta\boldsymbol{\omega}_{ie}^n$ 表示地球自转角速度计算误差；$\delta\boldsymbol{\omega}_{en}^n$ 表示导航系旋转计算误差；$\delta\boldsymbol{g}^n$ 表示重力误差。

$\delta\boldsymbol{\omega}_{ie}^n$、$\delta\boldsymbol{\omega}_{en}^n$ 和 $\delta\boldsymbol{g}^n$ 的表达式为

$$\delta\boldsymbol{\omega}_{ie}^n=\begin{bmatrix}0\\ -\boldsymbol{\omega}_{ie}\sin B\delta B\\ \boldsymbol{\omega}_{ie}\cos B\delta B\end{bmatrix}\tag{4.50}$$

$$\delta\boldsymbol{\omega}_{en}^n=\begin{bmatrix}-\dfrac{\delta\boldsymbol{v}_N^n}{R_{Mh}}+\dfrac{\boldsymbol{v}_N^n\delta h}{R_{Mh}^2}\\ \dfrac{\delta\boldsymbol{v}_E^n}{R_{Nh}}-\dfrac{\boldsymbol{v}_E^n\delta h}{R_{Nh}^2}\\ \dfrac{\delta\boldsymbol{v}_E^n\tan B}{R_{Nh}}+\dfrac{\boldsymbol{v}_E^n\sec^2 B\delta B}{R_{Nh}}+\dfrac{-\boldsymbol{v}_E^n\tan B\delta h}{R_{Nh}^2}\end{bmatrix}\tag{4.51}$$

$$\delta\boldsymbol{g}^n=[0\quad 0\quad -\delta g]^{\mathrm{T}}\tag{4.52}$$

整理可得

$$\begin{aligned}\delta\dot{\boldsymbol{v}}^n &= \dot{\tilde{\boldsymbol{v}}}^n-\dot{\boldsymbol{v}}^n\\ &=(\tilde{\boldsymbol{C}}_b^n\tilde{\boldsymbol{f}}^b-\boldsymbol{C}_b^n\boldsymbol{f}^b)-[(2\tilde{\boldsymbol{\omega}}_{ie}^n+\tilde{\boldsymbol{\omega}}_{en}^n)\times\tilde{\boldsymbol{v}}^n-(2\boldsymbol{\omega}_{ie}^n+\boldsymbol{\omega}_{en}^n)\times\boldsymbol{v}^n]+(\tilde{\boldsymbol{g}}^n-\boldsymbol{g}^n)\end{aligned}\tag{4.53}$$

忽略误差的二阶小量，可得 SINS 的速度误差方程：

$$\delta\dot{\boldsymbol{v}}^n=\boldsymbol{f}^n\times\boldsymbol{\phi}+\boldsymbol{v}^n\times(2\delta\boldsymbol{\omega}_{ie}^n+\delta\boldsymbol{\omega}_{en}^n)-(2\boldsymbol{\omega}_{ie}^n+\boldsymbol{\omega}_{en}^n)\times\delta\boldsymbol{v}^n+\delta\boldsymbol{f}^n+\delta\boldsymbol{g}^n\tag{4.54}$$

对 SINS 位置微分方程求偏导，将 R_M、R_N 短时间的变化看作常值可得

$$\delta\dot{B}=\frac{1}{R_{Mh}}\delta\boldsymbol{v}_N^n-\frac{\boldsymbol{v}_N^n}{R_{Mh}^2}\delta h\tag{4.55}$$

$$\delta\dot{L}=\frac{\sec L}{R_{Nh}}\delta\boldsymbol{v}_E^n+\frac{\boldsymbol{v}_E^n\sec L\tan L}{R_{Nh}}\delta B-\frac{\boldsymbol{v}_E^n\sec L}{R_{Nh}^2}\delta h\tag{4.56}$$

$$\delta\dot{h}=\delta\boldsymbol{v}_U^n\tag{4.57}$$

式中，δB、δL 和 δh 分别表示纬度、经度和高度误差；$\boldsymbol{v}^n=[\boldsymbol{v}_E^n\quad \boldsymbol{v}_N^n\quad \boldsymbol{v}_U^n]^{\mathrm{T}}$ 表示速度分量；$\delta\boldsymbol{v}^n$ 表示速度误差分量，$\delta\boldsymbol{v}^n=[\delta\boldsymbol{v}_E^n\quad \delta\boldsymbol{v}_N^n\quad \delta\boldsymbol{v}_U^n]^{\mathrm{T}}$。

式(4.48)、式(4.54)～式(4.57)便构成了 SINS 小失准角误差模型。

二、小失准角精对准卡尔曼滤波模型

（一）状态转移模型

将 IMU 误差的 $\delta\boldsymbol{\omega}_{ib}^{b}$ 和 $\delta\boldsymbol{f}^{b}$ 建模为“常值零偏+白噪声”，即

$$\delta\boldsymbol{\omega}_{ib}^{b}=\boldsymbol{\varepsilon}^{b}+\boldsymbol{w}_{g}^{b} \tag{4.58}$$

$$\delta\boldsymbol{f}^{b}=\nabla^{b}+\boldsymbol{w}_{a}^{b} \tag{4.59}$$

考虑 SINS 误差参数，在 Kalman 滤波中选择 15 维状态向量：

$$\boldsymbol{X}=\begin{bmatrix}\boldsymbol{\phi} & \delta\boldsymbol{v}^{n} & \boldsymbol{p} & \boldsymbol{\varepsilon}^{b} & \boldsymbol{\nabla}^{b}\end{bmatrix}^{\mathrm{T}} \tag{4.60}$$

由 SINS 小失准角误差模型，构建卡尔曼滤波状态转移模型为

$$\dot{\boldsymbol{X}}_{t}=\boldsymbol{F}_{t}\boldsymbol{X}_{t}+\boldsymbol{G}_{t}\boldsymbol{W}_{t}^{b} \tag{4.61}$$

式中，$\boldsymbol{W}_{t}^{b}$ 表示状态噪声向量；$\boldsymbol{G}_{t}$ 表示系统噪声驱动矩阵；$\boldsymbol{F}_{t}$ 表示状态转移矩阵。

各矩阵具体形式为

$$\boldsymbol{G}_{t}=\begin{bmatrix}\boldsymbol{C}_{b}^{n} & 0_{3\times3} & 0_{3\times16}\\ 0_{3\times3} & \boldsymbol{C}_{b}^{n} & 0_{3\times16}\end{bmatrix}^{\mathrm{T}},\boldsymbol{W}_{t}^{b}=\begin{bmatrix}\boldsymbol{w}_{g}^{b}\\ \boldsymbol{w}_{a}^{b}\end{bmatrix} \tag{4.62}$$

$$\boldsymbol{F}_{t}=\begin{bmatrix}\boldsymbol{M}_{aa} & \boldsymbol{M}_{av} & \boldsymbol{M}_{ap} & -\boldsymbol{C}_{b}^{n} & 0_{3\times3}\\ \boldsymbol{M}_{va} & \boldsymbol{M}_{vv} & \boldsymbol{M}_{vp} & 0_{3\times3} & \boldsymbol{C}_{b}^{n}\\ 0_{3\times3} & \boldsymbol{M}_{pv} & \boldsymbol{M}_{pa} & 0_{3\times3} & 0_{3\times3}\\ & & 0_{6\times15} & & \end{bmatrix} \tag{4.63}$$

其中，

$$\boldsymbol{M}_{aa}=\begin{bmatrix}0 & \omega_{U}+\dfrac{\boldsymbol{v}_{E}^{n}\tan B}{R_{Nh}} & -\omega_{N}-\dfrac{\boldsymbol{v}_{E}^{n}}{R_{Nh}}\\ -\omega_{U}-\dfrac{\boldsymbol{v}_{E}^{n}\tan B}{R_{Nh}} & 0 & -\dfrac{\boldsymbol{v}_{N}^{n}}{R_{Mh}}\\ \omega_{N}+\dfrac{\boldsymbol{v}_{E}^{n}}{R_{Nh}} & \dfrac{\boldsymbol{v}_{N}^{n}}{R_{Mh}} & 0\end{bmatrix},\boldsymbol{M}_{av}=\begin{bmatrix}0 & -\dfrac{1}{R_{Mh}} & 0\\ \dfrac{1}{R_{Nh}} & 0 & 0\\ \dfrac{\tan B}{R_{Nh}} & 0 & 0\end{bmatrix} \tag{4.64}$$

$$\boldsymbol{M}_{va}=\begin{bmatrix}0 & -f_{U} & f_{N}\\ f_{U} & 0 & -f_{E}\\ -f_{N} & f_{E} & 0\end{bmatrix} \tag{4.65}$$

$$\boldsymbol{M}_{vv}=\begin{bmatrix}\dfrac{\boldsymbol{v}_{N}^{n}\tan B-\boldsymbol{v}_{U}^{n}}{R_{Nh}} & 2\omega_{U}+\dfrac{\boldsymbol{v}_{E}^{n}\tan B}{R_{Nh}} & -\left(2\omega_{N}+\dfrac{\boldsymbol{v}_{E}^{n}}{R_{Nh}}\right)\\ -2\left(\omega_{U}+\dfrac{\boldsymbol{v}_{E}^{n}\tan B}{R_{Nh}}\right) & -\dfrac{\boldsymbol{v}_{U}^{n}}{R_{Mh}} & -\dfrac{\boldsymbol{v}_{N}^{n}}{R_{Mh}}\\ 2\left(\omega_{N}+\dfrac{\boldsymbol{v}_{E}^{n}}{R_{Nh}}\right) & \dfrac{2\boldsymbol{v}_{N}^{n}}{R_{Mh}} & 0\end{bmatrix} \tag{4.66}$$

$$\boldsymbol{M}_{pv}=\begin{bmatrix}0 & \dfrac{1}{R_{Mh}} & -\dfrac{\boldsymbol{v}_N^n}{R_{Mh}^2}\\ \dfrac{\sec L}{R_{Nh}} & 0 & 0\\ 0 & 0 & 1\end{bmatrix},\boldsymbol{M}_{pp}=\begin{bmatrix}0 & 0 & -\dfrac{\boldsymbol{v}_N^n}{R_{Mh}^2}\\ \dfrac{\boldsymbol{v}_E^n\sec B\tan B}{R_{Nh}} & 0 & -\dfrac{\boldsymbol{v}_E^n\sec B}{R_{Nh}^2}\\ 0 & 0 & 0\end{bmatrix} \tag{4.67}$$

(二)量测模型

1. GNSS 量测模型

GNSS 可以输出导航系速度$\tilde{\boldsymbol{v}}_{\mathrm{GNSS}}^n$，利用$\tilde{\boldsymbol{v}}_{\mathrm{GNSS}}^n$得到量测方程为

$$\tilde{\boldsymbol{v}}_{\mathrm{GNSS}}^n=\tilde{\boldsymbol{v}}^n-\delta\boldsymbol{v}^n+\boldsymbol{w}_1^n \tag{4.68}$$

式中，$\boldsymbol{w}_1^n$ 表示 GNSS 测速噪声。

当 GNSS 可输出位置信息时，增加位置误差状态 $\delta\boldsymbol{p}^n$ 和位置误差量测方程：

$$\tilde{\boldsymbol{p}}_{\mathrm{GNSS}}=\tilde{\boldsymbol{p}}-\delta\boldsymbol{p}+\boldsymbol{w}_2^n \tag{4.69}$$

式中，$\boldsymbol{w}_2^n$ 表示 GNSS 定位噪声。

整理可得 GNSS 量测方程为

$$\boldsymbol{Z}_{\mathrm{GNSS}}=\begin{bmatrix}\tilde{\boldsymbol{v}}^n-\tilde{\boldsymbol{v}}_{\mathrm{GNSS}}^n\\ \tilde{\boldsymbol{p}}-\tilde{\boldsymbol{p}}_{\mathrm{GNSS}}\end{bmatrix}=[\boldsymbol{0}_{6\times3}\quad \boldsymbol{I}_{6\times6}\quad \boldsymbol{0}_{6\times6}]\boldsymbol{X}+\boldsymbol{V}_{\mathrm{GNSS}} \tag{4.70}$$

式中，$\boldsymbol{V}_{\mathrm{GNSS}}=-[(\boldsymbol{w}_1^n)^{\mathrm{T}}\quad(\boldsymbol{w}_2^n)^{\mathrm{T}}]^{\mathrm{T}}$ 为 GNSS 量测噪声。

2. DVL 量测模型

设 DVL 误差参数已被精确标定，则 DVL 观测值可表示为

$$\begin{aligned}\tilde{\boldsymbol{v}}_{\mathrm{DVL}}^b&=\boldsymbol{v}^b+\boldsymbol{w}^b=\boldsymbol{C}_n^b\boldsymbol{v}^n+\boldsymbol{w}_{\mathrm{DVL}}^b\approx\boldsymbol{C}_{n'}^b(\boldsymbol{I}-\boldsymbol{\phi}\times)(\tilde{\boldsymbol{v}}^n-\delta\boldsymbol{v}^n)+\boldsymbol{w}^b\\&\approx\boldsymbol{C}_{n'}^b\tilde{\boldsymbol{v}}^n+\boldsymbol{C}_{n'}^b(\tilde{\boldsymbol{v}}^n\times)\boldsymbol{\phi}-\boldsymbol{C}_{n'}^b\delta\boldsymbol{v}^n+\boldsymbol{w}^b\end{aligned} \tag{4.71}$$

式中，$\tilde{\boldsymbol{v}}_{\mathrm{DVL}}^b$表示 DVL 的载体系速度量测值；$\boldsymbol{w}^b$ 表示 DVL 测速噪声，可视为高斯白噪声。

由式(4.71)可得到量测方程为

$$\boldsymbol{Z}_{\mathrm{DVL}}=\boldsymbol{C}_{n'}^b\tilde{\boldsymbol{v}}^n-\tilde{\boldsymbol{v}}_{\mathrm{DVL}}^b=[\boldsymbol{C}_{n'}^b(\tilde{\boldsymbol{v}}^n\times)\quad -\boldsymbol{C}_{n'}^b\quad \boldsymbol{0}_{3\times6}]\boldsymbol{X}+\boldsymbol{V}_{\mathrm{DVL}} \tag{4.72}$$

式中，$\boldsymbol{V}_{\mathrm{DVL}}=-\boldsymbol{w}^b$ 表示 DVL 量测噪声。

三、卡尔曼滤波解算原理

在高斯噪声假设下，卡尔曼滤波是最小方差准则下的线性系统最优估计。将连续模型离散化，得到卡尔曼滤波状态空间模型为

$$\begin{aligned}\boldsymbol{X}_k&=\boldsymbol{\Phi}_{k,k-1}\boldsymbol{X}_{k-1}+\boldsymbol{W}_k\\ \boldsymbol{Z}_k&=\boldsymbol{H}_k\boldsymbol{X}_k+\boldsymbol{V}_k\end{aligned} \tag{4.73}$$

式中，$\boldsymbol{\Phi}_{k,k-1}$和$\boldsymbol{H}_k$ 分别表示已知的系统矩阵和量测矩阵；$\boldsymbol{W}_k$ 和$\boldsymbol{V}_k$ 分别表示状态噪声和量

测噪声。

卡尔曼滤波更新分为状态预测和量测更新两个过程，具体流程如下所示。

1）状态预测过程

$$\begin{aligned}\hat{\boldsymbol{X}}_{k,k-1}&=\boldsymbol{\Phi}_{k,k-1}\hat{\boldsymbol{X}}_{k-1}\\\boldsymbol{P}_{k,k-1}&=\boldsymbol{\Phi}_{k,k-1}\boldsymbol{P}_{k-1}\boldsymbol{\Phi}_{k,k-1}^{\mathrm{T}}+\boldsymbol{Q}_k\end{aligned}\tag{4.74}$$

式中，$\hat{\boldsymbol{X}}_{k,k-1}$和$\boldsymbol{P}_{k,k-1}$分别表示状态向量一步预测值及其协方差阵；$\hat{\boldsymbol{X}}_{k-1}$和$\boldsymbol{P}_{k-1}$分别表示 $k-1$ 历元的状态向量后验估值及其协方差阵；$\boldsymbol{Q}_k$ 表示系统噪声的协方差阵。

2）量测更新过程

$$\begin{aligned}\boldsymbol{K}_k&=\boldsymbol{P}_{k,k-1}\boldsymbol{H}_k^{\mathrm{T}}(\boldsymbol{H}_k\boldsymbol{P}_{k,k-1}\boldsymbol{H}_k^{\mathrm{T}}+\boldsymbol{R}_k)^{-1}\\\hat{\boldsymbol{X}}_k&=\hat{\boldsymbol{X}}_{k,k-1}+\boldsymbol{K}_k(\boldsymbol{Z}_k-\boldsymbol{H}_k\hat{\boldsymbol{X}}_{k,k-1})\\\boldsymbol{P}_k&=(\boldsymbol{I}-\boldsymbol{K}_k\boldsymbol{H}_k)\boldsymbol{P}_{k,k-1}\end{aligned}\tag{4.75}$$

式中，$\boldsymbol{K}_k$ 表示卡尔曼滤波增益矩阵；$\boldsymbol{R}_k$ 表示量测噪声协方差阵。

四、试验分析

实验选择使用 Novatel Span ISA 100C 光纤惯性导航系统在郑州某地的一组实测数据进行验证，IMU 起点为 34.811°N、113.566°E，高程为 103.262m。采样频率为 200Hz，使用 1000s 数据用于卡尔曼滤波初始对准实验。

首先，使用 OBA 对准算法，获得姿态角结果如图 4.5 所示。从图 4.5 中可见，解析粗对准的姿态角结果迅速收敛，1000s 时俯仰角 θ、横滚角 γ 和偏航角 ψ 分别为 0.081°、0.469°和−93.985°。

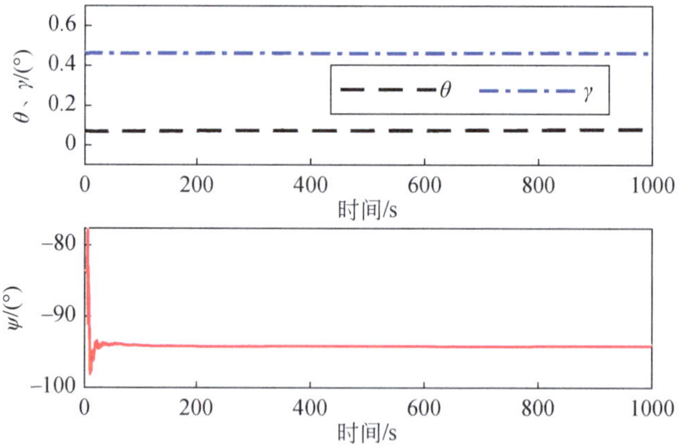

图 4.5　解析粗对准结果

进一步，在粗对准姿态角的基础上，添加的姿态角误差，进行卡尔曼滤波精对准试验。滤波中各参数设置为：陀螺零偏 0.05(°)/h，随机游走 0.005(°)/h；加速度计零偏 300μg，加速度计随机游走 100μg/Hz；初始姿态误差为[1°　1°　5°]；观测噪声(1σ)为

0. 01m/s。

图 4. 6 给出了卡尔曼滤波精对准解算的姿态角曲线。从图 4. 6 中可见，三个方向的姿态角均成功收敛，对准结束时，对准结果分别为 0. 086°、0. 483°和−93. 850°。由于水平姿态角的可观性较强，俯仰角和横滚角的收敛速度较快。图 4. 7 给出了陀螺零偏和加速度计零偏的估计结果，从图 4. 7 中可见，卡尔曼滤波可以分离部分惯性元件零偏影响，陀螺零偏和加速度计零偏分别收敛至 0. 04°/h 和−300μg 左右。

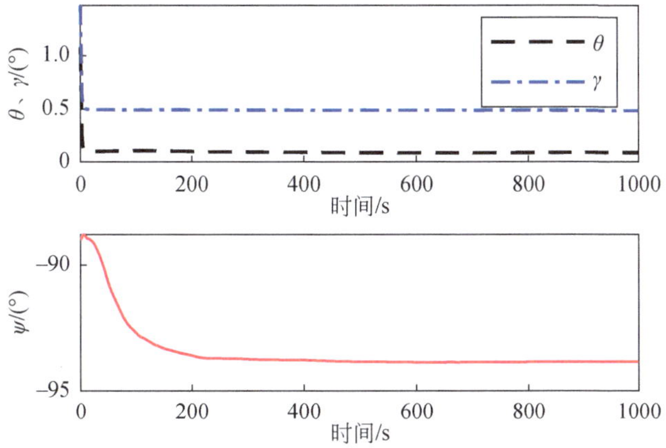

图 4. 6　卡尔曼滤波精对准结果

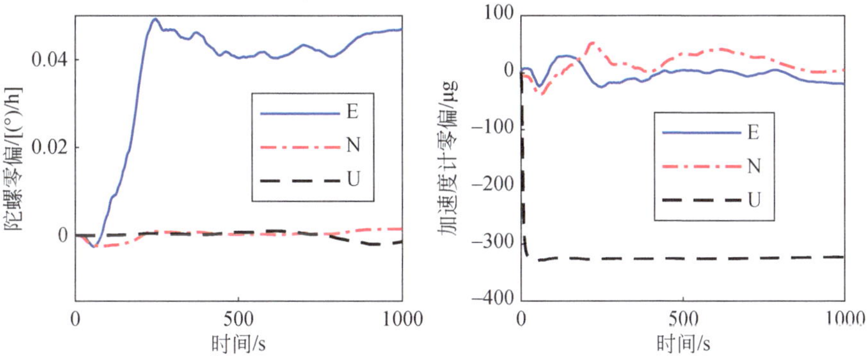

图 4. 7　IMU 零偏估计结果

第三节　大失准角下的 SINS 非线性滤波对准

传统的"粗对准+精对准"可实现 SINS 精确对准。然而，将对准过程分为两个阶段必然会延长对准时间，降低对准效率。同时，何时由粗对准转为精对准并无严格判断标准进行区分。大失准角条件下的卡尔曼滤波初始对准技术不需经历粗对准阶段，可以有效缩短对准时间，提升动基座对准和 UUV 工作效率。

一、SINS 大失准角误差模型

经典的SINS线性误差模型基于小失准角假设，当SINS姿态角误差较大时，其误差方程为非线性。选择姿态失准角 $\boldsymbol{\phi}$，速度误差 $\delta\boldsymbol{v}^n$，加速度计零偏 $\boldsymbol{\nabla}^b$ 和陀螺零偏 $\boldsymbol{\varepsilon}^b$ 为状态参数，大失准角误差模型具体形式为

$$\dot{\boldsymbol{\phi}}=\boldsymbol{C}_{\omega}^{-1}[(\boldsymbol{I}-\boldsymbol{C}_n^{n'})\tilde{\boldsymbol{\omega}}_{in}^n+\boldsymbol{C}_n^{n'}\delta\boldsymbol{\omega}_{in}^n-\boldsymbol{C}_b^{n'}\boldsymbol{\varepsilon}^b] \tag{4.76}$$

$$\begin{aligned}\delta\dot{\boldsymbol{v}}^n=&[\boldsymbol{I}-(\boldsymbol{C}_n^{n'})^{\mathrm{T}}]\boldsymbol{C}_b^{n'}\tilde{\boldsymbol{f}}^b+(\boldsymbol{C}_n^{n'})^{\mathrm{T}}\boldsymbol{C}_b^{n'}\boldsymbol{\nabla}^b-(2\delta\boldsymbol{\omega}_{ie}^n+\delta\boldsymbol{\omega}_{en}^n)\times\boldsymbol{v}^n\\&-(2\tilde{\boldsymbol{\omega}}_{ie}^n+\tilde{\boldsymbol{\omega}}_{en}^n)\times\delta\boldsymbol{v}^n+(2\delta\boldsymbol{\omega}_{ie}^n+\delta\boldsymbol{\omega}_{en}^n)\times\delta\boldsymbol{v}^n+\delta\boldsymbol{g}^n\end{aligned} \tag{4.77}$$

式中，$\boldsymbol{C}_{\omega}^{-1}$ 表示由 $\boldsymbol{\phi}$ 决定的矩阵，具体形式为

$$\boldsymbol{C}_{\omega}^{-1}=\begin{bmatrix}c_Ec_N & 0 & s_Es_N\\ s_Es_N & c_E & -s_Ec_N\\ -s_N & 0 & c_N\end{bmatrix} \tag{4.78}$$

式中，c_E 和 s_E 分别表示 ϕ_E 的余弦和正弦；c_N 和 s_N 分别表示 ϕ_N 的余弦和正弦。大失准角位置误差方程与小失准角一致。

由于重力矢量的天向分量较大，通常水平姿态角可实现较高精度估计。实际应用中可将式(4.76)和式(4.77)简化为大方位失准角误差方程：

$$\dot{\boldsymbol{\phi}}=\boldsymbol{C}_A\tilde{\boldsymbol{\omega}}_{in}^n+\boldsymbol{C}_z\delta\boldsymbol{\omega}_{in}^n-\boldsymbol{C}_b^{n'}\boldsymbol{\varepsilon}^b \tag{4.79}$$

$$\delta\dot{\boldsymbol{v}}^n=\boldsymbol{C}_B\boldsymbol{C}_b^{n'}\tilde{\boldsymbol{f}}^b+\boldsymbol{C}_z^{\mathrm{T}}\boldsymbol{C}_b^{n'}\boldsymbol{\nabla}^b-(2\delta\boldsymbol{\omega}_{ie}^n+\delta\boldsymbol{\omega}_{en}^n)\times\boldsymbol{v}^n-(2\tilde{\boldsymbol{\omega}}_{ie}^n+\tilde{\boldsymbol{\omega}}_{en}^n)\times\delta\boldsymbol{v}^n \tag{4.80}$$

式中，$\boldsymbol{C}_A$ 表示$\boldsymbol{C}_{\omega}^{-1}(\boldsymbol{I}-\boldsymbol{C}_n^{n'})$的大方位失准角简化；$C_B$ 表示 $\boldsymbol{I}-(\boldsymbol{C}_n^{n'})^{\mathrm{T}}$ 的大方位失准角简化；$\boldsymbol{C}_z$ 表示$\boldsymbol{C}_n^{n'}$ 的大方位失准角简化。

具体形式为

$$\boldsymbol{C}_A=\begin{bmatrix}1-c_U & -s_U & \phi_N\\ s_U & 1-c_U & -\phi_E\\ -\phi_Es_U-\phi_N & \phi_Ec_U & 0\end{bmatrix},\quad \boldsymbol{C}_B=\begin{bmatrix}1-c_U & s_U & -\phi_Nc_U-\phi_Es_U\\ -s_U & 1-c_U & -\phi_Ns_U+\phi_Ec_U\\ -\phi_Es_U-\phi_N & -\phi_E & 0\end{bmatrix} \tag{4.81}$$

$$\boldsymbol{C}_z=\boldsymbol{C}_n^{n'}\approx\begin{bmatrix}c_U & s_U & -\phi_N\\ -s_U & c_U & \phi_E\\ \phi_Nc_U+\phi_Es_U & \phi_Ns_U-\phi_Ec_U & 1\end{bmatrix} \tag{4.82}$$

结合建模为“随机常值+白噪声”的IMU误差，便可得到SINS大失准角误差模型。

在大失准角下，由于GNSS输出导航系中的速度和位置，GNSS量测模型与小失准角一致。对于DVL，在大失准角下，构建非线性量测模型为

$$\tilde{\boldsymbol{v}}_{\mathrm{DVL}}^b\approx\boldsymbol{C}_{n'}^b\boldsymbol{C}_n^{n'}(\tilde{\boldsymbol{v}}^n-\delta\boldsymbol{v}^n)+\boldsymbol{w}^b \tag{4.83}$$

二、无迹卡尔曼滤波

大失准角条件下的卡尔曼滤波中状态模型是非线性的，所以必须使用非线性卡尔曼滤

波技术对上述模型进行解算。非线性滤波技术包括扩展卡尔曼滤波(EKF)、无迹卡尔曼滤波(UKF)和容积卡尔曼滤波(CKF)等。UKF 和 CKF 较 EKF 有更高的精度且不需计算复杂的雅可比矩阵，广泛应用于各类非线性系统中。UKF 和 CKF 使用确定性采样逼近高斯概率密度函数，不同之处在于采样点的选取准则不同。

Julier 等提出采用基于无迹变换(unscented transform, UT)的 UKF 算法。与 EKF 的思路不同，UKF 是通过对后验 PDF 进行近似来得到次优的滤波算法。UKF 的计算原理以及流程如下。

(1)进行状态预测过程，n 维状态向量应计算 $2n+1$ 个 Sigma 点。

$$\boldsymbol{X}_{k-1}^{0}=\hat{\boldsymbol{X}}_{k-1} \tag{4.84a}$$

$$\boldsymbol{X}_{k-1}^{i}=\hat{\boldsymbol{X}}_{k-1}+\sqrt{n+\lambda}\sqrt{\boldsymbol{P}_{k-1,i}},\quad i=1,2,\cdots,n \tag{4.84b}$$

$$\boldsymbol{X}_{k-1}^{i}=\hat{\boldsymbol{X}}_{k-1}-\sqrt{n+\lambda}\sqrt{\boldsymbol{P}_{k-1,i}},\quad i=n+1,\cdots,2n \tag{4.84c}$$

式中，$\sqrt{\boldsymbol{P}_{k-1,i}}$ 表示矩阵平方根 $\sqrt{\boldsymbol{P}_{k-1}}$ 的第 i 列；$\sqrt{\boldsymbol{P}_{k-1}}$ 表示对协方差阵进行楚列斯基分解(Cholesky decomposition)获得的下三角矩阵。

(2)将式(4.84a)中的 Sigma 点通过状态转移函数映射为新的 Sigma 点。

$$\boldsymbol{X}_{k}^{i}=\boldsymbol{f}(\boldsymbol{X}_{k-1}^{i}),\quad i=0,1,\cdots,2n \tag{4.85}$$

(3)进行状态预测过程，计算一步状态预测参数及其协方差阵。

$$\overline{\boldsymbol{X}}_{k}=\sum_{i=0}^{2n}\omega_{X}^{i}\boldsymbol{X}_{k}^{i} \tag{4.86a}$$

$$\boldsymbol{P}_{k,k-1}=\sum_{i=0}^{2n}\omega_{P}^{i}(\boldsymbol{X}_{k}^{i}-\overline{\boldsymbol{X}}_{k})(\boldsymbol{X}_{k}^{i}-\boldsymbol{X}_{k})^{\mathrm{T}}+\boldsymbol{Q}_{k} \tag{4.86b}$$

其中，一步状态预测值及其协方差阵的权因子 ω_X^i 和 ω_P^i 分别为

$$\omega_{X}^{0}=\lambda/(n+\lambda) \tag{4.87a}$$

$$\omega_{P}^{0}=\lambda/(n+\lambda)+(1-\alpha^{2}+\beta) \tag{4.87b}$$

$$\omega_{X}^{i}=\omega_{P}^{i}=\lambda/2(n+\lambda) \tag{4.87c}$$

$$\lambda=\alpha^{2}(n+\kappa)-n \tag{4.87d}$$

$\lambda=\alpha^2(n+\kappa)-n$ 为尺度因子；α 和 κ 用来控制 Sigma 点集的扩散，一般取 $10^{-4}\leqslant\alpha\leqslant1$，$\kappa=3-n$；$\beta$ 与 $\boldsymbol{X}$ 的分布有关，当 $\boldsymbol{X}$ 服从高斯分布，$\beta=2$。

(4)进行观测更新过程，首先计算 $2n+1$ 个 Sigma 点。

$$\overline{\boldsymbol{X}}_{k}^{0}=\overline{\boldsymbol{X}}_{k} \tag{4.88a}$$

$$\overline{\boldsymbol{X}}_{k}^{i}=\overline{\boldsymbol{X}}_{k}-\sqrt{n+\lambda}\sqrt{\boldsymbol{P}_{k,k-1,i}},\quad i=1,2,\cdots,n \tag{4.88b}$$

$$\overline{\boldsymbol{X}}_{k}^{i}=\overline{\boldsymbol{X}}_{k}+\sqrt{n+\lambda}\sqrt{\boldsymbol{P}_{k,k-1,i}},\quad i=n+1,\cdots,2n \tag{4.88c}$$

(5)将式(4.88)中的 Sigma 点通过非线性观测函数映射至新的 Sigma 点集。

$$\overline{\boldsymbol{Z}}_{k}^{i}=\boldsymbol{h}(\overline{\boldsymbol{X}}_{k}^{i}),\quad i=0,1,\cdots,2n \tag{4.89}$$

(6)计算观测预估值及其协方差阵。

$$\overline{\boldsymbol{Z}}_{k}=\sum_{i=0}^{2n}\omega_{X}^{i}\overline{\boldsymbol{Z}}_{k}^{i} \tag{4.90a}$$

$$P_{\bar{Z}_k}=\sum_{i=0}^{2n}\omega_P^i(\bar{Z}_k^i-\bar{Z}_k)(\bar{Z}_k^i-\bar{Z}_k)^{\mathrm{T}}+R_k \tag{4.90b}$$

(7)计算状态预测值与观测预估值的协方差阵和卡尔曼滤波增益矩阵。

$$P_{\bar{X}_k\bar{Z}_k}=\sum_{i=0}^{2n}\omega_P^i(\bar{X}_k^i-\bar{X}_k)(\bar{Z}_k^i-\bar{Z}_k)^{\mathrm{T}} \tag{4.91a}$$

$$K_k=P_{\bar{X}_k\bar{Z}_k}P_{\bar{Z}_k}^{-1} \tag{4.91b}$$

(8)估计状态参数及其协方差阵。

$$\hat{X}_k=\bar{X}_k+K_k(Z_k-\bar{Z}_k) \tag{4.92a}$$

$$P_k=P_{k,k-1}-K_k P_{\bar{Z}_k}K_k^{\mathrm{T}} \tag{4.92b}$$

UT 变换输出的均值和方差精度分别可达 3 阶和 2 阶，而且 UKF 不需求解复杂的雅可比矩阵，使用上更加便捷。

三、容积卡尔曼滤波

2009 年，加拿大学者 Arasaratnam 等提出了 CKF 算法。CKF 可以看作 UKF 的特殊形式。UKF 中 UT 的 Sigma 点以状态均值为中心，依靠其方差控制 Sigma 点的分布；CKF 的 Sigma 点则不存在中心点，在取值空间内所有的 Sigma 点均有相同的权重。在高维系统中，UKF 需要进行楚列斯基分解，因此权值可能负定，而 CKF 不存在负定，因此具有更高的数值精度和滤波稳定性。CKF 较 UKF 在理论上更为严密且滤波精度更高，是当前理论上最精确的贝叶斯高斯近似算法。

CKF 的具体计算步骤如下。

(1)计算 $2n$ 个容积点 ξ。

$$X_{k-1}^i=S_{k-1}\xi_i+\hat{X}_{k-1},i=1,2,\cdots,2n \tag{4.93}$$

其中：

$$\Sigma_{\hat{X}_{k-1}}=S_{k-1}S_{k-1}^{\mathrm{T}} \tag{4.94a}$$

$$\xi_i=\begin{cases}\sqrt{n}I_i & i=1,2,\cdots,n\\ -\sqrt{n}I_i & i=n+1,n+2,\cdots,2n\end{cases} \tag{4.94b}$$

式中，$I_i=[0\ \ \cdots\ \ 1_i\ \ \cdots\ \ 0]^{\mathrm{T}}$，$i=1,2,\cdots,n$。

(2)将容积点集通过状态转移函数映射至新的容积点集，计算一步状态预测值及其协方差阵。

$$\bar{X}_{k-1}^i=f(X_{k-1}^i),\quad i=1,2,\cdots,2n \tag{4.95a}$$

$$\bar{X}_k=\frac{1}{2n}\sum_{i=1}^{2n}\bar{X}_k^i \tag{4.95b}$$

$$P_{k,k-1}=\frac{1}{2n}\sum_{i=1}^{2n}(\bar{X}_k^i-\bar{X}_k)(\bar{X}_k^i-\bar{X}_k)^{\mathrm{T}}+Q_k \tag{4.95c}$$

(3)进行观测更新过程，计算容积点。

$$\overline{X}_k^i = \overline{S}_k \boldsymbol{\xi}_i + \overline{X}_k, \quad i=1,2,\cdots,2n \tag{4.96}$$

其中：

$$P_{k,k-1} = \overline{S}_k \overline{S}_k^{\mathrm{T}} \tag{4.97}$$

(4)将容积点通过观测函数映射为新的容积点集，计算观测预测值及其权阵。

$$\overline{Z}_k^i = h(\overline{X}_k^i), \quad i=1,2,\cdots,2n \tag{4.98a}$$

$$\overline{Z}_k = \frac{1}{2n}\sum_{i=1}^{2n} \overline{Z}_k^i \tag{4.98b}$$

$$P_{\overline{Z}_k} = \frac{1}{2n}\sum_{i=1}^{2n} (\overline{Z}_k^i - \overline{Z}_k)(\overline{Z}_k^i - \overline{Z}_k)^{\mathrm{T}} + R_k \tag{4.98c}$$

(5)计算一步状态预测值与观测预测值的协方差阵及卡尔曼滤波增益矩阵。

$$P_{\overline{X}_k\overline{Z}_k} = \frac{1}{2n}\sum_{i=1}^{2n} (\overline{X}_k^i - \overline{X}_k)(\overline{Z}_k^i - \overline{Z}_k)^{\mathrm{T}} \tag{4.99a}$$

$$K_k = P_{\overline{X}_k\overline{Z}_k} P_{\overline{Z}_k}^{-1} \tag{4.99b}$$

(6)计算状态参数后验估计及其协方差阵。

$$\hat{X}_k = \overline{X}_k + K_k(Z_k - \overline{Z}_k) \tag{4.100a}$$

$$P_k = P_{k,k-1} - K_k P_{\overline{Z}_k} K_k^{\mathrm{T}} \tag{4.100b}$$

四、试验分析

使用浙江舟山船载实测数据进行 DVL/SINS 大失准角初始对准试验，对比不同初始失准角下使用卡尔曼滤波精对准和大失准角对准算法估计的姿态误差，其中姿态参考值由 RTK/SINS 前后向平滑紧组合获得。

在初始偏航误差为 1°、30°、60°、90°、120°、150°和 180°的情况下。图 4.8 ~ 图 4.10

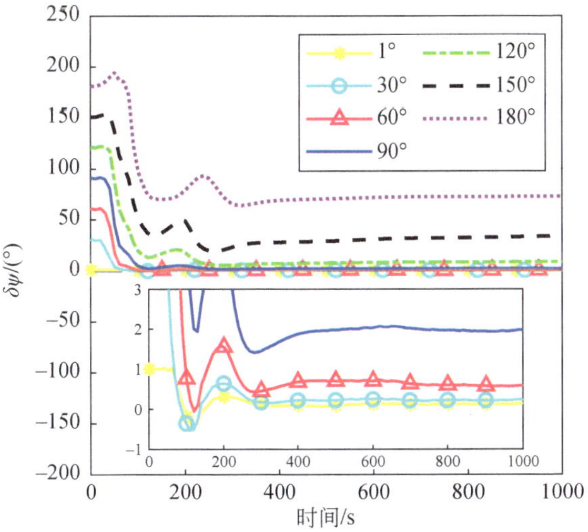

图 4.8　KF 计算的偏航角误差

显示了使用 KF、UKF 和 CKF 计算的偏航角误差。在方位失准角为 1°的小失准角的情况下，对准结束时 KF、UKF 和 CKF 的偏航误差分别为 0. 141°、0. 120°和 0. 120°，满足 UUV 的姿态精度要求。从图 4. 8 ~ 图 4. 10 中可以看出 KF、UKF 和 CKF 的收敛率随着初始偏航误差的增加而降低。从 SINS 误差传播的非线性来看，当初始航向误差大于 1°时，UKF 和 CKF 的性能优于 KF，但当初始偏航误差大于 90°和 120°时，UKF 和 CKF 的偏航角误差仍大于 5°。因此，在初始偏航误差大于 90°时，UUV 的动基座对准中推荐采用“OBA+KF”的两阶段对准。

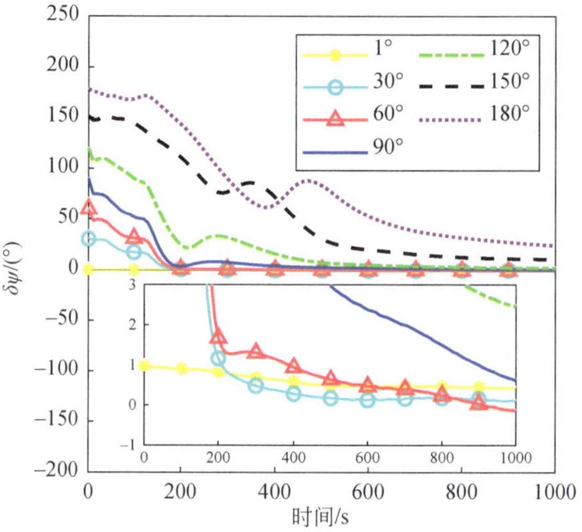

图 4. 9　UKF 计算的偏航角误差

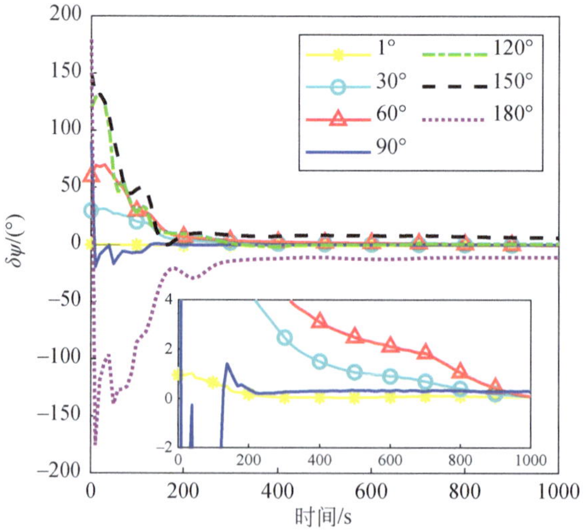

图 4. 10　CKF 计算的偏航角误差

第五章　水下无人航行器自主定位技术

高精度的位置信息是UUV高效完成各项任务的重要前提。海洋环境十分复杂，无线电信号在水介质中迅速衰减，同时考虑UUV执行特殊任务的隐蔽性要求，无需将外界环境作为参考因素的SINS成为UUV高精度导航定位的理想方式。由于IMU误差的影响，SINS的导航误差会随时间迅速累积，高精度的惯性级激光惯导的一小时的水平定位误差可达1n mile(1.852km)以上，因此需要外部传感器的量测信息辅助SINS修正累积误差(严恭敏等，2012)。

GNSS可以为载体提供高精度的绝对位置和时间信息，具有全球性、实时和高精度等优势。然而UUV在水下无法接收GNSS信号，使UUV高精度定位成了研究的重难点。在水下环境中，UUV可用的定位传感器包括DVL、声学基线定位系统、地球物理场匹配定位系统和压力深度计(pressure sensor，PS)等。然而，PS只能获得深度信息，声学基线定位系统需要事先布设参考基阵，不满足UUV隐蔽性的要求。而DVL通过测量UUV相对于海底或水流的高精度速度信息，在水下环境中可以有效修正SINS的累积误差。所以，DVL/SINS组合导航系统成为UUV自主导航定位的主要方式(李万里，2013；Paull et al.，2014；徐晓苏等，2015)。但是，DVL/SINS组合导航系统中位置误差不可观，而地球物理场匹配定位技术(包括地磁匹配、地形匹配和重力匹配等)为绝对定位方式，可以有效补偿DVL/SINS/PS组合导航系统的累积位置误差。由于水下地形图较易获取且分辨率较高，同时测深传感器目前发展较为成熟，地形匹配定位系统是目前较有应用前景的地球物理场匹配定位系统。

本章面向水下无人航行器的高精度自主定位，介绍了多源传感器误差建模与补偿、DVL/SINS/PS数据融合和水下地形匹配定位的主要技术。

第一节　陀螺随机噪声时间序列建模补偿

一、陀螺随机噪声建模

目前用于陀螺随机误差建模的方法主要包括阿伦方差(Allan Variance)分析、功率谱密度分析和时间序列分析等。其中时间序列分析法分为自回归(auto regressive，AR)模型、自回归滑动平均(auto-regressive moving average，ARMA)模型和差分自回归滑动平均(auto-regressive integrated moving average，ARIMA)模型。ARIMA模型由于建模准确，适用范围广，在陀螺随机噪声建模方面获得了广泛研究和应用。ARIMA模型实质上是差分运算与ARMA模型的融合。ARIMA建模陀螺随机噪声序列主要内容包括噪声随机序列平稳性检验、ARIMA模型阶数确定、模型参数估计及适用性检验等内容。

ARMA 模型要求平稳的时间序列，因此首先要对采样光纤陀螺原始随机噪声进行平稳性和随机性检验，如检验不通过则需进行差分直至满足平稳随机过程。使用中海达 iPos 光纤惯导以 100Hz 采样频率采集静态数据，如图 5.1 所示。采用单位根检验(包括 ADF 检验与 KPSS 检验)对信号检测通过，因此 ARIMA 模型差分阶数为 0。

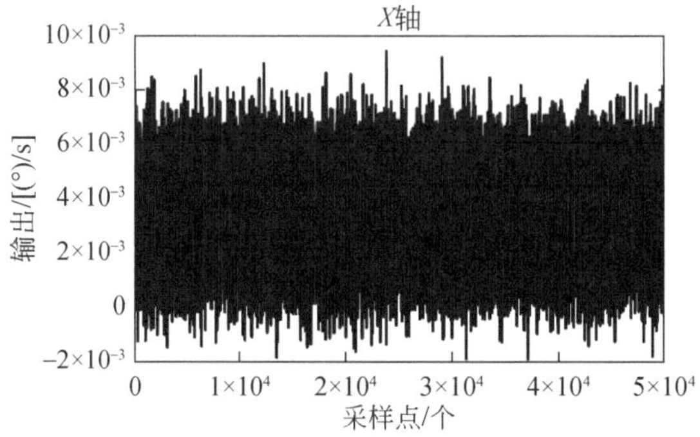

图 5.1　光纤陀螺原始序列

设 ARIMA(p, 0, q)模型为

$$x_k = \sum_{i=1}^{p} a_i x_{k-i} + \varepsilon_k + \sum_{j=1}^{q} b_j \varepsilon_{k-j} + c \tag{5.1}$$

使用前 2000 个历元数据建立 ARIMA 模型，计算过程分为模型阶数(p, q)确定和模型系数(a_i, b_j)计算。其中(p, q)可以通过时间序列的偏自相关函数图确定，但由偏自相关图得到的 ARIMA 模型阶数往往不准确。因此采用赤池信息准则(Akaike information criterion, AIC)与贝叶斯信息准则(Bayesian information criterionm, BIC)确定随机噪声序列 ARIMA 阶数，计算结果为 $p=3$，$q=3$。模型阶数确定后，通过最小二乘法计算模型系数值，所得 ARIMA 模型如表 5.1 所示。

表 5.1　陀螺随机噪声 ARIMA(p, 0, q)模型参数

模型参数	自回归模型(AR)	滑动平均模型(MA)	常值
1	−0.5427	0.4957	0.0087
2	−0.2856	0.0284	
3	−0.7129	0.2425	

图 5.2 为对所建模型采用标准化残差检验结果，从标准化残差统计图可见，所得残差序列符合正态分布。德宾–沃森(Durbin-Watson)统计量是常用的自相关统计量，设残差序列为 v_k($k=1$, 2, …, n)，构造德宾–沃森统计量如式(5.2)所示：

$$\mathrm{DW} = \frac{\sum_{k=2}^{n} v_k - v_{k-1}}{\sum_{k=1}^{n} v_k^2} \approx 2(1-\rho) \tag{5.2}$$

式中，ρ 表示自相关因子，ρ 越接近 0、等价于德宾–沃森统计量越接近 2，序列越不存在一阶相关性，本次残差序列相关性检验所得结果为 1.9539，认为残差序列符合高斯正态分布。综上认为所建模型较为准确，通过适用性检验。

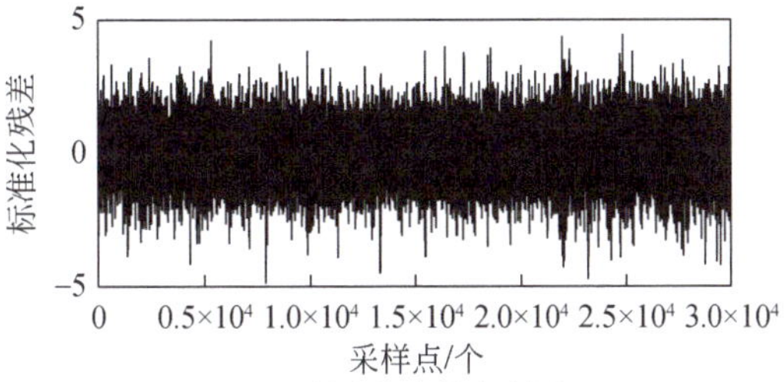

(a)标准化残差序列图

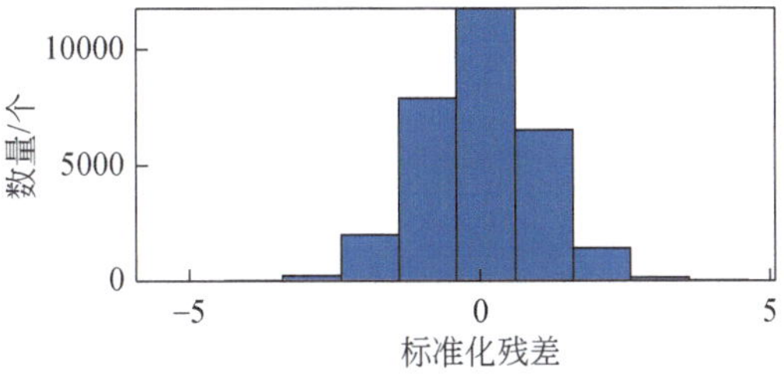

(b)标准化残差统计图

图 5.2　时间序列建模残差统计

二、卡尔曼滤波噪声补偿模型

在陀螺随机噪声建模为 ARIMA 模型后，使用卡尔曼滤波是进行随机噪声降噪的有效方法。以往处理存在 MA 系数的 ARIMA 模型时，往往忽视噪声的相关性或使用噪声估值进行白化。为此，建立基于 Harvey 法的卡尔曼滤波模型白化 ARIMA 有色噪声。

获得如式(5.1)所示的随机噪声 ARIMA(p，0，q)模型后，令状态向量 $\boldsymbol{X}_k=[x_k, x_{k-1}, \cdots, x_{k-p+1}, c]^{\mathrm{T}}$，建立卡尔曼滤波状态方程和量测方程分别为

$$\boldsymbol{X}_k=\begin{bmatrix} a_1 & \cdots & a_{p-1} & a_p & 1 \\ 1 & \cdots & 0 & 0 & 0 \\ \vdots & \ddots & \vdots & \vdots & \vdots \\ 0 & \cdots & 1 & 0 & 0 \\ 0 & \cdots & 0 & 0 & 1 \end{bmatrix}\boldsymbol{X}_{k-1}+\begin{bmatrix} 1 & b_1 & \cdots & b_q \\ 0 & 0 & \cdots & 0 \\ \vdots & \vdots & \ddots & \vdots \\ 0 & 0 & \cdots & 0 \\ 0 & 0 & \cdots & 0 \end{bmatrix}\begin{bmatrix} \varepsilon_k \\ \varepsilon_{k-1} \\ \vdots \\ \varepsilon_{k-q} \end{bmatrix} \tag{5.3}$$

$$\boldsymbol{Z}_k=[1\quad 0\quad \cdots\quad 0]\boldsymbol{X}_k+\boldsymbol{V}_k \tag{5.4}$$

式中，$\boldsymbol{V}_k$ 表示均值为 0 的高斯分布量测噪声，且与状态噪声 $\boldsymbol{W}_k=[\varepsilon_k\quad \varepsilon_{k-1}\quad \cdots\quad \varepsilon_{k-q}]^{\mathrm{T}}$ 不相关。

当存在 MA 系数时，式(5.3)中的状态噪声为有色噪声，此时卡尔曼滤波将会导致结果发散或失真。传统上通常将有色噪声建模为一阶 AR 模型，但 ARIMA 的有色噪声数学模型是明确的，对噪声再进行时间序列建模并不完全准确。

在标准哈维(Harvey)法滤波方程中，针对如下所示 ARIMA 模型：

$$x_k = \sum_{i=1}^{p} a_i x_{k-i} + \varepsilon_k + \sum_{j=1}^{q} b_j \varepsilon_{k-j} \tag{5.5}$$

令 $y_{1,k}=x_k$，有

$$\begin{aligned} y_{1,k} &= a_1 y_{1,k-1} + \sum_{i=2}^{p} a_i x_{k-i} + \sum_{j=1}^{q} b_j \varepsilon_{k-j} + \varepsilon_k \\ &= a_1 y_{1,k-1} + y_{2,k-1} + \varepsilon_k \end{aligned} \tag{5.6}$$

考虑 $y_{2,k}$：

$$\begin{aligned} y_{2,k} &= \sum_{i=2}^{p} a_i x_{k+1-i} + \sum_{j=1}^{q} b_j \varepsilon_{k+1-j} \\ &= a_2 y_{1,k-1} + \sum_{i=3}^{p} a_i x_{k+1-i} + \sum_{j=2}^{q} b_j \varepsilon_{k+1-j} + b_1 \varepsilon_k \\ &= a_2 y_{1,k-1} + y_{3,k-1} + b_1 \varepsilon_k \end{aligned} \tag{5.7}$$

递推可得如下关系：

$$\begin{aligned} y_{m,k} &= a_m y_{1,k-1} + \sum_{i=m+1}^{p} a_i x_{k+m-1-i} + \sum_{j=m}^{q} b_j \varepsilon_{k+m-1-j} + b_{m-1} \varepsilon_k \\ &= a_m y_{1,k-1} + y_{m+1,k-1} + b_{m-1} \varepsilon_k (m = 1,\cdots,p-1) \\ y_{p,k} &= a_p y_{1,k-1} + b_{p-1} \varepsilon_k \end{aligned} \tag{5.8}$$

其中，$b_i=0(i=q+1, q+2, \cdots, p-1)$。因此，可以构建状态方程为

$$\boldsymbol{Y}_k = \boldsymbol{F}\boldsymbol{Y}_{k-1} + \boldsymbol{G}\varepsilon_k \tag{5.9}$$

其中：

$$\boldsymbol{F} = \begin{bmatrix} a_1 & 1 & 0 & \cdots & 0 \\ a_2 & 0 & 1 & \cdots & 0 \\ \vdots & \vdots & \vdots & \ddots & \vdots \\ a_{p-1} & 0 & 0 & \cdots & 1 \\ a_p & 0 & 0 & \cdots & 0 \end{bmatrix} \quad \boldsymbol{G} = \begin{bmatrix} 1 \\ b_1 \\ \vdots \\ b_{p-1} \end{bmatrix} \tag{5.10}$$

式中，$\boldsymbol{F}$ 表示状态转移矩阵；$\boldsymbol{G}$ 表示噪声驱动矩阵。

可见式(5.10)仅适用于 $p>q$ 时，且建模时没有考虑常数项 c。

对于本书所述的 $q=p$ 且含常数项的光纤陀螺随机噪声 ARIMA 模型，需要对哈维(Harvey)方程进行扩展。考虑常数项 c，对于式(5.8)递推至 $m=p-1$ 时，有

$$\begin{aligned} y_{p-1,k} &= a_{p-1} y_{1,k-1} + a_p x_{k-2} + \sum_{j=p-1}^{q} b_j \varepsilon_{k+p-2-j} + b_{p-2} \varepsilon_k + c \\ y_{p,k-1} &= a_p x_{k-2} + \sum_{j=p-1}^{q} b_j \varepsilon_{k+p-1-j} + c \\ y_{p,k} &= a_p x_{k-1} + b_p \varepsilon_{k-1} + b_{p-1} \varepsilon_k + c \end{aligned} \tag{5.11}$$

继续进行递推：

$$\begin{aligned} y_{p+1,k-1} &= b_p \varepsilon_{k-1} + c \\ y_{p+1,k} &= c + b_p \varepsilon_k \end{aligned} \tag{5.12}$$

令$\boldsymbol{Y}_k=[y_{1,k},\ y_{2,k},\ \cdots,\ y_{p,k},\ c]^{\mathrm{T}}$，得到的滤波方程为

$$\begin{aligned}\boldsymbol{Y}_k&=\boldsymbol{F}\boldsymbol{Y}_{k-1}+\boldsymbol{G}\boldsymbol{\varepsilon}_k\\ \boldsymbol{Z}_k&=\boldsymbol{H}\boldsymbol{Y}_k+\boldsymbol{V}_k\end{aligned}\tag{5.13}$$

其中，

$$\boldsymbol{F}=\begin{bmatrix}a_1&1&0&\cdots&0\\a_2&0&1&\cdots&0\\\vdots&\vdots&\vdots&\ddots&\vdots\\a_p&0&0&\cdots&1\\0&0&0&\cdots&1\end{bmatrix}\quad \boldsymbol{G}=\begin{bmatrix}1\\b_1\\\vdots\\b_{p-1}\\b_p\end{bmatrix}\tag{5.14}$$

$$\boldsymbol{H}=[1\quad 0\quad \cdots\quad 0]\tag{5.15}$$

式中，ε_k和$\boldsymbol{V}_k$均表示白噪声，且两者不相关，满足随机模型：

$$\begin{cases}E(\varepsilon_k)=0\quad \sum_{\varepsilon_k}=\sigma^2\boldsymbol{Q}_k\\ E(V_k)=0\quad \sum_{V_k}=\sigma^2\boldsymbol{R}_k\\ \sum_{\varepsilon_k V_k}=0\quad \sum_{\varepsilon_k\varepsilon_{k-1}}=0\quad \sum_{V_kV_{k-1}}=0\end{cases}\tag{5.16}$$

扩展后的哈维方程多出了一维由“常值+白噪声”构成的随机常值状态参数。实现了附带常数项且$q=p$的ARIMA模型状态方程的构建。通过哈维法构造的状态噪声为高斯白噪声，满足标准卡尔曼滤波条件。

三、噪声补偿自适应策略

在陀螺随机噪声卡尔曼滤波补偿中，自适应策略分为数学模型自适应和随机模型自适应。训练ARIMA模型的数据量有限，导致数学模型不准确，因此有必要进行数学模型自适应。同时，陀螺随机噪声可能时变，且状态噪声和量测噪声初值不准确且可能发生时变，因此有必要对随机模型进行自适应处理。

(一)数学模型及状态噪声更新

光纤陀螺随机噪声复杂且时变，在实际应用中，使用有限数量或不同时期的数据所得到的ARIMA模型随时间的推移误差会逐渐增大，因此有必要依据当前观测数据进行ARIMA参数在线更新。将式(5.1)改写为

$$x_k=\boldsymbol{\psi}_k^{\mathrm{T}}\boldsymbol{\beta}+c+\varepsilon_k\tag{5.17}$$

其中，

$$\begin{aligned}\psi_k^{\mathrm{T}}&=[a_1\quad a_2\quad \cdots\quad a_p\quad b_1\quad b_2\quad \cdots\quad b_q]\\ \boldsymbol{\beta}&=[x_{k-1}\quad x_{k-2}\quad \cdots\quad x_{k-p}\quad \hat{\varepsilon}_{k-1}\quad \hat{\varepsilon}_{k-2}\quad \cdots\quad \hat{\varepsilon}_{k-q}]\end{aligned}\tag{5.18}$$

使用序贯平差实现模型参数在线更新的主要流程如下：

$$
\begin{aligned}
&\boldsymbol{K}_k=\boldsymbol{P}_{\hat{\boldsymbol{\beta}}_{k-1}}\boldsymbol{\psi}_k\left(\boldsymbol{Q}_{k-1}+\psi_k^{\mathrm{T}}\boldsymbol{P}_{\hat{\boldsymbol{\beta}}_{k-1}}\psi_k\right)^{-1}\\
&\hat{\boldsymbol{\beta}}_k=\hat{\boldsymbol{\beta}}_{k-1}+\boldsymbol{K}_k(x_k-\psi_k^{\mathrm{T}}\hat{\boldsymbol{\beta}}_{k-1})\\
&\boldsymbol{P}_{\hat{\beta}_k}=(\boldsymbol{I}-\boldsymbol{K}_k\psi_k^{\mathrm{T}})\boldsymbol{P}_{\hat{\beta}_{k-1}}
\end{aligned}
\tag{5.19}
$$

在实际应用中$\boldsymbol{P}_{\hat{\beta}_0}$不易获得，将其假设为$\alpha\boldsymbol{I}$，其中$\alpha$为较大的正数。获得 ARIMA 参数更新值后，如式(5.20)更新状态噪声$\boldsymbol{Q}_k$。

$$
\begin{aligned}
&\varepsilon_k=x_k-\sum_{i=1}^{p}\hat{a}_i x_{k-i}-\sum_{j=1}^{q}\hat{b}_j\varepsilon_{k-j}-c_{k-1}\\
&\boldsymbol{Q}_k=\varepsilon_k^2
\end{aligned}
\tag{5.20}
$$

(二)随机噪声自适应

ARIMA 模型在线更新中，参数估值$\hat{\boldsymbol{\beta}}_k$与$\boldsymbol{Q}_k$相互耦合导致估计精度降低。且通常先验信息$\boldsymbol{R}_0$并不完全准确，因此有必要对$\boldsymbol{Q}_k$与$\boldsymbol{R}_k$进行修正。由于$\boldsymbol{Q}_k$很难由小窗口估计，绝大多数自适应滤波方法不能同时估计状态和量测噪声，常用的 SHAKF 也不能保证噪声正确收敛，并且其估值很可能丧失正定或半正定性，尤其在 ARIMA 模型系数初始收敛阶段，此现象更加显著。

基于阿伦方差滤波器是一种带通滤波器，可直接滤除部分低频系统噪声的特性，传统上将阿伦方差值近似为宽频量测噪声的方差，选择取样间隔为最短采样时间的阿伦方差为

$$
\hat{\boldsymbol{R}}_k=\left(1-\frac{1}{k-1}\right)\hat{\boldsymbol{R}}_{k-1}+\frac{1}{2(k-1)}(\boldsymbol{Z}_k-\boldsymbol{Z}_{k-1})^2 \tag{5.21}
$$

对于量测值$\boldsymbol{Z}_k\sim N(x_k,\ \boldsymbol{R})$，其中$N(\boldsymbol{\mu},\ \Sigma)$表示均值为$\boldsymbol{\mu}$和协方差阵为$\Sigma$的高斯概率密度函数，由式(5.21)可得

$$
\begin{aligned}
\hat{\boldsymbol{R}}_k&=\left(1-\frac{1}{k-1}\right)\hat{\boldsymbol{R}}_{k-1}+\frac{1}{2(k-1)}(Z_k-Z_{k-1})^2\\
&=\frac{1}{2(k-1)}\sum_{i=2}^{k}(Z_i-Z_{i-1})^2=\frac{1}{2(k-1)}\sum_{i=2}^{k}(\Delta_i-\Delta_{i-1}+x_i-x_{i-1})^2\\
&=\frac{1}{2(k-1)}\left[\sum_{i=2}^{k}\Delta_i^2+\sum_{i=2}^{k}\Delta_{i-1}^2+2\sum_{i=2}^{k}(x_i-x_{i-1})(\Delta_i-\Delta_{i-1})+\sum_{i=2}^{k}(x_i-x_{i-1})^2-2\sum_{i=2}^{k}\Delta_i\Delta_{i-1}\right]\\
&=\boldsymbol{R}+\frac{1}{k-1}\left[\sum_{i=2}^{k}(x_i-x_{i-1})(\Delta_i-\Delta_{i-1})+\frac{1}{2}\sum_{i=2}^{k}(x_i-x_{i-1})^2\right]\\
&=\boldsymbol{R}+\frac{1}{k-1}\left[\sum_{i=2}^{k-1}(2x_i-x_{i+1}-x_{i-1})\Delta_i+(x_k-x_{k-1})\Delta_k-(x_2-x_1)\Delta_k+\frac{1}{2}\sum_{i=2}^{k}(x_i-x_{i-1})^2\right]
\end{aligned}
\tag{5.22}
$$

式中，Δ_k表示当历元k时的真误差；$\hat{\boldsymbol{R}}_k$表示动态阿伦方差值；$\boldsymbol{R}$表示真实量测噪声方差。

由于白噪声序列前后历元不相关，式(5.22)中第三行的$\frac{1}{k-1}\sum_{i=2}^{k}\Delta_i\Delta_{i-1}=0$。从式(5.22)可见，阿伦方差的量测噪声估值与真实量测噪声间存在偏差项：

$$\frac{1}{k-1}\left[\sum_{i=2}^{k-1}(2x_i-x_{i+1}-x_{i-1})\Delta_i+(x_k-x_{k-1})\Delta_k-(x_2-x_1)\Delta_k+\frac{1}{2}\sum_{i=2}^{k}(x_i-x_{i-1})^2\right] \tag{5.23}$$

可见当且仅当序列真值 $\boldsymbol{X}=[X_1\quad X_2\quad\cdots\quad X_k]$ 为均值时，即量测序列为均值+白噪声时偏差项等于0，最小时间间隔的阿伦方差才与真实噪声方差相等，而对于时变序列如本文所建模的ARIMA模型序列，将会存在上述偏差项。

VBAKF是一种近似的贝叶斯法，其利用已知的模型信息、观测信息和先验信息来获得状态向量和未知参数联合后验密度的近似解。可同时修正 $\boldsymbol{Q}_k$ 与 $\boldsymbol{R}_k$ 的VBAKF的主要流程如下所示。

1. 状态更新过程

$$\begin{aligned}&\bar{\boldsymbol{Y}}_k=\boldsymbol{F}_k\hat{\boldsymbol{Y}}_{k-1}\\&\boldsymbol{P}_{\bar{Y}_k}=\boldsymbol{F}_k\boldsymbol{P}_{\hat{Y}_{k-1}}\boldsymbol{F}_k^{\mathrm{T}}+\boldsymbol{G}_k\boldsymbol{Q}_k\boldsymbol{G}_k^{\mathrm{T}}\end{aligned} \tag{5.24}$$

式中，$\boldsymbol{P}_{\hat{Y}_{k-1}}$ 表示 $k-1$ 历元参数平差值协方差阵；$\boldsymbol{P}_{\bar{Y}_k}$ 表示参数预测值协方差阵。

选择 $\boldsymbol{P}_{\bar{Y}_k}$ 与 $\boldsymbol{R}_k$ 的先验分布为逆威沙特(inverse wishart，IW)分布，即

$$\begin{aligned}&p(\boldsymbol{P}_{\bar{Y}_k}|\boldsymbol{Z}_{1:k-1})=\mathrm{IW}(\bar{T}_k,\bar{\boldsymbol{T}}_k)\\&p(\boldsymbol{R}_k|\boldsymbol{Z}_{1:k-1})=\mathrm{IW}(\bar{u}_k,\bar{\boldsymbol{U}}_k)\end{aligned} \tag{5.25}$$

IW分布的两参数分别为自由度参数和逆尺度矩阵。

2. 变分量测迭代更新过程

$$\begin{aligned}&\varepsilon_k=x_k-\sum_{i=1}^{p}\hat{a}_ix_{k-i}-\sum_{j=1}^{q}\hat{b}_j\varepsilon_{k-j}-c_{k-1}\\&\boldsymbol{Q}_k=\varepsilon_k^2\end{aligned} \tag{5.26}$$

(1)参数初始化：$\hat{\boldsymbol{Y}}_k^0=\bar{\boldsymbol{Y}}_k$，$\boldsymbol{P}_{Y_k}^0=\boldsymbol{P}_{\bar{Y}_k}$，$\bar{t}_k=n+\tau+1$，$\bar{\boldsymbol{T}}_k=\tau\boldsymbol{P}_{\bar{Y}_k}$，$\bar{u}_k=\rho(\hat{u}_{k-1}-m-1)+m+1$，$\bar{U}_k=\rho\hat{\boldsymbol{U}}_{k-1}$。

其中，n 为 $\boldsymbol{P}_{\bar{Y}_k}$ 维数；m 为 $\boldsymbol{R}_k$ 维数；$\tau\geqslant0$ 为调节参数，τ 越大，系统噪声名义协方差信息引入量测更新越多，当前通常 $\tau\in(2,6]$；$\rho\in(0,1]$ 为遗忘因子，越大表示越多量测噪声名义协方差阵信息被考虑。

(2)更新 $\boldsymbol{P}_{\bar{Y}_k}$，$\boldsymbol{R}_k$ 的最小化KL距离的后验近似分布 $q^1(\boldsymbol{P}_{Y_k})=\mathrm{IW}(\hat{t}_k^1,\hat{\boldsymbol{T}}_k^1)$，$q^1(\boldsymbol{R}_k)=\mathrm{IW}(\hat{u}_k^1,\hat{\boldsymbol{U}}_k^1)$。

$$\begin{aligned}&\boldsymbol{A}_k^0=\boldsymbol{P}_{Y_k}^0+(\hat{\boldsymbol{Y}}_k^0-\bar{\boldsymbol{Y}}_k)(\hat{\boldsymbol{Y}}_k^0-\bar{Y}_k)^{\mathrm{T}}\quad \hat{t}_k^1=\bar{t}_k+1\quad \hat{\boldsymbol{T}}_k^1=\boldsymbol{A}_k^0+\bar{\boldsymbol{T}}_k\\&\boldsymbol{B}_k^0=(\boldsymbol{Z}_k-\boldsymbol{H}_k\hat{\boldsymbol{Y}}_k^0)(\boldsymbol{Z}_k-\boldsymbol{H}_k\hat{\boldsymbol{Y}}_k^0)^{\mathrm{T}}+\boldsymbol{H}_k\boldsymbol{P}_{Y_k}^0\boldsymbol{H}_k^{\mathrm{T}}\quad \hat{u}_k^1=\bar{u}_k+1\quad \hat{\boldsymbol{U}}_k^1=\boldsymbol{B}_k^0+\bar{\boldsymbol{U}}_k\end{aligned} \tag{5.27}$$

(3)更新 $\boldsymbol{Y}_k$ 后验概率分布 $q^1(\boldsymbol{Y}_k)=\mathrm{N}(\hat{\boldsymbol{Y}}_k^1,\boldsymbol{P}_{Y_k}^1)$。

$$E^1(\boldsymbol{R}_k^{-1}) = (\hat{u}_k^1 - m - 1)(\hat{U}_k^1)^{-1} \quad E^1(\boldsymbol{P}_{\bar{Y}_k}^{-1}) = (\hat{t}_k^1 - n - 1)(\hat{\boldsymbol{T}}_k^1)^{-1}$$

$$\boldsymbol{P}_{\bar{Y}_k}^1 = [E^1(\boldsymbol{P}_{\bar{Y}_k}^{-1})]^{-1} \quad \boldsymbol{R}_k^1 = [E^1(\boldsymbol{R}_k^{-1})]^{-1} \tag{5.28}$$

$$\boldsymbol{K}_k^1 = \boldsymbol{P}_{\bar{Y}_k}^1 \boldsymbol{H}_k^{\mathrm{T}} (\boldsymbol{H}_k \boldsymbol{P}_{\bar{Y}_k}^1 \boldsymbol{H}_k^{\mathrm{T}} + \boldsymbol{R}_k^1)^{-1} \quad \hat{\boldsymbol{Y}}_k^1 = \bar{\boldsymbol{Y}}_k + \boldsymbol{K}_k^1(\boldsymbol{Z}_k - \boldsymbol{H}_k \bar{\boldsymbol{Y}}_k) \quad \boldsymbol{P}_{\hat{Y}_k}^1 = \boldsymbol{P}_{\bar{Y}_k}^1 - \boldsymbol{K}_k^1 \boldsymbol{H}_k \boldsymbol{P}_{\bar{Y}_k}^1$$

返回(2)继续迭代。

3. 输出$\hat{\boldsymbol{Y}}_k$、$\boldsymbol{P}_{\hat{Y}_k}$、$\hat{t}_k$、$\hat{\boldsymbol{T}}_k$、$\hat{u}_k$、$\hat{\boldsymbol{U}}_k$

VBAKF 通过估计参数预测值协方差阵$\boldsymbol{P}_{\hat{Y}_k}$间接调节$\boldsymbol{Q}_k$对量测更新的影响，较 SHAKF 有更好的状态噪声调节效果。

四、试验验证

对图 5.1 所示光纤陀螺随机噪声进行试验分析，原始陀螺随机噪声阿伦方差曲线如图 5.3 所示，可见该陀螺随机漂移主要由角度随机游走、零偏不稳定性组成。图 5.4 为通过序贯平差建立的 ARIMA 系数在线更新，在实验条件下光纤陀螺随机噪声序列的 ARIMA 模型较为稳定，估值很快收敛，因此在实际测量中可仅于初始阶段进行模型参数更新，以提升计算效率。

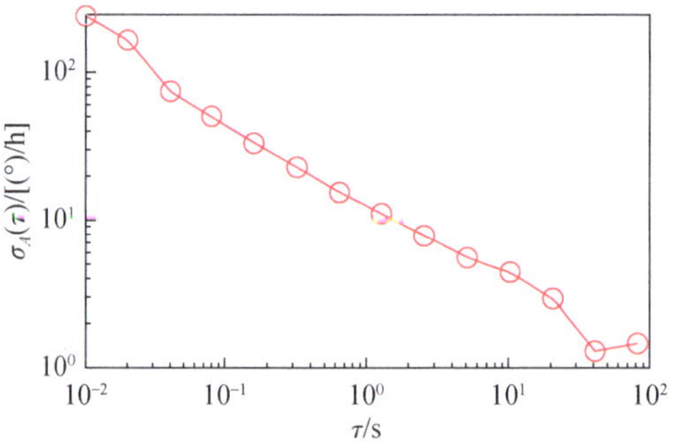

图 5.3　光纤陀螺随机噪声阿伦方差

将动态阿伦方差应用于量测噪声自适应估计是一种近似方法。为对比 DAVAR 与 VBAKF 对量测噪声的估计能力，分别在原始训练数据中增加均方差为 1×10^{-3}(°)/s、1.5×10^{-3}(°)/s、2×10^{-3}(°)/s 的高斯白噪声进行解算，量测噪声估计对比结果如图 5.5 所示，应认为原始训练数据与所建 ARIMA 模型相符性较好，因此 1.84×10^{-3}(°)/s 量测噪声与添加噪声大小近似相同，在图中第 1000 历元，VBAKF 量测噪声估值分别收敛至 1.05×10^{-3}(°)/s、1.44×10^{-3}(°)/s、1.95×10^{-3}(°)/s，DAVAR 量测噪声估值收敛至 1.46×10^{-3}(°)/s、、2.36×10^{-3}(°)/s。因此可认为 VBAKF 较 DAVAR 对量测噪声有更好的估计性能。

使用哈维法构造卡尔曼滤波方程结合 VBAKF(以哈维 VBAKF 代替)对光纤陀螺随机噪声进行实时滤波处理。同时，分别使用不考虑有色噪声的滤波方程(以 KF 代替)以及不使用 VBAKF 的哈维法滤波方程(以哈维代替)对同一数据进行处理，原始数据与滤波结果如

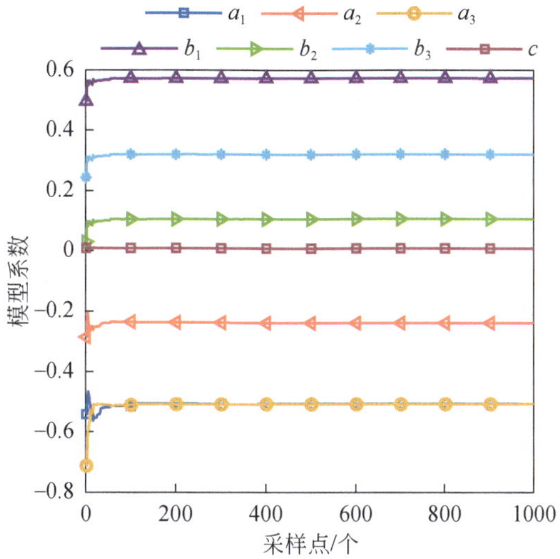

图 5.4　光纤陀螺随机噪声 ARIMA 系数在线更新

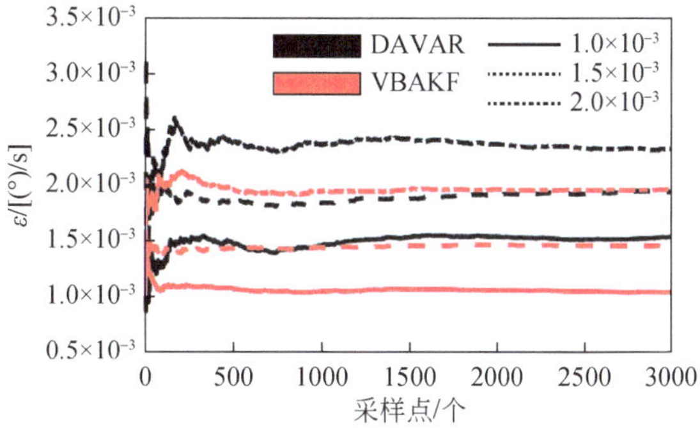

图 5.5　DAVAR 与 VBAKF 噪声自适应对比

图 5.6 所示，数据统计特性如表 5.2 所示。

表 5.2　滤波结果统计特性对比

统计量	均值/[(°)/s]	均方差/[(°)/s]
原始数据	0.00342	0.00144
KF	0.00342	0.00101
哈维 KF	0.00342	0.00085
哈维 VBAKF	0.00342	0.00066

比较图 5.1、图 5.6 可见，总体上光纤陀螺随机噪声经卡尔曼滤波后明显减小。从表 5.2 的统计结果上看，三种滤波策略结果的均值与原始数据相同，使用滑动平均消除常值结果与原始数据均值相差在 10^{-5} 量级，因此认为所提方法滤波结果的均值没有变化。在均

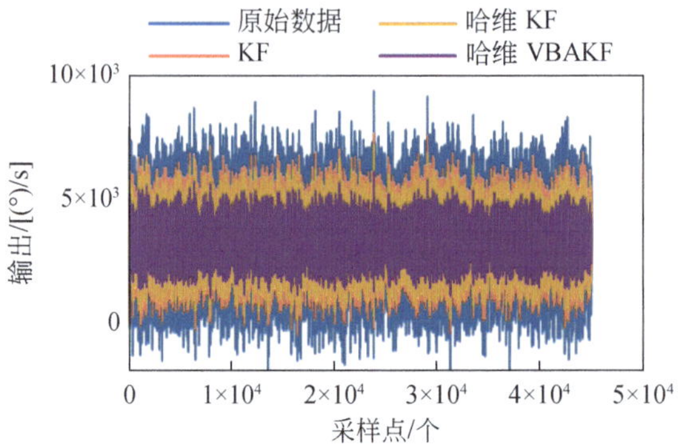

图 5.6　滤波输出数据比较

方差上，相较原始数据，传统卡尔曼滤波、哈维法滤波、哈维法结合 VBAKF 滤波分别降低了 29%、41%、54%，随机噪声显著减小，可见在保证无偏估计的同时，哈维法建立的卡尔曼滤波方程有效消除了 ARIMA 模型滤波中有色噪声影响，VBAKF 实现了对 ARIMA 模型与状态噪声的解耦，可以有效估计状态噪声与量测噪声，其对光纤陀螺随机噪声抑制效果更加明显。

因此，使用哈维法构造的光纤陀螺 ARIMA 滤波模型可以有效减弱有色噪声的影响，VBAKF 具有良好的收敛性和准确的噪声估计精度。本书将哈维法构造 ARIMA 滤波方差引入光纤陀螺随机误差降噪，并针对其中存在的状态噪声耦合及先验信息不准确问题，使用变分贝叶斯自适应卡尔曼滤波实现对状态噪声和量测噪声的同时修正，并且验证了 VBAKF 对量测噪声有比动态阿伦方差更准确的估计精度。该方法在光纤陀螺随机误差建模与补偿中可提供一定的参考。

第二节　DVL 误差参数标定补偿

DVL/SINS 组合导航系统的定位精度依赖 DVL 的测速精度。在 UUV 开始工作前，有必要对 DVL 的误差参数进行预标定，以保证 DVL 可为 SINS 提供较高精度的量测信息，实现高精度定位。

一、DVL 误差模型及参数标定原理

目前，DVL 构型常使用四波束詹纳斯配置，通过四个波束倾角相同的换能器测量四个方向的波束频移，以实现高精度测速。图 5.7 为“+”型与“×”型两种詹纳斯配置 DVL 的结构，其中 $v_1^D \sim v_4^D$ 分别是序号为 $D_1 \sim D_4$ 的波束频移计算的波束速度。

由波束几何构型可得波束速度 $v^D = [v_1^D, v_2^D, v_3^D, v_4^D]^T$ 与三维速度 $v^d = [v_x^d, v_y^d, v_z^d]^T$ 的关系为

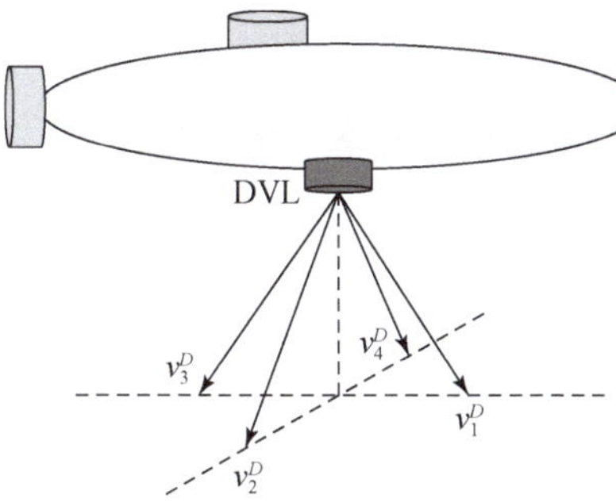

(a) “+” 型配置DVL

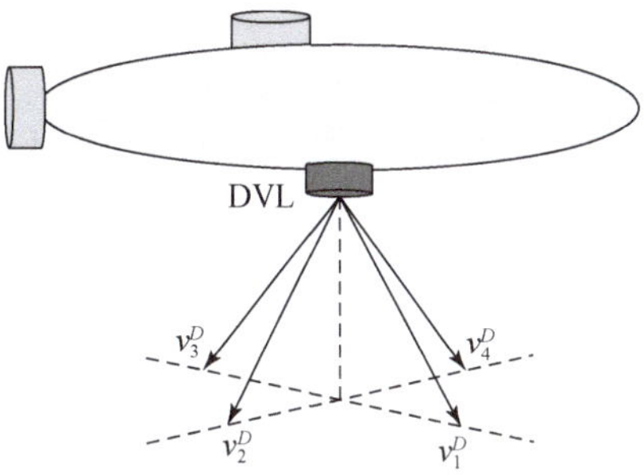

(b) “×” 型配置DVL

图 5.7　四个波束詹纳斯配置 DVL 结构

$$\boldsymbol{v}^D=\begin{bmatrix}\cos\alpha\ \sin\beta & \cos\alpha\ \cos\beta & -\sin\alpha\\ \cos\alpha\ \cos\beta & -\cos\alpha\ \sin\beta & -\sin\alpha\\ -\cos\alpha\ \sin\beta & -\cos\alpha\ \cos\beta & -\sin\alpha\\ -\cos\alpha\ \cos\beta & \cos\alpha\ \sin\beta & -\sin\alpha\end{bmatrix}\boldsymbol{v}^d\triangleq\boldsymbol{M}\boldsymbol{v}^d \tag{5.29}$$

式中，d 系表示 DVL 框架坐标系，其“x-y-z”轴分别指向 DVL 框架的“右-前-上”方向；α 表示 DVL 的波束倾角，通常为 60°或 70°；β 由 DVL 的几何构型决定，“+”型配置中 β 为 0°，“×”型配置中 β 为 45°。

由式(5.29)根据参数平差原理计算 DVL 三维速度为

$$\boldsymbol{v}^d=(\boldsymbol{M}^{\mathrm{T}}\boldsymbol{M})^{-1}\boldsymbol{M}^{\mathrm{T}}\boldsymbol{v}^D \tag{5.30}$$

实际应用中，DVL 测速精度受水体温度、盐度和波束宽度等因素影响，工程实践中一般 DVL 观测值建模为

$$\tilde{\boldsymbol{v}}^d=(1+\delta k)\boldsymbol{v}^d+\boldsymbol{w}^d \tag{5.31}$$

式中，上标 ~ 表示该值为包含误差的实际观测量；δk 表示建模为常值的刻度因子；$\boldsymbol{w}^d$ 表示高斯白噪声。

b 系与 d 系间的关系如图 5.8 所示，图 5.8 中 $\boldsymbol{l}^b$ 为 b 系至 d 系的位移，称为 DVL 的杆臂误差，$\boldsymbol{C}_b^d$ 为 DVL 安装偏差角 $\boldsymbol{\eta}$ 决定的姿态矩阵。

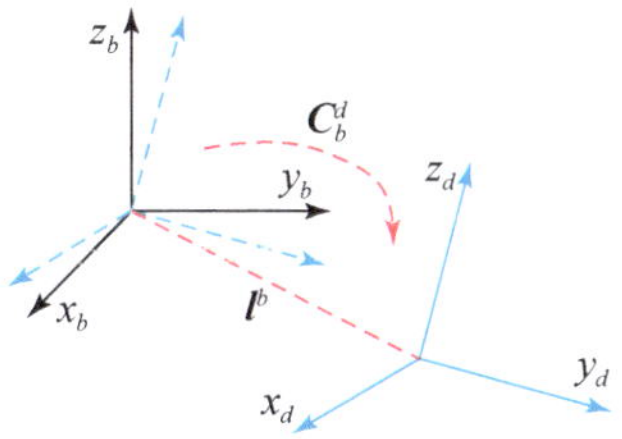

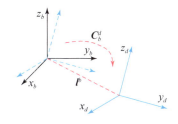

图 5.8　b 系与 d 系的空间几何关系

DVL/SINS 组合导航卡尔曼滤波中需要 DVL 观测值转换至载体系(b 系)。考虑 DVL 的杆臂误差和安装偏差角，式(5.31)转换为

$$\tilde{\boldsymbol{v}}^d=(1+\delta k)\boldsymbol{C}_b^d(\boldsymbol{v}^b+\boldsymbol{\omega}_{eb}^b\times\boldsymbol{l}^b)+\boldsymbol{w}^d \tag{5.32}$$

式中，$\boldsymbol{v}^b$ 表示真实的载体系速度。

因此，DVL/SINS 组合导航中需要标定的 DVL 误差参数包括刻度系数误差 δk、安装偏差角 $\boldsymbol{\eta}$ 和杆臂$\boldsymbol{l}^b$。工程实践中，一般$\boldsymbol{l}^b$ 较易获得，而 η_x 和 η_y 对导航结果的影响较小，一般仅标定$\hat{\boldsymbol{v}}^n$ 和 n。

GNSS 辅助 DVL 误差参数标定的数据融合过程如图 5.9 所示，图 5.9 中$\hat{\boldsymbol{v}}^b=\boldsymbol{C}_n^b\ \hat{\boldsymbol{v}}^n=\boldsymbol{v}^b+\delta\boldsymbol{v}_{\text{GNSS}}^b$和$\hat{\boldsymbol{v}}^n$ 为 GNSS/SINS 组合导航输出的姿态矩阵和速度，n 系为导航坐标系，一般为“东-北-天”当地水平坐标系。

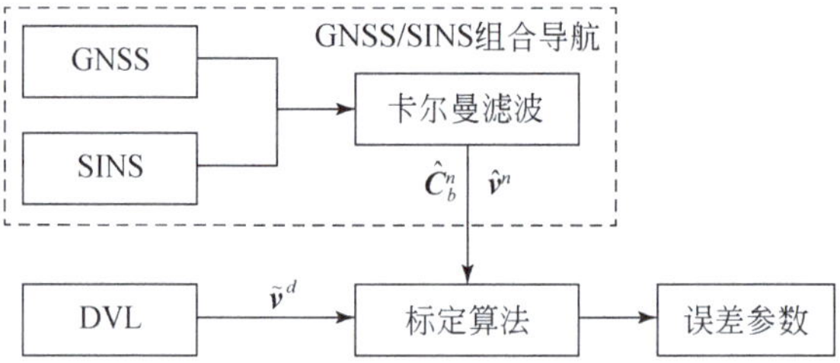

图 5.9　GNSS 辅助 DVL 误差标定流程

由 GNSS/SINS 组合导航系统获取参考速度：

$$\hat{\boldsymbol{v}}^b=\hat{\boldsymbol{C}}_n^b\ \hat{\boldsymbol{v}}^n=\boldsymbol{v}^b+\delta\boldsymbol{v}_{\text{GNSS}}^b \tag{5.33}$$

式中，$\delta\boldsymbol{v}_{\text{GNSS}}^b$表示$\hat{\boldsymbol{v}}^b$ 的误差。

结合式(5.32)和式(5.33)可得 DVL 误差标定的函数模型：

$$\tilde{\boldsymbol{v}}^d=(1+\delta k)\boldsymbol{C}_b^d(\hat{\boldsymbol{v}}^b+\boldsymbol{\omega}_{eb}^b\times\boldsymbol{l}^b)+\boldsymbol{w}^d \tag{5.34}$$

标定算法可分为优化算法、最小二乘算法和卡尔曼滤波三类。

二、卡尔曼滤波标定算法

卡尔曼滤波标定将 DVL 误差参数视为随机常值，构造状态方程：

$$\boldsymbol{X}_k=\boldsymbol{I}_{n\times n}\boldsymbol{X}_{k-1}+\boldsymbol{W}_k \tag{5.35}$$

式中，k 表示当前所在历元；$\boldsymbol{X}$ 表示 DVL 误差参数构成的 n 维状态向量；$\boldsymbol{I}_{n\times n}$ 表示 n 维单位矩阵；$\boldsymbol{W}_k$ 表示状态噪声。再以式(5.34)或其拓展作为量测方程，进行卡尔曼滤波解算。

卡尔曼滤波标定的状态向量可选择为

$$\boldsymbol{X}=[\boldsymbol{\eta}\quad \boldsymbol{l}^b\quad \delta k]^{\mathrm{T}} \tag{5.36}$$

则卡尔曼滤波状态模型为

$$\boldsymbol{X}_k=\boldsymbol{\Phi}_{k,k-1}\boldsymbol{X}_{k-1}+\boldsymbol{W}_k \tag{5.37}$$

式中，状态转移矩阵 $\boldsymbol{\Phi}_{k,k-1}$表示 7 阶单位矩阵。

将 δk、$\boldsymbol{\eta}$ 和$\boldsymbol{l}^b$ 视为小量，则式(5.34)简化为

$$\tilde{\boldsymbol{v}}^d=(1+\delta k)(\boldsymbol{I}+\boldsymbol{\eta}\times)(\hat{\boldsymbol{v}}^b+\boldsymbol{\omega}_{eb}^b\times\boldsymbol{l}^b)+\boldsymbol{w}^d$$

$$=\hat{\boldsymbol{v}}^{b}-\hat{\boldsymbol{v}}^{b}\times\boldsymbol{\eta}+\boldsymbol{\omega}_{eb}^{b}\times\boldsymbol{l}^{b}+\delta k\,\hat{\boldsymbol{v}}^{b}+\boldsymbol{w}^{d}\tag{5.38}$$

因此卡尔曼滤波量测方程为

$$\boldsymbol{Z}=\tilde{\boldsymbol{v}}^{d}-\hat{\boldsymbol{v}}^{b}=[-\hat{\boldsymbol{v}}^{b}\times\quad\boldsymbol{\omega}_{eb}^{b}\times\quad\hat{\boldsymbol{v}}^{b}]\boldsymbol{X}+\boldsymbol{V}^{d}\tag{5.39}$$

结合式(5.38)和式(5.39)便可利用卡尔曼滤波标定 DVL 误差参数。

卡尔曼滤波 DVL 误差标定的一些拓展方法如下。

(1)若参数不能视为小量，直接使用式(5.34)作量测方程，再使用非线性滤波解算；

(2)若某些参数已事先精确获得，将其从状态向量中排除即可。

三、基于 SVD 分解的最小二乘标定算法

SVD 分解是进行最小二乘标定的标准估计算法。由于 DVL 和 SINS 间的杆臂误差可通过直接测量等方式获得，在 SVD 分解法中不考虑杆臂误差的影响。记 $k=1/(1+\delta k)$，式(5.34)转换为

$$\hat{\boldsymbol{v}}^{b}=k\boldsymbol{C}_{d}^{b}\,\tilde{\boldsymbol{v}}^{d}\triangleq\boldsymbol{M}_{d}\,\tilde{\boldsymbol{v}}^{d}\tag{5.40}$$

在第 n 个历元时，由式(5.40)可获得两个点集：

$$\begin{cases}\boldsymbol{x}(k)=\tilde{\boldsymbol{v}}_{k}^{d}\\ \boldsymbol{y}(k)=\hat{\boldsymbol{v}}_{k}^{b}\end{cases}\quad(k=1,2,\cdots,n)\tag{5.41}$$

式(5.40)可改写为

$$\boldsymbol{y}(k)=\boldsymbol{M}_{d}\boldsymbol{x}(k)\tag{5.42}$$

SVD 分解标定算法可以提供将 $\boldsymbol{x}(k)$ 转换至 $\boldsymbol{y}(k)$ 的最小二乘参数(包括尺度参数 c、旋转矩阵 $\boldsymbol{R}$ 和平移参数 $\boldsymbol{L}$)，具体计算过程为

$$\boldsymbol{\mu}_{x}=\frac{1}{n}\sum_{k=1}^{n}\boldsymbol{x}(k)\tag{5.43}$$

$$\boldsymbol{\mu}_{y}=\frac{1}{n}\sum_{k=1}^{n}\boldsymbol{y}(k)\tag{5.44}$$

$$\sigma_{x}^{2}=\frac{1}{n}\sum_{k=1}^{n}\|\boldsymbol{x}(k)-\boldsymbol{\mu}_{x}\|^{2}\tag{5.45}$$

$$\sigma_{y}^{2}=\frac{1}{n}\sum_{k=1}^{n}\|\boldsymbol{y}(k)-\boldsymbol{\mu}_{y}\|^{2}\tag{5.46}$$

$$\boldsymbol{\Sigma}_{xy}=\frac{1}{n}\sum_{k=1}^{n}[\boldsymbol{y}(k)-\boldsymbol{\mu}_{y}][\boldsymbol{x}(k)-\boldsymbol{\mu}_{x}]^{\mathrm{T}}\tag{5.47}$$

对 $\boldsymbol{\Sigma}_{xy}$ 进行 SVD 分解得到：

$$\boldsymbol{\Sigma}_{xy}=\boldsymbol{UDV}^{\mathrm{T}}\quad(\boldsymbol{D}=\mathrm{diag}(d_{i}),d_{1}\geqslant d_{2}\geqslant d_{3}\geqslant0)\tag{5.48}$$

取

$$\boldsymbol{S}=\begin{cases}1 & \det(\boldsymbol{\Sigma}_{xy})>0\\ \mathrm{diag}(1,1,-1) & \det(\boldsymbol{\Sigma}_{xy})<0\end{cases}\tag{5.49}$$

最优转换参数可分别由式(5.50)～式(5.52)得到：

$$\boldsymbol{R}=\boldsymbol{U}\boldsymbol{S}\boldsymbol{V}^{\mathrm{T}} \tag{5.50}$$

$$c=\frac{1}{\sigma_x^2}\mathrm{tr}(\boldsymbol{D}\boldsymbol{S}) \tag{5.51}$$

$$\boldsymbol{L}=\boldsymbol{\mu}_y-c\boldsymbol{\mu}_x \tag{5.52}$$

则

$$\boldsymbol{y}(k)=c\boldsymbol{R}\boldsymbol{x}(k)+\boldsymbol{L} \tag{5.53}$$

四、基于优化算法的 DVL 误差标定

优化标定算法的原理是通过式(5.53)获取两个点集构造目标函数，利用优化算法计算目标函数的极值点，以此作为标定的 DVL 误差参数。

认为 DVL 的杆臂已知，由于方向余弦矩阵不改变向量模值的大小，对式(5.34)两侧取模可得

$$\|\tilde{\boldsymbol{v}}^d\|=(1+\delta k)\|\hat{\boldsymbol{v}}^b+\boldsymbol{\omega}_{eb}^b\times\boldsymbol{l}^b\| \tag{5.54}$$

因此刻度系数可以表示为

$$\hat{\delta k}=\frac{\|\tilde{\boldsymbol{v}}^d\|}{\|\hat{\boldsymbol{v}}^b+\boldsymbol{\omega}_{eb}^b\times\boldsymbol{l}^b\|}-1 \tag{5.55}$$

将式(5.55)代入式(5.34)有

$$\tilde{\boldsymbol{v}}^d=(1+\hat{\delta k})\boldsymbol{C}_b^d(\hat{\boldsymbol{v}}^b+\boldsymbol{\omega}_{eb}^b\times\boldsymbol{l}^b) \tag{5.56}$$

记为

$$\boldsymbol{\beta}^d=\boldsymbol{C}_b^d\boldsymbol{\alpha}^d \tag{5.57}$$

其中，

$$\begin{cases}\boldsymbol{\beta}^d=\tilde{\boldsymbol{v}}^d\\ \boldsymbol{\alpha}^d=(1+\hat{\delta k})\boldsymbol{C}_b^d(\hat{\boldsymbol{v}}^b+\boldsymbol{\omega}_{eb}^b\times\boldsymbol{l}^b)\end{cases} \tag{5.58}$$

使用四元数表示旋转矩阵，由式(5.57)可构造代价函数：

$$\min\boldsymbol{F}(\boldsymbol{q}_b^d)=\min[(\boldsymbol{q}_b^d)^*\otimes\boldsymbol{\alpha}^d\otimes\boldsymbol{q}_b^d-\boldsymbol{\beta}^d] \tag{5.59}$$

式中，$\boldsymbol{q}_b^d$ 表示$\boldsymbol{C}_b^d$ 对应的四元数；$(\boldsymbol{q}_b^d)^*$ 表示$\boldsymbol{q}_b^d$ 的共轭四元数。

牛顿法是求解可微函数近似解的一种方法。可用于求解优化问题。牛顿法的主要思想是在已有的最小估计附近对目标函数进行二阶泰勒展开，然后求出最小值的再估计，因此牛顿法具有二阶收敛能力。其主要缺点是难以计算海塞矩阵(Hessian matrix)的逆，计算效率慢且耗时长。因此，可使用拟牛顿法求解式(5.59)，其主要思想是使用一个不包含二阶导数的矩阵来近似牛顿法中海塞矩阵的逆矩阵。

拟牛顿法最小值迭代过程为

$$\boldsymbol{q}_b^d(k+1)=\boldsymbol{q}_b^d(k)+\lambda_k\boldsymbol{d}_k \tag{5.60}$$

令其满足：

$$\boldsymbol{F}[\boldsymbol{q}_b^d(k)+\lambda_k\boldsymbol{d}_k]=\min_{\lambda\geqslant 0}[\boldsymbol{q}_b^d(k)+\lambda_k\boldsymbol{d}_k] \tag{5.61}$$

其中，$\boldsymbol{\lambda}_k$ 为在牛顿方向$\boldsymbol{d}_k$ 的最优搜索步长，$\boldsymbol{d}_k$ 可以表示为

$$\boldsymbol{d}_k=-\nabla^2\boldsymbol{F}\left(\boldsymbol{q}_b^d\right)^{-1}\nabla\boldsymbol{F}\left(\boldsymbol{q}_b^d\right) \tag{5.62}$$

式中，∇表示函数梯度运算。

使用矩阵$\boldsymbol{H}_k$ 代替式(5.62)中的二阶导数

$$\boldsymbol{H}_{k+1}=\begin{cases}\boldsymbol{I}_n & k=0\\ \boldsymbol{H}_k+\dfrac{\boldsymbol{p}_k\boldsymbol{p}_k^{\mathrm{T}}}{\boldsymbol{p}_k^{\mathrm{T}}\boldsymbol{q}_k}-\dfrac{\boldsymbol{H}_k\boldsymbol{q}_k\boldsymbol{q}_k^{\mathrm{T}}\boldsymbol{H}_k}{\boldsymbol{q}_k^{\mathrm{T}}\boldsymbol{H}_k\boldsymbol{q}_k} & k\neq 0\end{cases} \tag{5.63}$$

其中，

$$\begin{cases}\boldsymbol{p}_k=\boldsymbol{q}_b^d(k+1)-\boldsymbol{q}_b^d(k)\\ \boldsymbol{q}_k=\nabla\boldsymbol{F}\left[\boldsymbol{q}_b^d(k+1)\right]-\nabla\boldsymbol{F}\left[\boldsymbol{q}_b^d(k)\right]\end{cases} \tag{5.64}$$

$\nabla\boldsymbol{F}\left[\boldsymbol{q}_b^d(k)\right]$的具体形式为

$$\nabla\boldsymbol{F}\left[\boldsymbol{q}_b^d(k)\right]=\boldsymbol{J}^{\mathrm{T}}\left[\boldsymbol{q}_b^d(k)\right]\boldsymbol{F}\left[\boldsymbol{q}_b^d(k)\right] \tag{5.65}$$

式中，$\boldsymbol{J}$ 表示目标函数 $\boldsymbol{F}$ 的雅各比矩阵；$\boldsymbol{J}$ 和 $\boldsymbol{F}$ 的具体形式为

$$\boldsymbol{F}=\begin{bmatrix}(1-2q_3^2-2q_4^2)\alpha_x^b+(2q_2q_3-2q_1q_4)\alpha_y^b+(2q_2q_4-2q_1q_3)\alpha_z^b-\beta_x^d\\ (2q_2q_3+2q_1q_4)\alpha_x^b+(1-2q_2^2-2q_4^2)\alpha_y^b+(2q_3q_4-2q_1q_2)\alpha_z^b-\beta_y^d\\ (2q_2q_4+2q_1q_3)\alpha_x^b+(2q_3q_4-2q_1q_2)\alpha_y^b+(1-2q_2^2-2q_3^2)\alpha_z^b-\beta_z^d\end{bmatrix} \tag{5.66}$$

$$\boldsymbol{J}=2\begin{bmatrix}q_1\alpha_x^b-q_4\alpha_y^b+q_3\alpha_z^b & q_2\alpha_x^b+q_3\alpha_y^b+q_4\alpha_z^b & -q_3\alpha_x^b+q_2\alpha_y^b+q_1\alpha_z^b & -q_4\alpha_x^b-q_1\alpha_y^b+q_2\alpha_z^b\\ q_4\alpha_x^b+q_1\alpha_y^b-q_2\alpha_z^b & \hat{q}_3\alpha_x^b-q_2\alpha_y^b-q_1\alpha_z^b & q_2\alpha_x^b+q_3\alpha_y^b+q_4\alpha_z^b & q_1\alpha_x^b-q_4\alpha_y^b+q_3\alpha_z^b\\ -q_3\alpha_{vx}^b+q_2\alpha_y^b+q_1\alpha_z^b & q_4\alpha_x^b+q_1\alpha_y^b-q_2\alpha_z^b & -q_1\alpha_x^b+q_4\alpha_y^b-q_3\alpha_z^b & q_2\alpha_x^b+q_3\alpha_y^b+q_4\alpha_{vz}^b\end{bmatrix} \tag{5.67}$$

结合式(5.62)～式(5.67)，可以得到最优搜索方向$\boldsymbol{d}_k$。在式(5.60)中选择合适的步长即可得到安装偏差角对应四元数的迭代更新。

五、试验验证

2021 年 11 月在中国浙江省舟山市对无人船平台海上试验的各个算法进行了验证。平台搭载了 Novatel Span ISA 100C IMU、TRDI Pathfinder 600 kHz DVL 和 Trimble GNSS 接收机。使用前 1000s 轨迹进行误差标定试验，使用后 2000s 轨迹进行组合导航解算，比较各算法标定后的导航位置误差。由 GNSS-RTK/SINS 前后向平滑紧组合提供厘米级的参考轨迹。

表 5.3 给出了各算法的标定结果，图 5.10 则比较了使用不同标定结果补偿误差参数后组合导航的轨迹，其中 KF 方法和 QUEST 方法所校准的轨迹接近参考轨迹。在导航结束时，使用未校准速度的位置误差超过 300m。通过校准 DVL 速度，DVL/SINS 组合导航的位置误差显著降低。在导航结束时，SVD 定位误差为 93.11m，卡尔曼滤波定位误差为 35.01m，优化算法定位误差为 27.02m。因此优化算法具有较好的标定性能，这是由于卡尔曼滤波中对安装偏差角进行了一阶近似，SVD 算法中安装偏差角和刻度系数误差相互耦

合影响误差标定精度。

表 5.3　SVD、卡尔曼滤波和优化算法的标定结果

参数	刻度系数误差/%	安装偏差角/(°)		
		x	y	z
SVD	0.7	-0.374	2.056	4.082
Kalman 滤波	-0.4	-0.811	2.203	3.748
优化算法	-0.3	-0.882	1.776	3.833

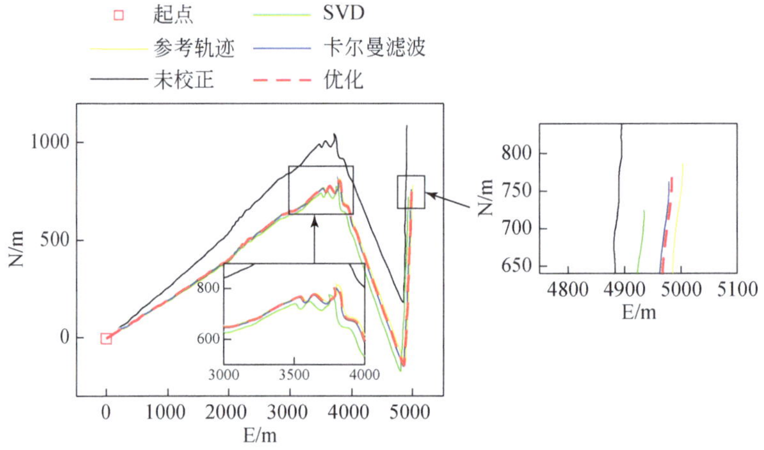

图 5.10　不同算法标定后的组合导航轨迹

第三节　DVL/SINS 组合导航系统

在水下环境中，UUV 无法接收 GNSS 的无线电信号，使 UUV 在 GNSS 拒止环境下的高精度定位导航成了研究的重点和难点。多普勒测速仪可以测量载体相对于水层或海底的高精度速度信息，具有主动、隐蔽和精度高的特点，可以作为辅助传感器修正 SINS 累计误差。DVL/SINS 组合导航系统也成了应用最为广泛的水下组合导航系统。目前高精度 DVL 常采用四波束詹纳斯配置，但当 UUV 遇到鱼群或航行至某些特殊底质时，无法接收反射的声信号，导致 DVL 的部分波束失效。因此，需要研究复杂环境下的 DVL/SINS 数据融合算法，以提高 UUV 水下导航定位的精度和鲁棒性。

一、DVL/SINS 组合导航状态空间模型

DVL/SINS 组合导航滤波模型由 DVL 的三维速度或波束速度作为量测值，通过卡尔曼滤波进行数据融合，达到修正 SINS 累积误差的目的。DVL/SINS 组合导航系统工作原理如图 5.11 所示。

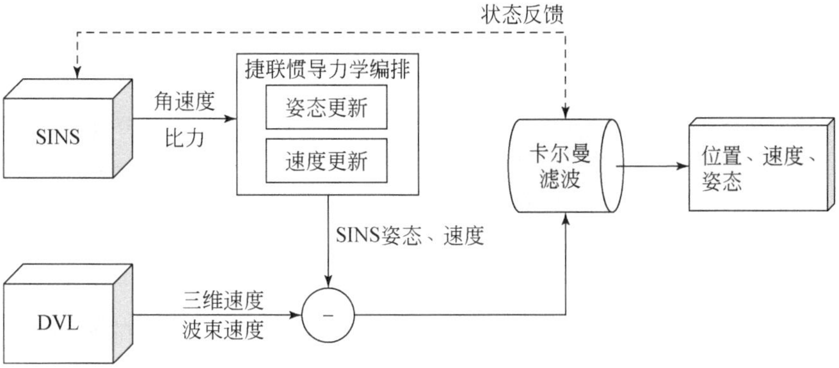

图 5.11　DVL/SINS 组合导航数据融合过程

在 DVL 误差参数已经准确标定情况下，DVL/SINS 组合导航卡尔曼滤波模型与精对准一致。若误差参数未准确标定，需要将其建模入误差方程中。因此，选择状态向量为

$$\boldsymbol{X}=[\boldsymbol{\phi}^{\mathrm{T}}\quad(\delta\boldsymbol{v}^n)^{\mathrm{T}}\quad\delta\boldsymbol{p}^{\mathrm{T}}\quad(\boldsymbol{\varepsilon}^b)^{\mathrm{T}}\quad(\nabla^b)^{\mathrm{T}}\quad\boldsymbol{\eta}^{\mathrm{T}}\quad\boldsymbol{l}^{\mathrm{T}}\quad\delta k]^{\mathrm{T}} \tag{5.68}$$

式中，$\boldsymbol{\phi}$ 表示失准角；$\boldsymbol{v}^n$ 表示速度误差；$\boldsymbol{p}$ 表示位置误差；$\boldsymbol{\varepsilon}$ 表示陀螺零偏；∇^b 表示加速度计零偏；$\boldsymbol{\eta}$ 表示安装角误差；$\boldsymbol{l}$ 表示杆臂误差；δk 表示刻度系数误差。

因此，状态方程为

$$\dot{\boldsymbol{X}}=\begin{bmatrix}\boldsymbol{F}_t & 0_{15\times7}\\ 0_{7\times15} & 0_{7\times7}\end{bmatrix}\boldsymbol{X}+\boldsymbol{G}\boldsymbol{W}^b \tag{5.69}$$

式中，$\boldsymbol{F}_t$ 表示 SINS 误差方程决定的状态转移矩阵。

考虑 DVL 误差参数情况下，DVL 量测速度可表示为

$$\begin{aligned}\tilde{\boldsymbol{v}}^d&=(1+\delta k)(\boldsymbol{I}+\boldsymbol{\eta}\times)[\tilde{\boldsymbol{C}}_n^b(\boldsymbol{I}-\boldsymbol{\phi}\times)(\tilde{\boldsymbol{v}}^n-\delta\boldsymbol{v}^n)+\boldsymbol{\omega}_{eb}^b\times\boldsymbol{l}]+\boldsymbol{w}^d\\&=\tilde{\boldsymbol{C}}_n^b\,\tilde{\boldsymbol{v}}^n+\tilde{\boldsymbol{C}}_n^b(\tilde{\boldsymbol{v}}^n\times)\boldsymbol{\phi}-\tilde{\boldsymbol{C}}_n^b\delta\boldsymbol{v}^n-(\tilde{\boldsymbol{v}}^b\times)\boldsymbol{\eta}+(\tilde{\boldsymbol{C}}_n^b\,\tilde{\boldsymbol{v}}^n)\delta k+(\boldsymbol{\omega}_{eb}^b\times)\boldsymbol{l}+\boldsymbol{w}^d\end{aligned} \tag{5.70}$$

因此 DVL/SINS 组合导航系统卡尔曼滤波量测方程为

$$\boldsymbol{Z}=\tilde{\boldsymbol{C}}_n^b\,\tilde{\boldsymbol{v}}^n-\tilde{\boldsymbol{v}}^d=[-\tilde{\boldsymbol{C}}_n^b(\tilde{\boldsymbol{v}}^n\times)\quad\tilde{\boldsymbol{C}}_n^b\quad0_{3\times9}\quad\tilde{\boldsymbol{v}}^b\times\quad\boldsymbol{\omega}_{eb}^b\times\quad-\tilde{\boldsymbol{v}}^b]\boldsymbol{X}+\boldsymbol{V}^d \tag{5.71}$$

式中，$\boldsymbol{V}^d$ 表示仅与 DVL 输出相关的量测噪声。

当 DVL 可以直接输出波束速度时，可以构建紧组合量测模型：

$$\begin{aligned}\tilde{\boldsymbol{v}}^D&=(1+\delta k)\boldsymbol{M}(\boldsymbol{I}+\boldsymbol{\eta}\times)[\tilde{\boldsymbol{C}}_n^b(\boldsymbol{I}-\boldsymbol{\phi}\times)(\tilde{\boldsymbol{v}}^n-\delta\boldsymbol{v}^n)+\boldsymbol{\omega}_{eb}^b\times\boldsymbol{l}]+\boldsymbol{w}^D\\&=\boldsymbol{M}\,\tilde{\boldsymbol{C}}_n^b\,\tilde{\boldsymbol{v}}^n+\boldsymbol{M}\,\tilde{\boldsymbol{C}}_n^b(\tilde{\boldsymbol{v}}^n\times)\boldsymbol{\phi}-\boldsymbol{M}\,\tilde{\boldsymbol{C}}_n^b\delta\boldsymbol{v}^n-\boldsymbol{M}(\tilde{\boldsymbol{v}}^b\times)\boldsymbol{\eta}+\boldsymbol{M}(\tilde{\boldsymbol{C}}_n^b\,\tilde{\boldsymbol{v}}^n)\delta k+\boldsymbol{M}(\boldsymbol{\omega}_{eb}^b\times)\boldsymbol{l}+\boldsymbol{w}^D\end{aligned} \tag{5.72}$$

式中，$\boldsymbol{w}^D$ 表示高斯白噪声。

因此，紧组合量测方程为

$$\boldsymbol{Z}=\boldsymbol{M}\,\tilde{\boldsymbol{C}}_n^b\,\tilde{\boldsymbol{v}}^n-\tilde{\boldsymbol{v}}^D=[-\boldsymbol{M}\,\tilde{\boldsymbol{C}}_n^b(\tilde{\boldsymbol{v}}^n\times)\quad\boldsymbol{M}\,\tilde{\boldsymbol{C}}_n^b\quad0_{4\times9}\quad\boldsymbol{M}\,\tilde{\boldsymbol{v}}^b\times\quad\boldsymbol{M}\,\boldsymbol{\omega}_{eb}^b\times\quad-\boldsymbol{M}\,\tilde{\boldsymbol{v}}^b]\boldsymbol{X}+\boldsymbol{V} \tag{5.73}$$

二、DVL/SINS 组合导航可观测性分析

判断 DVL/SINS 系统卡尔曼滤波参数可观性有助于选择参数类型和规划载体机动轨迹。相较于传统的 PWCS 和 SVD 算法，全局可观测性分析方法不需进行复杂的数值计算，而且能避免非线性方程线性化带来的误差，更好地揭示了参数可观测性与载体机动间的关系。本节将使用全局可观测性理论对中 DVL/SINS 组合导航系统进行分析，判断各参数是否可观及可观的条件。

全局可观测性分析基本理论为：如果系统的状态参数可以在有限的时间内由量测信息和其他已知信息求解，则称该状态参数是可观测的，给出如下定理。

定理一：当存在两个线性无关的向量，且其在两个坐标系下的坐标已知，则可以确定两坐标系间的姿态矩阵。

定理二：已知 n 维空间内的 m 个点 $a_i(i=1,2,\cdots,m;\ m\geqslant n)$，当 a_i 到未知点 x 的距离相等时，则可唯一确定该未知点 x。

记 $k=1+\delta k$，由式(5.31)建立 DVL 量测方程：

$$\tilde{\boldsymbol{v}}^d=k\boldsymbol{C}_b^d(\boldsymbol{v}^b+\boldsymbol{\omega}_{eb}^b\times\boldsymbol{l}) \tag{5.74}$$

对式(5.74)求导可得

$$\dot{\tilde{\boldsymbol{v}}}^d=k\boldsymbol{C}_b^d(\dot{\boldsymbol{v}}^b+\dot{\boldsymbol{\omega}}_{eb}^b\times\boldsymbol{l}) \tag{5.75}$$

由于 UUV 行驶速度通常较慢，在 SINS 速度微分方程忽略$(2\boldsymbol{\omega}_{ie}^n+\boldsymbol{\omega}_{en}^n)\times\boldsymbol{v}^n$ 的影响，可得 SINS 姿态微分方程和简化的速度微分方程分别为

$$\dot{\boldsymbol{C}}_b^n=\boldsymbol{C}_b^n(\boldsymbol{\omega}_{nb}^b\times)\quad \boldsymbol{\omega}_{nb}^b=\tilde{\boldsymbol{\omega}}_{ib}^b-\boldsymbol{\varepsilon}^b-\boldsymbol{C}_n^b(\boldsymbol{\omega}_{ie}^n+\boldsymbol{\omega}_{en}^n) \tag{5.76}$$

$$\dot{\boldsymbol{v}}^n=\boldsymbol{C}_b^n(\boldsymbol{f}^b-\boldsymbol{\nabla}^b)+\boldsymbol{g}^n \tag{5.77}$$

式中，$\boldsymbol{C}_b^n$ 表示 b 系至 n 系的姿态矩阵；$\boldsymbol{\omega}_{nb}^b$表示 b 系相对于 n 系的角速度在 b 系中的投影；$\tilde{\boldsymbol{\omega}}_{ib}^b$表示陀螺测量的角速度；$\boldsymbol{\omega}_{ie}^n$表示地球自转角速度在 n 系中的投影；$\boldsymbol{\omega}_{en}^n$表示 n 系相对于 e 系的角速度在 n 系中的投影。

对$\boldsymbol{v}^n=\boldsymbol{C}_b^n\boldsymbol{v}^b$ 两侧求导：

$$\dot{\boldsymbol{v}}^n=\boldsymbol{C}_b^n(\dot{\boldsymbol{v}}^b+\boldsymbol{\omega}_{nb}^b\times\boldsymbol{v}^b) \tag{5.78}$$

将式(5.78)代入式(5.77)：

$$\boldsymbol{C}_b^n(\dot{\boldsymbol{v}}^b+\boldsymbol{\omega}_{nb}^b\times\boldsymbol{v}^b-\boldsymbol{f}^b+\boldsymbol{\nabla}^b)=\boldsymbol{g}^n \tag{5.79}$$

由式(5.74)和式(5.75)有

$$\boldsymbol{v}^b=\frac{1}{k}\boldsymbol{C}_d^b\tilde{\boldsymbol{v}}^d-\boldsymbol{\omega}_{eb}^b\times\boldsymbol{l} \tag{5.80}$$

$$\dot{\boldsymbol{v}}^b=\frac{1}{k}\boldsymbol{C}_d^b\dot{\tilde{\boldsymbol{v}}}^d-\dot{\boldsymbol{\omega}}_{eb}^b\times\boldsymbol{l} \tag{5.81}$$

将式(5.79)两侧同乘$\boldsymbol{C}_n^b$，并将式(5.80)和式(5.81)代入有

$$\frac{1}{k}\boldsymbol{C}_d^b\dot{\tilde{\boldsymbol{v}}}^d-\dot{\boldsymbol{\omega}}_{eb}^b\times\boldsymbol{l}+\boldsymbol{\omega}_{nb}^b\times\left(\frac{1}{k}\boldsymbol{C}_d^b\tilde{\boldsymbol{v}}^d-\boldsymbol{\omega}_{eb}^b\times\boldsymbol{l}\right)=\boldsymbol{C}_n^b\boldsymbol{g}^n+\boldsymbol{f}^b-\boldsymbol{\nabla}^b \tag{5.82}$$

首先假设载体无姿态机动，由 SINS 姿态微分方程可知$\boldsymbol{\omega}_{nb}^{b}=\dot{\boldsymbol{\omega}}_{nb}^{b}=\boldsymbol{0}_{3\times1}$，$\boldsymbol{\omega}_{eb}^{b}=\dot{\boldsymbol{\omega}}_{eb}^{b}=\boldsymbol{0}_{3\times1}$，式(5.82)简化为

$$\frac{1}{k}\boldsymbol{C}_{d}^{b}\dot{\tilde{\boldsymbol{v}}}^{d}=\boldsymbol{C}_{n}^{b}\boldsymbol{g}^{n}+\boldsymbol{f}^{b}-\boldsymbol{\nabla}^{b} \tag{5.83}$$

将等式两侧同时左乘$k\boldsymbol{C}_{b}^{d}$并求导：

$$\ddot{\tilde{\boldsymbol{v}}}^{d}=k\boldsymbol{C}_{b}^{d}(\dot{\boldsymbol{C}}_{n}^{b}\boldsymbol{g}^{n}+\dot{\boldsymbol{f}}^{b}-\dot{\boldsymbol{\nabla}}^{b}) \tag{5.84}$$

由于$\boldsymbol{C}_{n}^{b}$和$\boldsymbol{\nabla}^{b}$为常值，式(5.84)简化为

$$\ddot{\tilde{\boldsymbol{v}}}^{d}=k\boldsymbol{C}_{b}^{d}\dot{\boldsymbol{f}}^{b} \tag{5.85}$$

由于$\|\boldsymbol{C}_{b}^{d}\|=\boldsymbol{I}$，对式(5.85)两侧取模有

$$k=\pm\|\ddot{\tilde{\boldsymbol{v}}}^{d}\|/\|\dot{\boldsymbol{f}}^{b}\| \tag{5.86}$$

$k=1+\delta k$，因此$k>0$。从式(5.86)可知，只要载体存在一段加速度变化的轨迹，就可以由 DVL 量测值$\tilde{\boldsymbol{v}}^{d}$和加速度计量测值$\boldsymbol{f}^{b}$求得刻度系数误差$\delta k$。

将式(5.85)中的k视为已知量，将式(5.85)改写为

$$\ddot{\tilde{\boldsymbol{v}}}^{d}\approx k(\boldsymbol{I}+\boldsymbol{\eta}\times)\dot{\boldsymbol{f}}^{b}=k\begin{bmatrix}1 & -\boldsymbol{\eta}_{z} & \boldsymbol{\eta}_{y}\\ \boldsymbol{\eta}_{z} & 1 & -\boldsymbol{\eta}_{x}\\ -\boldsymbol{\eta}_{y} & \boldsymbol{\eta}_{x} & 1\end{bmatrix}\begin{bmatrix}\dot{\boldsymbol{f}}_{x}^{b}\\ \dot{\boldsymbol{f}}_{y}^{b}\\ \dot{\boldsymbol{f}}_{z}^{b}\end{bmatrix} \tag{5.87}$$

由于 UUV 的侧向速度和天向速度变化较小，近似有$\dot{\boldsymbol{f}}_{x}^{b}=\dot{\boldsymbol{f}}_{z}^{b}=0$，整理式(5.87)：

$$\ddot{\tilde{\boldsymbol{v}}}^{d}=k\begin{bmatrix}-\dot{\boldsymbol{f}}_{y}^{b}\boldsymbol{\eta}_{z}\\ \dot{\boldsymbol{f}}_{y}^{b}\\ \dot{\boldsymbol{f}}_{y}^{b}\boldsymbol{\eta}_{x}\end{bmatrix}=k\left(\begin{bmatrix}0 & -\dot{\boldsymbol{f}}_{y}^{b}\\ 0 & 0\\ \dot{\boldsymbol{f}}_{y}^{b} & 0\end{bmatrix}\begin{bmatrix}\boldsymbol{\eta}_{x}\\ \boldsymbol{\eta}_{z}\end{bmatrix}+\begin{bmatrix}0\\ \dot{\boldsymbol{f}}_{y}^{b}\\ 0\end{bmatrix}\right)\triangleq\boldsymbol{Ax}+\boldsymbol{b} \tag{5.88}$$

式(5.88)中没有出现前向安装误差角$\boldsymbol{\eta}_{y}$，因此$\boldsymbol{\eta}_{y}$在典型 UUV 的运动中是不可观测的。因为$\mathrm{rank}(\boldsymbol{A})=2$，因此当存在一组$\dot{\boldsymbol{f}}_{y}^{b}$不为 0 时，参数$\boldsymbol{\eta}_{x}$和$\boldsymbol{\eta}_{z}$可由式(5.88)求解，两者可观。

将式(5.83)改写为

$$\frac{1}{k}\boldsymbol{C}_{d}^{b}\dot{\tilde{\boldsymbol{v}}}^{d}-\boldsymbol{f}^{b}+\boldsymbol{\nabla}^{b}=\boldsymbol{C}_{n}^{b}\boldsymbol{g}^{n} \tag{5.89}$$

将等式两侧取模：

$$\left\|\frac{1}{k}\boldsymbol{C}_{d}^{b}\dot{\tilde{\boldsymbol{v}}}^{d}-\boldsymbol{f}^{b}+\boldsymbol{\nabla}^{b}\right\|=\|\boldsymbol{g}^{n}\| \tag{5.90}$$

式(5.83)可记为$\|\boldsymbol{a}_{i}+\boldsymbol{\nabla}^{b}\|=g$。根据定理二，当存在两个不共线的$\boldsymbol{a}_{i}$时，$\boldsymbol{\nabla}^{b}$可观。

下面判断姿态矩阵$\boldsymbol{C}_{b}^{n}$的可观测性。根据链式法则：

$$\boldsymbol{C}_{n}^{b}=\boldsymbol{C}_{ib_0}^{b}\boldsymbol{C}_{in_0}^{ib_0}\boldsymbol{C}_{n_0}^{in_0}\boldsymbol{C}_{n}^{n_0} \tag{5.91}$$

其中：

$$\boldsymbol{C}_{ib_0}^{b}=(\boldsymbol{C}_{b}^{ib_0})^{\mathrm{T}}=[\dot{\boldsymbol{C}}_{b}^{ib_0}(\boldsymbol{\omega}_{ib}^{b}\times)]^{\mathrm{T}} \tag{5.92}$$

$$\boldsymbol{C}_{n_0}^{in_0}=\dot{\boldsymbol{C}}_{n_0}^{in_0}(\boldsymbol{\omega}_{ie}^{n_0}\times) \tag{5.93}$$

$\boldsymbol{C}_n^{n_0}$仅与载体起始位置$[B_0 \quad L_0 \quad h_0]^{\mathrm{T}}$和当前位置$[B_0+\Delta B_t \quad L_0+\Delta L_t \quad h_0+\Delta h_t]^{\mathrm{T}}$有关，当载体经纬度变化量为小角度时：

$$\boldsymbol{C}_n^{n_0}(t)\approx\begin{bmatrix}1 & -\Delta L_t\sin B_0 & \Delta L_t\cos B_0\\ \Delta L_t\sin B_0 & 1 & \Delta B_t\\ -\Delta L_t\cos B_0 & -\Delta B_t & 1\end{bmatrix} \tag{5.94}$$

当载体位移较大时$\boldsymbol{C}_n^{n_0}$可由$\boldsymbol{C}_n^{n_0}=\boldsymbol{C}_e^{n_0}\boldsymbol{C}_n^e$精确计算。

将式(5.94)代入式(5.89)中，等式两侧同时乘$\boldsymbol{C}_b^{ib_0}$：

$$\boldsymbol{C}_b^{ib_0}\left(\frac{1}{k}\boldsymbol{C}_d^b\dot{\tilde{\boldsymbol{v}}}^d-\boldsymbol{f}^b+\boldsymbol{\nabla}^b\right)=\boldsymbol{C}_{in_0}^{ib_0}\boldsymbol{g}^{in_0} \tag{5.95}$$

式(5.95)中，$\boldsymbol{g}^{in_0}$为重力矢量在惯性系中的投影，一天中任意两时刻$\boldsymbol{g}^{in_0}$不线性相关。由定理一可知，$\boldsymbol{C}_{in_0}^{ib_0}$可由式(5.95)唯一确定，进一步可通过式(5.91)计算$\boldsymbol{C}_b^n$，因此姿态矩阵$\boldsymbol{C}_b^n$可观测。

当载体有姿态运动，此时$\|\boldsymbol{\omega}_{ib}^b\|\gg\|\boldsymbol{\varepsilon}^b\|$且$\|\boldsymbol{\omega}_{ib}^b\|\gg\|\boldsymbol{\omega}_{ie}^b\|$，将式(5.82)改写为

$$\frac{1}{k}\boldsymbol{C}_d^b\dot{\tilde{\boldsymbol{v}}}^d+\frac{1}{k}(\boldsymbol{\omega}_{ib}^b\times)\boldsymbol{C}_d^b\tilde{\boldsymbol{v}}^d-\boldsymbol{C}_n^b\boldsymbol{g}^n-\boldsymbol{f}^b+\boldsymbol{\nabla}^b=\dot{\boldsymbol{\omega}}_{ib}^b\times\boldsymbol{l} \tag{5.96}$$

将式(5.96)记为$\boldsymbol{y}=\boldsymbol{A}\boldsymbol{x}$，将其转换为线性方程组求解。由于$\boldsymbol{x}$是三维向量，当存在一段$\dot{\boldsymbol{\omega}}_{ib}^b$不为0的轨迹，$\delta\boldsymbol{l}$可由式(5.96)唯一确定。$\boldsymbol{v}^n$可由式(5.77)确定，$\boldsymbol{\varepsilon}^b$可由式(5.76)确定。

至此，DVL/SINS组合导航系统卡尔曼滤波各参数可观测性总结如下：

(1)有一段无姿态机动，加速度变化不为0的轨迹；

(2)有两段无姿态机动，加速度计输出不为0且不共线的轨迹；

(3)有一段姿态机动，且角速度变化不为0的轨迹。

则姿态矩阵$\boldsymbol{C}_b^n$、载体速度$\boldsymbol{v}^n$、杆臂误差$\delta\boldsymbol{l}$、刻度系数误差$\delta\boldsymbol{k}$、安装偏差角的$\boldsymbol{\eta}_x$与$\boldsymbol{\eta}_z$、陀螺零偏$\boldsymbol{\varepsilon}^b$和加速度计零偏$\boldsymbol{\nabla}^b$是可观测的。前向安装偏差角$\boldsymbol{\eta}_y$是不可观测的。同时，分析$\boldsymbol{C}_b^n$、$\boldsymbol{l}$时首先忽略了$\boldsymbol{\varepsilon}^b$，较大的IMU输出和较短的积分时间有利于减弱$\boldsymbol{\varepsilon}^b$的影响，否则会影响$\boldsymbol{\varepsilon}^b$的估计；分析$\boldsymbol{v}^n$时忽略了$\boldsymbol{g}^n$建模不准确的影响，实际中天向速度收敛较差。

三、DVL/SINS紧组合虚拟波束补偿算法

当DVL有两个及以上波束失效时，DVL无法输出三维速度信息，DVL/SINS组合导航系统退化为纯SINS导航，导航误差迅速累积。DVL/SINS波束间紧组合在任意波束信息存在时均可进行组合导航，一定程度上提高了组合导航系统的鲁棒性，然而，DVL/SINS紧组合虽然可以实现波束部分缺失情况下的组合导航，但当可用的量测值仅有前向速度信息时，由于缺少侧向速度约束，紧组合仍无法支撑载体进行长时间高精度定位。因此，有必要针对不同波束缺失状态研究相应的补偿算法。

根据波束数量和包含的速度信息，将波束缺失分为以下情况：

(1)当3个波束或2个垂直波束存在时，量测值包括3个方向的速度信息，只需将式(5.73)中不可用波束对应的噪声方差设置为无穷大；

(2)当2个平行波束存在时，与仅有两者中任一波束情况相同；

(3)当"+"型配置的 D_2 或 D_4 可用时，由于不含前向速度信息，DVL 无法辅助 SINS 进行长时间导航；

(4)当"+"型配置中 D_1 或 D_3 可用，或者"×"型配置中任一波束可用时，需要进行波束缺失补偿。

通常 UUV 的侧向速度 $\boldsymbol{v}_x^b$ 和横滚角 γ 较小，将两者近似为0的导航系中载体速度为

$$\boldsymbol{v}^n=\boldsymbol{C}_b^n\boldsymbol{v}^b\approx\begin{bmatrix}\cos\varphi & -\cos\theta\ \sin\varphi & \sin\theta\ \sin\varphi\\ \sin\varphi & \cos\theta\ \cos\varphi & -\sin\theta\cos\varphi\\ 0 & \sin\theta & \cos\theta\end{bmatrix}\begin{bmatrix}0\\ \boldsymbol{v}_y^b\\ \boldsymbol{v}_z^b\end{bmatrix} \tag{5.97}$$

当 GNSS 失效时，压力深度计(pressure sensor，PS)仍可提供较为准确的 DVL 深度信息。结合式(5.97)，对 PS 深度信息进行一阶差分可得天向速度 $\boldsymbol{v}_{ps}$：

$$\boldsymbol{v}_{ps}=\frac{h_2-h_1}{T_{ps}}=[\sin\theta\quad\cos\theta]\begin{bmatrix}\boldsymbol{v}_y^b\\ \boldsymbol{v}_z^b\end{bmatrix} \tag{5.98}$$

式中，h_1、h_2 表示 PS 相邻历元量测值；T_{ps} 表示 PS 的采样间隔。

以 $\boldsymbol{v}_1^D$ 存在为例，在式(5.29)中有

$$\boldsymbol{v}_1^{D'}=[\cos\alpha\ \cos\beta\quad-\sin\alpha]\begin{bmatrix}\boldsymbol{v}_y^b\\ \boldsymbol{v}_z^b\end{bmatrix} \tag{5.99}$$

式中，$\boldsymbol{v}_1^{D'}$ 表示补偿了刻度系数误差、安装偏差角和杆臂误差的 $\boldsymbol{v}_1^D$。各参数可由滤波前一历元估计值获得。

结合式(5.73)和式(5.99)，$\boldsymbol{v}^b$ 可表示为

$$\begin{aligned}\begin{bmatrix}\boldsymbol{v}_y^b\\ \boldsymbol{v}_z^b\end{bmatrix}&=\begin{bmatrix}\cos\alpha\ \cos\beta & -\sin\alpha\\ \sin\theta & \cos\theta\end{bmatrix}^{-1}\begin{bmatrix}\boldsymbol{v}_1^{D'}\\ \boldsymbol{v}_{ps}\end{bmatrix}\\ &=\frac{1}{\sin\alpha\ \sin\theta+\cos\alpha\ \cos\beta\ \cos\theta}\begin{bmatrix}\cos\theta & \sin\alpha\\ -\sin\theta & \cos\alpha\ \cos\beta\end{bmatrix}\begin{bmatrix}\boldsymbol{v}_1^{D'}\\ \boldsymbol{v}_{ps}\end{bmatrix}\end{aligned} \tag{5.100}$$

获得了 $\boldsymbol{v}^b$ 后，由式(5.97)和式(5.100)可得

$$\begin{aligned}\boldsymbol{v}_2^{D'}&=[-\cos\alpha\ \sin\beta\quad-\sin\alpha]\begin{bmatrix}\tilde{\boldsymbol{v}}_y^b\\ \tilde{\boldsymbol{v}}_z^b\end{bmatrix}\\ &=\frac{(\sin\alpha\ \sin\theta-\cos\alpha\ \sin\beta\cos\theta)\boldsymbol{v}_1^{D'}-\sin\alpha\cos\alpha\ (\cos\beta+\sin\beta)\boldsymbol{v}_{ps}}{\sin\alpha\ \sin\theta+\cos\alpha\ \cos\beta\ \cos\theta}\end{aligned} \tag{5.101}$$

获得相互垂直的 $\boldsymbol{v}_1^{D'}$ 与 $\boldsymbol{v}_2^{D'}$ 后，波束缺失情况(4)转变为情况(2)，只需将剩余两个波束对应的量测噪声方差设置为无穷大即可。

四、附加运动约束的 DVL/SINS 紧组合算法

虚拟波束补偿算法实质上等价于添加侧向运动约束的紧组合算法，在此提出一种附加运动约束的紧组合补偿算法。

1. 横滚角约束

UUV 典型运动中横滚角通常为 0，基于此构造横滚角运动约束。欧拉角误差与失准角间的关系可表示为

$$\boldsymbol{\phi}=-\boldsymbol{C}_b^n\begin{bmatrix}\cos\gamma & 0 & -\cos\theta\sin\gamma\\ 0 & 1 & \sin\theta\\ \sin\gamma & 0 & \cos\gamma\cos\theta\end{bmatrix}\begin{bmatrix}\Delta\theta\\ \Delta\gamma\\ \Delta\varphi\end{bmatrix}=-\begin{bmatrix}\cos\varphi & -\cos\theta\sin\varphi & 0\\ \sin\varphi & \cos\theta\cos\varphi & 0\\ 0 & \sin\theta & 1\end{bmatrix}\begin{bmatrix}\Delta\theta\\ \Delta\gamma\\ \Delta\varphi\end{bmatrix} \tag{5.102}$$

式中，$[\theta\quad\gamma\quad\varphi]^{\mathrm{T}}$ 和 $[\Delta\theta\quad\Delta\gamma\quad\Delta\varphi]^{\mathrm{T}}$ 分别表示俯仰角、横滚角和偏航角及其误差。

由式(5.102)可得

$$\begin{bmatrix}\Delta\theta\\ \Delta\gamma\\ \Delta\varphi\end{bmatrix}=-\frac{1}{\cos\theta}\begin{bmatrix}\cos\varphi\cos\theta & \sin\varphi\cos\theta & 0\\ -\sin\varphi & \cos\varphi & 0\\ \sin\theta\sin\varphi & -\cos\varphi\sin\theta & \cos\theta\end{bmatrix}\boldsymbol{\phi} \tag{5.103}$$

由(5.103)的第二行方程，由 SINS 更新所得的姿态角，可以得到 SINS 横滚角量测方程为

$$\tilde{\gamma}-0=\frac{1}{\cos\tilde{\theta}}[\sin\tilde{\varphi}\quad -\cos\tilde{\varphi}\quad \mathbf{0}]\boldsymbol{\phi} \tag{5.104}$$

2. 侧向速度约束

由 $\gamma=0$，可得载体系中 SINS 速度为

$$\boldsymbol{v}^b=\boldsymbol{C}_n^b\boldsymbol{v}^n\approx\begin{bmatrix}\cos\varphi & \sin\varphi & 0\\ -\cos\theta\ \sin\varphi & \cos\theta\ \cos\varphi & \sin\theta\\ \sin\theta\ \sin\varphi & -\sin\theta\cos\varphi & \cos\theta\end{bmatrix}\boldsymbol{v}^n \tag{5.105}$$

由(5.105)的第一行，可得侧向速度 v_x^b 为

$$\begin{aligned}v_x^b &= [\cos\varphi\quad\sin\varphi]\begin{bmatrix}v_E^n\\ v_N^n\end{bmatrix}\\ &=[\cos\tilde{\varphi}\quad\sin\tilde{\varphi}]\begin{bmatrix}\tilde{v}_E^n\\ \tilde{v}_N^n\end{bmatrix}+[\sin\tilde{\varphi}\quad -\cos\tilde{\varphi}]\begin{bmatrix}\tilde{v}_E^n\\ \tilde{v}_N^n\end{bmatrix}\delta\varphi-[\cos\tilde{\varphi}\quad\sin\tilde{\varphi}]\begin{bmatrix}\delta v_E^n\\ \delta v_N^n\end{bmatrix}\end{aligned} \tag{5.106}$$

由式(5.106)和侧向速度为 0 的约束条件，定义 SINS 更新的侧向速度为 $\tilde{v}_x^b=\tilde{v}_E^n\cos\tilde{\varphi}+\tilde{v}_N^n\sin\tilde{\varphi}$，量测方程记为

$$\tilde{v}_x^b-0=[-\sin\tilde{\varphi}\quad\cos\tilde{\varphi}]\begin{bmatrix}\tilde{v}_E^n\\ \tilde{v}_N^n\end{bmatrix}\delta\varphi+[\cos\tilde{\varphi}\quad\sin\tilde{\varphi}]\begin{bmatrix}\delta v_E^n\\ \delta v_N^n\end{bmatrix}$$

$$=\frac{\tilde{v}_E^n\sin\tilde{\varphi}-\tilde{v}_N^n\cos\tilde{\varphi}}{\cos\theta}\left[\sin\tilde{\theta}\sin\tilde{\varphi}\quad -\cos\tilde{\varphi}\sin\tilde{\theta}\quad \cos\tilde{\theta}\right]\boldsymbol{\phi}+\left[\cos\tilde{\varphi}\quad \sin\tilde{\varphi}\quad 0\right]\delta\boldsymbol{v}^n \quad (5.107)$$

结合式(5.104)、式(5.107)和紧组合量测方程，附加运动约束的 DVL/SINS 紧组合量测方程为

$$\left[\boldsymbol{M}\tilde{\boldsymbol{C}}_n^b\tilde{\boldsymbol{v}}^n-\tilde{\boldsymbol{v}}^D\quad \tilde{h}-h_{ps}\quad \tilde{v}_x^b\quad \tilde{\gamma}\right]^{\mathrm{T}}=$$

$$\begin{bmatrix} -\boldsymbol{M}\tilde{\boldsymbol{C}}_n^b(\tilde{\boldsymbol{v}}^n\times)\quad \boldsymbol{M}\tilde{\boldsymbol{C}}_n^b\quad 0_{1\times9}\quad \boldsymbol{M}(\tilde{\boldsymbol{v}}^b)\times\quad \boldsymbol{M}\boldsymbol{\omega}_{eb}^b\times\quad -\boldsymbol{M}\tilde{\boldsymbol{v}}^b \\ 0_{1\times8}\quad 1\quad 0_{1\times13} \\ \dfrac{\tilde{v}_E^n\sin\tilde{\varphi}-\tilde{v}_N^n\cos\tilde{\varphi}}{\cos\tilde{\theta}}\left[\sin\tilde{\theta}\sin\tilde{\varphi}\quad -\cos\tilde{\varphi}\sin\tilde{\theta}\quad \cos\tilde{\theta}\right]\quad \left[\cos\tilde{\varphi}\quad \sin\tilde{\varphi}\quad 0\right]\quad 0_{1\times16} \\ \dfrac{1}{\cos\tilde{\theta}}\left[\sin\tilde{\varphi}\quad -\cos\tilde{\varphi}\quad 0\right]\quad 0_{1\times19} \end{bmatrix}\boldsymbol{X}+\boldsymbol{V}$$

(5.108)

式(5.108)中，第一行为 DVL 波束速度约束，第二行为 PS 观测值的天向速度约束，后两行为运动约束。若 PS 观测值不存在，只需将 h_{ps} 视为 0，并将其对应的协方差置为无穷大即可。

3. 鲁棒自适应卡尔曼滤波

在实际应用中，如遇到洋流等特殊情况，UUV 可能具有侧向速度和横滚运动，此时过强的运动约束反而对卡尔曼滤波有消极作用。同时，如何确定 UUV 正常运动时的约束噪声大小也是必须解决的问题。因此，使用自适应滤波策略估计 UUV 正常运动时的运动约束观测量的协方差阵，通过鲁棒因子调节 UUV 发生侧漂或横滚运动时的协方差阵，以实现动态调节 UUV 运动约束程度的目的。

记新息向量 $\boldsymbol{V}_k=\boldsymbol{Z}_k-\boldsymbol{H}_k\hat{\boldsymbol{X}}_{k,k-1}$，其协方差阵为 $\boldsymbol{P}_{\bar{V}_k}=\boldsymbol{H}_k\boldsymbol{P}_{k,k-1}\boldsymbol{H}_k^{\mathrm{T}}+\boldsymbol{R}_k$，则 $\boldsymbol{V}_k$ 的标准化残差为

$$\Delta\bar{v}_{k,i}=\left|\bar{V}_{k,i}\right|/\sqrt{P_{\bar{V}_{k,i}}} \quad (5.109)$$

式中，$\bar{V}_{k,i}$ 表示 $\bar{\boldsymbol{V}}_k$ 的第 i 个元素；$P_{\bar{V}_{k,i}}$ 表示 $\boldsymbol{P}_{\bar{V}_k}$ 主对角线的第 i 个元素。

新息向量反映了观测预测值和观测值间的差距，当 UUV 发生侧漂时，新息向量会增大。因此，由式(5.109)可以得到鲁棒量测协方差阵为

$$R_i=\begin{cases} R_i & |\Delta\bar{v}_i|<1 \\ R_i|\Delta\bar{v}_i| & |\Delta\bar{v}_i|\geqslant1 \end{cases} \quad (5.110)$$

针对量测噪声初值难以准确确定且可能发生缓慢时变的现象，保持量测噪声协方差阵正定，选择渐消记忆 Sage-Husa 自适应滤波动态估计量测噪声，具体形式为

$$\hat{\boldsymbol{R}}_k=(1-\beta_k)\hat{\boldsymbol{R}}_{k-1}+\beta_k\left[(\boldsymbol{I}-\boldsymbol{K}_k\boldsymbol{H}_k)\bar{\boldsymbol{V}}_k\bar{\boldsymbol{V}}_k^{\mathrm{T}}(\boldsymbol{I}-\boldsymbol{K}_k\boldsymbol{H}_k)^{\mathrm{T}}+\boldsymbol{H}_k\boldsymbol{P}_k\boldsymbol{H}_k^{\mathrm{T}}\right] \quad (5.111)$$

式中，$\beta_k=\dfrac{\beta_{k-1}}{\beta_{k-1}+b}$，$\beta_0=1$，其中 b 表示遗忘因子，取值范围为 0.9 ~ 0.999。将 $\hat{\boldsymbol{R}}_k$ 代入下一

历元，便可动态估计卡尔曼滤波的量测噪声。

五、试验验证

仿真总时长 935s 的 UUV 轨迹进行算法验证，轨迹起点位于纬度 38°，经度 120°，高度为 0m，UUV 的初始姿态为[0°　0°　0°]，初始姿态误差为[5′　5′　30′]，假设 DVL 为×型配置(图 5.12)。

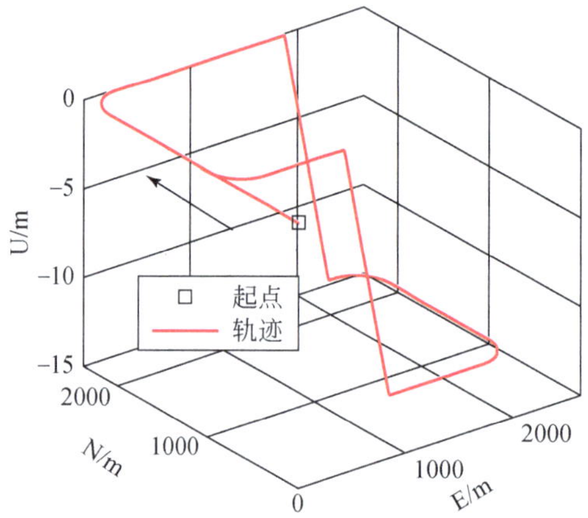

图 5.12　UUV 的仿真轨迹

(一) 波束正常

在四个波束均可用的情况下分别执行紧组合(tight couple，TC)和松组合(loose couple，LC)方法。LC 和 TC 计算得到的失准角、速度误差和位置误差如图 5.13 ~ 图 5.15 所示。可见在整个导航过程中，两种方法的差异是比较小的。在导航结束时，LC 和 TC 在三个方向上的位置差只有[0.335m　0.073m　0.083m]，而速度差在 mm/s 范围内。对于姿态失准角，两种方法之间的差异为[0.234″　0.432″　0.578′]。

(二) 部分可用波束

为了验证运动约束 TC 在光束中断情况下的性能，设计了四种方法相互进行比较：①波束 1 可用的 TC(TC1)；②波束 1 可用时的虚拟光束补偿 TC(BC-TC1)；③波束 1 可用时的运动约束 TC(MC-TC1)；④四个光束可用时的 TC(TC4)。在实验中一并模拟了噪声为 0.01m 的压力深度计量测值。

图 5.16 ~ 图 5.18 分别比较了四种方法的位置误差、速度误差和失准角。四种方法的 U 向定位误差相似，在 PS 测量的约束下小于 0.05m。TC 方法性能最差，最大的东向定位误差约为 160m，因为波束 1 的测量只包含前向和上向的速度信息，因此相应状态的可观测性受到影响。

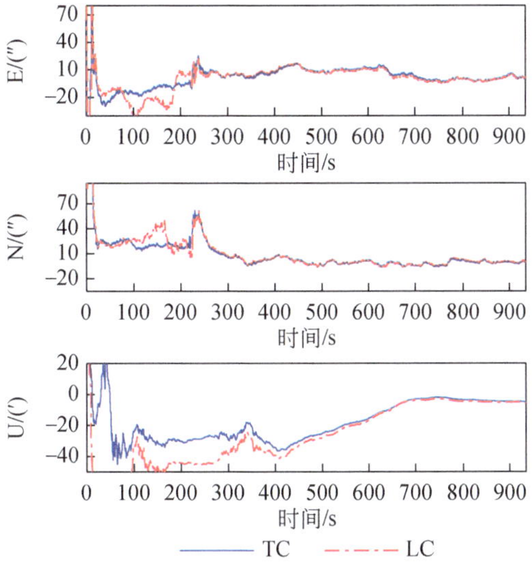

图 5.13　LC 和 TC 方法的失准角曲线

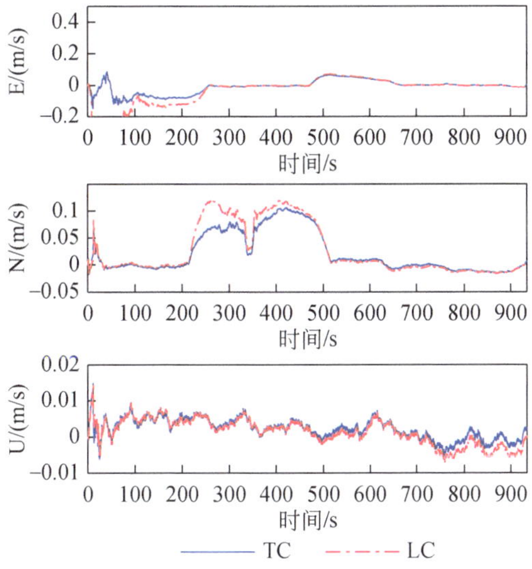

图 5.14　LC 和 TC 方法的速度误差曲线

MC-TC 方法在将侧向速度设为零的约束条件下，平面位置误差比 BC-TC 小。在 UUV 转向过程中，右方向速度和滚动角的值不为零，MC-TC 可以自适应地估计观测噪声。此外，MC-TC 的误差曲线比 BC-TC 更平滑，因为 BC-TC 的观测噪声为有色噪声。

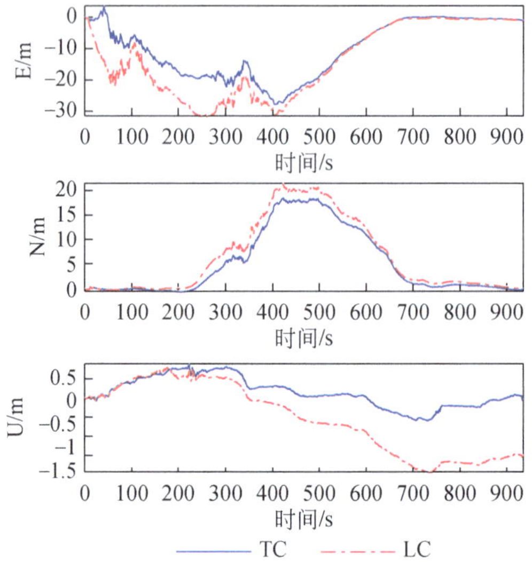

图 5.15　LC 和 TC 方法的位置误差曲线

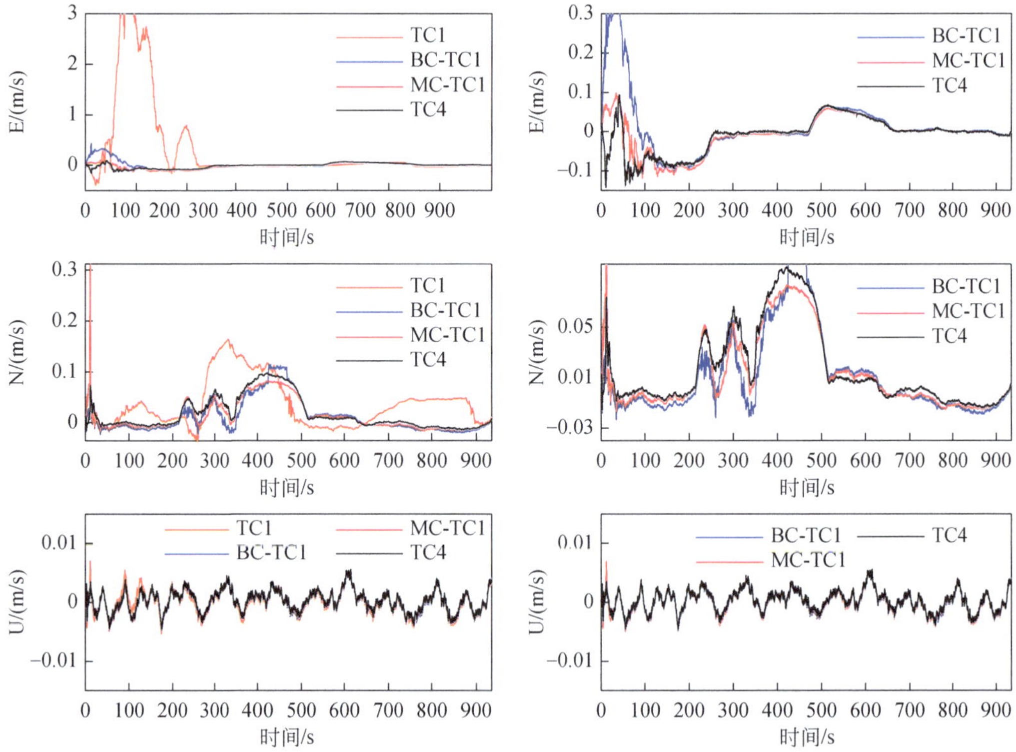

图 5.16　波束 1 可用时四种方法的位置误差曲线

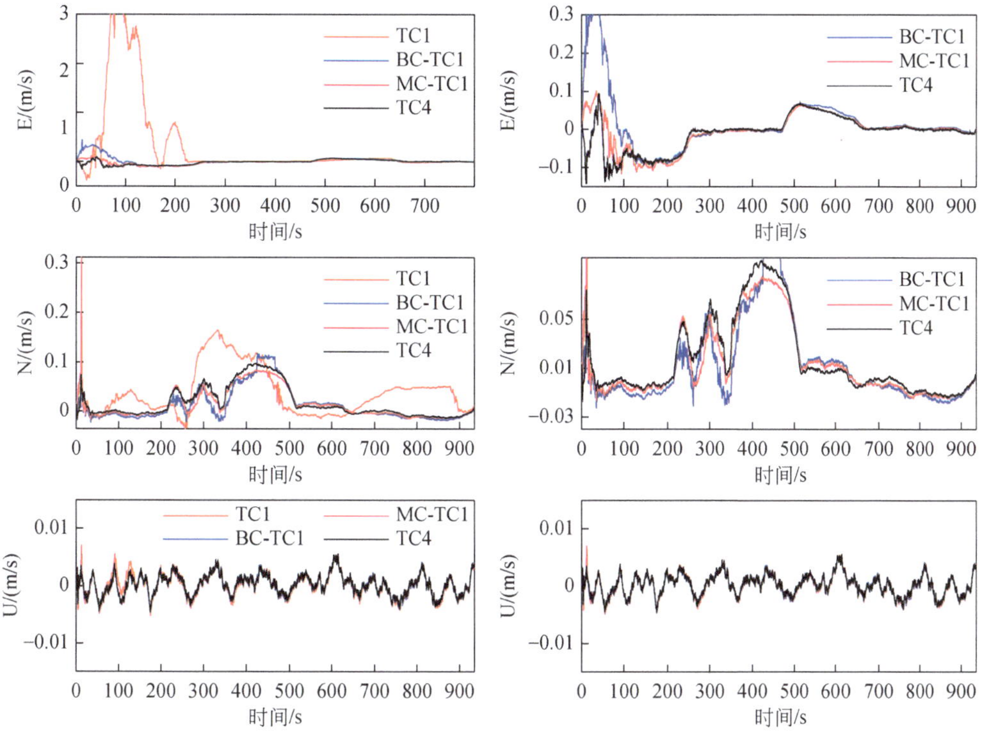

图 5.17　波束 1 可用时四种方法的速度误差曲线

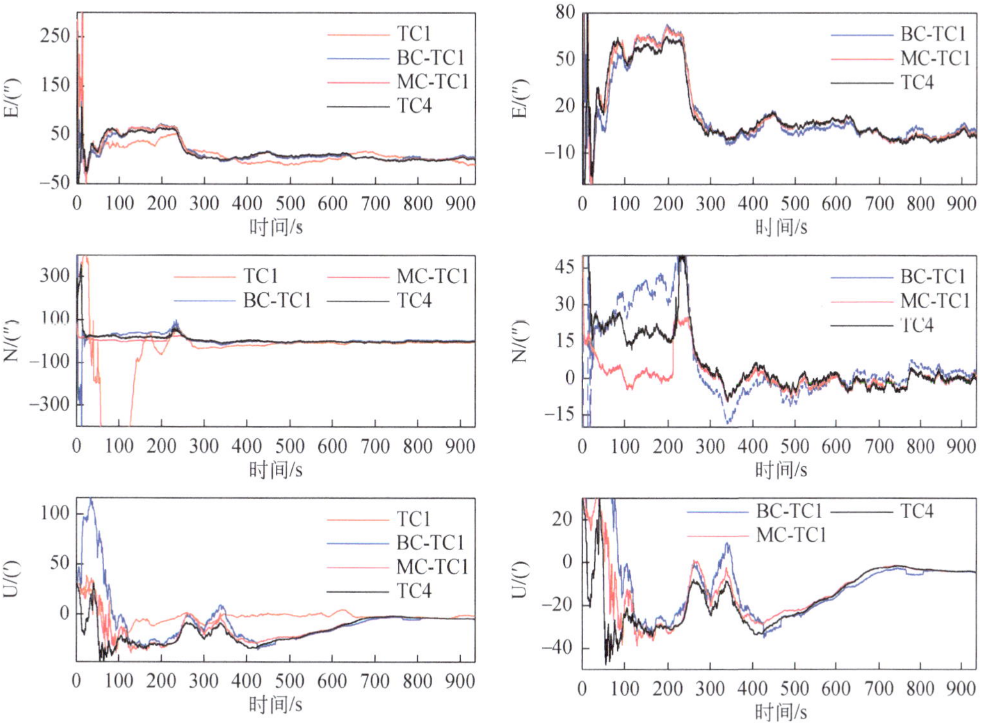

图 5.18　波束 1 可用时四种方法的失准角曲线

第六章　水下无人航行器协同定位编队构型设计优化方法

UUV 集群的编队构型与其所担负的任务及搭载传感器性能密切相关，不同的编队构型直接影响协同定位精度(Moreno-Salinas et al., 2013；Bo et al., 2018, 2020)。针对水下弱通信条件下观测信息不足导致的 UUV 编队构型与定位结果的强相关性，分别基于线性模型、非线性李导数理论和误差椭圆理论，构建了 UUV 集群协同定位可观测性分析方法。从点位误差角度构建 UUV 集群协同定位误差椭圆，论证其与传统克拉默-拉奥(Cramer Rao)不等式下界和费希尔信息矩阵(Fisher Information Matrix)的指标一致性，并在此基础上提升 UUV 编队构型设计的直观性。

目前的 UUV 编队构型设计中的模型假设过于理想，均未考虑实际中的声线弯曲和声速变化误差。在实际作业中，复杂的海洋环境、声线的入射角、UUV 之间的距离都是影响水声测距精度的重要因素(赵爽等，2018；孙文舟等，2019a，2019b)。提出一种顾及水声误差的 UUV 集群协同定位模型，通过引入平面位置精度衰减因子的概念设计 UUV 的最优编队构型。此外，由于目前 UUV 集群协同定位的研究并未对误差源进行分析总结，GNSS-A 的搭载的传感器和函数模型与 UUV 集群协同定位有较大差异，其误差分析结论并不适用(Chen et al., 2020；曾安敏等；2021)。本书对影响 UUV 集群协同定位精度的几个关键因素，即编队构型影响、测距误差影响(包括时钟漂移误差、水声测距误差和声速剖面误差)、主 UUV 位置误差影响进行剖析，明确其对 UUV 集群协同定位的影响程度及规律，为 UUV 集群的最优编队构型设计优化提供理论参考。

第一节　水下无人航行器协同定位的可观测性分析

一、基于线性模型的可观测性分析

可观测性表示量测信息能否完全确定系统状态的性能，对于 UUV 集群协同定位线性模型：

$$\begin{cases} \boldsymbol{x}(k+1)=\boldsymbol{G}(k)\boldsymbol{x}(k) \\ \boldsymbol{y}(k)=\boldsymbol{C}(k)\boldsymbol{x}(k) \end{cases} \tag{6.1}$$

式中，$\boldsymbol{x}(k)$表示 k 时刻 UUV 集群系统状态向量(n 维)；$\boldsymbol{y}(k)$表示 k 时刻系统观测向量(m 维)；$\boldsymbol{G}(k)$表示系统状态矩阵；$\boldsymbol{C}(k)$表示量测矩阵。

对于式(6.1)，其系统可观测性矩阵 **Obs** 可表示为

$$\mathbf{Obs}=[\boldsymbol{C} \quad \boldsymbol{CG} \quad \cdots \quad \boldsymbol{CG}^{n-1}]^{\mathrm{T}} \tag{6.2}$$

UUV 的深度信息由压力传感器提供，由于一维的观测信息估计跟随 UUV 的水平位置

参数至少需要两个观测量，UUV 协同定位的可观性矩阵 **Obs** 可进一步表示为

$$\mathbf{Obs}=\begin{bmatrix}\cos\theta_k & \sin\theta_k \\ \cos\theta_{k+1} & \sin\theta_{k+1}\end{bmatrix} \tag{6.3}$$

式中，θ_k 和 θ_{k+1} 分别表示 k 时刻和 $k+1$ 时刻主 UUV 到跟随 UUV 之间的方向向量。

系统可观测度 D 为系统可观测矩阵 **Obs** 谱范数的倒数，其表示如下：

$$D=\frac{1}{\mathrm{cond}(\mathbf{Obs})_2}=|\lambda_{\min}/\lambda_{\max}| \tag{6.4}$$

式中，$\mathrm{cond}(\mathbf{Obs})_2$ 表示矩阵 **Obs** 的谱范数；$\lambda_{\min}$ 和 $\lambda_{\max}$ 分别表示 **Obs** 的最小和最大特征根。

将式(6.3)代入整理得

$$D=\frac{|\sin(\theta_{k+1}-\theta_k)|}{1+\cos(\theta_{k+1}-\theta_k)}=\frac{|\sin(\Delta\theta)|}{1+\cos(\Delta\theta)} \tag{6.5}$$

式中，$\Delta\theta=\theta_{k+1}-\theta_k$ 表示相邻时刻主 UUV 到跟随 UUV 之间的方向向量的变化量。可观测度 D 与相邻方向向量变化量的关系如图 6.1 所示。

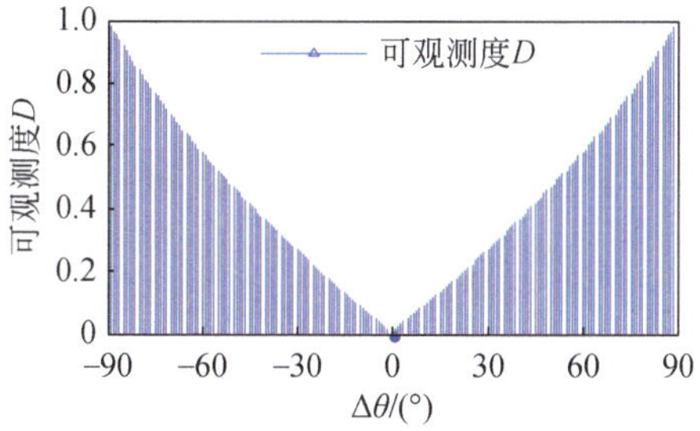

图 6.1　UUV 集群协同定位可观测度 D 与相邻方向向量变化量的关系

如图 6.1 所示，UUV 集群协同定位可观测度大小与相邻时刻主 UUV 到跟随 UUV 之间的方向向量的变化量有关，且相邻方向向量变化量越接近 90°，UUV 集群协同定位可观测度越大。根据线性模型的可观测性分析，对于双主 UUV 领航的构型，90°分离角为其最优编队构型。

二、基于非线性李导数的可观测性分析

基于线性模型的 UUV 集群协同定位分析理论较为简单，由于模型的线性化会造成信息的丢失，影响协同定位可观测性分析结论的准确性。基于非线性李导数的理论，进一步分析 UUV 集群系统的可观测性。

对于一个光滑的向量场 $f(x)$ 和标量函数 $h(x)$，定义标量函数 $h(x)$ 沿向量场 $f(x)$ 的导数为李导数，记为 $L_f h$，其一阶形式可表示为

$$\begin{aligned}L_f h(x)&=\frac{\partial h(x)}{\partial x}\cdot f(x)=\left(\frac{\partial h(x)}{\partial x_1},\ \frac{\partial h(x)}{\partial x_2},\ \cdots,\ \frac{\partial h(x)}{\partial x_n}\right)\cdot f(x)\\&=\mathrm{d}h(x)\cdot f(x)=\sum_{i=1}^{n}\frac{\partial h(x)}{\partial x_i}\cdot f_i(x)\end{aligned} \tag{6.6}$$

k 阶李导数的递推形式为

$$L_f^k h(x)=L_f(L_f^{k-1}h(x))=\frac{\partial(L_f^{k-1}h(x))}{\partial x}\cdot f(x) \tag{6.7}$$

式中，当 $k=0$ 时，$L^0 h(\boldsymbol{x})=h_k(\boldsymbol{x})$，即零阶李导数为标量函数本身。UUV 集群协同定位的李导数矩阵 **Lie** 可表示为

$$\mathbf{Lie}=\begin{bmatrix} L_f^0(h_1) & \cdots & L_f^0(h_m) \\ L_f^1(h_1) & \cdots & L_f^1(h_m) \\ \vdots & \ddots & \vdots \\ L_f^{n-1}(h_1) & \cdots & L_f^{n-1}(h_m) \end{bmatrix} \tag{6.8}$$

式中，m 表示 UUV 集群协同定位量测方程的个数。

根据非线性李导数可观测性理论，其系统可观测性矩阵 **Obs** 为李导数矩阵 **Lie** 的梯度：

$$\mathbf{Obs}=\mathrm{d}(\mathbf{Lie})=\begin{bmatrix} \mathrm{d}L_f^0(h_1) & \cdots & \mathrm{d}L_f^0(h_m) \\ \mathrm{d}L_f^1(h_1) & \cdots & \mathrm{d}L_f^1(h_m) \\ \vdots & \ddots & \vdots \\ \mathrm{d}L_f^{n-1}(h_1) & \cdots & \mathrm{d}L_f^{n-1}(h_m) \end{bmatrix} \tag{6.9}$$

系统可观测度 D 为系统可观测矩阵 **Obs** 谱范数的倒数，其表示如下：

$$D=\frac{1}{\mathrm{cond}\,(\mathbf{Obs})_2} \tag{6.10}$$

由于一维的观测信息估计跟随 UUV 的水平位置参数至少需要两个观测量，UUV 集群协同定位的观测方程 $\mathbf{Z}_{k,k+1}$ 可表示为

$$\begin{aligned} \mathbf{Z}_{k,k+1} &= h(x_{k+1}^S,\ y_{k+1}^S,\ x_k^M,\ y_k^M,\ x_{k+1}^M,\ y_{k+1}^M)+v_k \\ &= \begin{bmatrix} r_k \\ r_{k+1} \end{bmatrix}+v_k=\begin{bmatrix} \sqrt{(x_{k+1}^S-d_{x_{k,k+1}}-x_k^M)^2+(y_{k+1}^S-d_{y_{k,k+1}}-y_k^M)^2} \\ \sqrt{(x_{k+1}^S-x_{k+1}^M)+(y_{k+1}^S-y_{k+1}^M)^2} \end{bmatrix}+v_k \end{aligned} \tag{6.11}$$

式中，上标 M 表示主 UUV；上标 S 表示跟随 UUV；$(x_k^M,\ y_k^M)$ 和 $(x_{k+1}^M,\ y_{k+1}^M)$ 分别表示 k 时刻和 $k+1$ 时刻主 UUV 的位置；$(x_{k+1}^S,\ y_{k+1}^S)$ 表示 $k+1$ 时刻跟随 UUV 的位置；$d_{x_{k,k+1}}$ 和 $d_{y_{k,k+1}}$ 分别表示 k 时刻与 $k+1$ 时刻跟随 UUV 的运动矢径在水平方向上的分量。

由于深度信息由压力深度计确定，UUV 的状态方程为

$$\begin{bmatrix} x_{k+1}^S \\ y_{k+1}^S \\ \phi_{k+1}^S \end{bmatrix}=\begin{bmatrix} x_k^S \\ y_k^S \\ \phi_k^S \end{bmatrix}+\begin{bmatrix} v_k^S\cos\phi_k^S \\ v_k^S\sin\phi_k^S \\ \omega_k^S \end{bmatrix}\Delta t \tag{6.12}$$

式中，ϕ_k^S 表示 k 时刻跟随 UUV 的偏航角；v_k^S 表示 k 时刻跟随 UUV 的前向速度；Δt 表示相邻观测的时间间隔。

根据非线性李导数可观测性理论，UUV 集群协同定位的可观测性矩阵 **Obs** 可表示为

$$\mathbf{Obs}=\begin{bmatrix} 2[x_{k+1}^S-(d_{x_{k,k+1}}+x_k^M)] & 2[y_{k+1}^S-(d_{y_{k,k+1}}+y_k^M)] \\ 2(x_{k+1}^S-x_{k+1}^M) & 2(y_{k+1}^S-y_{k+1}^M) \end{bmatrix}$$

$$=r_{k+1}\begin{bmatrix}\gamma_{k,k+1}\cdot\sin\theta_k & \gamma_{k,k+1}\cdot\cos\theta_k\\ \sin\theta_{k+1} & \cos\theta_{k+1}\end{bmatrix} \tag{6.13}$$

式中，θ_k 和 θ_{k+1} 分别表示 k 时刻和 $k+1$ 时刻主 UUV 到跟随 UUV 之间的方向向量；r_{k+1} 表示 $k+1$ 时刻主 UUV 和跟随 UUV 之间的水平距离，$\gamma_{k,k+1}=r_{k+1}/r_k$。则 UUV 集群协同定位的可观测度可表示为

$$D=\frac{1}{\mathrm{cond}(\mathbf{Obs})_2}=\frac{|2\gamma\sin\Delta\theta|}{\gamma^2+1+\sqrt{\gamma^4+2\gamma^2\cos(2\Delta\theta)+1}} \tag{6.14}$$

式中，$\Delta\theta=\theta_{k+1}-\theta_k$ 表示相邻时刻主 UUV 到跟随 UUV 之间的方向向量的变化量。可观测度 D 与相邻时刻方向变化量 $\Delta\theta$ 和距离变化率 $\gamma_{k,k+1}$ 的关系，如图 6.2 所示。

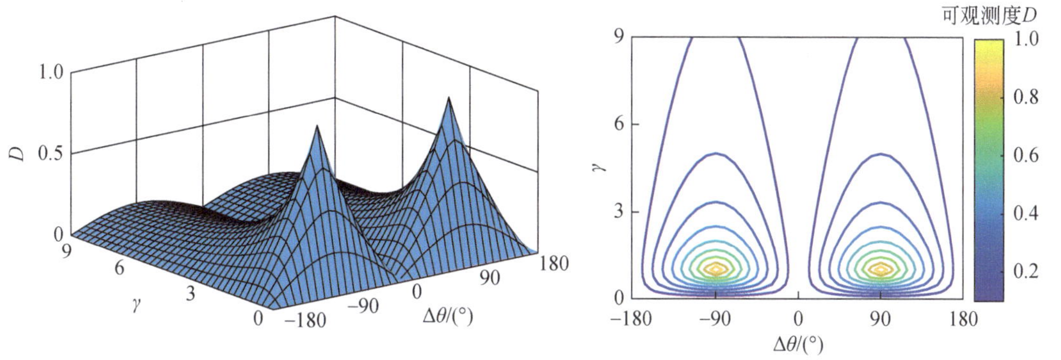

图 6.2　系统可观测度 D 与相邻时刻方向变化量 $\Delta\theta$ 和距离变化率 $\gamma_{k,k+1}$ 的关系

由图 6.2 可以看出，当 $\Delta\theta=\pm90^\circ$，$\gamma=1$ 时，UUV 集群协同定位系统可观测度 D 达到最大。对于双主 UUV 领航的构型，当 UUV 编队分离角为 90°，且两个主 UUV 距跟随 UUV 的水平距离相同时，UUV 编队达到最优构型。

第二节　基于误差椭圆的水下无人航行器最优构型设计

一、费希尔信息矩阵与克拉默–拉奥下界

采用扩展卡尔曼滤波对 UUV 状态进行最优估计，设 $k-1$ 时刻 UUV 集群的状态为

$$\hat{\boldsymbol{X}}_{k-1(+)}=\begin{bmatrix}\hat{\boldsymbol{x}}^1\\ \hat{\boldsymbol{x}}^2\\ \vdots\\ \hat{\boldsymbol{x}}^N\end{bmatrix}_{k-1(+)},\quad \boldsymbol{\Sigma}_{\hat{X}_{k-1(+)}}=\begin{bmatrix}\boldsymbol{\Sigma}^{11} & \boldsymbol{\Sigma}^{12} & \cdots & \boldsymbol{\Sigma}^{1N}\\ \boldsymbol{\Sigma}^{21} & \boldsymbol{\Sigma}^{22} & \cdots & \boldsymbol{\Sigma}^{2N}\\ \vdots & \vdots & \ddots & \vdots\\ \boldsymbol{\Sigma}^{N1} & \boldsymbol{\Sigma}^{N2} & \cdots & \boldsymbol{\Sigma}^{NN}\end{bmatrix}_{\hat{X}_{k-1(+)}} \tag{6.15}$$

式中，N 表示编队中 UUV 的个数；$\hat{\boldsymbol{X}}_{k-1(+)}$ 和 $\boldsymbol{\Sigma}_{\hat{X}_{k-1(+)}}$ 分别表示 $k-1$ 时刻已完成观测更新的 UUV 集群状态及其相应的协方差；$\hat{\boldsymbol{x}}^i$ 表示 i 号 UUV 的状态估值；$\boldsymbol{\Sigma}^{ii}$ 表示 i 号 UUV 状态的方差；$\boldsymbol{\Sigma}^{ij}$ 表示 i 号 UUV 和 j 号 UUV 状态的协方差。

卡尔曼滤波协方差更新为

$$\boldsymbol{\Sigma}_{\hat{x}_k(+)}^{-1}=\boldsymbol{\Sigma}_{\bar{x}_k}^{-1}+\boldsymbol{H}_k\boldsymbol{\Sigma}_k^{-1}\boldsymbol{H}_k^{\mathrm{T}} \tag{6.16}$$

式中，$\boldsymbol{\Sigma}_{\bar{x}_k}$ 表示 k 时刻状态参数的预测向量 $\bar{\boldsymbol{x}}_k$ 的协方差矩阵；$\boldsymbol{H}_k$ 表示 k 时刻系统的设计矩阵；$\boldsymbol{\Sigma}_k$ 表示观测量的协方差阵。

主 UUV 与跟随 UUV 的距离观测量 $\boldsymbol{L}$ 可表示为 $\boldsymbol{L}_k\sim(\tilde{\boldsymbol{L}}_k,\ \boldsymbol{\Sigma}_k)$，则跟随 UUV 的位置状态 $S(x,\ y)$ 的似然函数可表示为

$$P(S)=\frac{1}{(2\pi)^{N/2}\mid\boldsymbol{\Sigma}\mid^{1/2}}\exp\left\{-\frac{1}{2}(\boldsymbol{L}_k-\tilde{\boldsymbol{L}}_k)^{\mathrm{T}}\boldsymbol{\Sigma}_k^{-1}(\boldsymbol{L}_k-\tilde{\boldsymbol{L}}_k)\right\} \tag{6.17}$$

由克拉默–拉奥定理和费希尔信息矩阵的定义，可得

$$\mathbf{CRB}(S)=\mathbf{FIM}(S)^{-1}=\mathbb{E}\{(\nabla_S\ln(P(S)))\cdot(\nabla_S\ln(P(S)))^{\mathrm{T}}\}^{-1} \tag{6.18}$$

式中，∇表示梯度运算算子；$\mathbf{CRB}(S)$和 $\mathbf{FIM}(S)$分别表示克拉默–拉奥下界和费希尔信息矩阵。

克拉默–拉奥下界为系统无偏估计协方差的理论最小值，克拉默–拉奥下界为费希尔信息矩阵的逆。克拉默–拉奥下界越低，费希尔信息矩阵值越大，系统可观测性越高。通常以费希尔信息矩阵的行列式最大为准则，即

$$\boldsymbol{\Gamma}=\left|\boldsymbol{\Sigma}_{\hat{x}_k(+)}^{-1}\right| \tag{6.19}$$

式中，$\boldsymbol{\Gamma}$ 表示构型设计指标。

由于相对于主 UUV 位置精度，跟随 UUV 的位置精度较差，UUV 编队构型设计指标被简化为

$$\boldsymbol{\Gamma}=\left|\boldsymbol{H}_k\boldsymbol{\Sigma}_k\boldsymbol{H}_k^{\mathrm{T}}\right| \tag{6.20}$$

由于估计跟随 UUV 的水平位置参数至少需要 2 个一维的距离观测量，对于双主 UUV 领航的编队构型，将 k 时刻和 k+1 时刻的观测量代入式(6.20)得

$$\boldsymbol{\Gamma}=\frac{1}{\sigma_0^2}\begin{vmatrix}\sin^2\theta_k+\sin^2\theta_{k+1} & \cos\theta_k\sin\theta_k+\cos\theta_{k+1}\sin\theta_{k+1}\\ \cos\theta_k\sin\theta_k+\cos\theta_{k+1}\sin\theta_{k+1} & \cos^2\theta_k+\cos^2\theta_{k+1}\end{vmatrix} \tag{6.21}$$

式中，θ_k 和 θ_{k+1} 分别表示 k 时刻和 k+1 时刻主 UUV 到跟随 UUV 之间的方向向量；σ_0^2 表示单位权方差。

则双主 UUV 领航的编队构型的设计指标可表示为

$$\boldsymbol{\Gamma}=\frac{1}{8\sigma_0^2}[4-(\cos2\theta_k+\cos2\theta_{k+1})^2+(\sin2\theta_k+\sin2\theta_{k+1})^2] \tag{6.22}$$

图6.3 表示双主 UUV 领航的构型设计指标与相邻时刻主 UUV 到跟随 UUV 之间的方向向量的关系。与上述可观测分析结论一致，当 $\theta_k=\theta_{k+1}=45^{\circ}$时，即 UUV 编队分离角为 90°时，构型设计指标达到最优。可以看出，传统方法根据不同的编队构型需要列出不同的公式进行代数推导，烦琐且不直观。

二、误差椭圆与最优构型设计指标

对于 UUV 二维坐标的点位精度，如图 6.4 所示，S 与 M 分别表示跟随 UUV 和主 UUV，其中跟随 UUV 在 k 时刻的真实位置为 $S(x,\ y)$，其在经过来自主 UUV 的观测信息

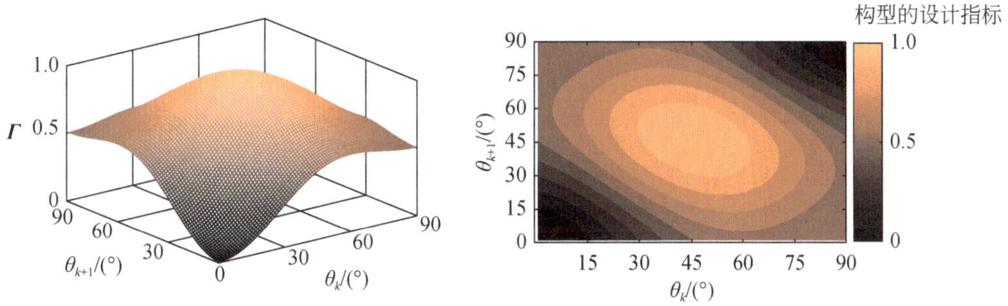

图 6.3　构型的设计指标与相邻时刻观测量方向向量的关系

更新后的位置为 $S'(\hat{x},\ \hat{y})$。其坐标的误差表示为 $\Delta x=\hat{x}-x$，$\Delta y=\hat{y}-y$，对其点位误差 $\Delta S=\overline{SS'}$取数学期望得

$$\mathbb{E}(\Delta S^2)=\sigma_{\hat{x}}^2+\sigma_{\hat{y}}^2=\sigma_0^2(q_{\hat{x}}+q_{\hat{y}}) \tag{6.23}$$

式中，$\mathbb{E}(\Delta S^2)$表示跟随 UUV 在 k 时刻的点位方差，记为 σ_S^2；$\sigma_{\hat{x}}^2$ 和 $\sigma_{\hat{y}}^2$ 分别表示在 x 和 y 方向上的点位方差；σ_0^2 表示单位权方差；$q_{\hat{x}}$ 和 $q_{\hat{y}}$ 分别表示 x 和 y 方向上的权倒数。

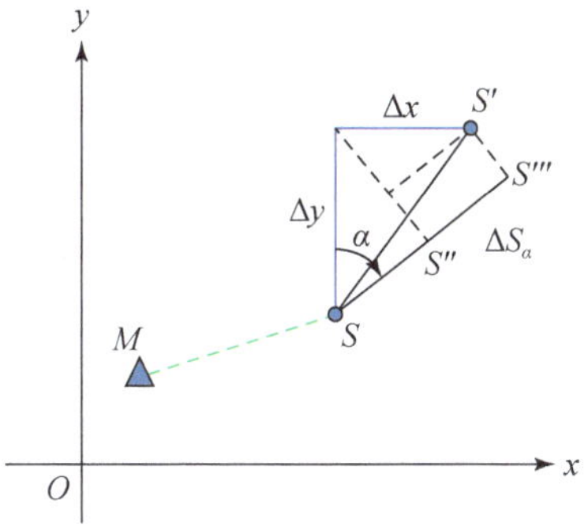

图 6.4　任意方向的点位精度及其极值

跟随 UUV 坐标向量的协方差阵 $\boldsymbol{Q}_{\hat{X}}$ 可以表示为

$$\boldsymbol{Q}_{\hat{X}}=\begin{bmatrix} q_{\hat{x}} & q_{\hat{x}\hat{y}} \\ q_{\hat{y}\hat{x}} & q_{\hat{y}} \end{bmatrix} \tag{6.24}$$

式中，$q_{\hat{x}\hat{y}}$和 $q_{\hat{y}\hat{x}}$表示在 x 和 y 方向的相关权倒数，且 $q_{\hat{x}\hat{y}}=q_{\hat{y}\hat{x}}$。

跟随 UUV 在 k 时刻的点位方差 σ_S^2 可表示为

$$\sigma_S^2=\sigma_0^2\mathrm{tr}(\boldsymbol{Q}_{\hat{X}})=\sigma_0^2\ (\lambda_1+\lambda_2) \tag{6.25}$$

其中，λ_1 和 λ_2 为 $\boldsymbol{Q}_{\hat{X}}$ 的特征值。对于 UUV 集群协同定位，仅一个数量指标来反映位置精度是不够的，通常情况下需要了解各个方向上的点位精度，即求取点位误差 ΔS 在方向 α 上的分量$\overline{SS''}$：

$$\overline{SS''}=\Delta S_\alpha=\boldsymbol{s}^{\mathrm{T}}\Delta\boldsymbol{X} \tag{6.26}$$

式中，$\boldsymbol{s}=[\cos\alpha\quad \sin\alpha]^{\mathrm{T}}$，$\Delta\boldsymbol{X}=[\Delta x\quad \Delta y]^{\mathrm{T}}$。根据误差传播定律 α 方向上的点位方差 $\sigma_{S_\alpha}^2$。

$$\sigma_{S_a}^2=\sigma_0^2 q_{S_a}=\sigma_0^2 \boldsymbol{s}^{\mathrm{T}}\boldsymbol{Q}_{\hat{X}}\boldsymbol{s} \tag{6.27}$$

式中，q_{S_a} 表示 α 方向的权倒数；$\boldsymbol{s}$ 表示单位方向，且 $\boldsymbol{s}^{\mathrm{T}}\boldsymbol{s}=1$。

为求取点位方差 $\sigma_{S_a}^2$ 的极值，可构造极值函数 $\boldsymbol{\Phi}$：

$$\boldsymbol{\Phi}=\boldsymbol{s}^{\mathrm{T}}\boldsymbol{Q}_{\hat{X}}\boldsymbol{s}-\lambda(\boldsymbol{s}^{\mathrm{T}}\boldsymbol{s}-1) \tag{6.28}$$

式中，λ 表示未知联系数，极值函数 $\boldsymbol{\Phi}$ 对参数 $\boldsymbol{s}$ 求导并整理得

$$(\boldsymbol{Q}_{\hat{X}}-\lambda\boldsymbol{I})\boldsymbol{s}=0 \tag{6.29}$$

式中，λ 表示 $\boldsymbol{Q}_{\hat{X}}$ 的特征值；$\boldsymbol{s}$ 表示对应 λ 的特征向量。

式(6.29)即为 $\boldsymbol{Q}_{\hat{X}}$ 的特征方程，即可得到 q_{S_α} 的最大值、最小值以及它们所对应的方向向量：

$$\begin{cases}\lambda_1=\dfrac{1}{2}(q_{\hat{x}}+q_{\hat{y}}+\boldsymbol{K})\\[2ex] \lambda_2=\dfrac{1}{2}(q_{\hat{x}}+q_{\hat{y}}-\boldsymbol{K})\end{cases} \tag{6.30}$$

式中，$\boldsymbol{K}=\sqrt{(q_{\hat{x}}-q_{\hat{y}})^2+4q_{\hat{x}\hat{y}}^2}$；$\lambda_1$ 和 λ_2 分别表示 q_{S_α} 的最大值和最小值。解得对应 λ_1 和 λ_2 的单位特征向量 $\boldsymbol{s}_1$ 和 $\boldsymbol{s}_2$，其也是点位精度取最大值、最小值的方向向量。

以跟随 UUV 在 k 时刻的真实位置为中心，以 α 和 σ_{S_a} 为极坐标的点所构成的曲线即为点位误差曲线，如图 6.5 中蓝色曲线所示。ξ 表示 σ_{S_a} 的最大值方向，η 表示 σ_{S_a} 的最小值方向，点位误差曲线关于最大值方向和最小值方向对称。为表示方便，以最大值方向为椭圆长轴方向，最小值方向为椭圆短轴方向，在 S–$\xi\eta$ 坐标系下构建误差椭圆：

$$\frac{\xi^2}{E^2}+\frac{\eta^2}{F^2}=1 \tag{6.31}$$

式中，E 表示误差椭圆长半轴，$E=\sigma_0\sqrt{\lambda_1}$；$F$ 表示误差椭圆短半轴，$F=\sigma_0\sqrt{\lambda_2}$。

将跟随 UUV 的点位精度最大值方向 $\boldsymbol{s}_1$ 和最小值方向 $\boldsymbol{s}_2$ 合并为 $\boldsymbol{S}$ 矩阵：

$$\boldsymbol{S}=[\boldsymbol{s}_1\quad \boldsymbol{s}_2]=\begin{bmatrix}\cos\alpha_1 & \cos\alpha_2\\ \sin\alpha_1 & \sin\alpha_2\end{bmatrix} \tag{6.32}$$

式中，$\boldsymbol{s}_1=[\cos\alpha_1\quad \sin\alpha_1]^{\mathrm{T}}$；$\boldsymbol{s}_2=[\cos\alpha_2\quad \sin\alpha_2]^{\mathrm{T}}$；$\boldsymbol{S}$ 表示正交矩阵。

根据式(6.27)可得 $\sigma_{S_a}^2=\sigma_0^2\boldsymbol{S}^{\mathrm{T}}\boldsymbol{Q}_{\hat{X}}\boldsymbol{S}$，则 $\boldsymbol{S}^{\mathrm{T}}\boldsymbol{Q}_{\hat{X}}^{-1}\boldsymbol{S}$ 可表示为

$$\boldsymbol{S}^{\mathrm{T}}\boldsymbol{Q}_{\hat{X}}^{-1}\boldsymbol{S}=\begin{bmatrix}1/\lambda_1 & 0\\ 0 & 1/\lambda_2\end{bmatrix}=\boldsymbol{D}^{-1} \tag{6.33}$$

考虑到 $E=\sigma_0\sqrt{\lambda_1}$，$F=\sigma_0\sqrt{\lambda_2}$，令 $\boldsymbol{Z}^{\mathrm{T}}=[\xi\quad \eta]$ 表示误差椭圆上的点$(\xi,\ \eta)$，则 S–$\xi\eta$ 坐标系下的误差椭圆方程可进一步写为

$$\frac{1}{\sigma_0^2}\boldsymbol{Z}^{\mathrm{T}}\boldsymbol{D}^{-1}\boldsymbol{Z}=1 \tag{6.34}$$

误差椭圆上的点$(\xi,\ \eta)$在 o–xy 坐标系的坐标用 $\boldsymbol{X}^{\mathrm{T}}=[x_{\xi\eta}\quad y_{\xi\eta}]$ 表示，误差椭圆的中心即 S 点在 o–xy 坐标系的坐标用 $\tilde{\boldsymbol{X}}^{\mathrm{T}}=[x\quad y]$ 表示，则

$$\boldsymbol{Z}=\boldsymbol{S}^{\mathrm{T}}(\boldsymbol{X}-\tilde{\boldsymbol{X}})=\boldsymbol{S}^{\mathrm{T}}\Delta\boldsymbol{X} \tag{6.35}$$

将式(6.33)和式(6.35)代入式(6.34)中，得

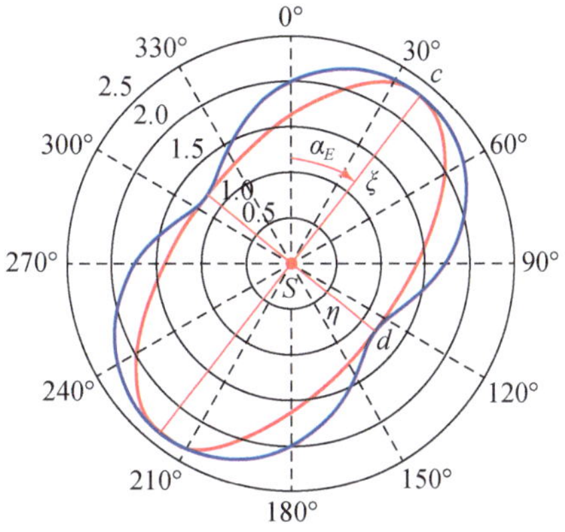

图 6.5　点位误差曲线及误差椭圆

$$\frac{1}{\sigma_0^2}\boldsymbol{Z}^{\mathrm{T}}\boldsymbol{D}^{-1}\boldsymbol{Z}=\frac{1}{\sigma_0^2}(\boldsymbol{X}-\tilde{\boldsymbol{X}})^{\mathrm{T}}\boldsymbol{Q}_{\hat{X}}^{-1}(\boldsymbol{X}-\tilde{\boldsymbol{X}}) \tag{6.36}$$

则在 $o-xy$ 坐标系下的误差椭圆方程可表示为

$$\frac{1}{\sigma_0^2}(\boldsymbol{X}-\tilde{\boldsymbol{X}})^{\mathrm{T}}\boldsymbol{Q}_{\hat{X}}^{-1}(\boldsymbol{X}-\tilde{\boldsymbol{X}})=(\boldsymbol{X}-\tilde{\boldsymbol{X}})^{\mathrm{T}}\boldsymbol{\Sigma}_{\hat{X}}(\boldsymbol{X}-\tilde{\boldsymbol{X}})=1 \tag{6.37}$$

以误差椭圆面积构建准则函数，即

$$\boldsymbol{\Gamma}=\pi EF=\pi\mu^2\sqrt{\lambda_1\lambda_2} \tag{6.38}$$

式中，λ_1 和 λ_2 分别表示协方差矩阵 $\boldsymbol{\Sigma}_{\hat{x}_k(+)}$ 的两个特征值，又由于矩阵的特征值之积等价于行列式的值，则上式可转换为

$$\boldsymbol{\Gamma}=\pi\sigma_0^2\sqrt{|\boldsymbol{\Sigma}_{\hat{x}_k(+)}|} \tag{6.39}$$

对于传统费希尔信息矩阵构型设计准则，根据式(6.20)可知，后验信息矩阵的行列式最大时，定位性能最优。当误差椭圆面积达到最小，克拉默-拉奥下界值也达到最小，费希尔信息矩阵行列达到最大，三个构型设计指标等价。

三、基于误差椭圆的最优构型设计

为验证所提出指标的有效性，模拟了两个位于海面的主 UUV 和一个位于水下的跟随 UUV。每个 UUV 都搭载 INS、DVL、水声通信设备和压力传感器。航向信息由 INS 提供，速度信息由 DVL 提供，深度信息由压力传感器提供。两个主 UUV 分别以 200m 为半径，按照与跟随 UUV 呈 30°、60°、90°、120°、150°的分离角确定初始位置，如图 6.6 所示。红线表示跟随 UUV 的运动轨迹，黑线表示两个主 UUV 的运行轨迹。红色方框表示跟随 UUV 的初始位置，蓝色圆圈表示两个主 UUV 的初始位置。

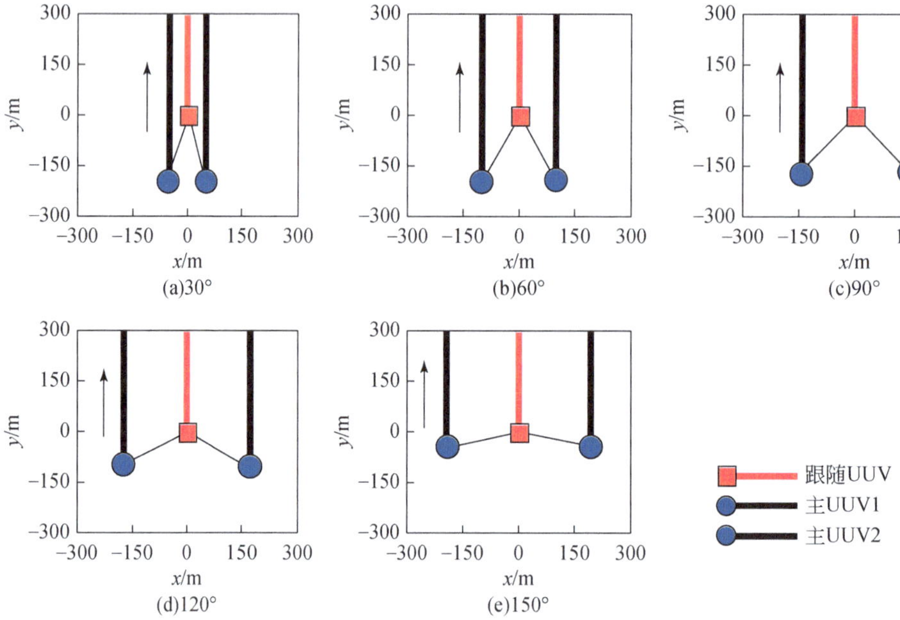

图 6.6　五种分离角下的 UUV 编队构型

UUV 搭载传感器的参数如表 6.1 所示，主 UUV 搭载高精度的 INS[陀螺零漂为 0.1(°)/h，随机噪声为 0.01(°)/$\sqrt{h}$]，DVL 测量噪声为 0.1m/s。跟随 UUV 搭载低精度的 INS[陀螺零漂为 10(°)/h，随机噪声为 1(°)/$\sqrt{h}$]，DVL 测量噪声为 0.1m/s。仿真时间设置为 1800s，观测间隔为 1s，水声测距标准差为 1.0m。海域水流速度为 2m/s，UUV 航行速度均为 2 节。

表 6.1　UUV 搭载传感器的参数

	INS	DVL	水声测距
领航 UUV	陀螺零漂 0.1(°)/h，随机噪声 0.011(°)/$\sqrt{h}$	测量噪声 0.1m/s	标准差 1.0m
跟随 UUV	陀螺零漂 10(°)/h，随机噪声 11(°)/$\sqrt{h}$	测量噪声 0.1m/s	

图 6.7 表示在第 1302s 时 UUV 的协同定位结果与误差椭圆参数，五种定位结果情况分别对应图 6.6 的五种不同编队构型。其中，黑线表示 UUV 的真实轨迹，绿线表示航位推算结果，红线表示协同定位结果，红色圆圈表示在 1302s 时的误差椭圆。在 UUV 编队分离角分别为 30°、60°、90°、120° 和 150° 的情况下，误差椭圆面积(S)分别为 6.25m^2、5.72m^2、5.62m^2、5.71m^2 和 6.23m^2；椭圆长半轴(a)分别为 2.30m、1.66m、1.34m、1.65m 和 2.29m；偏心率(e)分别为 0.927、0.754、0.080、0.750 和 0.926。表 6.2 统计了五种分离角下的误差椭圆面积、长轴及偏心率。可见，当分离角度为 90°时，误差椭圆偏心率越低，椭圆面积越接近圆形，长轴和面积均最小。

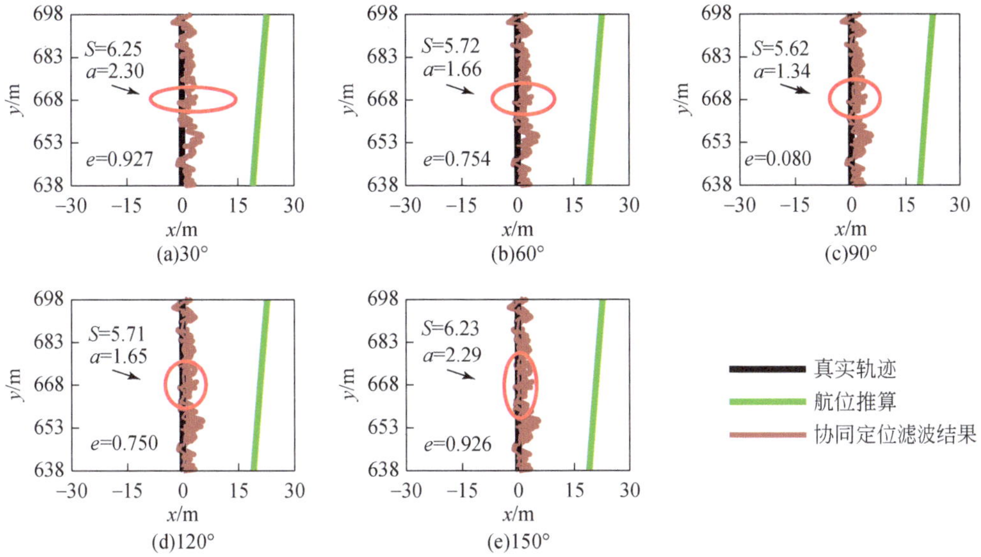

图 6.7 协同定位结果与误差椭圆参数

表 6.2 五种分离角下误差椭圆面积、长轴及偏心率

分离角/(°)	椭圆面积/m^2	椭圆长轴/m	椭圆偏心率
30	6.25	2.30	0.927
60	5.72	1.66	0.754
90	5.62	1.34	0.080
120	5.71	1.65	0.750
150	6.23	2.29	0.926

图 6.8 统计了五种分离角下的误差椭圆参数。当分离角分别为 30°、60°、90°、120°和 150°时，误差椭圆平均面积为 6.25m^2、5.72m^2、5.62m^2、5.71m^2和 6.23m^2；误差椭圆长轴平均为 2.30m、1.66m、1.34m、1.65m 和 2.29m；误差椭圆偏心率分别为 0.927、

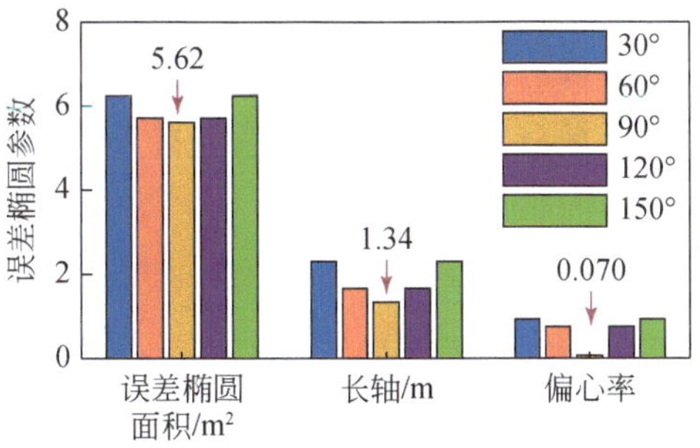

图 6.8 五种分离角下的误差椭圆参数统计结果

0.754、0.080、0.750 和 0.926。可见，当分离角为 90°时，误差椭圆面积，长轴及偏心率的统计结果均为最小，三个指标保持一致性。同理可以看出，分离角越偏离 90°，误差椭圆偏心率越大，椭圆越扁，长轴越长，面积越大。

图 6.9 展示了五种分离角下的协同定位误差。当 UUV 编队分离角为 30°、60°、90°、120°和 150°时，协同定位的最大误差分别为 4.33m、2.91m、2.61m、2.66m 和 3.40m。可以看出，不同的编队构型对定位结果的影响非常显著。按照协同定位最大误差从大到小排序，编队分离角分别为 30°、150°、60°、120°和 90°，此顺序与误差椭圆参数一致，说明误差椭圆参数指标可以很好地反映编队构型的优劣。

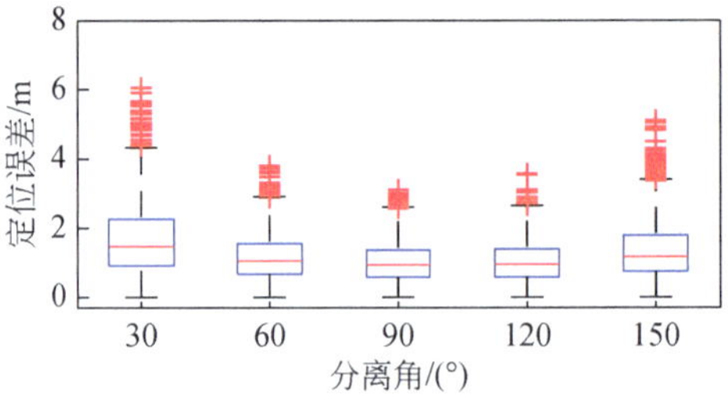

图 6.9　五种分离角下协同定位误差的箱线图

图 6.10 进一步展示了五种分离角下定位误差的上四分位数(75th)、中位数、下四分位数(25th)。在 UUV 编队分离角分别为 30°、60°、90°、120°和 150°的情况下，定位误差的上四分位数分别为 2.31m、1.60m、1.42m、1.45m 和 1.83m；定位误差的中位数分别为 1.53m、1.10m、0.98m、1.00m 和 1.23m；定位误差的下四分位数为 0.95m、0.71m、0.61m、0.62m 和 0.78m。表 6.3 表示五种分离角下协同定位误差的统计结果，可以看出，对于定位误差的上四分位、中位数、下四分位数，按照定位误差由大到小的顺序排列，编队分离角皆为 30°、150°、60°、120°和 90°，与上述误差椭圆参数指标相同，说明误差椭圆指标与定位结果精度具有一致性，并在此基础上提升 UUV 编队构型设计的直观性。

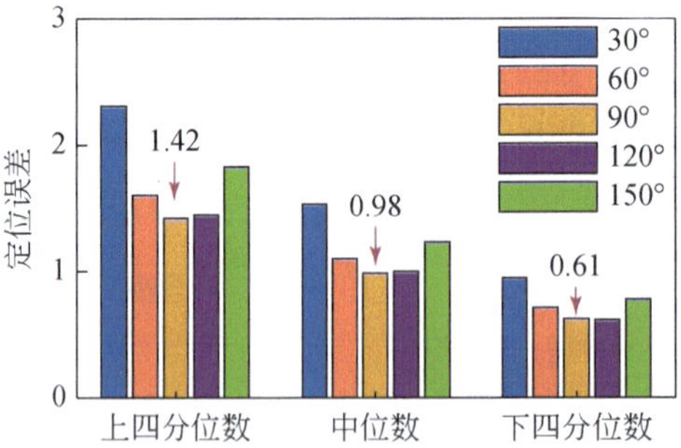

图 6.10　五种分离角下协同定位误差的统计结果

表 6.3　五种分离角下协同定位误差统计结果

分离角/(°)	最大值/m	上四分位数/m	中位数/m	下四分位数/m	最小值/m
30	4.33	2.31	1.53	0.95	0
60	2.91	1.60	1.10	0.71	0
90	2.61	1.42	0.98	0.61	0
120	2.66	1.45	1.00	0.62	0
150	3.40	1.83	1.23	0.78	0

第三节　顾及海洋噪声和声速剖面误差的编队构型优化

一、编队分离角与天顶距的影响

为便于控制协同周期和削弱归心参数误差、声速误差、声线弯曲等误差的影响，双主UUV通常关于跟随UUV对称分布，如图6.11所示。β_1 和 β_2 分别表示主 UUV_p 和 UUV_q 到跟随 UUV_j 的水平距离向量与水平坐标系 x 轴的夹角。通常来说，主 UUV_p 到跟随 UUV_j 的声学测距向量与垂直方向的夹角天顶距 α 越大，声线入射角越大。

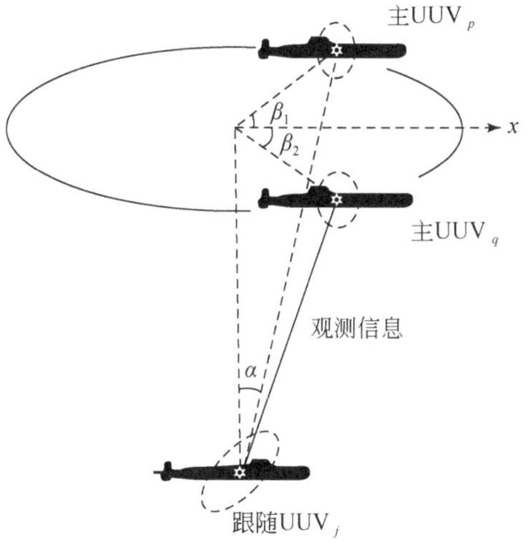

图 6.11　UUV 协同定位的示意图

由 UUV 观测方程可得协同定位的设计矩阵 $\boldsymbol{A}$ 为

$$\boldsymbol{A}=\begin{bmatrix}\sin\alpha\cos\beta_1 & \sin\alpha\sin\beta_1\\ \sin\alpha\cos\beta_2 & \sin\alpha\sin\beta_2\end{bmatrix} \tag{6.40}$$

由于主 UUV_p 和 UUV_q 关于跟随 UUV_j 对称分布，其水声测距观测量可认为等权，协同定位模型的法方程系数矩阵 $\boldsymbol{N}$ 可表示为

$$N = A^{\mathrm{T}} P A = \begin{bmatrix} \sin^2\alpha(\cos^2\beta_1 + \cos^2\beta_2) & \frac{1}{2}\sin^2\alpha(\sin 2\beta_1 + \sin 2\beta_2) \\ \frac{1}{2}\sin^2\alpha(\sin 2\beta_1 + \sin 2\beta_2) & \sin^2\alpha(\sin^2\beta_1 + \sin^2\beta_2) \end{bmatrix} \tag{6.41}$$

式中，$\boldsymbol{P}$ 表示观测量的权阵。

考虑到主 UUV_p 和 UUV_q 关于跟随 UUV_j 对称分布，$\sin 2\beta_1 + \sin 2\beta_2 = 0$，则式(6.41)可进一步简化为

$$N = \begin{bmatrix} \chi & 0 \\ 0 & \gamma \end{bmatrix} \tag{6.42}$$

式中，$\chi = \sin^2\alpha(\cos^2\beta_1 + \cos^2\beta_2)$，$\gamma = \sin^2\alpha(\sin^2\beta_1 + \sin^2\beta_2)$。由于对称性，定义 $\beta = \beta_1 = \beta_2$，则 UUV 协同定位的平面位置精度衰减因子(horizontal dilution of precision，HDOP)可表示为

$$\begin{aligned} \mathrm{HDOP}^2 &= \frac{1}{\chi} + \frac{1}{\gamma} \\ &= \frac{2}{\sin^2\alpha} \frac{1}{\sin^2 2\beta} \end{aligned} \tag{6.43}$$

由于 α 与 β 无函数关系，要使 HDOP^2 达到最小，$\sin^2\alpha$ 需要达到最大值。将 $\sin^2\alpha$ 的表达式展开：

$$\sin^2\alpha = \frac{\rho_{2d,k}^2}{z_k^2 + \rho_{2d,k}^2} \tag{6.44}$$

式中，z_k 和 $\rho_{2d,k}$ 分别表示主 UUV 到跟随 UUV 之间的水深和水平距离。

UUV 在稳态运动时的俯仰角较小，即水深变化很小，因此由式(6.44)可以看出，当主 UUV 到跟随 UUV 之间水平距离与水深之间的比值越大时，协同定位结果精度越高。实际中，由于波束入射角过大会引起回波质量差，声线跟踪算法发散的问题，需要对主 UUV 到跟随 UUV 之间水平距离与水深之间的比值进行一定的约束。同时，要使 HDOP^2 达到最小，也需 $\sin^2 2\beta$ 达到最大。即当 $\beta_1 = \beta_2 = 45^\circ$ 时，即分离角为 90°时，UUV 编队达到最优构型。

首先对 UUV 编队分离角进行分析，取观测半径为 1.5 倍的观测水深，分析分离角对协同定位的影响。采用 Munk(1974)经典声速剖面，基于自主开发的 UUV 集群协同定位仿真平台进行实验，平台的结构设计和功能模块详见第七章。模拟了两个位于海面的主 UUV，起始深度皆为 0.49m；一个位于水下的跟随 UUV，起始深度分别为 96.0m、496.0m 和 1496.0m，UUV 搭载的传感器参数如表 6.4 所示。其中主 UUV 搭载 GNSS、INS、声学通信测距模块、时间同步板和压力深度计，可通过 GNSS 按照第三章所述方法获取水平方向误差≤5cm，垂直方向误差≤7cm 的位置结果，时间同步板可在 24h 内维持 24.0×10^{-6}s 以内的时间精度，INS 零偏小于 0.05(°)/h，DVL 的测量精度为 1% +0.5cm/s，压力深度计精度为 0.01% FS，FS 为传感器的满量程(Full Scale)。跟随 UUV 搭载 INS、声学通信测距模块、压力深度计、时间同步模块和 DVL。当海水深度分别为 96.0m、496.0m 和 1496.0m 时，声学测距的高斯白噪声分别设定为 20.0μs + 140.0μs、20.0μs + 145.0μs、20.0μs+150.0μs(杜祯强等，2022)，其中 20.0us 表示声学同步板的时间误差。实验时间为 2h，UUV 航行速度均为 2 节。

表 6.4　仿真平台中 UUV 传感器参数

传感器	型号	指标	参数
GNSS	司南 K803	定位精度	水平≤5cm，垂直≤7cm
INS	IMU-ISA-100C	零偏	≤0.05(°)/h
DVL	NorTek	测量精度 量程	1% +0.5cm/s ±16m/s
压力深度计	Impact Subsea	测深精度	0.01% FS
时间同步板	OEM-CAS	24h 时间同步精度	$\leq 24.0\times10^{-6}$s
声学通信测距模块	ATM-885	量程 传输速度	8km 6.9kbit/s

图 6.12 表示不同分离角下的 UUV 协同定位误差。UUV 编队分离角为 90°时，在 96.0m、496.0m 和 1496.0m 的水深下协同定位误差均值分别为 0.25m、0.45m 和 0.66m。当水深为 496.0m 时，30°、60°、90°、120° 和 150° 分离角下的协同定位误差分别为 0.63m、0.48m、0.45m、0.48m 和 0.63m。可以看出：

(1) 随着水深的增加，UUV 编队分离角引起的编队构型误差不断增大；

(2) 从构型的角度看，当分离角为 90°时，UUV 编队构型最优，协同定位误差最小。

此时协同定位误差关于 90°分离角对称，即分离角越偏离 90°，协同定位误差越大。可见，UUV 编队分离角对协同定位的影响不容忽视。当分离角为 90°时，即 $\beta_1=\beta_2=45°$，此时主 UUV 至跟随 UUV 的测距精度在 N 方向和 E 方向相等，达到最优构型。

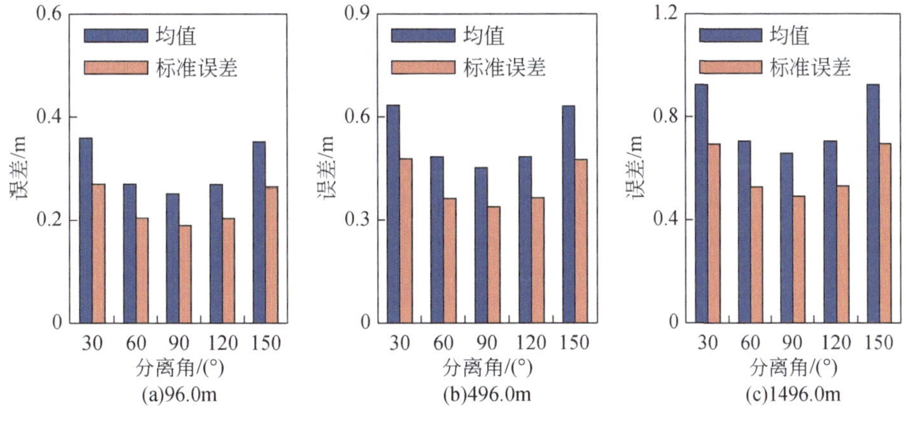

图 6.12　不同分离角下的 UUV 协同定位误差

其次，设定 UUV 编队构型分离角为 90°，分析天顶距对协同定位的影响。图 6.13 表示不同天顶距下的 UUV 协同定位误差。天顶距为 30°时，96.0m、496.0m 和 1496.0m 深度下 UUV 协同定位误差分别为 0.41m、0.75m 和 1.10m。当水深为 496.0m 时，20°、30°、40°、50°、60° 和 70° 天顶距下的协同定位误差分别为 1.10m、0.75m、0.59m、0.49m、0.44m 和 0.40m。可以看出：

（1）随着水深的增大，UUV 编队天顶距引起的协同定位误差不断增大；

（2）从构型的角度看，当分离角和水深固定时，随着天顶距的增大，UUV 编队构型越优，协同定位误差越小。

可见，UUV 编队天顶距对协同定位的影响同样不容忽视。需要注意的是，天顶距过大会导致声波的回波质量差且声程变长，实际中需要对 UUV 编队天顶距加以限制。

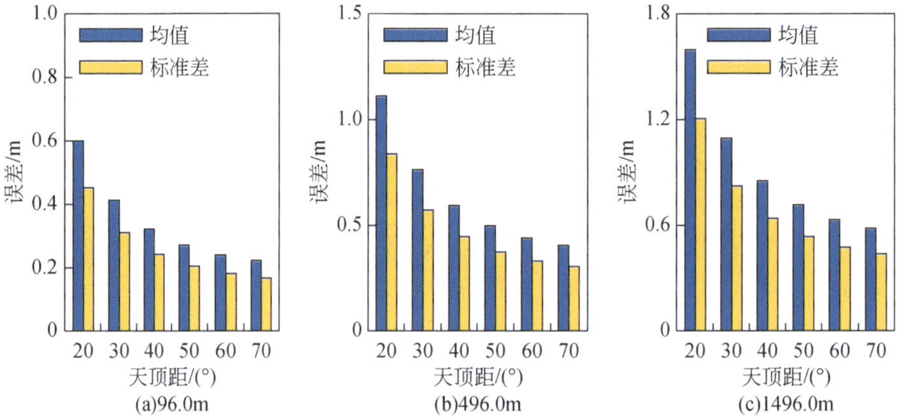

图 6.13　不同天顶距下 UUV 协同定位误差

二、时钟同步误差与水声测距误差的影响

跟随 UUV 通过搭载水声通信设备接收主 UUV 发射的声学信号，测量信号从发射到接收的时间，结合声速剖面计算得到其与主 UUV 的距离。虽然 UUV 编队作业前通过 GNSS 授时的方式实现时间同步，但随着时间的增加，UUV 集群内部时钟必然会产生漂移，从而对协同定位精度造成影响，这种由时间不同步引起的误差称为时钟漂移误差。由于时钟漂移，跟随 UUV 通过时间戳得到的声线传播时间 $\Pi_t^{p,j}$ 会存在偏差 $\Delta\Pi$，使得计算出来主 UUV 与跟随 UUV 的距离 $\rho_{3d}^{p,j}$ 也存在偏差 $\Delta\rho$。观测方程可进一步写为

$$v_\rho^{p,j}=\rho_{3d}^{p,j}+\Delta\rho-|M_{enu}(k)-S_{enu}(k)| \tag{6.45}$$

式中，$\boldsymbol{M}_{enu}(k)=[M_e \quad M_n \quad M_u]^{\mathrm{T}}$ 表示 k 时刻主 UUV（编号 p）的坐标，下标 e、n 和 u 分别表示 E、N 和 U 方向；$\boldsymbol{S}_{enu}(k)=[S_e \quad S_n \quad S_u]^{\mathrm{T}}$ 表示跟随 UUV（编号 j）的坐标。由于 $\Delta\rho$ 由时钟偏移引起，仅与声线传播时间偏差 $\Delta\Pi$ 有关，与深度和波束入射角无关。

图 6.14 表示时钟漂移量分别为 0.1ms、0.2ms、0.3ms、0.4ms、0.5ms 和 0.6ms 时，UUV 协同定位误差。在 96.0m、496.0m 和 1496.0m 水深下，0.3ms 的时钟漂移量引起的协同定位误差均值分别为 0.45m、0.46m 和 0.46m，不同入射角下时钟漂移误差的平均 STD 为 0.01m。可以看出：

（1）时钟漂移误差与深度无关，时钟漂移误差不随水深增大而增大；

（2）时钟漂移误差与波束入射角无关，时钟漂移误差不随波束入射角的变化而变化；

（3）时钟漂移误差与时钟漂移量呈线性关系。

由于时钟漂移误差是由时钟的不稳定性造成的，相当于在时间观测值上增加一个误差，且该误差的量级取决于时钟漂移量，其对于测距精度的影响自然与入射角和深度无关。

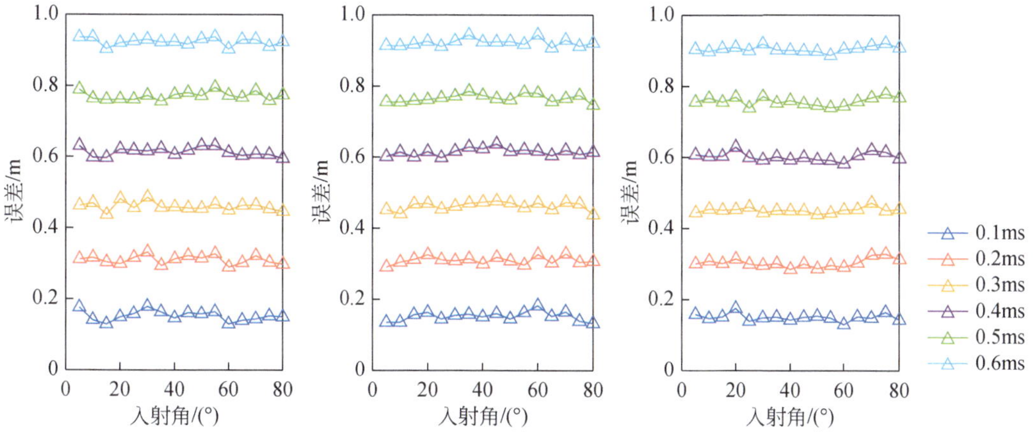

(a)96.0m　(b)496.0m　(c)1496.0m

图 6.14　不同水深时延下 UUV 协同定位误差

传统方法未考虑声线弯曲和水下声速变化误差，假定声学测距误差为零均值高斯分布。实际中声学信号在海水中的传播声线为曲线，且声速沿垂直方向变化越快，声线越弯曲。海洋中的测距误差可分为常量误差，长周期、短周期误差和偶然误差的影响：

$$\begin{aligned}\delta\rho_v = & c_1 + c_2\sin\left(\frac{2\ (t-t_0)_m}{T_w}\pi\right) + c_3\sin\left(\frac{(t-t_0)_h}{12}\pi\right) \\ & + c_4\left\{1-\exp\left[-\frac{1}{2}s^2/(2\mathrm{km})^2\right]\right\} + \varepsilon\end{aligned} \tag{6.46}$$

水声测距噪声中的误差 $\delta\rho_v$ 如图 6.15 所示。其中图 6.15(a)表示水下测距噪声中的各类误差，红色直线表示由声速未标定误差引起的常数误差，紫色曲线表示声学测距的长周期项误差，黑色曲线表示由内波引起的短周期项误差。图 6.15(b)中蓝色曲线表示水声测距总的误差，红色曲线表示扣除了短周期项误差后的水声测距误差。由式(6.46)可知，UUV 协同定位中的水声测距误差并不仅是随机误差，也包含系统误差。水声测距误差中随机误差的比例决定了 UUV 编队构型的最优分离角偏离 90°的程度。

图 6.16 展示了不同水声测距误差下 UUV 协同定位误差。图 6.16(a) ~ (e)分别表示测距误差中包含相同的 0.5m 的系统误差和 0.1m、0.3m、0.5m、0.7m、1.0m 的随机误差。对于图 6.16(a)测距误差中包含 0.1m 的随机误差和 0.5m 的系统误差，30°、60°、90°、120°和 150°分离角下的协同定位误差分别为 0.59m、0.60m、0.72m、1.02m 和 1.98m。对于图 6.16(c)测距误差中包含 1.0m 的随机误差和 0.5m 的系统误差，30°、60°、90°、120°和 150°分离角下的协同定位误差分别为 2.42m、1.54m、1.42m、1.70m 和 2.95m。可以看出：

(1) 当水声测距误差含有系统误差时，90°不再是 UUV 编队构型的最优分离角；

(2) 水声测距误差中系统误差所占比例越小，最优分离角偏离 90°的程度也越小。

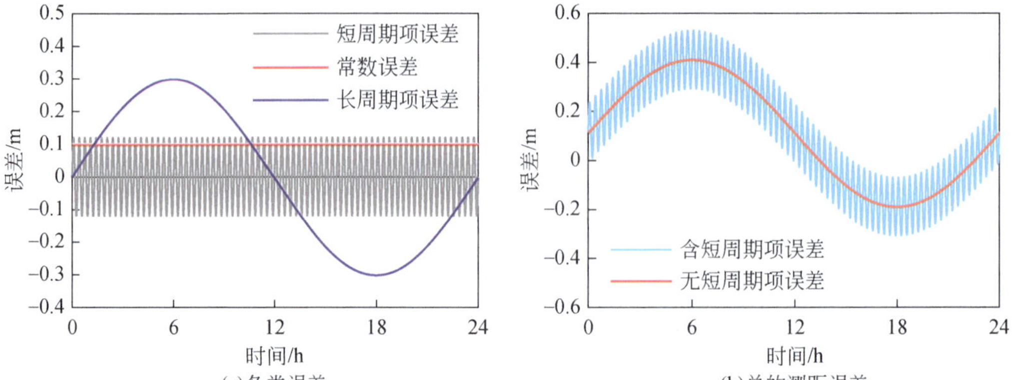

(a)各类误差　(b)总的测距误差

图 6.15　水声测距噪声中的误差图

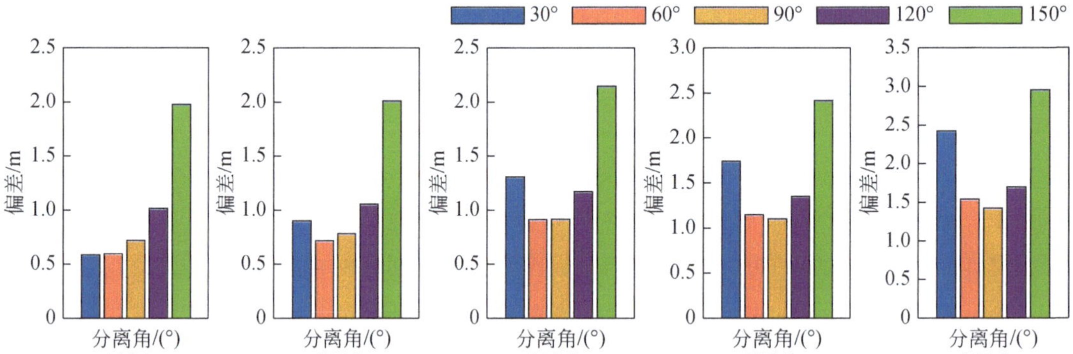

(a)0.1m　(b)0.3m　(c)0.5m　(d)0.7m　(e)1.0m

图 6.16　不同水声测距误差下 UUV 协同定位误差

这是由于编队构型的几何结构认为测距误差服从零均值高斯分布，未考虑水声测距中的系统性误差。当水声测距误差中系统性误差的占比越小，即意味着测距误差分布越接近高斯分布，其与编队构型 90°最优分离角的结论越趋于一致。

三、声速剖面误差影响

由于海洋声速存在明显的时空变化和局部的不规律性，作业时测得的声速剖面不可避免地存在误差。声速剖面误差可分为仪器测量误差和声速剖面代表性误差，前者随着仪器制造工艺的提高可有效减小，目前可达到 0.051m/s 的测量精度；后者受目前水下声速测量手段的限制，同时考虑到海洋环境下声速的快速变化，难以实现连续、稳定、实时的声速剖面快速采集，采用临近声速剖面所引入的误差即为声速剖面代表性误差。Zielinski (1999) 指出表层声速相同、传播时间相同、声剖曲线相对于深度积分所得面积相同的一族曲线，其波束脚印位置相同。

由于等效声速剖面为常梯度，声线在其中的路径为圆弧且半径 R_e 可表示为

$$R_e = \frac{1}{|pg_e|} \tag{6.47}$$

式中，p 表示斯涅尔(Snell)常数；g_e 表示等效声速剖面的梯度。

由等效声速剖面的定义，g_e 可表示为

$$g_e = \frac{c_r - c_0}{z_r - z_0} \tag{6.48}$$

式中，z_0 和 z_r 分别表示主 UUV 换能器的深度和跟随 UUV 应答器的深度；c_0 表示 z_0 处的声速；c_r 表示 z_r 处的等效声速。

声线传播的距离可表示为

$$\begin{cases} \Delta x_e = R_e(\cos\theta_0 - \cos\theta_r) \\ \Delta z_e = R_e(\sin\theta_r - \sin\theta_0) \end{cases} \tag{6.49}$$

式中，Δx_e 和 Δz_e 分别表示声线传播的水平距离和垂直距离；θ_0 和 θ_r 分别表示等效声速剖面的波束入射角和出射角。

由于声线传播时间 Π 已知，可得波束出射角 θ_r 与波束入射角之间的关系式：

$$\begin{aligned} \theta_r &= 2\arctan(e^{\Pi \cdot g_e}\tan(\theta_0/2)) \\ &= F(g_e, \Pi, \theta_0) \end{aligned} \tag{6.50}$$

在 UUV 协同定位中，声线传播的垂直距离 Δz_e 由主 UUV 和跟随 UUV 之间的相对深度求得，需要通过声线传播时间 Π 搜索得到波束入射角 θ_0。

$$\begin{aligned} \Delta z_e &= R_e(\sin\theta_r - \sin\theta_0) \\ &= \frac{1}{|pg_e|}(\sin\theta_r - \sin\theta_0) \\ &= \left|\frac{c_0}{g_e \sin\theta_0}\right|(\sin(F(g_e, \Pi, \theta_0)) - \sin\theta_0) \end{aligned} \tag{6.51}$$

当深度信息 Δz_e、传播时间 Π、声速剖面(c_0 和 g_e)确定，相应的波束入射角 θ_0 和出射角 θ_r 也随之确定，进而可求得声线传播的水平距离 Δx_e。因此，将声速剖面误差对于 UUV 协同定位的影响，转化为等效声速剖面梯度扰动产生的影响。

图 6.17(a)表示 496.0m 深度下，不同声速剖面误差引起的 UUV 协同定位误差。在 45°入射角下，1%、2%、3%、4% 和 5% 的梯度扰动引起的 UUV 协同定位误差分别为 0.17m、0.29m、0.42m、0.54m 和 0.66m。图 6.17(b)表示 1% 的声速梯度扰动下，100m、500m、1000m、2000m 和 3000m 深度下的 UUV 协同定位误差。可以看出：

(1) 声速剖面梯度扰动误差越大，UUV 协同定位误差越大；

(2) 在波束入射角过大或过小时，声速剖面误差对协同定位误差的影响尤为显著；

(3) 随着深度的增加，声速剖面误差对协同定位的影响越显著。

当入射角过小时，由式(6.50)和式(6.51)得出，声速剖面扰动 Δg_e 对水平距离 Δx_e 的影响更为显著；当入射角过大时，由于测距误差是各层声速误差产生的测距影响在整个路径上的积分，对于相同深度条件下的目标，声程的增加导致声速剖面误差影响更大。此外，需要说明的是，在浅海区域，由于声速受到许多因素干扰，变化也更为剧烈，大多数情况下声速梯度扰动远大于 1%。

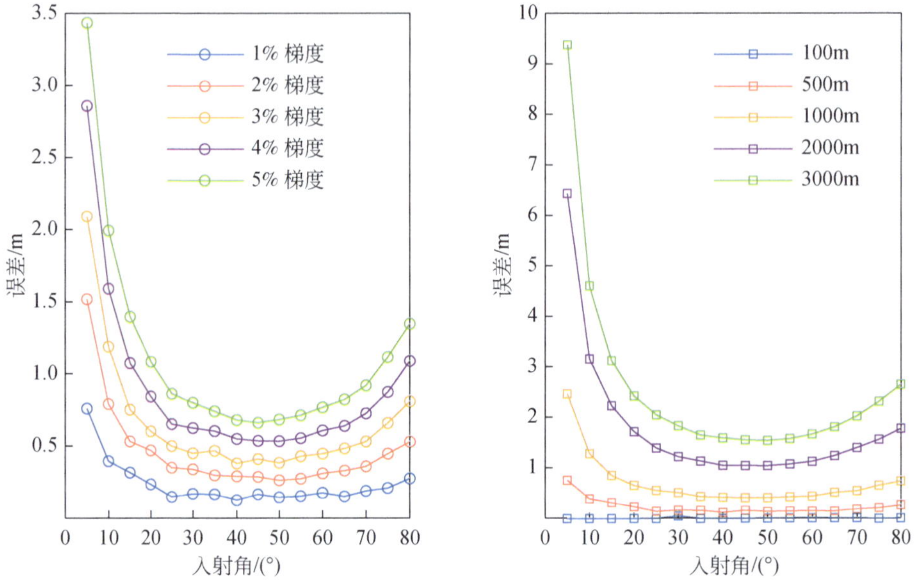

(a)不同梯度的梯度扰动　　(b)不同水深

图 6.17　不同声速剖面误差下 UUV 协同定位误差

四、松花湖实测数据验证

为验证所提出结论的正确性，于吉林市丰满区南郊松花湖开展试验，场景如图 6.18 所示。测量船搭载 Leica GNSS 接收机、Kongsberg Seatex 姿态传感器、压力深度计以及声速剖面仪。试验区域地形较为平坦，平均水深约为 60m。湖底布设有五个固定的水声应答器，测量船分别对其进行圆走航测量。GNSS RTK 在水平方向和垂直方向定位的精度分别为±3cm 和±5cm，姿态传感器的俯仰、横滚、偏航精度分别为±0. 05°、±0. 05°和±0. 1°，

图 6.18　松花湖试验场景

声速剖面仪的测速精度为±0.1m/s，压力传感器的测深精度为±0.1%Z，Z表示深度。

由于湖水水深较浅，应答器的压力传感器可提供较为精确的深度值，结合换能器的深度信息，通过低通滤波可以得到换能器与应答器的高差。湖底的五个应答器分别编号为T1、T2、T3、T4和T5，其位置如图6.19(a)所示，相应的测量船航迹分别为S1、S2、S3、S4和S5。由于应答器在湖底固定，则可将其看作跟随UUV，只需模拟跟随UUV搭载的INS和DVL传感器，其传感器参数如表6.5所示。测量船任意两个位置可看作双主UUV，其与跟随UUV的夹角为分离角。应答器与换能器的高差即为跟随UUV与主UUV的深度差，实测的声速剖面如图6.19(b)所示。共计13852个水声观测量，可得到6926个协同定位结果。以GNSS-A圆走航的平差结果作为控制点的参考坐标，评估协同定位误差。

表6.5　随UUV搭载传感器的参数

INS	参数	DVL	参数
陀螺零偏	≤0.2(°)/h	长时精度	±0.2%/±0.1cm/s
加速度计零偏	≤5mg	最大离底高程	50m
陀螺标度因数重复性	≤50ppm	速度分辨率	0.01mm/s
加速度计标度因数重复性	≤100ppm	速度范围	±16m/s

注：1ppm=10^{-6}。

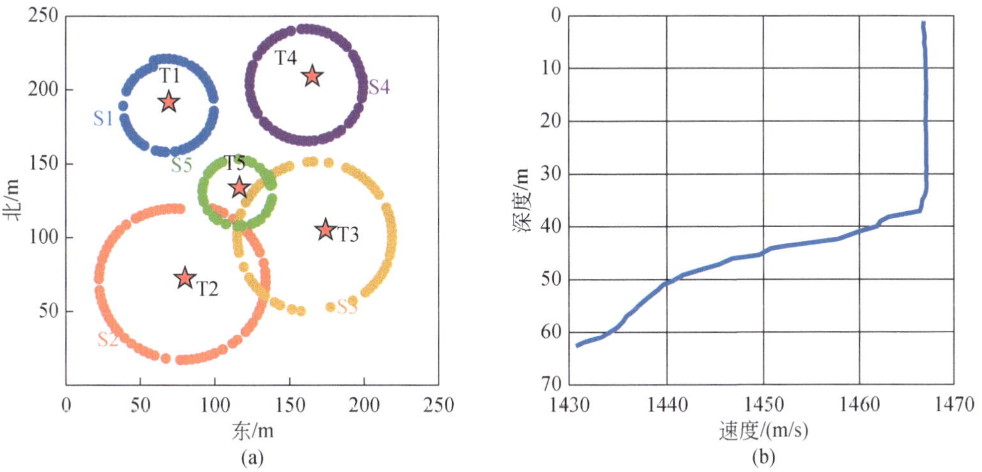

图6.19　测量船轨迹与实测声速剖面

图6.20表示不同分离角下的UUV协同定位误差，六芒星表示某一分离角下UUV协同定位误差统计的RMS。当分离角从10°到170°(间隔10°)时，协同定位误差的RMS分别为0.65m、0.41m、0.28m、0.22m、0.19m、0.18m、0.16m、0.15m、0.14m、0.15m、0.15m、0.17m、0.20m、0.24m、0.31m、0.46m和1.12m。表6.6展示了30°、60°、90°、120°和150°分离角下协同定位误差的统计值，由于湖水较浅，水声测距中的系统误差并不显著，当分离角位于约90°时，协同定位误差最小，这与6.3.1分析结论相一致。此外，水声测距的异常会导致协同定位结果出现显著粗差，需要相应的质量控制算法准确探测出

观测值的异常，提升 UUV 集群协同定位的可靠性。

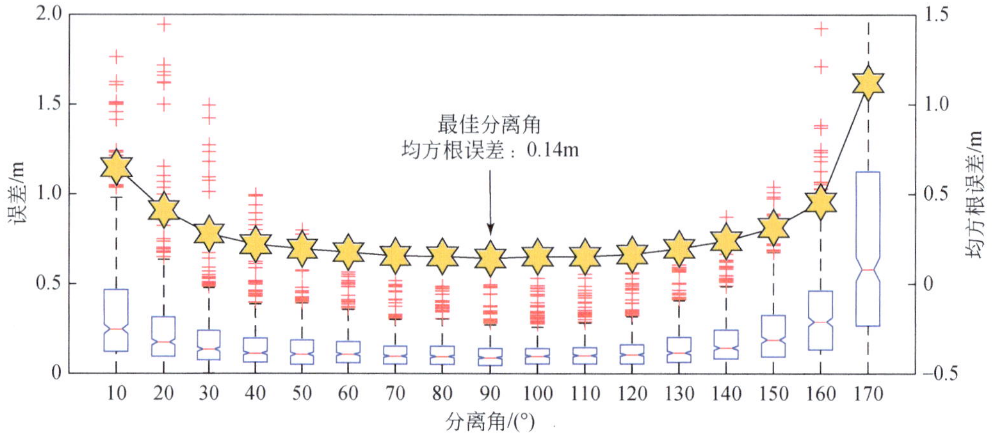

图 6.20　不同分离角下的 UUV 协同定位误差

表 6.6　不同分离角下协同定位误差的统计值

分离角/(°)	均方根误差	下四分位数/m	中位数/m	上四分位数/m	最大值/m
30	0.28	0.08	0.14	0.24	1.50
60	0.18	0.06	0.11	0.18	0.64
90	0.14	0.05	0.09	0.14	0.50
120	0.17	0.06	0.11	0.17	0.57
150	0.31	0.10	0.19	0.33	1.05

为进一步验证 UUV 编队天顶距对协同定位的影响，分别对五个圆走航轨迹的协同定位结果进行统计。图 6.21 表示不同天顶距下的 UUV 协同定位结果，图 6.21(a)、(b)和(c)分别表示 UUV 分离角为60°、90°和 120°的情况。对于60°分离角，S1、S2、S3、S4 和 S5 的平均天顶距分别为 21.7°、40.5°、36.2°、32.0°和 18.0°，对应的协同定位误差分别为 0.23m、0.10m、0.15m、0.17m 和 0.25m。圆走航轨迹的半径从大到小依次为：S5、S1、S4、S3 和 S2，对应的协同定位精度从高到低也为此顺序。60°分离角、90°分离角和 120°分离角下的协同定位统计结果如表 6.7 所示，可得到相同的结论。可见随着 UUV 编队天顶距的不断增加，协同定位误差不断减小，这与 6.3.1 中所述结论保持一致。

表 6.7　不同天顶距下的协同定位统计结果

参数＼分离角	60°分离角		90°分离角		120°分离角	
	RMS/m	天顶距/(°)	RMS/m	天顶距/(°)	RMS/m	天顶距/(°)
S1	0.23	21.72	0.20	22.48	0.24	19.85
S2	0.10	40.46	0.07	35.00	0.09	40.32

续表

分离角 / 参数	60°分离角		90°分离角		120°分离角	
	RMS/m	天顶距/(°)	RMS/m	天顶距/(°)	RMS/m	天顶距/(°)
S3	0.15	36.23	0.12	31.00	0.14	33.72
S4	0.17	32.01	0.13	27.73	0.15	31.25
S5	0.25	17.98	0.20	21.72	0.24	17.37

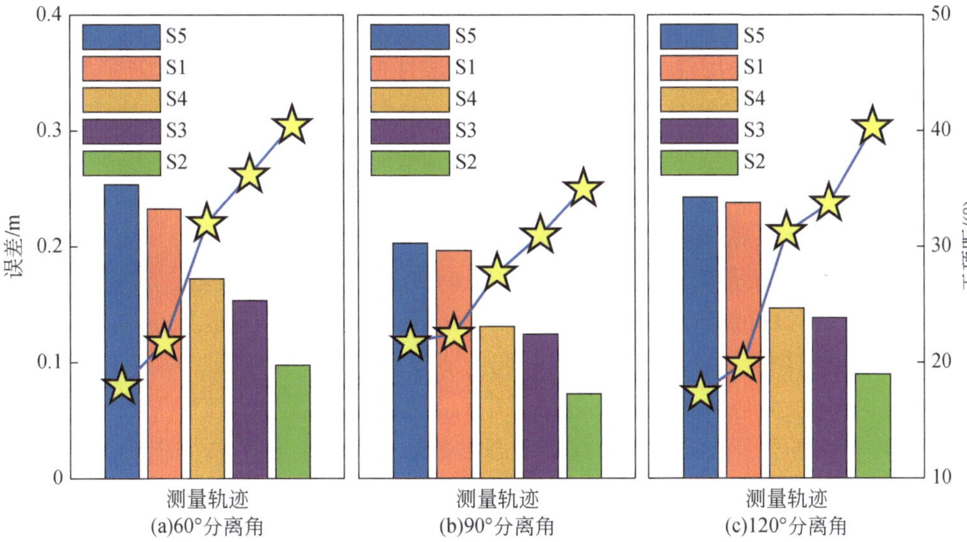

图 6.21　不同天顶距下的 UUV 协同定位误差

需要说明的是，对于 UUV 协同定位，由于深度信息由压力传感器提供，求解的是水下 UUV 二维坐标，此时天顶距增大的影响主要有三方面：一是使得 UUV 编队构型更优，如第六章第三节所述；二是引起水声测距误差的增大，声径变长会导致波束受海洋环境中很多不确定因素的影响；三是波束入射角会随着斜距的增大而增大，而入射角过大会引起回波质量差，声线跟踪算法的失效等问题。

第七章　水下无人航行器协同定位数据融合方法

协同定位与单体 UUV 定位的最大区别是多个 UUV 之间可进行信息交互和资源共享，如何用合理的数据算法有效地融合 UUV 内、外部传感器信息以及 UUV 之间的声学测距信息是实现 UUV 协同定位的关键。目前的 UUV 集群协同定位模型中还未考虑声速变化误差和声线弯曲改正，传统的加权平均声速法包含系统性偏差，使得 UUV 之间距离越远，测距误差越大(张立川等，2013；Huang et al.，2017a；徐博，2019；Du et al.，2022b)。提出一种基于声线跟踪的 UUV 集群协同定位方法，顾及水下声线弯曲和声速变化，以声线跟踪理论为核心构建了协同定位距离修正模型，解决了传统加权平均声速法包含系统性偏差的问题，显著提升深海环境下 UUV 集群协同定位结果的精度。

此外，目前 UUV 集群协同定位的研究主要集中于滤波算法的构建，对于传统集中式和分散式框架在实际中的问题均未考虑(Allotta et al.，2014；Bo et al.，2019b；杜祯强等，2022)。集中式数据融合方法简单、直观、理论清晰，但其容错性低，中心节点故障将致使整个系统的瘫痪。分散式数据融合方法无中心、无依赖，但由于 UUV 集群状态参数的相关性，单个平台的更新会引起整个集群状态参数的更新。考虑到水下的弱通信条件 UUV 各传感器存在观测限制、时延等问题，当前的分散式数据融合方法会导致庞大通信开销。

针对集中式方法存在中心节点的脆弱性和低容错性，且传统的分散式方法所需的庞大通信在实际中难以实现，为实现水下 UUV 集群协同定位的“去中心化”，提出了一种以增广信息滤波为核心的 UUV 集群协同定位分散式滤波方法，在顾及算法严密性的基础上实现了 UUV 集群分散式协同定位。从严密的数理理论构建基于增广信息滤波的分散式框架，单体 UUV 根据本地传感器数据建立自身的状态链，UUV 集群协同完成信息矩阵的递推修正。在保证与集中式方法精度一致性的基础上，显著地降低了通信载荷。

第一节　基于声线跟踪的水声测距误差改正

一、加权平均声速法

UUV 之间的观测信息通过声学测距来实现，通过声波的传输时间和声速可计算 UUV 之间的距离观测量，然而声速受海水温度、盐度、压力的影响而不断变化。按照声速在水深方向的变化可分为表层、中间层和深水层，如图 7.1 所示。表层和深水层声速主要受压力的影响，随深度增加而不断增大；中间层声速主要受温度的影响，随深度的增加而不断减小。由斯涅尔(Snell)定律可知，声速的变化会引起声线的弯曲，UUV 集群协同定位的声学信号传播路径为不规则的曲线。因此，在进行水下 UUV 集群协同定位时，若不考虑声速的变化和声线的弯曲，将对协同定位结果造成显著影响。

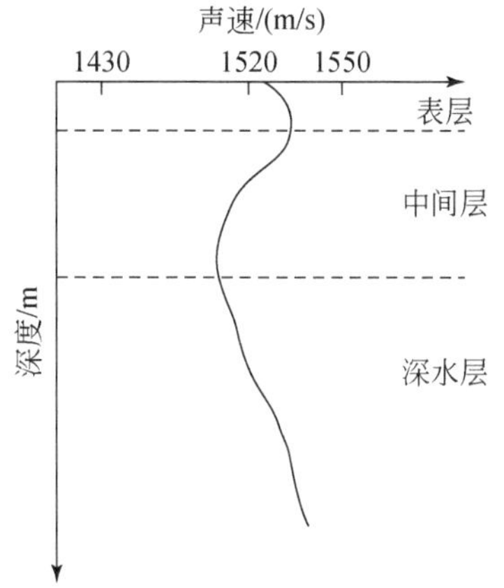

图 7.1　声速的表层、中间层和深水层

实际中，在 UUV 作业前会进行声速剖面的采样，假设相邻声速剖面采样点间的声速为常梯度变化，如图 7.2 所示，声速随海水深度变化而变化。第 k 层海水深度和声速区间分别表示为(z_k, z_{k+1})和(c_k, c_{k+1})，χ_k 为进入第 k 层海水的波束入射角，其表示声线传播方向与垂直方向的夹角，则斯涅尔定律可表示为

$$S_n = \frac{\sin\chi_0}{c_0} = \frac{\sin\chi_1}{c_1} \cdots = \frac{\sin\chi_n}{c_n} = \frac{\sin\chi_{n+1}}{c_{n+1}} \tag{7.1}$$

式中，S_n 表示斯涅尔常数；χ_0 和 c_0 表示初始入射角和初始声速。

可以看出，当声速剖面和波束入射角已知时，可以计算任意水深处的声速及相应的入射角，从而确定 UUV 之间声线的轨迹。

传统的加权平均声速法是通过测区声速剖面的各层声速值，加权平均计算得到一个固定的声速值，其计算步骤如下：

(1) 对测区的声速剖面进行多项式拟合，得到声速曲线；

(2) 根据声速沿深度的变化特性，对声速曲线进行分层；

(3) 通过各层的水深和声速计算加权平均声速值

$$\bar{C}_W = \frac{1}{H}\sum_{i=0}^{N-1} \frac{(c_i + c_{i+1})(z_{i+1} - z_i)}{2} \tag{7.2}$$

式中，z_i 和 c_i 分别表示第 i 层的深度和声速；H 表示水深。

可见，加权平均声速法模型简单，计算便捷易于实现，在浅水区域被经常使用。但由于其在目标区域设定了固定的声速值，与水下声速沿深度的变化情况并不相符，在 UUV 之间距离较远时，使用此方法便会存在显著的系统性偏差。

二、基于协同定位模型的声线跟踪

由声线方程可知，声线曲率表示为

$$\frac{d\chi}{ds} = \frac{\sin\chi}{c} \cdot \frac{dc}{dz} = S_n \cdot Grv \tag{7.3}$$

式中，c 和 χ 分别表示声速和波束入射角；ds 表示声线的长度微元。

由于层内声速按等梯度变化，声速梯度 $Grv = \mathrm{d}c/\mathrm{d}z$，第 k 层的声线曲率 Cur_k 可表示为

$$Cur_k = \frac{1}{|p \cdot Grv_k|} \tag{7.4}$$

式中，$Grv_k = (c_{k+1} - c_k)/(z_{k+1} - z_k)$ 表示层内声速梯度。

由图 7.2 可以看出，第 k 层声线的水平传播距离 $\Delta\rho_{2d,k}$ 可表示为

$$\Delta\rho_{2d,k} = Cur_k \cdot (\cos\chi_k - \cos\chi_{k+1}) \tag{7.5}$$

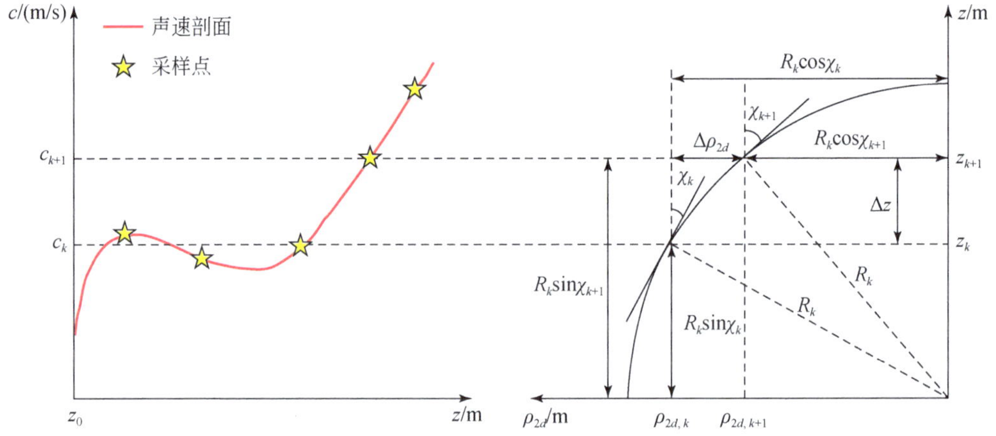

图 7.2　等梯度声线跟踪方法原理

UUV 之间的声线入射角 χ_0 和声速剖面决定了声线轨迹，而轨迹的终点是由 UUV 之间声线传播时间确定的，声线从圆弧点 s_k 到 s_{k+1} 所经历的时间 t_k 为

$$t_k = \int_{s_k}^{s_{k+1}} (1/c)\,\mathrm{d}s \tag{7.6}$$

考虑到声线的圆弧长度微元 ds 与垂向微元 dz 之间的关系为 $\mathrm{d}s = \mathrm{d}z/\cos\chi$，结合斯涅尔定律和层内声速常梯度变化的假设，式(7.6)可进一步表示为

$$t_k = \int_{\sin\chi_k/p}^{\sin\chi_{k+1}/p} \frac{Cur \cdot S_n}{c\sqrt{1 - S_n^2 c^2}} \mathrm{d}c \tag{7.7}$$

对式(7.7)进行积分并利用半角公式化简得

$$t_k = \frac{1}{Grv_k} \ln\left(\tan\frac{\chi_{k+1}}{2} \Big/ \tan\frac{\chi_k}{2}\right) \tag{7.8}$$

可以看出，依据式(7.8)可得计算进入 $k+1$ 层的波束角 $\chi_{k+1} = 2\arctan(e^{t_k \cdot Grv_k}\tan(\chi_k/2))$，结合声速剖面并以此类推，即可得到 UUV 之间声线在各层的传播时间：

$$t_k = \ln(\tan(\chi_{k+1}/2)/\tan(\chi_k/2))/Grv_k,\quad k=0,\ 1,\ \cdots,\ n \tag{7.9}$$

结合斯涅尔定律，将 θ_{k+1} 转换为声线波束入射角 χ_0，入射声速 c_0 和进入 $k+1$ 层的声速 c_{k+1}：

$$t_0 = \ln\left(\frac{\tan(\arcsin(c_{k+1} \cdot \sin\chi_0/c_0)/2)}{\tan(\arcsin(c_k \cdot \sin\chi_0/c_0)/2)}\right) \Big/ Grv_k,\quad k=0,\ 1,\ \cdots,\ n \tag{7.10}$$

其中，UUV 之间的声线波束入射角 χ_0 为未知量，各层的声速梯度 Grv_0，Grv_1，…，Grv_n 和声线进入各层的声速 c_0，c_1，$\cdots c_{n+1}$ 可由声速剖面获得，因此可将 UUV 之间的声线传播时间看作波束初始入射角的函数。采用二分法进行搜索，按照式(7.10)计算出的声线传播时间大于实测传播时间，增大搜索的初始入射角，否则将其减小。按照精度要求获得初始入射角后，UUV 之间声线传播的总水平距离 ρ_{2d} 和总传播时间 t 为

$$\rho_{2d} = \sum_{i=1}^{N} \Delta\rho_{2d,k}, \quad t = \sum_{i=1}^{N} t_i \tag{7.11}$$

由此可以看出，在考虑了声线的弯曲和声速变化后，会先计算出 UUV 之间的水平距离 $\rho_{2d,k}^{i,j}$，而不是先获得三维距离 $\rho_{3d,k}^{i,j}$ 之后，再根据深度信息转换为水平距离。图 7.3 展示了以声线跟踪理论为核心构建的 UUV 集群协同定位距离修正模型。

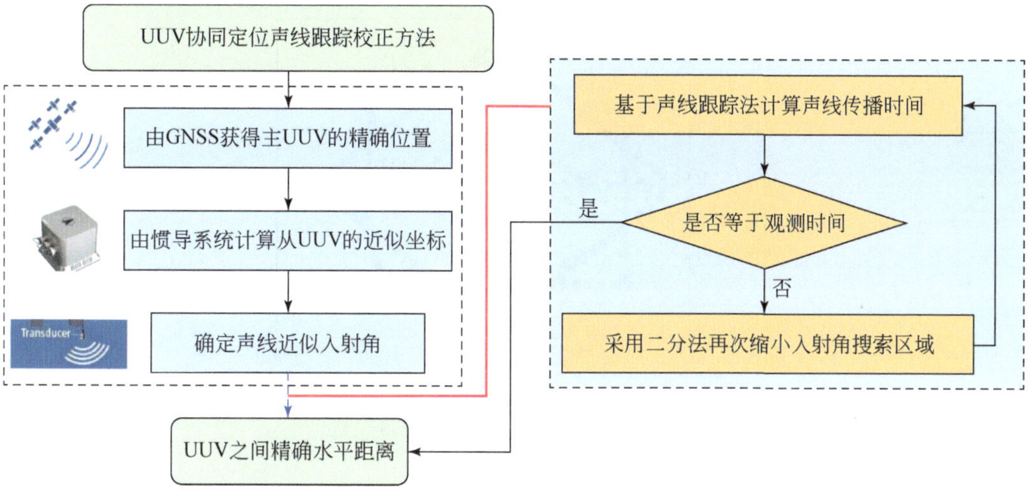

图 7.3　基于声线跟踪的 UUV 集群协同定位距离修正模型

(1) 计算概率坐标：由 UUV(编号 j)所搭载的 INS、DVL 传感器递推出 k 时刻的概略状态 $\tilde{\boldsymbol{X}}_k^{(i)} = [x_k^{(i)} \quad y_k^{(i)} \quad \varphi_k^{(i)}]^{\mathrm{T}}$。

(2) 计算声线传播时间：先将声线波束入射角分为四个区间，即[0°，20°]、[20°，40°]、[40°，60°]、[40°，80°]，分别以各区间边界为 UUV 波束入射角，根据 UUV(编号 i)和 UUV(编号 j)搭载的深度传感器分别获得其 k 时刻的深度信息 $z_k^{(i)}$ 和 $z_k^{(j)}$，由采集的声速剖面获得各层的声速梯度 Grv_0，Grv_1，…，Grv_n 和声线进入各层的声速 c_0，c_1，…，c_n。结合实测的声线传播时间 t 确定 χ_0 声线波束入射角，并计算声线总传播时间 t_{cal}。根据 UUV 实测的声线传播时间 t，确定声线波束入射角所属的区间。

(3) 对 UUV 之间声线波束入射角所属的区间[χ_α，χ_β]，取波束入射角为$(\chi_\alpha+\chi_\beta)/2$ 并计算声线传播时间 t_{cal}，当 $t>t_{cal}$，新的波束入射角区间变为[$(\chi_\alpha+\chi_\beta)/2$，$\chi_\beta$]，否则变为[$\chi_\alpha$，$(\chi_\alpha+\chi_\beta)/2$]。

(4) 重复步骤(3)，直到计算出的声线传播时间 t_{cal} 与实测的传播时间 t 的差值满足阈值要求，最后确定波束入射角 χ_0 并计算 UUV 之间声线传播的总水平距离 ρ_{2d}。

三、日本南海海槽实测数据验证

为验证所提出方法的有效性，实验选取了位于西太平洋海域日本南海海槽（Nankai trough）TOS2 点位处的 GNSS-A 实测数据，如图 7.4 所示。观测时间为 2016 年 7 月，位置坐标为 32.43°N、134.03°E，海域最大深度为 1405.63m。水面测量船的轨迹如图 7.4 中蓝色虚线所示，海底有四个固定的控制点（M01、M02、M03 和 M04），可将控制点当作跟随 UUV，以海面测量船为领航 UUV，海面测量船与水下控制点之间的水声信号传播时间为水声观测量，只需模拟跟随 UUV 搭载的 INS 和 DVL 传感器，其陀螺零漂和随机噪声分别为 1.0(°)/h 和 0.1(°)/$\sqrt{h}$，DVL 测量噪声为 $(0.1m/s)^2$，双领航交替播发间隔为 1s。

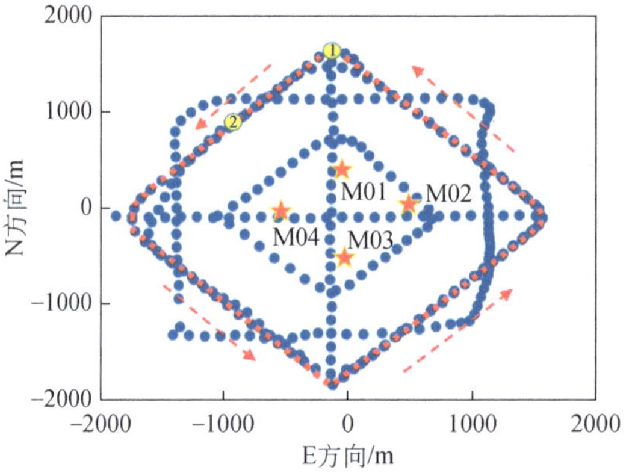

图 7.4　日本南海海槽和水面测量船轨迹

为满足双领航需求，选择其部分轨迹（红色虚线）并拆分成两个领航 UUV，即图 7.4 中黄色圆圈为双领航 UUV 的起始位置，按照图 7.4 中逆时针顺序进行行驶。由于测量船一次只跟一个水下控制点通信，因此每次实验中编队只有双领航 UUV 和一个跟随 UUV，可得到四组协同定位结果。由于海底控制点固定，可将 GNSS-A 解算的坐标结果作为参考评估定位结果的精度。为验证不同编队构型下的实验效果，将四组协同定位结果进行合并，分别统计了 UUV 编队分离角为 30°、60°、90°、120°和 150°的情况，如图 7.5 所示。

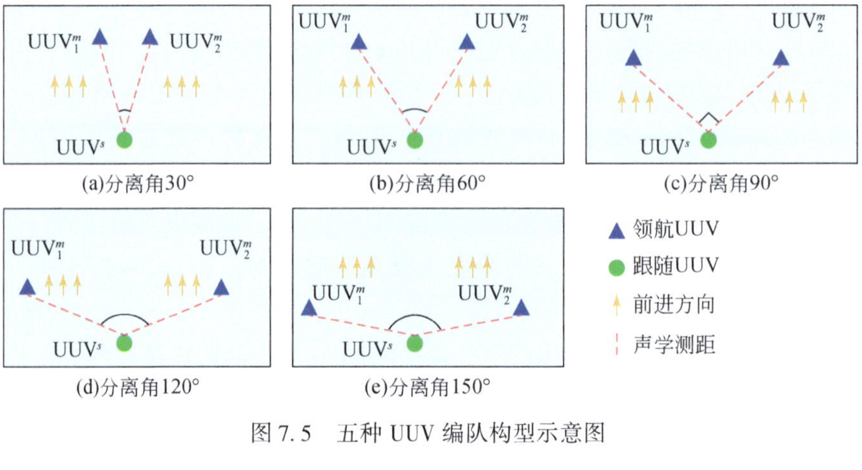

图 7.5　五种 UUV 编队构型示意图

分别采用加权平均声速法和所提出的协同定位距离修正模型计算 UUV 之间的距离，图 7.6 展示了两种方法测距误差的分布，图 7.6(a)表示采用加权平均声速法的测距误差，其误差的均值为-0.74m，标准差为 0.55m，其包含明显的系统性偏差。图 7.6(b)表示采用所提出的协同定位距离修正模型计算的测距误差，其标准差为 0.50m，与加权平均声速法大致相同，但其均值为-0.01m，说明几乎不含有系统性偏差。

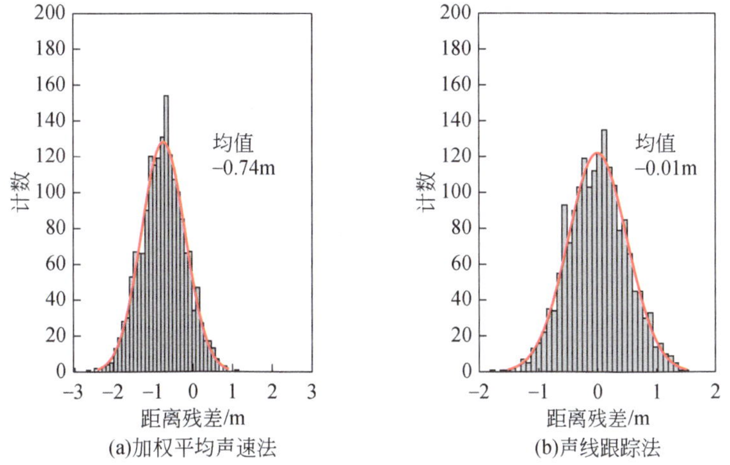

图 7.6　不同方案下测距误差分布图

图 7.7 表示采用加权平均声速法和基于声线跟踪的距离修正模型的协同定位结果。在 UUV 分离角分别为 30°、60°、90°、120°和 150°的情况下，图 7.7(a)采用加权平均声速法的定位误差的中位数分别为 1.55m、1.33m、1.47m、2.00m 和 3.96m；图 7.7(b)采用基于声线跟踪的距离修正模型的定位误差中位数分别为 0.60m、0.46m、0.43m、0.46m 和 0.61m。采用加权平均声速法的测距误差中包含系统性的偏差，使得最优分离角不再是 90°，这与第六章第三节中 UUV 编队构型的结论一致。对于基于声线跟踪的距离修正模型，由于其考虑了声线弯曲和声速变化误差，其测距误差中几乎不包含系统性的偏差，UUV 编队的最优分离角在 90°左右，与第四章第三节中编队构型的结论相符合。

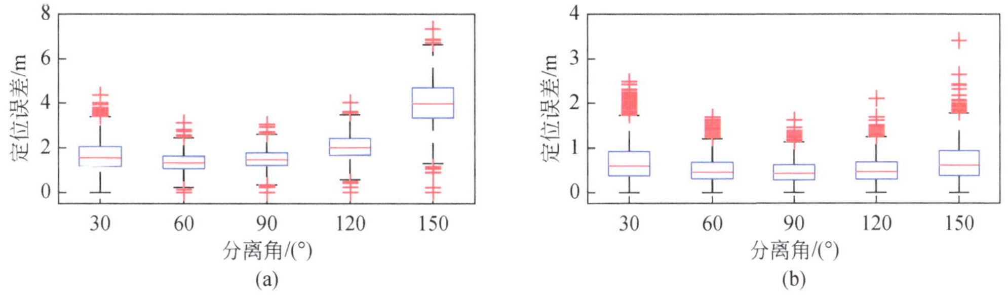

图 7.7　不同方案下 UUV 编队协同定位误差

图 7.8 展示了在五种分离角的情况下，采用两种方案协同定位误差的统计结果。图

7.8(a)表示了采用加权平均声速法的协同定位误差，五种编队构型下定位结果误差的上四分位数分别为2.05m、1.62m、1.77m、2.40m和4.67m，定位误差的下四分位数结果分别为1.15m、1.06m、1.20m、1.65m和3.32m。图7.8(b)表示采用基于声线跟踪的距离修正模型的定位结果，五种编队构型下定位误差的上四分位数分别为0.92m、0.67m、0.63m、0.69m和0.94m，定位误差的下四分位数分别为0.37m、0.30m、0.28m、0.30m和0.38m。

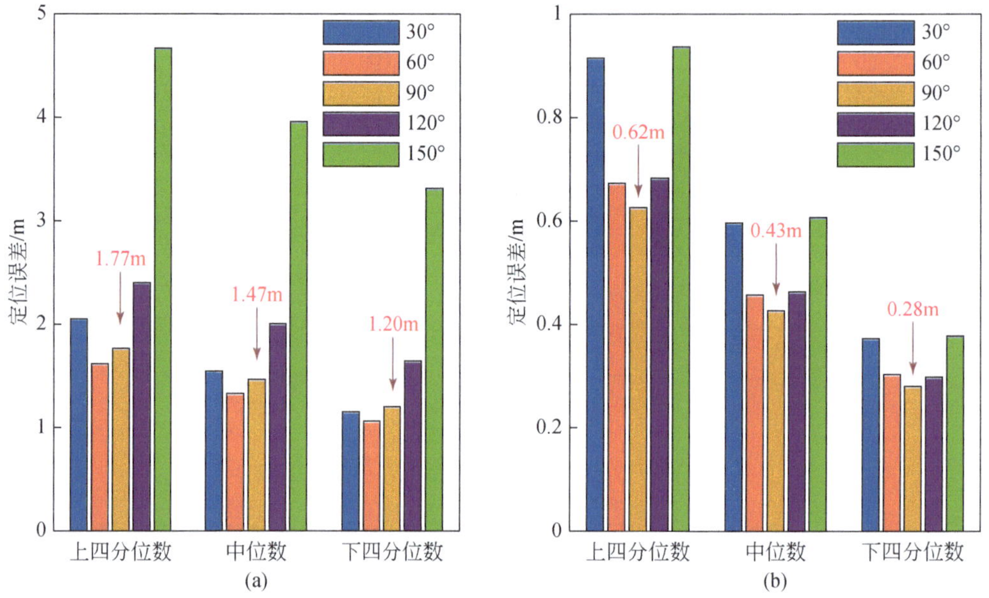

图7.8　两种方案在五种构型下定位误差的统计结果

表7.1和表7.2分别展示了采用两种方案下UUV编队协同定位误差的各类统计值，从各类统计指标来看，由于加权平均声速法导致测距噪声包含系统性的偏差，UUV编队构型的最优分离角不再是90°且偏移程度由系统性偏差在测距误差中的比例所决定。基于声线跟踪的距离修正模型扣除了绝大部分的系统性偏差，使UUV编队构型的最优分离角回到90°左右，更便于UUV集群协同定位的编队构型设计。

表7.1　采用加权平均声速法的协同定位结果

分离角/(°)	最大值/m	上四分位数/m	中位数/m	下四分位数/m	最小值/m	平均值/m
30	3.39	2.05	1.55	1.15	0	1.64
60	2.45	1.62	1.33	1.06	0	1.34
90	2.62	1.77	1.47	1.20	0	1.48
120	3.49	2.40	2.00	1.65	0	2.03
150	6.64	4.67	3.96	3.32	0	3.98

表 7.2　采用基于声线跟踪的距离修正模型的协同定位结果

分离角/(°)	最大值/m	上四分位数/m	中位数/m	下四分位数/m	最小值/m	平均值/m
30	1.73	0.92	0.60	0.37	0	0.69
60	1.20	0.67	0.46	0.30	0	0.51
90	1.13	0.63	0.43	0.28	0	0.47
120	1.25	0.69	0.46	0.30	0	0.51
150	1.78	0.94	0.61	0.38	0	0.70

第二节　基于扩展卡尔曼滤波的数据融合

一、集中式数据融合

UUV 编队协同定位中部分 UUV 通过搭载高精度的传感器实现自身高精度的定位，其余搭载低精度传感器的 UUV 可通过与高精度 UUV 进行水声通信，实现观测资源的共享，从而对自身航位推算位置进行校正。假定 UUV 编队由 N 个 UUV 构成，其运动状态的空间模型可表示为

$$\boldsymbol{X}_{k+1}=\begin{bmatrix}f^1(\boldsymbol{x}_k^1,\ \boldsymbol{u}_k^1)\\ f^2(\boldsymbol{x}_k^2,\ \boldsymbol{u}_k^2)\\ \vdots \\ f^N(\boldsymbol{x}_k^N,\ \boldsymbol{u}_k^N)\end{bmatrix}+\boldsymbol{W}_k \tag{7.12}$$
$$\triangleq\boldsymbol{\Phi}(\boldsymbol{X}_k,\ \boldsymbol{U}_k)+\boldsymbol{W}_k$$

式中，$\boldsymbol{X}_k$ 和 $\boldsymbol{X}_{k+1}$ 分别表示 k 时刻和 $k+1$ 时刻 UUV 集群的状态；$\boldsymbol{x}_k^i$ 表示 k 时刻 UUV(编号 i)的状态，$\boldsymbol{X}_k=[\boldsymbol{x}_k^1\quad \boldsymbol{x}_k^2\quad \cdots\quad \boldsymbol{x}_k^N]^{\mathrm{T}}$；$f^i$ 由 UUV i 的动力学特性决定；$\boldsymbol{u}_k^i$ 表示在推算 $k+1$ 时刻 UUV i 的状态所需参数，通常为 DVL 和 INS 提供的载体速度、角速度和加速度，$\boldsymbol{U}_k=[\boldsymbol{u}_k^1\quad \boldsymbol{u}_k^2\quad \cdots\quad \boldsymbol{u}_k^N]^{\mathrm{T}}$；$\boldsymbol{w}_k^i$ 表示 k 时刻 UUV i 的系统噪声，方差为 $\boldsymbol{Q}_k^i$，记作 $\boldsymbol{w}_k^i\sim\boldsymbol{N}(0,\ \boldsymbol{Q}_k^i)$，$\boldsymbol{W}_k=[\boldsymbol{w}_k^1\quad \boldsymbol{w}_k^2\quad \cdots\quad \boldsymbol{w}_k^N]^{\mathrm{T}}$。

k 时刻 UUV 单平台观测更新方程和 UUV i 对 UUV j 的平台间观测方程可表示为

$$\begin{cases}\boldsymbol{z}_k^i=h^i(\boldsymbol{x}_k^i)+\boldsymbol{v}_k^i\\ \boldsymbol{z}_k^{ij}=h^{ij}(\boldsymbol{x}_k^i,\ \boldsymbol{x}_k^j)+\boldsymbol{v}_k^{ij}\end{cases} \tag{7.13}$$

式中，$\boldsymbol{z}_k^i$ 和 $\boldsymbol{z}_k^{ij}$ 分别表示 k 时刻 UUV i 单平台的观测值和 UUV i 对 UUV j 的平台间观测值；$h^i(\cdot)$由平台本身搭载的传感器决定；$\boldsymbol{v}_k^i$ 表示 UUV i 的观测误差，方差为 $\boldsymbol{R}_k^i$，$\boldsymbol{v}_k^i\sim\boldsymbol{N}(0,\ \boldsymbol{R}_k^i)$；$h^{ij}(\cdot)$由 UUV 平台间联系的传感器决定，通常为水声通信设备；$\boldsymbol{v}_k^{ij}$ 表示 UUVi 对 UUV j 的平台间观测误差，方差为 $\boldsymbol{R}_k^{ij}$，$\boldsymbol{v}_k^i\sim\boldsymbol{N}(0,\ \boldsymbol{R}_k^{ij})$。

集中式卡尔曼滤波的时间更新公式为

$$\begin{cases}\hat{\boldsymbol{X}}_{k-}=\boldsymbol{\Phi}(\hat{\boldsymbol{X}}_{k-1(+)},\ \boldsymbol{U}_{k-1})\\ \boldsymbol{\Sigma}_{\hat{X}_{k-}}=\boldsymbol{F}_{k-1(+)}\boldsymbol{\Sigma}_{\hat{X}_{k-1(+)}}\boldsymbol{F}_{k-1(+)}^{\mathrm{T}}+\boldsymbol{Q}_{k-1}\end{cases} \tag{7.14}$$

式中，$\hat{\boldsymbol{X}}_{k-}$表示 k 时刻 UUV 编队状态的预测值；$\hat{\boldsymbol{X}}_{k-1(+)}$表示 $k-1$ 时刻的估计值；$\boldsymbol{F}_{k-1(+)}$表示在 $\hat{\boldsymbol{X}}_{k-1(+)}$处线性化得到的状态转移矩阵；$\boldsymbol{\Sigma}_{\hat{X}_{k-}}$表示 $\hat{\boldsymbol{X}}_{k-}$的协方差。

集中式卡尔曼滤波的观测更新公式为

$$\hat{\boldsymbol{X}}_{k+}=\hat{\boldsymbol{X}}_{k-}+\boldsymbol{K}(z_k-\boldsymbol{h}(\hat{\boldsymbol{X}}_{k-})) \tag{7.15}$$

$$\begin{aligned}\boldsymbol{\Sigma}_{\hat{X}_{k+}}&=\boldsymbol{\Sigma}_{\hat{X}_{k-}}-\boldsymbol{K}_k\boldsymbol{H}_{k-}\boldsymbol{\Sigma}_{\hat{X}_{k-}}\\&=(\boldsymbol{I}-\boldsymbol{K}_k\boldsymbol{H}_{k-})\boldsymbol{\Sigma}_{\hat{X}_{k-}}\end{aligned} \tag{7.16}$$

式中，$\boldsymbol{H}_{k-}$表示 $k-1$ 时刻的设计矩阵，$\boldsymbol{K}_k=\boldsymbol{\Sigma}_{\hat{X}_{k-}}\boldsymbol{H}_{k-}^{\mathrm{T}}(P_k^{-1}+\boldsymbol{H}_{k-}\boldsymbol{\Sigma}_{\hat{X}_{k-}}\boldsymbol{H}_{k-}^{\mathrm{T}})^{-1}$。由于集中式数据融合方法容错性低，中心节点故障将致使整个系统瘫痪，且通信负载极大，应进一步研究 UUV 集群协同定位的分散式处理方法。

二、分散式数据融合

对于 UUV 集群，k 时刻单平台的观测更新为

$$\hat{\boldsymbol{X}}_{k+}=\begin{bmatrix}\hat{\boldsymbol{x}}_{k-}^{1}\\\hat{\boldsymbol{x}}_{k-}^{2}\\\vdots\\\hat{\boldsymbol{x}}_{k-}^{N}\end{bmatrix}+\begin{bmatrix}\boldsymbol{\Sigma}_{\hat{X}_{k-}}^{1i}\\\boldsymbol{\Sigma}_{\hat{X}_{k-}}^{2i}\\\vdots\\\boldsymbol{\Sigma}_{\hat{X}_{k-}}^{Ni}\end{bmatrix}(\nabla h^{i})^{\mathrm{T}}(\boldsymbol{S}^{i})^{-1}\boldsymbol{v}^{i} \tag{7.17}$$

$$\boldsymbol{\Sigma}_{\hat{X}_{k+}}=\boldsymbol{\Sigma}_{\hat{X}_{k-}}-\begin{bmatrix}\boldsymbol{\Sigma}_{\hat{X}_{k-}}^{1i}\\\boldsymbol{\Sigma}_{\hat{X}_{k-}}^{2i}\\\vdots\\\boldsymbol{\Sigma}_{\hat{X}_{k-}}^{Ni}\end{bmatrix}(\nabla h^{i})^{\mathrm{T}}(\boldsymbol{S}^{i})^{-1}\nabla h^{i}\begin{bmatrix}\boldsymbol{\Sigma}_{\hat{X}_{k-}}^{i1}\\\boldsymbol{\Sigma}_{\hat{X}_{k-}}^{i2}\\\vdots\\\boldsymbol{\Sigma}_{\hat{X}_{k-}}^{iN}\end{bmatrix}^{\mathrm{T}} \tag{7.18}$$

式中，$\hat{\boldsymbol{X}}_{k+}$和 $\hat{\boldsymbol{X}}_{k-}$分别表示 k 时刻 UUV 集群状态参数的预测值和观测更新值；$\hat{\boldsymbol{x}}_{k-}^{i}$表示 k 时刻 UUV i 状态参数的预测值；$\boldsymbol{\Sigma}_{\hat{X}_{k-}}^{iN}$ 表示 k 时刻 UUV i 和 UUV j 预测状态参数之间的协方差；∇h^{i} 表示 $h^{i}(\cdot)$对 x_k^{i} 的偏导；$\boldsymbol{S}^{i}$ 表示 UUV i 的新息协方差；$\boldsymbol{v}^{i}$ 表示 UUV i 的滤波新息向量。

在初始时刻，UUV 集群状态参数互不相关，经其协同互相观测之后，UUV 集群状态参数之间便具有相关性。可以看出，即便是 UUV 的单平台观测更新，采用传统的卡尔曼滤波方法依然需要对 UUV 集群整体状态进行更新。k 时刻 UUV i 对 UUV j 的观测更新为

$$\hat{\boldsymbol{X}}_{k+}=\begin{bmatrix}\hat{\boldsymbol{x}}_{k-}^{1}\\\hat{\boldsymbol{x}}_{k-}^{2}\\\vdots\\\hat{\boldsymbol{x}}_{k-}^{N}\end{bmatrix}+\begin{bmatrix}\boldsymbol{\Sigma}_{\hat{X}_{k-}}^{1i}&\boldsymbol{\Sigma}_{\hat{X}_{k-}}^{1j}\\\boldsymbol{\Sigma}_{\hat{X}_{k-}}^{2i}&\boldsymbol{\Sigma}_{\hat{X}_{k-}}^{2j}\\\vdots&\vdots\\\boldsymbol{\Sigma}_{\hat{X}_{k-}}^{Ni}&\boldsymbol{\Sigma}_{\hat{X}_{k-}}^{Ni}\end{bmatrix}\begin{bmatrix}(\nabla h_i^{ij})^{\mathrm{T}}\\(\nabla h_j^{ij})^{\mathrm{T}}\end{bmatrix}(\boldsymbol{S}^{ij})^{-1}\boldsymbol{v}^{ij} \tag{7.19}$$

$$\boldsymbol{\Sigma}_{\hat{X}_{k+}}=\boldsymbol{\Sigma}_{\hat{X}_{k-}}-\boldsymbol{\Sigma}_{ij}^{\mathrm{T}}\begin{bmatrix}(\nabla h_i^{ij})^{\mathrm{T}}\\(\nabla h_j^{ij})^{\mathrm{T}}\end{bmatrix}(\boldsymbol{S}^{ij})^{-1}\begin{bmatrix}\nabla h_i^{ij}\\\nabla h_j^{ij}\end{bmatrix}^{\mathrm{T}}\boldsymbol{\Sigma}_{ij},\ \boldsymbol{\Sigma}_{ij}=\begin{bmatrix}\boldsymbol{\Sigma}_{\hat{X}_{k-}}^{i1} & \boldsymbol{\Sigma}_{\hat{X}_{k-}}^{i2} & \cdots & \boldsymbol{\Sigma}_{\hat{X}_{k-}}^{iN}\\\boldsymbol{\Sigma}_{\hat{X}_{k-}}^{1j} & \boldsymbol{\Sigma}_{\hat{X}_{k-}}^{2j} & \cdots & \boldsymbol{\Sigma}_{\hat{X}_{k-}}^{Nj}\end{bmatrix}\tag{7.20}$$

式中，∇h_i^{ij} 和∇h_j^{ij} 分别表示 $h^{ij}(\cdot)$对 x_k^i 和 x_k^j 的偏导；$\boldsymbol{S}^{ij}$表示 UUV i 和 UUV j 之间的新息协方差；$\boldsymbol{v}^{ij}$表示 UUV i 和 UUV j 之间的滤波新息向量。同理可以看出，尽管只进行了两个 UUV 平台间的观测，由于 UUV 协同定位引起的集群状态参数具有相关性，观测更新需要对 UUV 集群整体进行更新。

（1）$\hat{\boldsymbol{x}}^i$和$\boldsymbol{\Sigma}^{ii}$的时间更新仅需要 UUV i 的信息，即上一历元的$f^i(\cdot)$、$\boldsymbol{x}_{k-1}^i$、$\boldsymbol{u}_{k-1}^i$和$\nabla f_{k-1(+)}^i$。

（2）$\boldsymbol{\Sigma}^{ij}$的时间更新需要 UUV i 的$\nabla f_{k-1(+)}^i$和$\boldsymbol{\Sigma}_{X_{k-1(+)}}^{ij}$，还需要 UUV j 的$\nabla f_{k-1(+)}^j$，$j\neq i$，$j\in\{1,2,3,\cdots,N\}$。

（3）观测新息向量 $\boldsymbol{v}$、新息协方差 $\boldsymbol{S}$ 和观测矩阵$\nabla \boldsymbol{h}$，仅与观测直接涉及到的 UUV 有关。

（4）$\hat{\boldsymbol{x}}^i$的观测更新除了需要 $\boldsymbol{v}$、$\boldsymbol{S}$ 和$\nabla \boldsymbol{h}$，还需要$\boldsymbol{\Sigma}_{\hat{X}_{k-}}^{ki}$，$k$ 表示 UUV 编号。

（5）$\boldsymbol{\Sigma}^{ij}$的观测更新除了需要 $\boldsymbol{v}$、$\boldsymbol{S}$ 和$\nabla \boldsymbol{h}$，还需要$\boldsymbol{\Sigma}_{\hat{X}_{k-}}^{ki}$和$\boldsymbol{\Sigma}_{\hat{X}_{k-}}^{kj}$。

综上所述，UUV 自身能够进行的局部运算为$\hat{\boldsymbol{x}}^i$和$\boldsymbol{\Sigma}^{ii}$的时间更新，观测新息向量 $\boldsymbol{v}$、新息协方差 $\boldsymbol{S}$ 和观测矩阵$\nabla \boldsymbol{h}$ 的计算，其余更新皆需要 UUV i 与其余 UUV 的协方差。按照严密的理论要求，首先传统分散式卡尔曼滤波需要所有 UUV 集群平台保持时间同步，不断发送/接受来自集群中每一个平台的信息，这导致庞大的实时通信量。其次，观测更新只能依次进行，对于同一个时刻的观测，UUV 集群在完成一个观测量的更新后，才能启动另一个观测量的更新。当 UUV 集群规模增大，同一时刻的观测量增多，传统的分散式卡尔曼滤波在实际中难以实现。

第三节　基于增广信息滤波的分散式数据融合

一、增广信息滤波

高斯分布有两种表达方式，一种是矩参数$\{\hat{X},P\}$，一种是信息参数$\{\hat{y},Y\}$，两者之间转换方式如式(7.21)所示。高斯滤波因此也有两种形式，即卡尔曼滤波和信息滤波，两者仅为形式上的不同，但由于参数形式的不同使得处理不同问题会有不一样的复杂度。

$$\boldsymbol{Y}=\boldsymbol{\Sigma}^{-1},\ \hat{\boldsymbol{y}}=\boldsymbol{Y}\hat{\boldsymbol{X}}\tag{7.21}$$

式中，$\boldsymbol{Y}$ 表示信息矩阵；$\hat{\boldsymbol{y}}$ 表示信息参数。

将 k 时刻单平台观测更新的卡尔曼滤波形式替换为信息滤波形式，即将式(7.21)代入式(7.18)中：

$$\boldsymbol{Y}_{k+}^{-1}=\boldsymbol{Y}_{k-}^{-1}-\boldsymbol{Y}_{k-}^{-1}\boldsymbol{H}_{k-}^{\mathrm{T}}(\boldsymbol{H}_{k-}\boldsymbol{Y}_{k-}^{-1}\boldsymbol{H}_{k-}^{\mathrm{T}}+(\boldsymbol{P}_k^i)-1)^{-1}\boldsymbol{H}_{k-}\boldsymbol{Y}_{k-}^{-1}\tag{7.22}$$

式中，$\boldsymbol{Y}_{k-}$和 $\boldsymbol{Y}_{k+}$分别表示 k 时刻 UUV 集群的预测信息矩阵和观测更新后的信息矩阵；$\boldsymbol{H}_{k-}^i$

表示 k 时刻 UUV i 的观测矩阵，$\boldsymbol{H}_{k-}^{i}=[0\quad\cdots\quad\nabla h^{i}\quad\cdots\quad 0]^{\mathrm{T}}$；$\boldsymbol{P}_{k}^{i}$ 表示 UUV i 单平台观测值的权，等式左右两边同时取逆得

$$\boldsymbol{Y}_{k+}=\boldsymbol{Y}_{k-}+\boldsymbol{H}_{k-}^{\mathrm{T}}(\boldsymbol{P}_{k})\boldsymbol{H}_{k-}$$
$$=\boldsymbol{Y}_{k-}+\begin{bmatrix}0 & \cdots & 0 & \cdots & 0\\ \vdots & \ddots & \vdots & \ddots & \vdots\\ 0 & \cdots & \boldsymbol{I}_{k}(i,\ i) & \cdots & 0\\ \vdots & \ddots & \vdots & \ddots & \vdots\\ 0 & \cdots & 0 & \cdots & 0\end{bmatrix}\tag{7.23}$$

式中，$\boldsymbol{I}_{k}(i,\ i)=(\nabla h^{i})^{\mathrm{T}}\boldsymbol{P}_{k}^{i}\nabla h^{i}$。由式(7.23)可以看出，在进行 UUV i 的单平台观测更新时，仅需要对 UUV i 的信息矩阵更新即可，无须像传统方法对 UUV 集群整体进行更新。令 $\boldsymbol{I}_{k}=\boldsymbol{H}_{k-}^{\mathrm{T}}(\boldsymbol{P}_{k})\boldsymbol{H}_{k-}$，则式(7.23)可进一步表达为

$$\boldsymbol{Y}_{k+}=\boldsymbol{Y}_{k-}+\boldsymbol{I}_{k}\tag{7.24}$$

同理将 k 时刻 UUV i 单平台观测更新的卡尔曼参数替换为信息参数，即将式(7.21)代入式(7.17)，即

$$\hat{\boldsymbol{y}}_{k+}=\boldsymbol{Y}_{k+}\hat{\boldsymbol{X}}_{k+}=(\boldsymbol{Y}_{k-}+\boldsymbol{I}_{k})(\hat{\boldsymbol{X}}_{k-}+\boldsymbol{\Sigma}_{\hat{X}_{k-}}(\boldsymbol{H}_{k-}^{i})^{\mathrm{T}}(\boldsymbol{S}^{i})-1(z_{k}^{i}-h^{i}(\hat{\boldsymbol{x}}_{k-}^{i})))\tag{7.25}$$

式中，$\hat{\boldsymbol{y}}_{k+}$ 表示 k 时刻 UUV 集群观测更新后的信息参数。顾及 k 时刻 UUV 集群预测的信息参数 $\hat{\boldsymbol{y}}_{k-}$ 可表达为 $\hat{\boldsymbol{y}}_{k-}=\boldsymbol{Y}_{k-}\hat{\boldsymbol{X}}_{k-}$，并将 $\boldsymbol{I}_{k}=\boldsymbol{H}_{k-}^{\mathrm{T}}(\boldsymbol{P}_{k})\boldsymbol{H}_{k-}$ 和 $\boldsymbol{S}^{i}=(\boldsymbol{P}_{k}^{i})^{-1}+\nabla h^{i}\boldsymbol{\Sigma}_{\hat{X}_{k-}}^{ii}(\nabla h^{i})^{\mathrm{T}}$ 代入式(7.25)整理得

$$\hat{\boldsymbol{y}}_{k+}=\hat{\boldsymbol{y}}_{k-}+\boldsymbol{H}_{k-}^{\mathrm{T}}(\boldsymbol{P}_{k})((z_{k}^{i}-h^{i}(\hat{\boldsymbol{x}}_{k-}^{i})+\boldsymbol{H}_{k-}\hat{\boldsymbol{X}}_{k-})$$
$$=\hat{\boldsymbol{y}}_{k-}+\begin{bmatrix}0\\ \vdots\\ \boldsymbol{i}_{k}(i,\ i)\\ \vdots\\ 0\end{bmatrix}\tag{7.26}$$

式中，$\boldsymbol{i}_{k}(i,\ i)=(\nabla h^{i})^{\mathrm{T}}\boldsymbol{P}_{k}^{i}(z_{k}^{i}-h^{i}(\hat{\boldsymbol{x}}_{k-}^{i})+\nabla h^{i}\hat{\boldsymbol{x}}_{k-}^{i})$。令 $\boldsymbol{i}_{k}=\boldsymbol{H}_{k-}^{\mathrm{T}}(\boldsymbol{P}_{k})((z_{k}^{i}-h^{i}(\hat{\boldsymbol{x}}_{k-}^{i})+\boldsymbol{H}_{k-}\hat{\boldsymbol{X}}_{k-})$，式(7.26)可进一步表达为

$$\hat{\boldsymbol{y}}_{k+}=\hat{\boldsymbol{y}}_{k-}+\boldsymbol{i}_{k}\tag{7.27}$$

可以看出，在进行 UUV i 的单平台观测更新时，仅需要更新 UUV i 的信息参数。UUV 单平台的观测更新仅与其自身有关，而不像传统方法单平台观测更新需要更新所有平台的状态参数。同理将 k 时刻 UUV i 对 UUV j 观测更新的卡尔曼滤波参数表达替换为信息滤波表达，即将式(7.21)代入式(7.20)，即

$$\boldsymbol{Y}_{k+}^{-1}=\boldsymbol{Y}_{k-}^{-1}-\boldsymbol{Y}_{k-}^{-1}(\boldsymbol{H}_{k-}^{ij})^{\mathrm{T}}(\boldsymbol{H}_{k-}^{ij}\boldsymbol{Y}_{k-}^{-1}(\boldsymbol{H}_{k-}^{ij})^{\mathrm{T}}+(\boldsymbol{P}_{k})-1)^{-1}\boldsymbol{H}_{k-}^{ij}\boldsymbol{Y}_{k-}^{-1}\tag{7.28}$$

等式两边同时求逆，进一步化简整理得

$$\boldsymbol{Y}_{k+}=\boldsymbol{Y}_{k-}+(\boldsymbol{H}_{k-}^{ij})^{\mathrm{T}}(\boldsymbol{P}_{k})\boldsymbol{H}_{k-}^{ij}$$

$$=\boldsymbol{Y}_{k-}+\begin{bmatrix} 0 & \cdots & 0 & \cdots & 0 & \cdots & 0 \\ \vdots & \ddots & \vdots & & \vdots & & \vdots \\ 0 & \cdots & \boldsymbol{I}_k(i,i) & \cdots & \boldsymbol{I}_k(i,j) & \cdots & 0 \\ \vdots & & \vdots & \ddots & \vdots & & \vdots \\ 0 & \cdots & \boldsymbol{I}_k(j,i) & \cdots & \boldsymbol{I}_k(j,j) & \cdots & 0 \\ \vdots & & \vdots & & \vdots & \ddots & \vdots \\ 0 & \cdots & 0 & \cdots & 0 & \cdots & 0 \end{bmatrix} \begin{cases} \boldsymbol{I}_k(i,i)=(\nabla h_i^{ij})^T\boldsymbol{P}_k^{ij}\nabla h_i^{ij} \\ \boldsymbol{I}_k(i,j)=(\nabla h_i^{ij})^T\boldsymbol{P}_k^{ij}\nabla h_j^{ij} \\ \boldsymbol{I}_k(j,i)=(\nabla h_j^{ij})^T\boldsymbol{P}_k^{ij}\nabla h_i^{ij} \\ \boldsymbol{I}_k(j,j)=(\nabla h_j^{ij})^T\boldsymbol{P}_k^{ij}\nabla h_j^{ij} \end{cases} \tag{7.29}$$

式中，$\boldsymbol{P}_k^{ij}$ 表示 UUV i 与 UUV j 平台间观测值的权；$\boldsymbol{H}_{k-}^{ij}=[0 \quad \cdots \quad \nabla h_i^{ij} \quad \cdots \quad \nabla h_j^{ij} \quad \cdots \quad 0]^{\mathrm{T}}$。

可以看出，在进行 UUV i 与 UUV j 的平台间观测更新时，仅需要对 UUV i 和 UUV j 的信息矩阵更新即可。同理将 k 时刻 UUV i 与 UUV j 平台间观测更新的 Kalman 参数替换为信息参数。

$$\begin{aligned}\hat{\boldsymbol{y}}_{k+}=\boldsymbol{Y}_{k+}\hat{\boldsymbol{X}}_{k+}=&(\boldsymbol{Y}_{k-}+(\boldsymbol{H}_{k-}^{ij})^{\mathrm{T}}(\boldsymbol{P}_k)\boldsymbol{H}_{k-}^{ij})(\hat{\boldsymbol{X}}_{k-}\\&+\boldsymbol{\Sigma}_{\hat{X}_{k-}}(\boldsymbol{H}_{k-}^{ij})^{\mathrm{T}}(\boldsymbol{S}^{ij})-1(\boldsymbol{z}_k^{ij}-h^{ij}(\hat{\boldsymbol{x}}_k^i,\ \hat{\boldsymbol{x}}_k^j)))\end{aligned} \tag{7.30}$$

式中，$\boldsymbol{H}_{k-}^{ij}=[0 \quad \cdots \quad \nabla h_i^{ij} \quad \cdots \quad \nabla h_j^{ij} \quad \cdots \quad 0]^{\mathrm{T}}$，同理将 $\boldsymbol{S}^{ij}=(\boldsymbol{P}_k^{ij})^{-1}+\boldsymbol{H}_{k-}^{ij}\boldsymbol{\Sigma}_{\hat{X}_{k-}}(\boldsymbol{H}_{k-}^{ij})^{\mathrm{T}}$ 和 $\hat{\boldsymbol{y}}_{k-}=\boldsymbol{Y}_{k-}\hat{\boldsymbol{X}}_{k-}$ 代入整理得

$$\begin{aligned}\hat{\boldsymbol{y}}_{k+}&=\hat{\boldsymbol{y}}_{k-}+\boldsymbol{H}_{k-}^{\mathrm{T}}(\boldsymbol{P}_k)((\boldsymbol{z}_k^i-h^i(\hat{\boldsymbol{x}}_{k-}^i)+\boldsymbol{H}_{k-}\hat{\boldsymbol{X}}_{k-})\\&=\hat{\boldsymbol{y}}_{k-}+[0 \quad \cdots \quad \boldsymbol{i}_k(i) \quad \cdots \quad \boldsymbol{i}_k(j) \quad 0]^{\mathrm{T}}\end{aligned} \tag{7.31}$$

$$\begin{cases}\boldsymbol{i}_k(i)=(\nabla h_i^{ij})^{\mathrm{T}}\boldsymbol{P}_k^{ij}(\boldsymbol{z}_k^{ij}-h^{ij}(\hat{\boldsymbol{x}}_{k-}^i,\ \hat{\boldsymbol{x}}_{k-}^j)+\nabla h_i^{ij}\hat{\boldsymbol{x}}_{k-}^i+\nabla h_j^{ij}\hat{\boldsymbol{x}}_{k-}^j)\\ \boldsymbol{i}_k(j)=(\nabla h_j^{ij})^{\mathrm{T}}\boldsymbol{P}_k^{ij}(\boldsymbol{z}_k^{ij}-h^{ij}(\hat{\boldsymbol{x}}_{k-}^i,\ \hat{\boldsymbol{x}}_{k-}^j)+\nabla h_i^{ij}\hat{\boldsymbol{x}}_{k-}^i+\nabla h_j^{ij}\hat{\boldsymbol{x}}_{k-}^j)\end{cases} \tag{7.32}$$

可以看出，进行 UUV i 与 UUV j 的平台间观测更新时，仅需要对 UUV i 与 UUV j 的信息参数更新，而无须像传统方法对 UUV 集群整体进行信息参数更新。对于 UUV 集群协同定位，信息滤波的观测更新仅改变观测量直接涉及状态的信息参数，相比于传统方法的观测更新需要改变所有与观测相关的状态参数，信息滤波的观测更新具有局部性。

考虑到水下环境的复杂性和水声通信引起的时间延迟，交换信息滤波观测更新和时间更新的顺序，存储部分历史信息，即可得到增广信息滤波(decentralized extend information filter，DEIF)。UUV 集群进行状态添加即每个 UUV 平台各自进行状态添加，不同时刻 UUV 状态参数之间存在协方差，可按协方差公式推导得到。如图 7.9 所示，状态添加即为 UUVk 时刻的状态 $\boldsymbol{A}_k$ 增加一个新的状态结点 $\boldsymbol{A}_{k+1}$，并改变被连状态节点 $\boldsymbol{A}_k$。

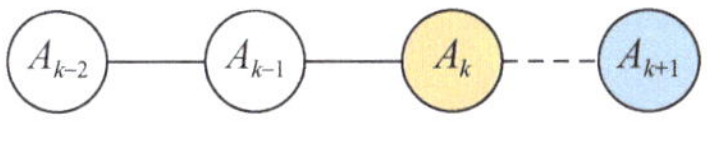

图 7.9　UUV 状态添加

对于 k+1 时刻 UUV 集群进行状态添加，得到联合状态$[\hat{\boldsymbol{X}}_{k-1}^{\mathrm{T}} \quad \hat{\boldsymbol{X}}_k^{\mathrm{T}} \quad \hat{\boldsymbol{X}}_{k+1}^{\mathrm{T}}]^{\mathrm{T}}$，其信息参数的表达形式为

$$\hat{\boldsymbol{y}}_a=\begin{bmatrix}\boldsymbol{y}_{k-1}\\ \boldsymbol{y}_k-\boldsymbol{F}_k^{\mathrm{T}}\boldsymbol{Q}_k^{-1}[\hat{\boldsymbol{X}}_{k+1(-)}-\boldsymbol{F}\hat{\boldsymbol{X}}_{k(+)}]\\ \boldsymbol{Q}_k^{-1}[\hat{\boldsymbol{X}}_{k+1(-)}-\boldsymbol{F}\hat{\boldsymbol{X}}_{k(+)}]\end{bmatrix}\tag{7.33}$$

$$\boldsymbol{Y}_a=\begin{bmatrix}\boldsymbol{Y}_{k-1,k-1} & \boldsymbol{Y}_{k-1,k} & 0\\ \boldsymbol{Y}_{k-1,k}^{T} & \boldsymbol{Y}_{k,k}+\boldsymbol{F}_k^{\mathrm{T}}\boldsymbol{Q}_k^{-1}\boldsymbol{F}_k & -\boldsymbol{F}_k^{\mathrm{T}}\boldsymbol{Q}_k^{-1}\\ 0 & \boldsymbol{Q}_k^{-1}\boldsymbol{F}_k & \boldsymbol{Q}_k^{-1}\end{bmatrix}\tag{7.34}$$

式中，$\hat{\boldsymbol{y}}_a$ 和 $\boldsymbol{Y}_a$ 分别表示 $k-1$、k 和 $k+1$ 时刻 UUV 集群联合状态的信息向量和信息矩阵。

可以看出，进行 $k+1$ 时刻 UUV 的状态添加仅会改变 k 时刻 UUV 状态参数的信息向量和信息矩阵，而与其他时刻 UUV 状态的信息参数无关。由于信息形式的观测更新仅改变观测涉及的 UUV 状态参数，进行 $k+1$ 时刻的观测更新 $\boldsymbol{z}_{k+1}$ 仅需更新 $\hat{\boldsymbol{y}}_a(3)$ 和 $\boldsymbol{Y}_a(3,3)$，即

$$\hat{\boldsymbol{y}}_{a(+)}=\begin{bmatrix}\hat{\boldsymbol{y}}_a(1)\\ \hat{\boldsymbol{y}}_a(2)\\ \hat{\boldsymbol{y}}_a(3)+\boldsymbol{i}_{k+1}\end{bmatrix}\tag{7.35}$$

$$\boldsymbol{Y}_{a(+)}=\begin{bmatrix}\boldsymbol{Y}_a(1,1) & \boldsymbol{Y}_a(1,2) & \boldsymbol{Y}_a(1,3)\\ \boldsymbol{Y}_a(2,1) & \boldsymbol{Y}_a(2,2) & \boldsymbol{Y}_a(2,3)\\ \boldsymbol{Y}_a(3,1) & \boldsymbol{Y}_a(3,2) & \boldsymbol{Y}_a(3,3)+\boldsymbol{I}_{k+1}\end{bmatrix}\tag{7.36}$$

完成状态添加、观测更新后即可由多个时刻 UUV 状态的联合概率求得当前时刻状态的边缘概率，即进行时间更新，并将信息参数转化为矩参数 $\hat{\boldsymbol{X}}=\boldsymbol{Y}^{-1}\hat{\boldsymbol{y}}$。每个 UUV 根据自身的传感器数据不断进行状态添加，建立平台自身的状态链，同时广播自己的观测信息。各个平台利用收到的平台间观测信息在本平台完成观测更新，当该时刻 UUV 集群观测更新全部完成即可进行时间更新，得到 UUV 集群协同定位结果。

二、协同定位的分散式数据融合

在进行状态添加时，同一时刻各 UUV 按照预定的编号（A、B、C）进行排序，每个时刻两个 UUV 之间进行观测。图 7.10 表示前五个时刻 UUV 集群的状态添加及观测更新，实线表示 UUV 按照运动学方程进行状态添加，虚线表示两个 UUV 之间进行观测。

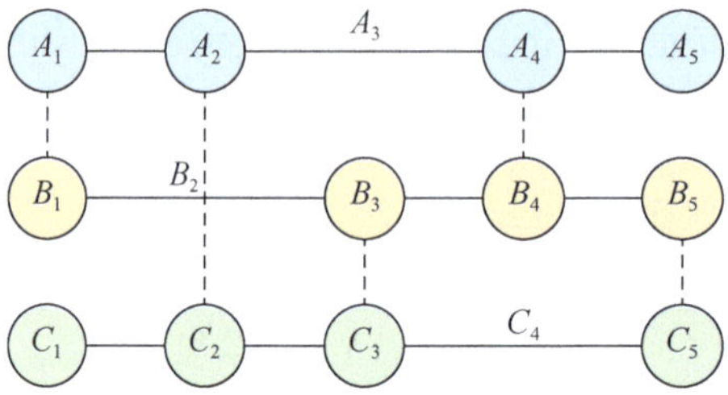

图 7.10　前五个时刻 UUV 集群的状态添加及观测更新

对 UUV 集群进行状态添加时，对应的信息矩阵 Y 的维数会增大，且部分相关区域会产生变化。图 7.11 表示 $t=5$ 时 UUV 集群状态添加引起的信息矩阵变化。状态 A_5、B_5 和 C_5 添加到已有的联合状态中，其中 A_5 连接到 A_4，B_5 连接到 B_4，C_5 连接到 C_4。信息矩阵维数增加的部分来自于新状态的添加，原有信息矩阵的变化位置为状态添加连接到节点的相应位置，红色区域和蓝色区域重叠的部分为信息矩阵需要修正的序列。

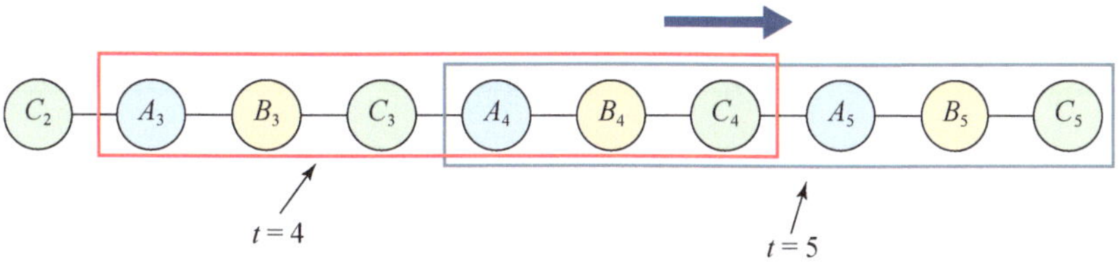

图 7.11　状态添加引起信息矩阵 Y 的变化

为进一步显示信息矩阵的变化，图 7.12 给出了对应上述状态添加的信息矩阵图 7.12(a)及其分解后的楚列斯基(Cholesky)因子矩阵图 7.12(b)。灰色表示该处矩阵值不为零，白色表示该处矩阵值为零。信息矩阵中五个红色方框分别对应五个时刻，方框内表示该时刻 UUV 所对应状态的信息矩阵，红方框外表示不同时刻间 UUV 所对应状态的信息矩阵。对于图 7.12(a)第一个红色方框，UUV A 和 UUV B 进行了相互观测，其信息矩阵相对应位置的元素不为零；UUV C 状态与 UUV A、B 都不相关，其信息矩阵相应位置元素为零。

图 7.12 由楚列斯基分解的性质，带状稀疏矩阵的楚列斯基因子 L 保持带状性，仅原来带状区域内的部分零元素会变成非零元素。如图 7.13 所示，信息矩阵[图 7.13(a)]分解后的楚列斯基因子矩阵[图 7.13(b)]依旧满足带状性。带状矩阵楚列斯基分解具有局部性，使得 UUV 集群的信息矩阵也可以进行递增分解。图 7.13 表示 UUV 集群信息矩阵的状态添加过程，图 7.13(a)、(b)、(c)分别表示第三、四、五个时刻的 UUV 编队的信息矩阵，图 7.14 表示与图 7.13 相对应的楚列斯基分解矩阵。

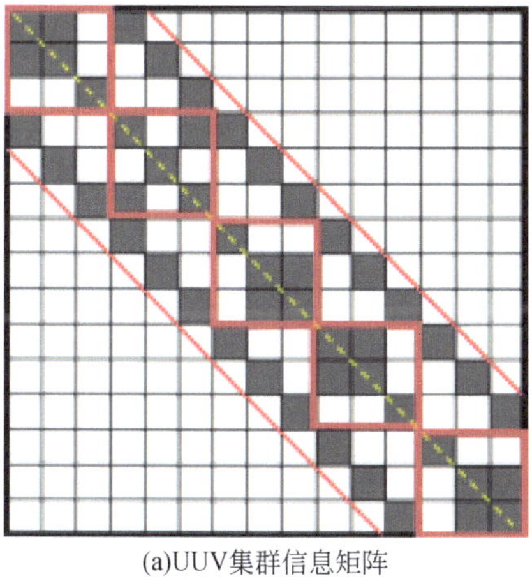

(a)UUV集群信息矩阵

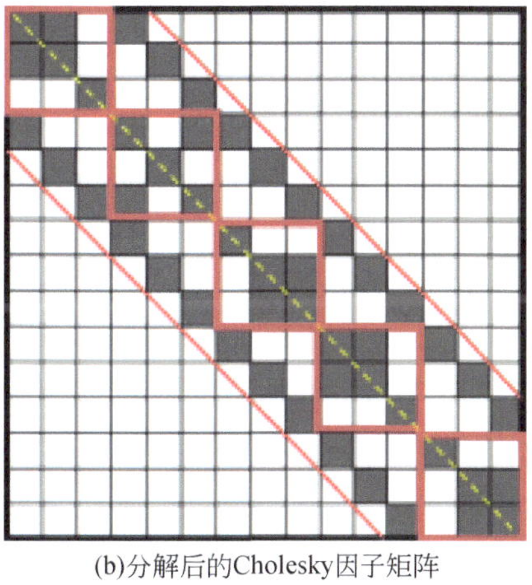

(b)分解后的Cholesky因子矩阵

图 7.12　UUV 集群信息矩阵及其楚列斯基因子

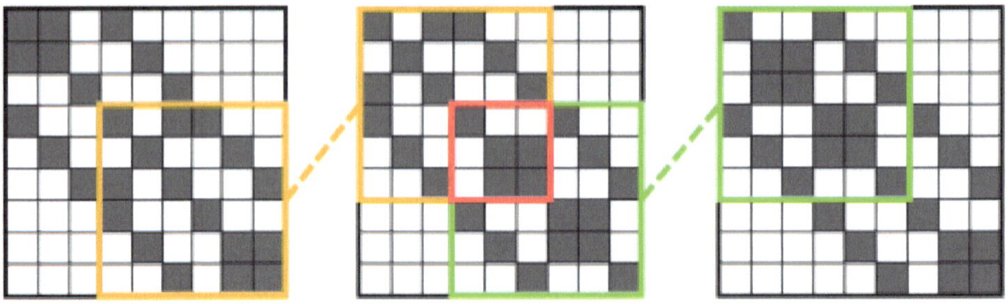

图 7.13　UUV 集群信息矩阵状态添加

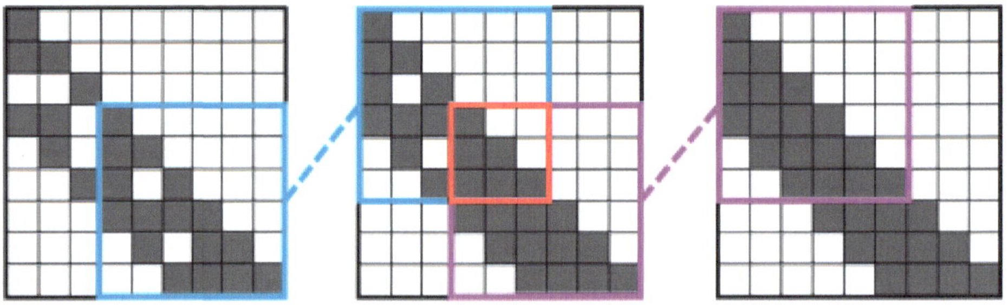

图 7.14　UUV 集群信息矩阵楚列斯基因子

将上述 UUV 集群状态添加过程展开，图 7.13(a)中橙色方框为 $t=3$ 时刻的状态添加，图 7.14(a)中蓝色方框表示图 7.13(a)中信息矩阵相应位置的楚列斯基分解。$t=4$ 时刻，UUV 集群状态添加如图 7.13(b)所示，状态添加仅增加了橙色方框右侧和下侧的区域，其楚列斯基分解后的结果如图 7.14(b)所示，状态更新后的楚列斯基分解并未改变原有位置的分布。信息矩阵中元素影响楚列斯基分解的区域仅为其右侧和下方，即意味着每次状态更新仅需改变红色方框内的楚列斯基因子即可，进而实现信息矩阵的递推分解。

三、通信载荷与定位精度分析

为验证方法的有效性，选择日本南海海槽 TOS2(坐标为 32.43°N、134.03°E)区域作为水下实验环境。观测时间为 2016 年 7 月，海水最大深度为 1405.63m，模拟了两个位于水面的主 UUV 和三个水下的跟随 UUV。跟随 UUV 编号分别为 UUV1、UUV2 和 UUV3，起始深度均为 496.0m，其中跟随 UUV1 与水面的双主 UUV 进行通信。跟随 UUV 皆搭载压力深度计、INS 和 DVL，INS 的陀螺零漂和随机噪声分别为 0.1(°)/h 和 0.01(°)/$\sqrt{h}$，DVL 的测量噪声为$(0.1\text{m/s})^2$，水声测距的标准差为 1.0m。仿真时间为 3.0h，海域水流速度为 2m/s，UUV 均以 1 节的速度航行。

图 7. 15 表示 TOS2 处实测的声速剖面，实际采样点如黄色六芒星所示。深度从 0m 采至 1405. 634m，最小声速达到 1480. 7m/s，最大声速达到 1510. 3m/s。可以看出，由于表层海水温度变化较为明显，相应声速变化也较为剧烈，所以声速采样点也较为密集。随着海水深度的不断增加，声速先随温度的降低而不断减少，当海水温度变化不再显著，声速再随着压力的增大不断增加。

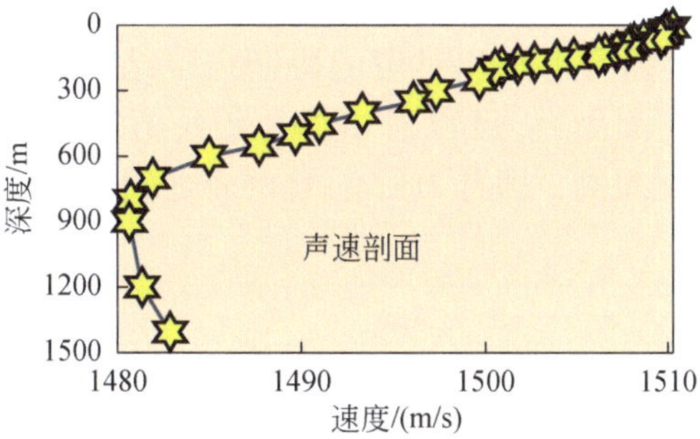

图 7. 15　实测声速剖面

图 7. 16 表示传统分散式 Kalman 滤波的通信策略，对于 UUV A、B、C 在两次观测更新之间，每个 UUV 更新自身平台 $\hat{\boldsymbol{x}}$ 和 P 并计算 ∇f，并将 ∇f 广播至整个 UUV 集群。如图 7. 16 所示，第一个时刻 UUV B 接受来自 UUV A 发送的 $\hat{\boldsymbol{x}}_{A1}^-$ 和 $\boldsymbol{P}_{A1A1}^-$，计算观测新息 $\boldsymbol{v}$、新息协方差 $\boldsymbol{S}$ 和观测矩阵 ∇h 并广播到 UUV 集群，从而每个 UUV 可以计算出 $\hat{\boldsymbol{x}}^+$。UUV A 和 UUV B 分别将协方差矩阵行向量 $\boldsymbol{P}_{A1*}^-$ 和 $\boldsymbol{P}_{B1*}^-$ 广播到整个 UUV 集群，从而每个 UUV 都可以更新对应的方差矩阵行向量 $\boldsymbol{P}_{i*}^+$。同理到第二个时刻，UUV C 接受来自 UUV A 发送的 $\hat{\boldsymbol{x}}_{A2}^-$ 和 $\boldsymbol{P}_{A2A2}^-$ 计算 $\boldsymbol{v}$、$\boldsymbol{S}$ 和 ∇h，并广播至 UUV 集群，每个 UUV 按照上述步骤更新自身 $\hat{\boldsymbol{x}}^+$ 和 $\boldsymbol{P}^+$。假定观测总量为 $M=s+r$，s 表示单平台自身的观测数目，r 表示平台间观测的数目，$\hat{\boldsymbol{x}}^+$ 维数设为 K，则通信总量为 $\boldsymbol{O}(MN^2K^2)$。

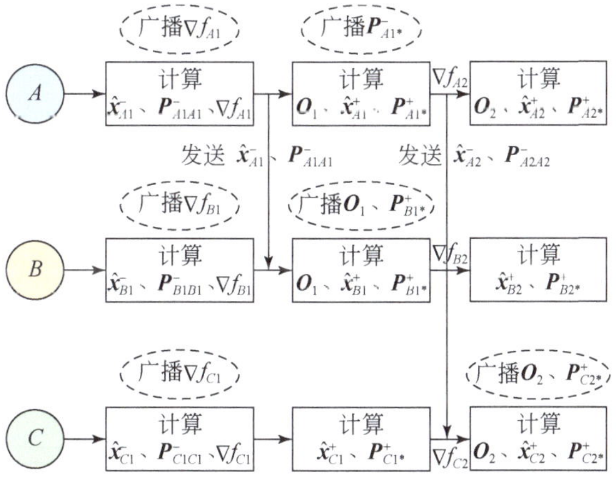

图 7. 16　传统分散式卡尔曼滤波的通信策略

图 7.17 表示 UUV 集群分散式增广信息滤波的通信策略，每个 UUV 先进行自身传感器数据融合和状态添加，构建局部的状态链。由于增广信息滤波中观测更新仅与观测涉及的平台相关，如第一个时刻，UUV B 接受到来自 UUV A 的状态参数 $\hat{\boldsymbol{x}}^{-}$ 和观测信息 $\boldsymbol{z}$，即可计算信息向量 $\hat{\boldsymbol{y}}$ 和信息矩阵 $\hat{\boldsymbol{Y}}$ 完成观测更新，而无需再将信息广播至所有 UUV 集群。观测更新完成后，根据信息矩阵的变化位置确定修正序列，各个 UUV 平台传递发送信息矩阵的 Cholesky 分解因子块 $\boldsymbol{L}^{*}$ 和伴随向量 $\boldsymbol{f}^{*}$，协同完成信息矩阵的 Cholesky 修正。修正在最后一个 UUV 平台结束，即可得到相对应的协同定位结果，每个平台发送的信息量为 $\boldsymbol{O}(N^2K^2)$，通信总量为 $\boldsymbol{O}(N^3K^2)$。可以看出，与传统方法通信之间的差异为 $\boldsymbol{O}((M-N)N^2K^2)$，只要平台间存在观测，即有 $M>N$，且两者之间相差 $(M-N)$ 倍，说明了新方法可显著地减少通信载荷。

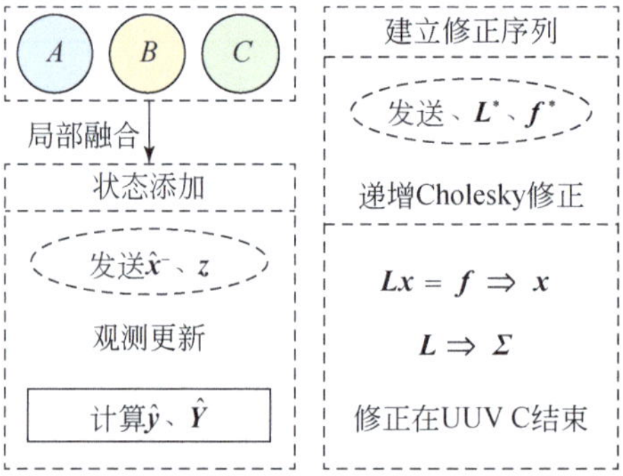

图 7.17　UUV 集群分散式增广信息滤波的通信策略

为验证所提出分散式方法与集中式方法的一致性，分别采用集中式扩展 Kalman 滤波(EKF)和所提出的分散式增广信息滤波(DEIF)进行 UUV 集群协同定位，如图 7.18 所示。黄色圆形表示 UUV 的起始位置，红色和蓝色箭头表示 UUV 的前进方向，为便于结果对比，每个 UUV 的轨迹都为矩形。图 7.18(a)绿色线条表示 UUV 航位递推的结果，蓝色虚线表示采用集中式方法的结果，图 7.18(b)红色虚线表示采用分散式方法的结果。可以看出，UUV1 由于搭载传感器精度最高，协同定位后的精度变化差异不大。对于 UUV2 和 UUV3，协同定位显著地提升了定位的精度，实现了观测资源的共享。

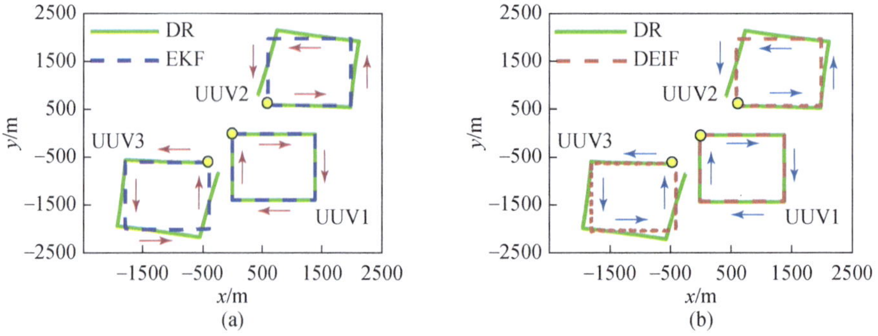

图 7.18　传统集中式方法和分散式方法的定位结果

图 7. 19 表示所提出分散式方法定位结果的箱线图。UUV1 的航位递推误差最大为 0. 89m，中位数为 0. 41m，采用了新方法协同定位后误差最大为 0. 87m，中位数为 0. 41m，如图 7. 19(a)所示。由于 UUV1 搭载的传感器精度最高，采用协同定位后精度提升不大。对于 UUV2 和 UUV3，其航位推算误差最大为 264. 93m 和 266. 14m，中位数分别为 193. 66m 和 188. 91m；经过协同定位后，最大误差分别为 36. 02m 和 13. 98m，中位数分别为 4. 07m 和 1. 46m，如图 7. 19(b)、(c)所示。可以看出，协同定位能够准确修正 UUV 的定位误差，显著提升 UUV 集群的定位精度。此外，由于水下观测信息的匮乏，UUV 之间的编队构型会直接影响定位结果的精度，这也是 UUV2 和 UUV3 搭载同样精度的传感器而协同定位精度不一致的原因。

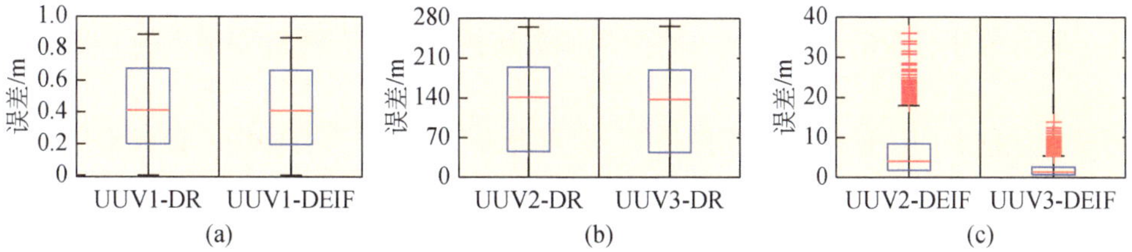

图 7. 19　分散式方法的定位结果箱线图

为了验证本书提出的分散式方法与集中式方法的一致性，图 7. 20 展示了 UUV2 和 UUV3 分别采用航位推算 DR、集中式 EKF、分散式 DEIF 三种方法的平均定位误差。对于 UUV2 和 UUV3，其航位推算误差的平均值分别为 118. 33m 和 115. 81m，STD 分别为 79. 42m 和 77. 91m；采用集中式方法的协同定位误差平均值分别为 5. 82m 和 1. 98m，STD 分别为 5. 28m 和 1. 18m；采用分散式方法的协同定位误差平均值分别为 5. 78m 和 2. 05m，STD 分别为 5. 29m 和 1. 19m。可以看出，无论是采用集中式方法还是分散式方法，协同定位均显著地提升了定位结果的精度。采用分散式方法与集中式方法的定位精度相当，验证

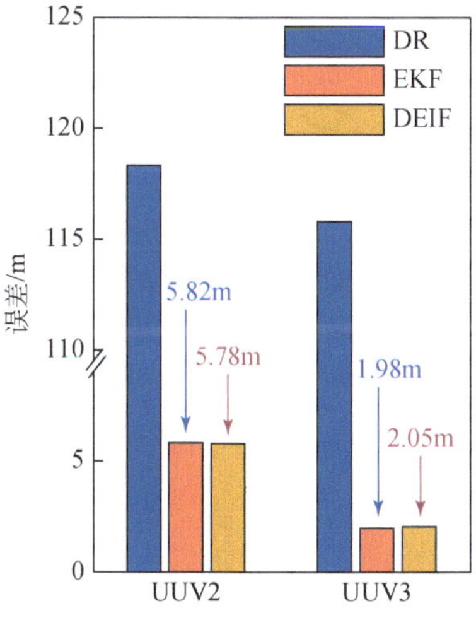

图 7. 20　集中式方法和分散式方法的定位结果对比

了所提出分散式方法与集中式方法的一致性。此外，由上述分析，所提出的分散式框架可以显著降低 UUV 之间的通信量，实现 UUV 集群协同定位的"去中心化"。

第四节　基于抗差因子图的分散式数据融合

一、因子图算法的基本原理

因子图模型是概率图模型中的一种，概率图是用于表示变量之间的显式关系的图模型。图中的每个节点代表一个待优化变量，边表示了变量之间的概率联系。概率图可视化地描述了联合概率分布的因式分解，将全局函数转换为在所有随机变量上的一组局部函数乘积。

图模型包括有向图模型和无向图模型。"贝叶斯网络"即为有向图，该模型中变量之间的边具有方向，用箭头表示。为了理解有向图的结构，可以考虑三个变量$\{a, b, c\}$上的一个任意的联合分布$p(a, b, c)$。在暂时不考虑函数离散或连续的前提下，根据贝叶斯估计理论，可以将联合概率分布写成如下形式：

$$p(a, b, c)=p(c|a, b)p(a, b) \tag{7.37}$$

对右边第二项再次处理，最后得到：

$$p(a, b, c)=p(c|a, b)p(b|a)p(a) \tag{7.38}$$

进行贝叶斯图的构建时，将各个随机变量a，b，c建模为一个节点，然后在每个节点上关联对应的条件概率。利用有向的连接边表示每个条件概率分布，连接边的起点是条件概率中条件部分的节点。例如，对于条件概率$p(c|a, b)$，存在从结点a，b到结点c的边，对于条件概率$p(a)$，没有进行输入的边，如图 7.21 所示。

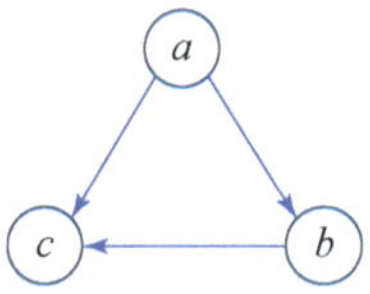

图 7.21　贝叶斯网络

如果一个有向连接边从节点a出发到节点b，则节点a为节点b的父节点，节点b为节点a的子节点。对于同一个联合概率分布，不同的因式分解对应不同的贝叶斯网络。综上所述，联合概率分布可以被因式分解为条件概率分布的乘积。因此，对于一个有K个节点的图，设pa_k为变量x_k父节点的集合，则联合概率分布可以表示为

$$p(x) = \prod_{k=1}^{K} p(x_k | pa_k) \tag{7.39}$$

有向图使得若干个变量的全局函数能够分解为这些变量的子集上的局部函数乘积，而因子图可以更加清晰地表达这个分解。因子图在表示状态的变量节点的基础上，再引入额外的因子节点来表示条件概率，最后用无向连接边进行关联。

一个有向图可能对应多个因子图，如将有向图转化为因子图时，全局函数可以写为不同的形式，对应不同的因子图模型。例如，不进行分解时可直接用因子 $p(a, b, c)$ 表示，如图 7.22 所示，或分解为三个因子 $p(c|a, b)p(b|a)p(a)$，如图 7.23 所示。

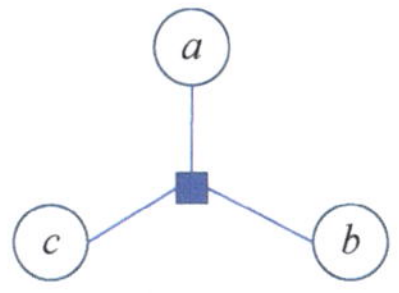

图 7.22　因子图转化形式 1

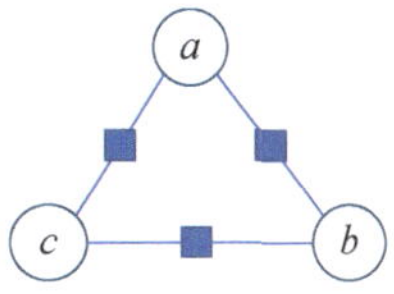

图 7.23　因子图转化形式 2

因子图定义表达待优化参数的联合概率分布的图模型 $\boldsymbol{G}=(\boldsymbol{F}, \boldsymbol{X}, \boldsymbol{E})$，$\boldsymbol{F}$ 为局部函数的集合，$\boldsymbol{X}$ 为全体变量的集合，$\boldsymbol{E}$ 为连接边的集合。图中有两类节点：一类是因子节点 $f_i \in \boldsymbol{F}$，是指因式分解中的局部概率函数；另一类是变量节点 $x_i \in \boldsymbol{X}$。边缘 $e_{ij} \in \boldsymbol{E}$ 是指当且仅当因子节点 f_i 与状态变量节点 $\boldsymbol{x}_i$ 相关时存在一条连接边。因子图 $\boldsymbol{G}$ 是全局函数 $f(\boldsymbol{X})$ 因式分解的图形表达。将各个传感器的误差函数 $f_i(\boldsymbol{x}_i)=d(\mathrm{err}_i(\boldsymbol{x}_i, z_i))$ 用因子节点表示，其中 $d(\cdot)$ 代表相应的代价函数，z_i 是实际量测值。

在导航定位问题中，需要利用传感器收集到的信息进行载体定位。由于测量噪声的存在，无法恢复出待优化参数的真实状态，但可以使用贝叶斯概率对不确定的事件分配权重进行融合，推断出关于真实状态的一种概率描述。因子图组合导航系统的构造原理可以一个简单的主从式 UUV 协同定位的例子进行说明，如图 7.24 所示。

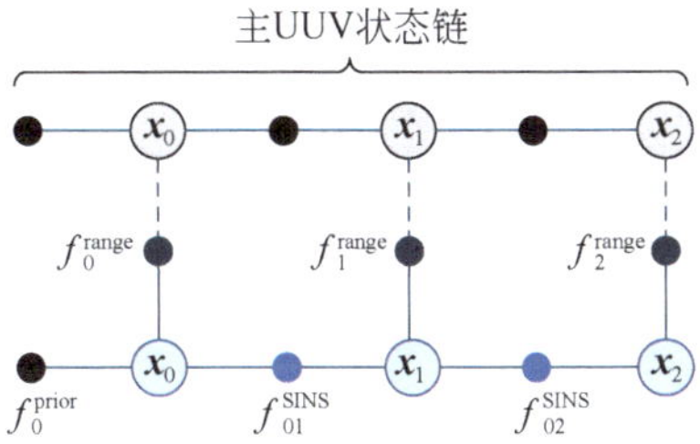

图 7.24　主从式 UUV 协同定位因子图模型

设图中三个时刻的状态为 $\boldsymbol{X}=[\boldsymbol{x}_0, \boldsymbol{x}_1, \boldsymbol{x}_2]$，测量值为 $\boldsymbol{Z}=[z_0, z_1, z_2]$。由贝叶斯估计准则可得后验估计为

$$P(\boldsymbol{X}|\boldsymbol{Z})=\frac{P(\boldsymbol{Z}|\boldsymbol{X})P(\boldsymbol{X})}{P(\boldsymbol{Z})} \tag{7.40}$$

假设观测值给定，$P(\boldsymbol{X}|\boldsymbol{Z}) \propto l(\boldsymbol{X}; \boldsymbol{Z})P(\boldsymbol{X})$，则归一化项 $P(\boldsymbol{Z})$ 与最大后验概率无关。其中 $l(\boldsymbol{X}; \boldsymbol{Z}) \propto P(\boldsymbol{Z}|\boldsymbol{X})$，是给定观测 $\boldsymbol{Z}$ 的情况下状态量 $\boldsymbol{X}$ 的似然估计。则全体状态量的后验概率密度可写为如下分解形式：

$$P(\boldsymbol{X}|\boldsymbol{Z})=p(\boldsymbol{x}_1)p(\boldsymbol{x}_2|\boldsymbol{x}_1)p(\boldsymbol{x}_3|\boldsymbol{x}_2)l(\boldsymbol{x}_1; z_1)l(\boldsymbol{x}_2; z_2)l(\boldsymbol{x}_3; z_3) \tag{7.41}$$

转换为图 7.24 中的因子图后，每一个深色节点即为因子节点，代表一个局部后验概率密度 $P(Z|X)$，并且只与其相关的状态变量节点连接。例如，$p(\boldsymbol{x}_0)$ 对应先验因子节点

f_0^{prior}，只连接 $\boldsymbol{x}_0$；$l(\boldsymbol{x}_0;\ z_0)$对应主从 UUV 的测距因子节点$f_0^{\text{range}}$，只连接 $\boldsymbol{x}_0$；$p(\boldsymbol{x}_1|\boldsymbol{x}_0)$对应 SINS 因子节点 f_{01}^{SINS}，连接两个时刻的因子节点 $\boldsymbol{x}_0$ 与 $\boldsymbol{x}_1$，为双边因子。

随着时间推移，假设所有待优化参数的集合为 $\boldsymbol{X}_k^{\text{MAP}}$，测量值集合为 $\boldsymbol{Z}_k^{\text{MAP}}$，则最大后验估计可表示为

$$\boldsymbol{X}_k^{\text{MAP}} = \underset{X_k}{\operatorname{argmax}}\left(\prod_k P(\boldsymbol{X}_k \mid \boldsymbol{Z}_k)\right) \tag{7.42}$$

对于服从高斯噪声分布的测量，可将每一个测量模型 $P(\boldsymbol{X}_k \mid \boldsymbol{Z}_k)$定义为一个因子 $P(\boldsymbol{X}_k \mid \boldsymbol{Z}_k) \propto f_k(\boldsymbol{X}_k)$，用误差函数 $f_k(\boldsymbol{X}_k) = \exp\left\{-\dfrac{1}{2}\| h_k(\boldsymbol{X}_k) - z_i \|_{\boldsymbol{\Sigma}_k}^2\right\}$来表示，其中 $\|\cdot\|_{\boldsymbol{\Sigma}}^2$ 表示马氏距离的平方，$\boldsymbol{\Sigma}$ 表示测量的协方差矩阵。可以将最优估计问题转化为非线性最小二乘问题：

$$\boldsymbol{X}_k^{\text{MAP}} = \underset{X_k}{\operatorname{argmin}} \sum_k \| h_k(\boldsymbol{X}_k) - z_k \|_{\boldsymbol{\Sigma}_k}^2 \tag{7.43}$$

于是可以利用非线性优化方法对式(7.43)进行一系列的线性近似，不断逼近最小值，使解收敛到全局最小值。

二、因子图非线性优化方法

当传感器测量噪声服从高斯分布时，求解状态参数最大后验估计等价于解决一个非线性最小二乘问题，为对问题中的求最小值的目标函数进行优化，通过寻找一组合适的变量取值来使得目标函数最小。为简便起见，本节中令 $\boldsymbol{X}$ 为待优化的变量参数，将 $\boldsymbol{X}$ 的映射非线性多元函数用 $F(\boldsymbol{X})$来表示：

$$\min_X F(\boldsymbol{X}) \tag{7.44}$$

非线性优化最直观的途径是对 $F(\boldsymbol{X})$求取一阶导数，并令其等于零，当 $F(\boldsymbol{X})$达到极值时对应的多元变量 $\boldsymbol{X}$ 即为问题的解。

$$\frac{\mathrm{d}F}{\mathrm{d}\boldsymbol{X}} = 0 \tag{7.45}$$

然而，在实际情况中，对于一个复杂的非线性函数，无法考察其全局性质，其一阶导数难以求解。因此，在非线性优化中，通常采用给定一个变量初值，考虑 $F(\boldsymbol{X})$在初值附近的局部性质，考察 $\boldsymbol{X}$ 如何变化可以使得 $F(\boldsymbol{X})$更小，通过比较初值的变化量 $\Delta\boldsymbol{X}$ 直到小于阈值。

在已有的算法中，较为常用的优化思想有高斯-牛顿法(Gauss-Newton algorithm，GN)与列文伯格-马夸尔特法(levenber-Marquardt algorithm，LM)，下面将分别介绍其解算步骤。

(一)高斯-牛顿法

高斯-牛顿法的前身是牛顿法，对非线性多元函数 $F(\boldsymbol{X})$在初值 $\boldsymbol{X}_k$ 处进行泰勒展开并保留一阶和二阶项：

$$F(\boldsymbol{X}_k + \Delta\boldsymbol{X}_k) \approx F(\boldsymbol{X}_k) + \boldsymbol{J}(\boldsymbol{X}_k)^{\mathrm{T}}\Delta\boldsymbol{X}_k + \frac{1}{2}\Delta\boldsymbol{X}_k^{\mathrm{T}}\boldsymbol{H}(\boldsymbol{X}_k)\Delta\boldsymbol{X}_k \tag{7.46}$$

该函数是一个以 $\Delta\boldsymbol{X}_k$ 为变量的二次函数，其中雅可比矩阵是 $F(\boldsymbol{X})$ 在 $\Delta\boldsymbol{X}_k$ 的一阶导数，海塞矩阵 $H(\boldsymbol{X}_k)$ 是 $F(\boldsymbol{X})$ 在 $\boldsymbol{X}_k$ 处的二阶导数。

该函数具有最小值，条件是对 $\Delta\boldsymbol{X}_k$ 的导数为零：

$$\frac{\partial\left(F(\boldsymbol{X}_k)+\boldsymbol{J}(\boldsymbol{X}_k)^{\mathrm{T}}\Delta\boldsymbol{X}_k+\frac{1}{2}\Delta\boldsymbol{X}_k^{\mathrm{T}}\boldsymbol{H}(\boldsymbol{X}_k)\Delta\boldsymbol{X}_k\right)}{\partial\Delta\boldsymbol{X}_k}=0 \tag{7.47}$$

解得

$$H(\boldsymbol{X}_k)\Delta\boldsymbol{X}_k=-\boldsymbol{J}(\boldsymbol{X}_k) \tag{7.48}$$

高斯–牛顿法以最小二乘优化问题为前提，在牛顿法的基础上，对海塞矩阵 $H(\boldsymbol{X}_k)$ 进行改进，降低了计算量。最小二乘问题可改写为

$$\min_{X} F(\boldsymbol{X})=\|f(\boldsymbol{X})\|^2 \tag{7.49}$$

考虑增量 $\Delta\boldsymbol{X}_k$，优化目标函数为

$$\min_{X_k} F(\boldsymbol{X}_k+\Delta\boldsymbol{X}_k)=\|f(\boldsymbol{X}_k+\Delta\boldsymbol{X}_k)\|^2 \tag{7.50}$$

对部分目标函数中的 $f(\boldsymbol{X}_k)$ 进行泰勒展开：

$$f(\boldsymbol{X}_k+\Delta\boldsymbol{X}_k)\approx\|f(\boldsymbol{X}_k)+\boldsymbol{J}(\boldsymbol{X}_k)^{\mathrm{T}}\Delta\boldsymbol{X}_k\|^2 \tag{7.51}$$

$$\Delta\boldsymbol{X}_k^*=\mathrm{argmin}_{\Delta x}\frac{1}{2}\|f(\boldsymbol{X}_k)+J(\boldsymbol{X}_k)\Delta\boldsymbol{X}_k\|^2 \tag{7.52}$$

根据极值条件，目标函数对 $\Delta\boldsymbol{X}_k$ 的导数为零。展开其平方项：

$$\begin{aligned}\frac{1}{2}\|f(\boldsymbol{X}_k)+\boldsymbol{J}(\boldsymbol{X}_k)^{\mathrm{T}}\Delta\boldsymbol{X}_k\|^2&=\frac{1}{2}(f(\boldsymbol{X}_k)+\boldsymbol{J}(\boldsymbol{X}_k)^{\mathrm{T}}\Delta\boldsymbol{X}_k)^{\mathrm{T}}(f(\boldsymbol{X}_k)+\boldsymbol{J}(\boldsymbol{X}_k)^{\mathrm{T}}\Delta\boldsymbol{X}_k)\\&=\frac{1}{2}(\|f(\boldsymbol{X}_k)\|_2^2+2f(\boldsymbol{X}_k)\boldsymbol{J}(\boldsymbol{X}_k)^{\mathrm{T}}\Delta\boldsymbol{X}_k+\Delta\boldsymbol{X}_k^{\mathrm{T}}\boldsymbol{J}(\boldsymbol{X}_k)\boldsymbol{J}(\boldsymbol{X}_k)^{\mathrm{T}}\Delta\boldsymbol{X}_k)\end{aligned} \tag{7.53}$$

求 $\Delta\boldsymbol{X}_k$ 的导数，并令其为零：

$$\boldsymbol{J}(\boldsymbol{X}_k)f(\boldsymbol{X}_k)+\boldsymbol{J}(\boldsymbol{X}_k)\boldsymbol{J}^{\mathrm{T}}(\boldsymbol{X}_k)\Delta\boldsymbol{X}_k=0 \tag{7.54}$$

$$\underbrace{J(\boldsymbol{X}_k)J(\boldsymbol{X}_k)^{\mathrm{T}}}_{H(X_k)}\Delta\boldsymbol{X}_k=\underbrace{-J(\boldsymbol{X}_k)f(\boldsymbol{X}_k)}_{g(X_k)} \tag{7.55}$$

$$H\Delta\boldsymbol{X}_k=g \tag{7.56}$$

然而，在高斯–牛顿法中的系数矩阵出现病态时，解算结果无法收敛。当步长 $\Delta\boldsymbol{X}_k$ 太大时，会导致局部近似结果误差大，表 7.3 为高斯–牛顿法中增量方程的求解步骤。

表 7.3　高斯–牛顿法求解步骤

增量方程求解步骤
1. 设定初值 $\boldsymbol{X}_k$
2. 执行第 k 次迭代，得出当前雅可比矩阵 $J(\boldsymbol{X}_k)$ 和误差 $f(\boldsymbol{X}_k)$
3. 解算增量方程
4. 若 $\Delta\boldsymbol{X}_k$ 足够小，则停止。否则令 $\boldsymbol{X}_{k+1}=\boldsymbol{X}_k+\Delta\boldsymbol{X}_k$，返回第 2 步

(二) 列文伯格-马夸尔特法

列文伯格-马夸尔特利用近似模型和实际函数的差异来划定信赖域，使用指标 ρ 来刻画近似的好坏程度：

$$\rho=\frac{f(\boldsymbol{X}_k+\Delta\boldsymbol{X}_k)-f(\boldsymbol{X}_k)}{J(\boldsymbol{X}_k)^{\mathrm{T}}\Delta\boldsymbol{X}_k} \tag{7.57}$$

当 ρ 接近于 1 时，说明近似模型优良；当 ρ 过小时，说明真实变化值小于模型变化值，即近似模型效果差，需要减少模型的近似范围；当 ρ 较大时，可以放大模型的近似范围。表 7.4 为列文伯格-马夸尔特法中增量方程的求解步骤。

表 7.4 列文伯格-马夸尔特法求解步骤

增量方程求解步骤
1. 设定初值 $\boldsymbol{X}_k$ 以及优化半径 μ
2. 执行第 k 次迭代，$\boldsymbol{D}$ 为系数矩阵，解算：
$\min\limits_{\Delta X_k}\frac{1}{2}\Vert f(X_k)+J(X_k)^{\mathrm{T}}\Delta X_k\Vert^2$，s. t. $\Vert D\Delta X_k\Vert^2\leqslant\mu$
3. 计算 ρ
4. 若 $\rho>3/4$，则 $\mu=2\mu$
5. 若 $\rho<1/4$，则 $\mu=0.5\mu$
6. 判断 ρ 大于阈值时，认为近似效果好。令 $X_{k+1}=X_k+\Delta X_k$
7. 判断算法是否收敛。如不收敛则返回 2，否则结束

将约束项纳入目标函数，构造拉格朗日函数：

$$L(\Delta X_k,\ \lambda)=\frac{1}{2}\Vert f(X_k)+J(X_k)^{\mathrm{T}}\Delta X_k\Vert^2+\frac{\lambda}{2}(\Vert D\Delta X_k\Vert^2-\mu) \tag{7.58}$$

式中，λ 表示拉格朗日乘子。其增量方程相比于高斯-牛顿法，多了一项 $\lambda D^{\mathrm{T}}D$。可简化为 $D=I$：

$$(H+\lambda I)\Delta x_k=g \tag{7.59}$$

由式(7.58)可见，列文伯格-马夸尔特方法有效规避了增量方程系数矩阵的病态问题，提高了解算结果的稳定性与精度。

三、增量平滑技术

首先对常用的优化解算策略进行说明(图 7.25)，蓝色的圆圈箭头表示重线性化的过程，即重新计算雅可比矩阵的步骤。如图 7.25(a)所示，普通 EKF 算法仅进行了一次解算即输出结果，没有重线性化过程。图 7.25(b)中的迭代扩展卡尔曼滤波(iterative extend kalman filter，IEKF)对当前状态不断进行迭代求解直至残差小于阈值，有效降低了线性化截断误差。EKF 类算法的不足之处是放弃历史状态变量，无法在后来时刻对其进行优化。

图 7.25(c)中的光束法平差(bundle adjustment，BA)对系统中全部的状态变量与观测

值进行建模，构建全局优化问题进行迭代求解，即为 FGO 框架的基本解算方法，理论上该策略的解算精度最高，但是计算量巨大难以实现实时运行。

图 7.25(d)中的滑动窗口(sliding window，SW)策略通过在时间轴上维持一个长度为 m 的窗口，每次解算范围只包括窗口内的状态变量。SW 策略可以既用于改进 EKF 类算法，在模型中添加历史状态，也可以用于改进 FGO 算法，对窗口之外的信息进行边缘化，以先验信息的方式保留在图模型中，保证较小的计算规模，降低计算负担。可以发现，当滑动窗口长度 $m=1$ 时，IEKF 算法等价于 FGO 算法。

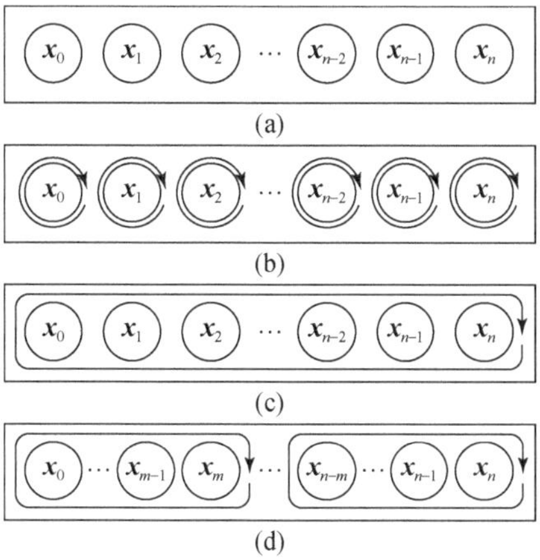

图 7.25　解算范围及迭代过程示意图

假设各传感器观测噪声服从高斯分布，则可以将导航定位问题转化为非线性最小二乘问题，使用非线性优化方法求解，以上方法都是基于 BA 思想。

将目标函数用泰勒形式展开：

$$h_k(\boldsymbol{X}_k)=h_k(\boldsymbol{X}_k^0+\Delta_k)\approx h_k(\boldsymbol{X}_k^0)+\boldsymbol{H}_k\Delta_k \tag{7.60}$$

雅可比矩阵 $\boldsymbol{H}_k$ 为在近似值 $\boldsymbol{X}_k^0$ 处关于目标函数的偏微分，$\Delta_k=\boldsymbol{X}_k-\boldsymbol{X}_k^0$ 为状态更新向量，可以得到线性最小二乘问题形式：

$$\Delta_k^{\mathrm{MAP}}=\underset{\Delta}{\operatorname{argmin}}\sum_k \| h_k(\boldsymbol{X}_k^0)+\boldsymbol{H}_k\Delta_k-\boldsymbol{z}_k\|_{\boldsymbol{\Sigma}_k}^2 \tag{7.61}$$

再将噪声阵写进范数，令 $\boldsymbol{A}_k=\boldsymbol{\Sigma}_k^{-\frac{1}{2}}\boldsymbol{H}_k$，$\boldsymbol{b}_k=\boldsymbol{\Sigma}_k^{-\frac{1}{2}}(\boldsymbol{z}_k-h_k(\boldsymbol{X}_k^0))$，将马氏范数转化为 2-范数：

$$\Delta_k^{\mathrm{MAP}}=\underset{\Delta}{\operatorname{argmin}}\sum_k \|\boldsymbol{A}_k\Delta_k-\boldsymbol{b}_k\|_2^2 \tag{7.62}$$

求解正规方程，得到式(7.62)中唯一的最小二乘解：

$$(\boldsymbol{A}_k^{\mathrm{T}}\boldsymbol{A}_k)\Delta_k^{\mathrm{MAP}}=\boldsymbol{A}_k^{\mathrm{T}}\boldsymbol{b}_k \tag{7.63}$$

其中 $\boldsymbol{\Lambda}_k=\boldsymbol{A}_k^{\mathrm{T}}\boldsymbol{A}_k$ 为定位系统的整体信息矩阵，因雅可比矩阵 $\boldsymbol{A}_k$ 为稀疏块结构，$\boldsymbol{\Lambda}_k$ 同样为稀疏块结构。

为了更清晰地观察图模型解算过程中的矩阵结构，考虑一个简单的多传感器导航定位模型，如图 7.26 所示。

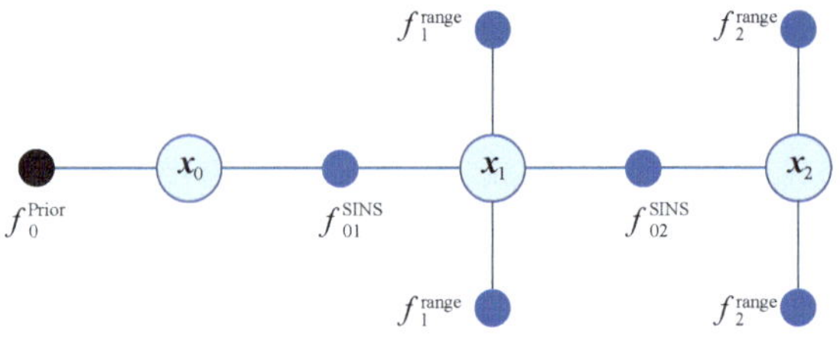

图 7.26　UUV 多传感器导航定位图模型

在$[\boldsymbol{A}_k | \boldsymbol{b}_k]$矩阵结构中，每一个因子对应一个块行，如式(7.64)所示：

$$
\begin{array}{c}
\begin{array}{cccc} \quad\quad\quad\quad\quad \boldsymbol{x}_0 & \boldsymbol{x}_1 & \boldsymbol{x}_2 & \boldsymbol{b} \end{array} \\
[\boldsymbol{A}_k | \boldsymbol{b}_k] = \left[\begin{array}{ccc|c}
\boldsymbol{A}_{11} & & & \boldsymbol{b}_1 \\
\boldsymbol{A}_{21} & \boldsymbol{A}_{22} & & \boldsymbol{b}_2 \\
 & \boldsymbol{A}_{32} & & \boldsymbol{b}_3 \\
 & \boldsymbol{A}_{42} & & \boldsymbol{b}_4 \\
 & \boldsymbol{A}_{52} & \boldsymbol{A}_{53} & \boldsymbol{b}_5 \\
 & & \boldsymbol{A}_{63} & \boldsymbol{b}_6 \\
 & & \boldsymbol{A}_{73} & \boldsymbol{b}_7
\end{array}\right]
\end{array}
\tag{7.64}
$$

实际上，在图中添加一个新的因子相当于在整体雅可比矩阵中添加一个新行，随着载体运行时间增长，系统中不断添加新的因子行，信息矩阵逐渐扩大，若在每次接收到新的测量时执行全体状态变量的重新优化，计算量将大幅攀升，不利于快速定位，无法实现实时解算。若引入滑动窗口缩小规模，则无法回溯窗口范围之前的变量，无法动态、智能地控制窗口大小。

针对以上问题，学者迈克尔·凯斯(Michael Kaess)创造性地提出了增量平滑方法 iSAM2 算法。由于在定位解算的过程中，大部分历史状态变量保持不变，不会再被更新，信息矩阵逐渐成为一个大型稀疏矩阵，增量平滑方法利用了系统的稀疏性和图的拓扑结构，通过消元方法将因子图重新转换回贝叶斯网络，其概率密度为每一步消元后定义的条件概率密度相乘：

$$P(\boldsymbol{X}) = \prod_k p(\boldsymbol{x}_k | \boldsymbol{Z}_k) \tag{7.65}$$

当一个变量节点 $\boldsymbol{x}^i$ 从因子图中消除时，所有涉及该节点的因子 $f_i(\boldsymbol{X}^i)$ $(\boldsymbol{x}^i \in \boldsymbol{X}^i)$ 被重新分解为

$$\prod_i f_i(\boldsymbol{X}^i) = p(\boldsymbol{x}^i | \boldsymbol{S}) f(\boldsymbol{S}) \tag{7.66}$$

其中 $\boldsymbol{S} = \{\boldsymbol{x}^j | \exists i: \boldsymbol{x}^j \in \boldsymbol{X}^i, \boldsymbol{x}^j \neq \boldsymbol{x}^i\}$ 代表因子集合 $f_i(\boldsymbol{X}^i)$ 中除了 $\boldsymbol{x}^i$ 外所涉及的变量。

然后将条件概率密度 $p(\boldsymbol{x}^i | \boldsymbol{S})$ 添加到贝叶斯网中，将新因子 $f(\boldsymbol{S})$ 添加到因子图中。假设变量消除顺序为 $\boldsymbol{x}_0$、$\boldsymbol{x}_1$、$\boldsymbol{x}_2$，则消元过程等价于将联合概率密度 $p(\boldsymbol{x}_0, \boldsymbol{x}_1, \boldsymbol{x}_2)$ 分解为

$$p(\boldsymbol{x}_0, \boldsymbol{x}_1, \boldsymbol{x}_2) = p(\boldsymbol{x}_2) p(\boldsymbol{x}_1 | \boldsymbol{x}_2) p(\boldsymbol{x}_0 | \boldsymbol{x}_1) \tag{7.67}$$

箭头方向表示父子节点关系，消元过程及贝叶斯网结构如图 7.27 所示。

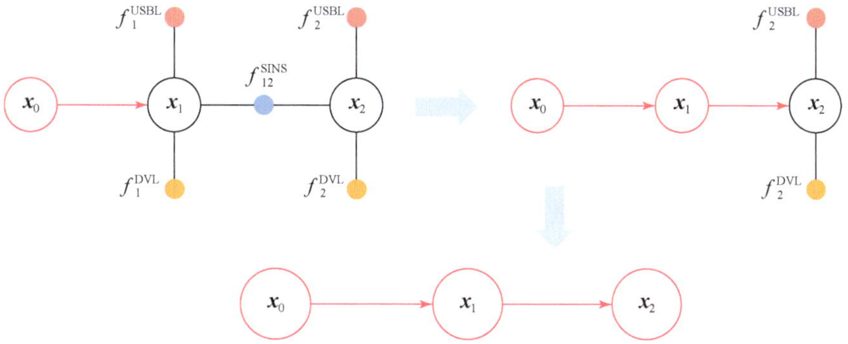

图 7.27　消元过程

贝叶斯网结构等价于雅可比矩阵 QR 分解得到的上三角矩阵 $\boldsymbol{R}$。因此，消元过程中也将雅可比矩阵 $\boldsymbol{A}_k$ 分解成一个等效的上三角形式，表示信息矩阵的平方根。每一个矩阵行代表一个线性化因子，$\boldsymbol{A}_k$ 的等效上三角矩阵表示为

$$[\boldsymbol{R}_k]=\begin{array}{c}\begin{matrix}\boldsymbol{x}_0 & \boldsymbol{x}_1 & \boldsymbol{x}_2\end{matrix}\\ \begin{bmatrix}\boldsymbol{R}_{11} & \boldsymbol{R}_{12} & \\ & \boldsymbol{R}_{22} & \boldsymbol{R}_{23}\\ & & \boldsymbol{R}_{33}\end{bmatrix}\end{array} \tag{7.68}$$

假设在新的时刻接收到变量 $\boldsymbol{x}_3$ 的测量值，则贝叶斯网变为如图 7.28 所示的形式。

图 7.28　新增变量的贝叶斯网

对应等效上三角矩阵将改为

$$[\boldsymbol{R}_k]=\begin{array}{c}\begin{matrix}\boldsymbol{x}_0 & \boldsymbol{x}_1 & \boldsymbol{x}_2 & \boldsymbol{x}_3\end{matrix}\\ \begin{bmatrix}\boldsymbol{R}_{11} & \boldsymbol{R}_{12} & & \\ & \boldsymbol{R}_{22} & \boldsymbol{R}_{23} & \\ & & \boldsymbol{R}_{33} & \boldsymbol{R}_{34}\\ & & & \boldsymbol{R}_{44}\end{bmatrix}\end{array} \tag{7.69}$$

可见，矩阵中只有第三个与第四个块行被修改了，其余部分保持不变。利用此特性，iSAM2 可以在每次更新期间识别在贝叶斯网中受影响的部分，只优化部分需要再次改正的节点，提高计算效率。将 iSAM2 与 BA 优化方法以及 SW 方法进行对比，BA 方法在每个时刻重新优化全局的状态变量，SW 方法无法对窗口的合适大小进行判断、选择，iSAM2 更加便捷、高效、具有自适应功能。

四、基于因子图的 UUV 多源信息融合框架

(一) 多源信息融合定位的概率模型

UUV 多源信息融合定位因子图框架由因子节点 $\boldsymbol{f}_i$、变量节点 $\boldsymbol{x}_i$ 以及边组成，在构建框架时，将时间序列中的状态变量建模为变量节点：

$$\boldsymbol{x}_k = [\boldsymbol{p}_k \quad \boldsymbol{v}_k \quad \boldsymbol{r}_k \quad \boldsymbol{\alpha}_k]^{\mathrm{T}} \tag{7.70}$$

式中，$\boldsymbol{p}_k$ 和 $\boldsymbol{v}_k$ 分别表示 t_k 时刻三轴坐标与速度；$\boldsymbol{r}_k$ 表示偏航、俯仰、横滚姿态角；$\boldsymbol{\alpha}_k = [\boldsymbol{b}_{a_k} \quad \boldsymbol{b}_{g_k}]$ 表示加速度计零偏值与陀螺仪漂移值。

t_k 时刻系统中的所有状态变量节点的集合为

$$\boldsymbol{X}_k = \{\boldsymbol{x}_0, \boldsymbol{x}_1, \cdots, \boldsymbol{x}_k\}^{\mathrm{T}} \tag{7.71}$$

将系统中各传感器在 t_i 时刻的测量值表示为 $z_i = [z_i^{\mathrm{SINS}} \quad z_i^{\mathrm{USBL}} \quad z_i^{\mathrm{DVL}}]^{\mathrm{T}}$，则 t_k 时刻系统接收到的所有测量值的集合为

$$Z_k = \{z_0, z_1 \cdots z_k\}^{\mathrm{T}} \tag{7.72}$$

根据贝叶斯估计原理，从 t_0 时刻到 t_k 时刻，时间序列中各个节点状态的联合后验概率密度为

$$\prod_k P(\boldsymbol{X}_k \mid \boldsymbol{Z}_k) \propto P(\boldsymbol{X}_0) \prod_{t=1}^{k} P(\boldsymbol{X}_t \mid \boldsymbol{X}_{t-1}, z_t^{\mathrm{SINS}}) \prod_{m=1}^{k} P(\boldsymbol{z}_m^{\mathrm{USBL}} \mid \boldsymbol{X}_m) \prod_{n=1}^{k} P(\boldsymbol{z}_n^{\mathrm{DVL}} \mid \boldsymbol{X}_n) \tag{7.73}$$

式中，$P(\boldsymbol{X}_0)$ 表示所有变量的初始状态信息；$P(\boldsymbol{X}_t \mid \boldsymbol{X}_{t-1}, z_t^{\mathrm{SINS}})$ 表示 SINS 状态转移模型；$P(\boldsymbol{z}_m^{\mathrm{USBL}} \mid \boldsymbol{X}_m)$ 和 $P(z_n^{\mathrm{DVL}} \mid \boldsymbol{X}_n)$ 分别表示观测更新模型。

根据可用观测信息，通过最大后验概率密度(maximum a posteriori，MAP)获得时间序列中所有状态变量的最优估计：

$$\boldsymbol{X}_k^{\mathrm{MAP}} = \underset{X_k}{\operatorname{argmax}}\left(\prod_k P(\boldsymbol{X}_k \mid \boldsymbol{Z}_k)\right) \tag{7.74}$$

当因子图算法应用于在多源信息融合定位系统，在接收到各传感器的测量信息时定义因子节点并更新因子图框架，进行变量节点的递推和更新。UUV 多源信息融合定位因子图框架如图 7.29 所示，其中虚线部分表示 t_k 时刻新添加到图中的边与状态变量。

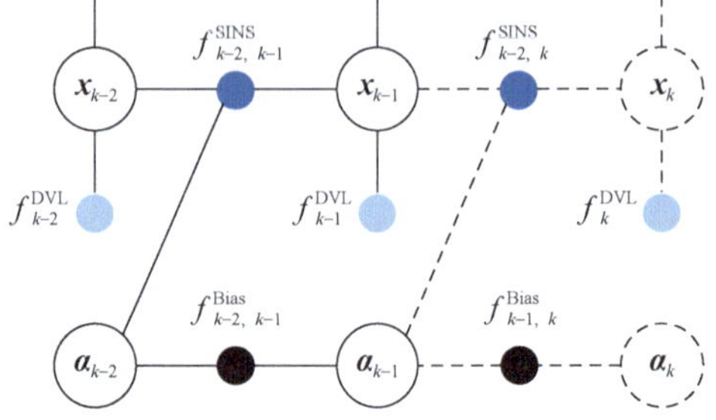

图 7.29　UUV 多源信息融合定位因子图框架

构建 UUV 多源信息融合因子图框架需要将各个传感器观测信息建模为因子节点。下面分别讨论 UUV 多源信息融合定位中所用的传感器因子模型。

(二)测距因子节点

根据水声测距定位原理，设 $\boldsymbol{s}$ 与 $\boldsymbol{p}$ 分别为导航坐标系下应答器与 UUV 上基阵的位置矢量，其中 SINS 递推的位置信息为 $\boldsymbol{p}$ 的估值，应答器是布置在主 UUV 上，可得 $\boldsymbol{s}$ 为已知位置矢量。设 $\boldsymbol{r}$ 是应答器在载体坐标系下的位置矢量，$\boldsymbol{n}^{\text{range}}$ 代表水声测距的位置测量噪声。可得 UUV 的位置观测方程为

$$\boldsymbol{r}=\boldsymbol{R}^{\mathrm{T}}(\boldsymbol{s}-\boldsymbol{p})+\boldsymbol{n}^{\text{range}} \tag{7.75}$$

SINS 递推得到的载体系下应答器的位置矢量为

$$\hat{\boldsymbol{r}}=\hat{\boldsymbol{R}}^{\mathrm{T}}(\boldsymbol{s}-\hat{\boldsymbol{p}}) \tag{7.76}$$

UUV 位置误差和姿态误差可以表示为

$$\delta\boldsymbol{p}=\hat{\boldsymbol{p}}-\boldsymbol{p} \tag{7.77}$$

$$\hat{\boldsymbol{R}}\boldsymbol{R}^{\mathrm{T}}=\boldsymbol{I}_3+[\boldsymbol{\varphi}\times] \tag{7.78}$$

将式(7.77)与式(7.78)代入式(7.76)可得

$$\begin{aligned}\boldsymbol{r}&=\hat{\boldsymbol{R}}^{\mathrm{T}}(\boldsymbol{I}_3+[\boldsymbol{\varphi}\times])(\boldsymbol{s}+\delta\boldsymbol{p}-\hat{\boldsymbol{p}})+\boldsymbol{n}^{\text{range}}\\&=\hat{\boldsymbol{R}}^{\mathrm{T}}(\boldsymbol{I}_3+[\boldsymbol{\varphi}\times])\hat{\boldsymbol{R}}\hat{\boldsymbol{R}}^{\mathrm{T}}[(\boldsymbol{s}-\hat{\boldsymbol{p}})+\delta\boldsymbol{p}]+\boldsymbol{n}^{\text{range}}\\&=\hat{\boldsymbol{R}}^{\mathrm{T}}(\boldsymbol{I}_3+[\boldsymbol{\varphi}\times])(\hat{\boldsymbol{R}}\hat{\boldsymbol{r}}+\delta\boldsymbol{p})+\boldsymbol{n}^{\text{range}}\\&=\hat{\boldsymbol{R}}^{\mathrm{T}}[\boldsymbol{\varphi}\times]\hat{\boldsymbol{R}}\hat{\boldsymbol{r}}+\hat{\boldsymbol{R}}^{\mathrm{T}}[\boldsymbol{\varphi}\times]\delta\boldsymbol{p}+\hat{\boldsymbol{r}}+\hat{\boldsymbol{R}}^{\mathrm{T}}\delta\boldsymbol{p}+\boldsymbol{n}^{\text{range}}\end{aligned} \tag{7.79}$$

忽略二阶小量的影响，声学位置与 SINS 位置矢量测量值误差方程可以表示为

$$\delta\boldsymbol{r}=\boldsymbol{r}-\hat{\boldsymbol{r}}=\hat{R}^{\mathrm{T}}\delta\boldsymbol{p}-\hat{\boldsymbol{R}}^{\mathrm{T}}[\hat{\boldsymbol{R}}\hat{\boldsymbol{r}}\times]\boldsymbol{\varphi}+\boldsymbol{n}^{\text{range}} \tag{7.80}$$

当从 UUV 在 t_k 时刻接收到主 UUV 的状态信息与距离，即可计算位置信息，观测方程可列为 $\boldsymbol{z}_k^{\text{range}}=h^{\text{range}}(\hat{\boldsymbol{x}}_k)+\boldsymbol{n}^{\text{range}}$，其误差函数可表示为

$$f^{\text{range}}(\boldsymbol{x}_k)\doteq \mathrm{d}(z_k^{\text{range}}-h^{\text{range}}(\hat{\boldsymbol{x}}_k)) \tag{7.81}$$

线性化目标函数中的雅可比矩阵 $\boldsymbol{H}^{\text{USBL}}$ 为

$$\boldsymbol{H}^{\text{range}}=[-\hat{\boldsymbol{R}}^{\mathrm{T}}[\hat{\boldsymbol{R}}\hat{\boldsymbol{r}}\times]\quad \hat{\boldsymbol{R}}^{\mathrm{T}}\quad \boldsymbol{0}_{3\times3}] \tag{7.82}$$

在 GTSAM 的载体系优化系统中：

$$\boldsymbol{H}_{\text{GTSAM}}^{\text{range}}=[-\hat{\boldsymbol{R}}^{\mathrm{T}}[\hat{\boldsymbol{R}}\hat{\boldsymbol{r}}\times]\hat{\boldsymbol{R}}\quad \boldsymbol{I}_3\quad \boldsymbol{0}_{3\times3}] \tag{7.83}$$

(三)DVL 因子节点

设 $\boldsymbol{v}_{\text{SINS}}^b$ 和 $\boldsymbol{v}_{\text{DVL}}^b$ 为载体系下的 SINS 递推速度与 DVL 三轴观测速度，$\boldsymbol{R}$ 为载体系至导航系的旋转矩阵，$\boldsymbol{w}^{\text{DVL}}$ 为测量噪声，忽略其刻度系数误差与安装偏差，可得速度观测量表达式为

$$\boldsymbol{v}_{\text{DVL}}^b=\boldsymbol{R}^{\mathrm{T}}(\boldsymbol{v}_{\text{DVL}}^n)+\boldsymbol{w}^{\text{DVL}} \tag{7.84}$$

SINS 所估计出载体坐标系下速度如下：

$$\boldsymbol{v}_{\text{SINS}}^b=\hat{\boldsymbol{R}}^{\mathrm{T}}(\boldsymbol{v}_{\text{SINS}}^n) \tag{7.85}$$

UUV 速度误差和姿态误差可以表示为

$$\delta \boldsymbol{v}=\boldsymbol{v}_{\mathrm{SINS}}^{b}-\boldsymbol{v}_{\mathrm{DVL}}^{b} \tag{7.86}$$

$$\hat{\boldsymbol{R}}\boldsymbol{R}^{\mathrm{T}}=\boldsymbol{I}_3+[\boldsymbol{\varphi}\times] \tag{7.87}$$

将式(7.86)与式(7.87)代入式(7.85)可得

$$\begin{aligned}\boldsymbol{v}_{\mathrm{DVL}}^{b}&=\hat{\boldsymbol{R}}^{\mathrm{T}}(\boldsymbol{I}_3+[\boldsymbol{\varphi}\times])(\boldsymbol{v}_{\mathrm{SINS}}^{n}-\delta\boldsymbol{v})+\boldsymbol{w}^{\mathrm{DVL}}\\&=\hat{\boldsymbol{R}}^{\mathrm{T}}(\boldsymbol{I}_3+[\boldsymbol{\varphi}\times])\hat{\boldsymbol{R}}\hat{\boldsymbol{R}}^{\mathrm{T}}(\boldsymbol{v}_{\mathrm{SINS}}^{n}-\delta\boldsymbol{v})+\boldsymbol{w}^{\mathrm{DVL}}\\&=\boldsymbol{v}_{\mathrm{SINS}}^{b}-\hat{\boldsymbol{R}}^{\mathrm{T}}\delta\boldsymbol{v}+\hat{\boldsymbol{R}}^{\mathrm{T}}[\boldsymbol{\varphi}\times]\hat{\boldsymbol{R}}\boldsymbol{v}_{\mathrm{SINS}}^{n}+\boldsymbol{w}^{\mathrm{DVL}}\end{aligned} \tag{7.88}$$

取其差值作为观测误差，观测方程如下：

$$\delta\boldsymbol{v}=\boldsymbol{v}_{\mathrm{SINS}}^{b}-\boldsymbol{v}_{\mathrm{DVL}}^{b}=\hat{\boldsymbol{R}}^{\mathrm{T}}\delta\boldsymbol{v}+\hat{\boldsymbol{R}}^{\mathrm{T}}[\boldsymbol{v}_{\mathrm{SINS}}^{b}\times]\boldsymbol{\varphi}+\boldsymbol{w}^{\mathrm{DVL}} \tag{7.89}$$

为方便描述，设在 t_k 时刻接收到 DVL 的速度信息时添加 DVL 因子，观测方程为

$$\boldsymbol{z}_k^{\mathrm{DVL}}=h^{\mathrm{DVL}}(\hat{\boldsymbol{v}}_k)+\boldsymbol{w}^{\mathrm{DVL}} \tag{7.90}$$

其误差函数可表示为

$$f^{\mathrm{DVL}}(\boldsymbol{v}_k)\doteq \mathrm{d}(\boldsymbol{z}_k^{\mathrm{DVL}}-h^{\mathrm{DVL}}(\hat{\boldsymbol{v}}_k)) \tag{7.91}$$

线性化目标函数中的雅可比矩阵 $\boldsymbol{H}^{\mathrm{DVL}}$ 为

$$\boldsymbol{H}^{\mathrm{DVL}}=[\hat{\boldsymbol{R}}^{\mathrm{T}}[\boldsymbol{v}_{\mathrm{SINS}}^{b}\times]\quad \boldsymbol{0}_{3\times3}\quad \hat{\boldsymbol{R}}^{\mathrm{T}}] \tag{7.92}$$

在 GTSAM 的载体系优化系统中，速度在导航系下作优化，雅可比矩阵为

$$\boldsymbol{H}_{\mathrm{GTSAM}}^{\mathrm{DVL}}=[\hat{\boldsymbol{R}}^{\mathrm{T}}[\boldsymbol{v}_{\mathrm{SINS}}^{b}\times]\hat{\boldsymbol{R}}\quad \boldsymbol{0}_{3\times3}\quad \hat{\boldsymbol{R}}^{\mathrm{T}}] \tag{7.93}$$

(四) SINS 因子节点

使用预积分技术将一段时间内的 SINS 测量值进行积分后转化为一个因子，设 $\boldsymbol{z}_k^{\mathrm{SINS}}$ 是 t_{k-1} 到 t_k 时间段内的 SINS 测量数据，得到载体从 t_{k-1} 到 t_k 时的变量增量，可以将测量数据转换为对 $\boldsymbol{x}_k-\boldsymbol{x}_{k-1}$ 的观测信息，将公式记作 $h^{\mathrm{SINS}}(\boldsymbol{p}_k,\ \boldsymbol{p}_{k-1},\ \boldsymbol{r}_k,\ \boldsymbol{r}_{k-1},\ \boldsymbol{v}_k,\ \boldsymbol{v}_{k-1},\ \boldsymbol{\alpha}_{k-1},\ \boldsymbol{z}_k^{\mathrm{SINS}})$。在某一时刻接收来自 SINS 的信息 $\boldsymbol{z}_k^{\mathrm{SINS}}\doteq\{\boldsymbol{f}^b,\ \boldsymbol{\omega}^b\}$ 后，建立因子节点 f^{SINS} 连接至因子图上。一个 SINS 因子节点连接了 UUV 在 t_k、t_{k-1} 两个时刻的状态变量节点 $\boldsymbol{x}_k$ 与 $\boldsymbol{x}_{k-1}$，为双边因子：

$$f^{\mathrm{SINS}}(\boldsymbol{x}_k,\ \boldsymbol{x}_{k-1})\doteq \mathrm{d}(\hat{\boldsymbol{x}}_k-h^{\mathrm{SINS}}(\boldsymbol{x}_k,\ \boldsymbol{x}_{k-1},\ \boldsymbol{z}_k^{\mathrm{SINS}})) \tag{7.94}$$

当因子图多源信息融合定位系统接收到新的传感器信息时，首先进行预处理，判断其是否有效，若无效则予以剔除，若有效则进入信息融合程序；在更新历元之间，当接收到高频 SINS 信息时，以预积分形式进行状态递推与保存，直到辅助传感器信息到达；在状态更新时刻，在图模型中定义相应的因子节点与当前时刻的变量节点，再用连接边将各个节点相关联，采用 iSAM2 增量平滑算法进行解算，智能判断图中新的解算部分，也可以采用 SW 与 iSAM2 相结合的解算策略。一个完整的因子图定位算法的流程伪代码在表 7.5 中体现。

表 7.5　图多源信息融合程序设计

算法流程

输入： 初始导航信息文件、SINS 观测文件、测距观测文件、DVL 观测文件

1. 程序初始化

初始化因子图定位系统，读取初始位置、姿态、速度状态量，新建图结构 G、变量集合 V、预积分结构，设定系统状态噪声与各传感器观测噪声

新建 iSAM2 优化器，设置迭代变量范围为 10，迭代阈值为 0.01

2. 构建先验因子节点与变量节点

新建初始状态变量，赋予节点 ID(number=0)，系统中每个变量都需要使用一个整数作为节点 ID 进行标注；利用先验信息新建先验因子与初始变量节点相关联

3. 解算程序

bool FLAG = true;

double TIME；新建时间轴

while(FLAG) 读取观测文件信息，与时间轴进行匹配

if　读取 SINS 观测信息

更新预积分信息，递推状态并存储，得到状态更新解

end

if 读取水声通信或 DVL 观测信息

新增当前时刻变量节点，赋予节点 ID(number+1)

判断其有效性，构建 range 或 DVL 观测因子与当前时刻变量节点相关联

提取预积分预测信息，与前后两个时刻变量节点相关联

if number=101 设定滑动窗口大小为 100

　　清空图结构与变量集合，新增初始变量节点，节点 ID 更新为 0

　　将窗口最后一个历元导航解设为先验因子添加进图结构

　　end

　　将预测状态值作为该时刻变量初始值，选择优化方式进行解算

　　将变量初始值与图结构赋值到 iSAM2 类结构中进行时间更新，获得最优估计

　　end

　　if　TIME>结束时间

　　FLAG=false;

　　end

输出： 当前时刻最优估计 $\boldsymbol{x}_k^*$

五、实验分析

为进一步分析算法的有效性，本文选用天津塘沽与浙江舟山两次实测实验数据进行实验验证。实验地点选于天津滨海新区塘沽海面，使用橙鲨 IC-X150 UUV 在进行试验，轨迹如图 7.30 所示，艇身搭载国产某型科华光纤惯导、四波束 DVL、GNSS 天线和压力深度计，构成可输出组合导航解算值的数据采集平台，实验仪器、设备型号如表 7.6 所示。实验获取了一艘 AUV 在水面行驶的数据。

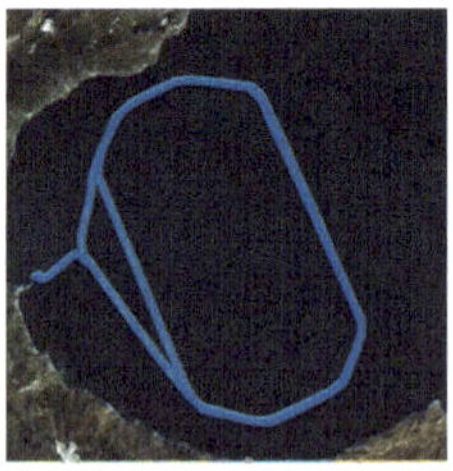

图 7.30　AUV 轨迹图

表 7.6　实验仪器、设备型号列表

序号	设备名称	型号规格	单位	数量	备注
1	多普勒测速仪	Nortek DVL	台	1	
2	光纤组合导航系统	科华	套	1	
3	GNSS 测量型接收机	华测 P5	套	2	基准站/流动站
4	GNSS 测量型接收机	中海达	套	1	基准站
5	无人艇	橙鲨 IC-X150	台	1	

由于缺乏 USBL 定位数据，可以利用已有数据进行半仿真实验，模拟一个 USV/AUV 定位系统。提取 AUV 航行期间的光纤 SINS 与 DVL 观测数据，将水面组合导航结果作为水下 AUV 应答器的位置，再模拟一组水面 USV 的位置信息，作差后转换到载体系下，用于仿真 USBL 应答器在基阵坐标系下的 AUV 位置观测信息，更新频率为 1Hz，设置 0.2% 斜距的高斯白噪声，仿真原理如图 7.31 所示。

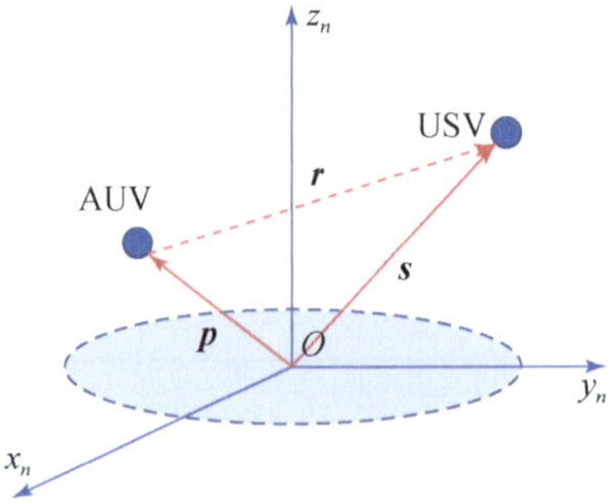

图 7.31　USBL 数据仿真原理

其中 $\boldsymbol{s}$ 与 $\boldsymbol{p}$ 分别为导航坐标系下应答器与载体的位置矢量，应答器固联在 USV 上，所以 $\boldsymbol{s}$ 为已知 USV 位置矢量。$\boldsymbol{r}$ 是应答器在载体坐标系下的位置矢量，载体坐标系到地球坐标系的转换矩阵用 $\boldsymbol{R}=\boldsymbol{C}_b^n$ 表示。

由向量定理可得应答器的位置矢量为 $\boldsymbol{r}$：

$$\boldsymbol{r}=\boldsymbol{R}^{\mathrm{T}}(\boldsymbol{s}-\boldsymbol{p}) \tag{7.95}$$

仿真 USBL 观测数据后，以水面 GNSS/SINS 组合导航定位结果为真值进行算法验证与测试，传感器测量参数如表 7.7 所示。

表 7.7　实验设备参数

指标要素	指标值	更新频率/Hz
SINS 角度随机游走	0.058(°)/$\sqrt{h}$	100
SINS 速度随机游走	12μg	
DVL 测速精度	2% 速度	1
USBL 定位精度	0.2% 斜距	1

对天津数据进行处理，在完成因子图算法与扩展卡尔曼滤波算法的实现与解算之后，表 7.8 为两种算法的平面位置的均方根误差(root mean square error，RMSE)，可见 FGO 定位精度略优于 EKF 算法。图 7.32 为 EKF 与 FGO 的平面定位误差曲线，误差均处于−5 ~ +5m 范围内。

表 7.8　EKF、FGO 定位误差统计结果

试验	RMSE/m		
	北方向	东方向	平面位置
EKF	0.451	0.557	0.717
FGO	0.423	0.356	0.553

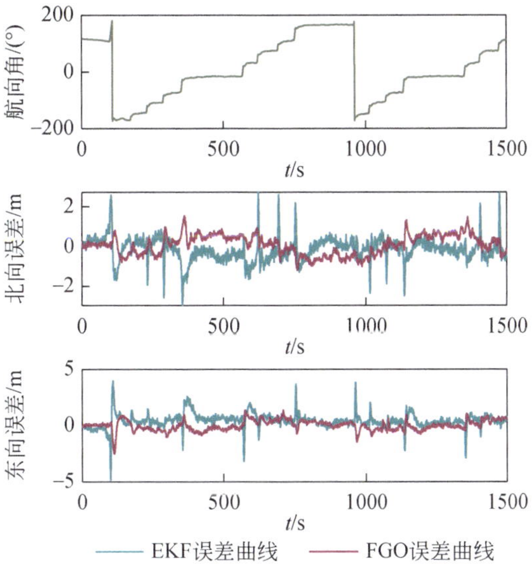

图 7.32　EKF 与 FGO 的平面定位误差曲线图

与航向角数值曲线对应分析，在航向角发生变化时，代表载体当时需要发生转向机动，系统控制后台调整了 AUV 推动力与航行速度，因此 DVL 的速度测量值上发生了突变，如图 7.33 所示，FGO 解算能够有效平滑速度跳变。可以得出结论，在 AUV 水下作业机动较大，观测误差增大的情况下，EKF 算法性能容易受到影响，定位误差曲线产生了数次突变，FGO 定位结果更稳定，曲线更平稳。

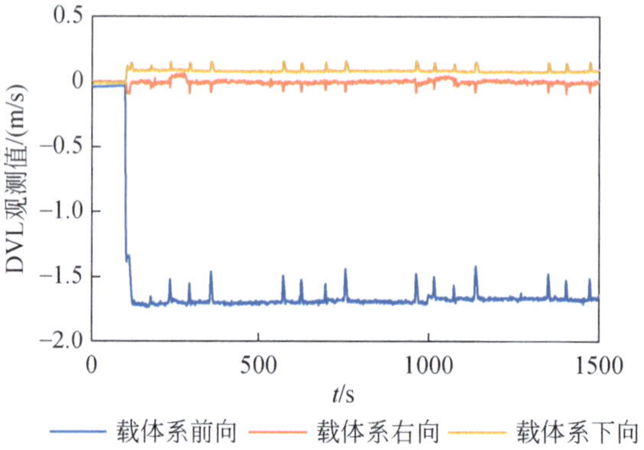

图 7.33　DVL 原始数据

在 AUV 航行期间的第 100s、500s、1000s 处设置了三段长度分别为 200s、300s、400s 的 USBL 传感器信息缺失区间，图 7.34 为 EKF、FGO 算法分别在无信息中断、有信息中断情况下的平面误差曲线。结果显示，在三段信息中断区间内，EKF 算法精度明显降低，而 FGO 算法考虑了所有历史信息进行解算，能够有效抑制观测信息源缺失引起的发散。

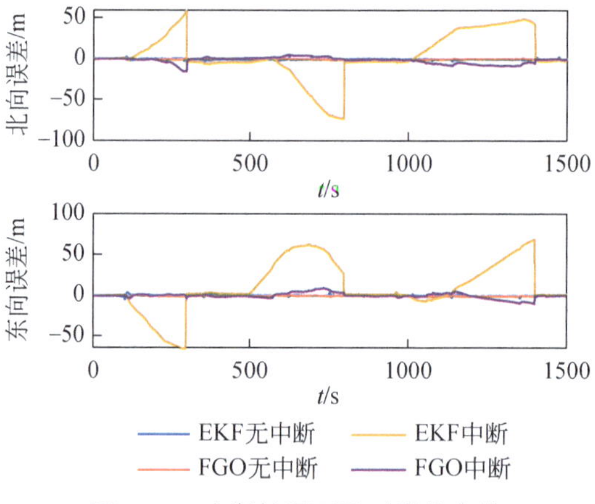

图 7.34　中断情况下平面误差曲线

此外，在图 7.35 中截取某段误差曲线放大可见，在信息源重新可用时，EKF 产生了系统性偏差，误差曲线相较于未中断时出现偏移，而 FGO 可以更贴近无中断时的精度水平。

实验结果说明，基本 EKF 将非线性模型线性化后只进行了一次迭代，产生的截断误差较大。FGO 在优化中不断重新线性化，迭代逼近最优解，并且充分利用历史信息进行全局优化，提高了精度与稳定性。

再分析算法的时间效率，分别采用 iSAM2 算法、结合滑窗的 iSAM2 算法以及 EKF 算法进行解算效率对比分析，统计解算本次实验 2245s 数据的总时长，如表 7.9 所示，每

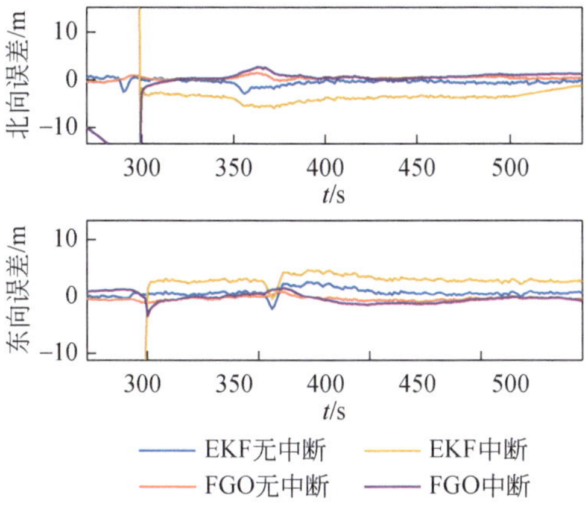

图 7.35　部分平面误差曲线

100 个历元所需时间的条形统计图如图 7.36 所示。

表 7.9　FGO 与 EKF 计算时间对比

算法类型	程序所用时间/s
普通 iSAM2	403
iSAM2+滑动窗口	143
EKF	35

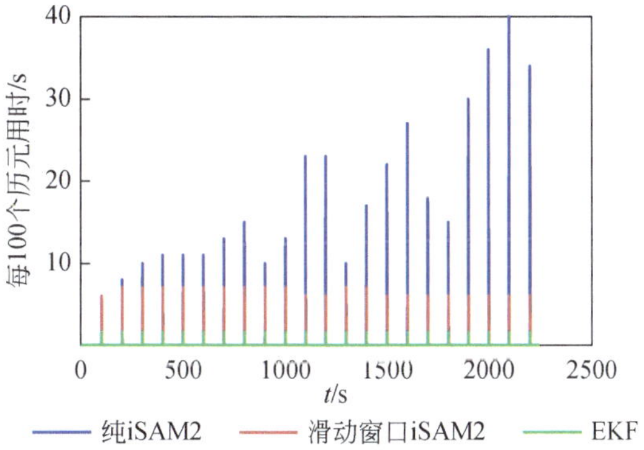

图 7.36　FGO 与 EKF 计算时间对比

由统计结果可知，使用 iSAM2 算法，虽然可以智能判断解算范围，但保留了所有历史变量的 ID 号，不断增加的变量导致百秒数据的解算时间总体呈上升趋势。采用滑动窗口 iSAM2 算法之后，当变量数目达到指定值便对历史变量进行清除，有效提高了解算速度；当长航时定位时，定位速度仍然比较稳定。表中 EKF 算法的解算速度更快，原因是 EKF 算法将当前时刻之外的信息边缘化，每次解算仅进行了一次迭代即输出，而因子图不断迭代逼近最小值，需要考虑当前时刻所有受到影响的状态变量，耗费时间较长，对于每 100s 数据的解算，EKF 相较于结合滑动窗口的 iSAM2 算法快 5s 左右。

第八章　水下无人航行器协同定位质量控制方法

UUV 集群协同定位作为一种水下动态定位技术，除了定位精度，如何保证实时定位结果的连续性和可靠性是其应用的关键（Maybeck，1982；Kinsey et al.，2006；张伟等，2020）。在复杂的水下环境下，如海流的干扰、水文参数变化产生的不平衡力，以及海底铁磁物质的扰动，使得传感器数据的中断和定位系统中的时间延迟不可避免，造成定位结果的不可靠。本章针对水下复杂环境造成的 UUV 多源传感器数据异常，以惯性导航系统为核心建立了 UUV 集群弹性协同定位模型，以削弱传感器异常对 UUV 集群协同定位的影响。同时，针对目前 UUV 集群协同定位在水下缺乏外部检核手段，其又易受到复杂海洋环境干扰的问题，提出了一种基于置信椭圆的 UUV 集群协同定位质量控制方法。构建了无外部检核的可视化精度评估指标，并可通过调节置信因子适应不同场景的需求，提高 UUV 集群协同定位结果的可靠性。

此外，随着任务中 UUV 集群作业范围的扩大和效率要求的提升，如大面积协同扫雷、水下预警搜救、水下侦查对抗，双领航单跟随的 UUV 对称编队构型难以满足需求。这里提出一种非对称大编队构型下的 UUV 集群协同定位方法，论证了非对称构型下 UUV 协同定位误差的变化规律，建立了非对称大编队构型下 UUV 协同定位通信策略，并通过南海实际任务应用进行验证。

第一节　非对称大编队构型下的 UUV 集群协同定位

一、大编队下 UUV 的分离角与顶角

目前的研究主要集中于双领航 UUV 单跟随 UUV 的对称构型，随着集群中 UUV 数量的增多，相关理论已不再适用。因此提出一种非对称大编队构型下的 UUV 协同定位方法。大编队 UUV 集群协同定位的示意图如图 8.1 所示，以协同扫雷的任务需求为例，将集群中的 UUV 分为三类：

（1）负责维持时空基准的领航 UUV；

（2）负责粗搜索（search-classify-map，SCM）的跟随 UUV；

（3）负责精搜索（reacquire-identify，RI）的跟随 UUV。

领航 UUV 的红色椭圆表示 GNSS 的定位误差，跟随 UUV 的黄色椭圆和红色椭圆分别表示跟随 UUV 的航位推算误差和协同定位误差。对于传统的双领航单跟随 UUV 构型，由于仅有一个跟随 UUV，双领航 UUV 通常关于其呈对称分布，如图 8.1 中的 SCM-1 和 RI-1，其与双领航 UUV 的夹角称为分离角。随着 UUV 集群规模的增加和作业范围的扩大，必然

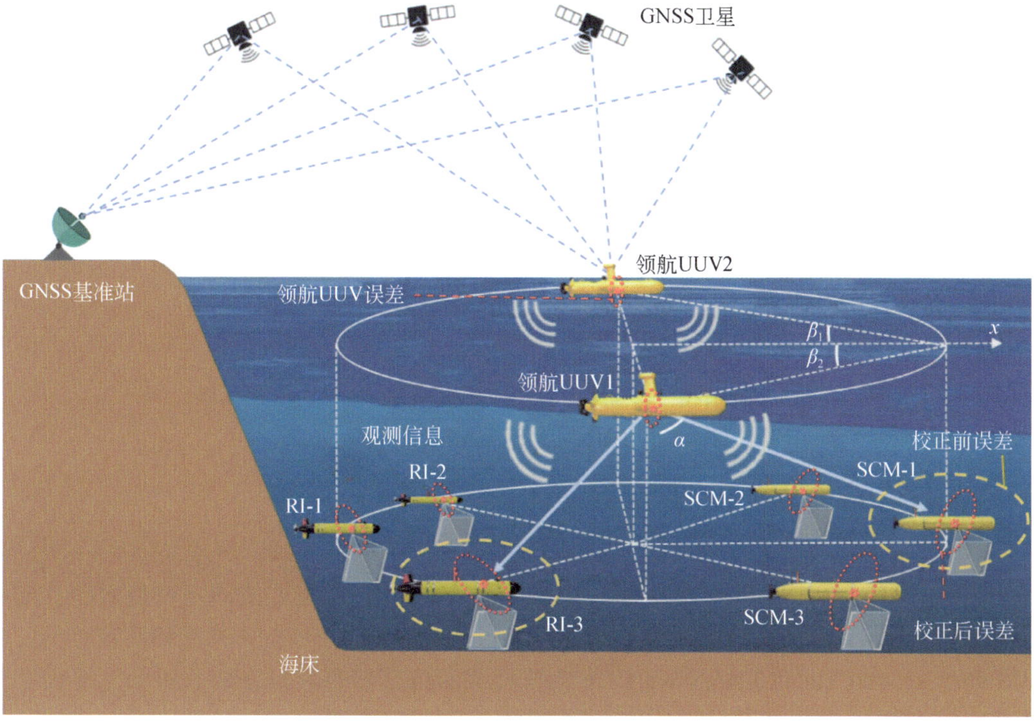

图 8.1　大编队下 UUV 集群协同定位示意图

存在集群中的 UUV 处于双领航 UUV 的非对称位置上，如图 8.1 中的 SCM-2、SCM-3、RI-2和 RI-3。

领航 UUV 通常搭载 GNSS、INS 和水声通信设备，通过定期接收 GNSS 信号对 INS 的累计误差进行校正，实现自身高精度的定位定姿，并通过水声通信设备将其广播至水下。由于水声信道带宽窄、频率低且易受到干扰的影响，双领航 UUV 通常以一定的时间间隔交替向水下广播信息。跟随 UUV 搭载 INS、DVL 和压力深度计进行组合导航，通过水声通信设备接收来自领航 UUV 的信息对航位推算误差进行校正。由第四章可观测性分析理论，当扣除水声测距中的系统性偏差，当 UUV 分离角为$\pm 90^{\circ}$时，且双领航 UUV 到跟随 UUV 的距离相等时(SCM-1 和 RI-1 处)，编队的可观测性最高，协同定位误差最小。

为分析非对称位置上的 UUV 协同定位误差变化规律，首先定义跟随 UUV 的顶角。以双领航 UUV 为椭圆的两个焦点，跟随 UUV 分布于椭圆上，如图 8.2 所示。

此时椭圆上任意位置的跟随 UUV 与双领航 UUV 距离之和相等。当跟随 UUV 处于双领航 UUV 的对称位置时，如图 8.2(b)所示，其与双领航 UUV 构成的夹角为分离角(separations angle)；当跟随 UUV 处于非对称位置时，如图 8.2 中(a)和(c)所示，其与双领航 UUV 构成的夹角为顶角(vertex angle)。在同一椭圆上时，跟随 UUV 的顶角皆小于分离角。

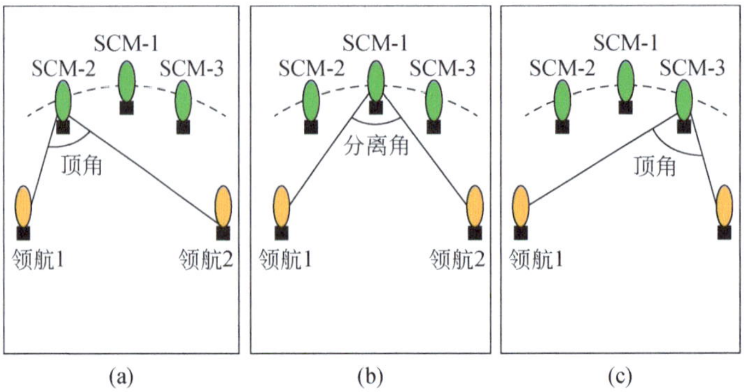

图 8.2　大编队下 UUV 的分离角与顶角

二、非对称结构下定位精度变化规律

采用日本南海海槽实测声速剖面，基于自主研发的 UUV 集群协同定位仿真平台进行实验。两个领航 UUV 的起始深度为 0.49m，六个位于水下的跟随 UUV 起始深度相同，分别取 96.0m、496.0m 和 1296.0m。UUV 集群搭载的传感器参数如表 8.1 所示，领航 UUV 和跟随 UUV 皆搭载 INS[陀螺零偏≤0.05(°)/h]、时钟同步板(24h 可保持 24μs 精度)和声学通信设备，此外水下跟随 UUV 还搭载精度为 0.1%～0.3% 的 DVL 和精度为 0.01% FS 的压力深度计。当海水深度分别为 96.0m、496.0m 和 1296.0m，声学测距的高斯白噪声分别设定为 20.0μs+140.0μs、20.0μs+145.0μs 和 20.0μs+150.0μs(杜祯强等，2022)，其中 20.0μs 表示声学同步板的时间误差。仿真试验平台详见第七章。

表 8.1　UUV 集群搭载的传感器参数

传感器	指标	参数
GNSS	定位精度	水平≤5cm 垂直≤7cm
INS	零偏	≤0.05(°)/h
DVL	测量精度 量程	0.1%～0.3% ±16m/s
压力深度计	测深精度	0.01% FS
时间同步板	时间同步精度	≤24.0×10^{-6}s/24h
声学通信模块	量程 传输速度	8km 6.9kbit/s
声速剖面仪	测速精度 测量范围	±0.05m/s 1400～1600m/s

图 8.3 展示了不同分离角和顶角下的 UUV 集群协同定位误差。图 8.3(a)表示不同分离角下的协同定位误差，从上到下三行分别表示起始水深为 96.0m、496.0m 和 1296.0m。

首先，与第四章可观测性分析结论一致，当跟随 UUV 分离角为 90°时，协同定位误差最小。跟随 UUV 分离角越偏离 90°，协同定位误差越大。其次，在 96.0m、496.0m 和 1296.0m 水深下，90°分离角下的 UUV 协同定位误差分别为 0.25m、0.45m 和 0.66m，UUV 协同定位误差随着水深的增加不断增加。

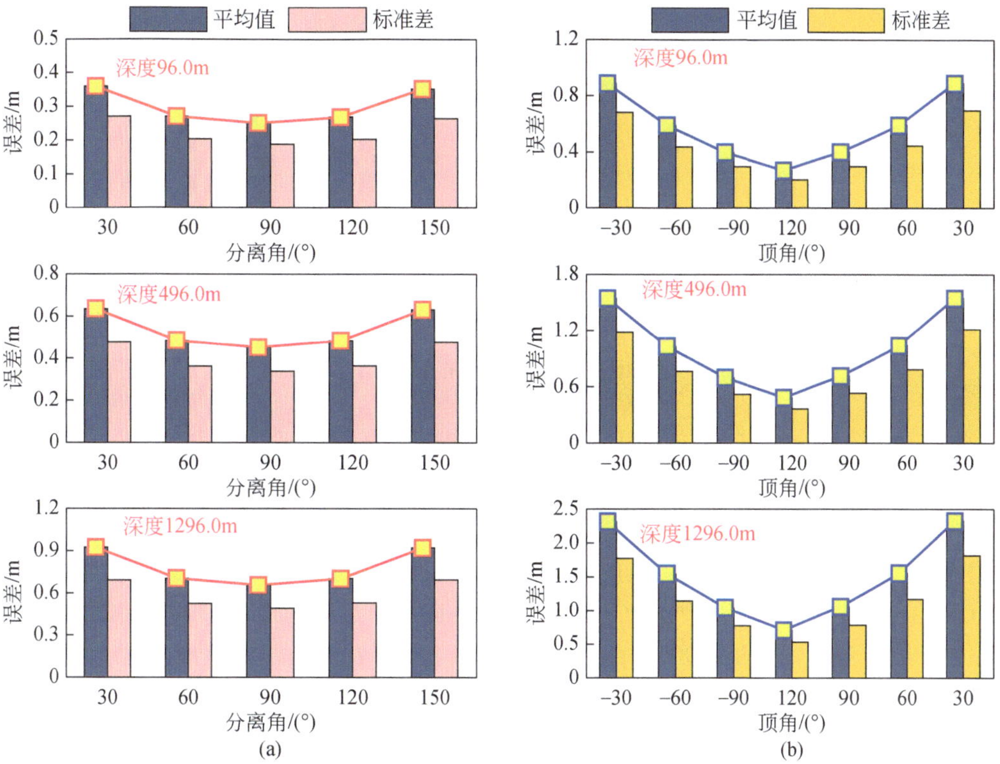

图 8.3　不同分离角和顶角下的 UUV 集群协同定位误差

图 8.3(b)表示不同顶角下的 UUV 协同定位精度，从上到下三行分别表示起始水深为 96.0m、496.0m 和 1296.0m。此时跟随 UUV 所在椭圆的分离角为 120°，则椭圆上顶角皆小于 120°。为区分椭圆左侧的顶角和右侧的顶角，定义左侧的顶角为负值，右侧的顶角为正值。无论在 96.0m、496.0m 还是 1296.0m 水深下，跟随 UUV 顶角越大，协同定位误差越小，即在同一椭圆上，处于对称位置上的跟随 UUV 协同定位精度最高，这与可观测性分析结论一致。图 8.4 进一步分析了在 96.0m 水深下，不同椭圆不同顶角的协同定位误差，图 8.4(a)和图 8.4(b)分别表示跟随 UUV 所在椭圆的分离角为 90°和 60°。

可得出如下结论：

(1) 在同一椭圆上，跟随 UUV 的顶角越大，协同定位精度越高；

(2) 对于不同椭圆，跟随 UUV 分离角为 90°时，定位精度最高，且分离角越偏离 90°定位误差越大；

(3) 分离角决定了在同焦点椭圆上非对称位置的最小定位误差，且顶角越接近分离角，即越接近对称位置，定位精度越高。

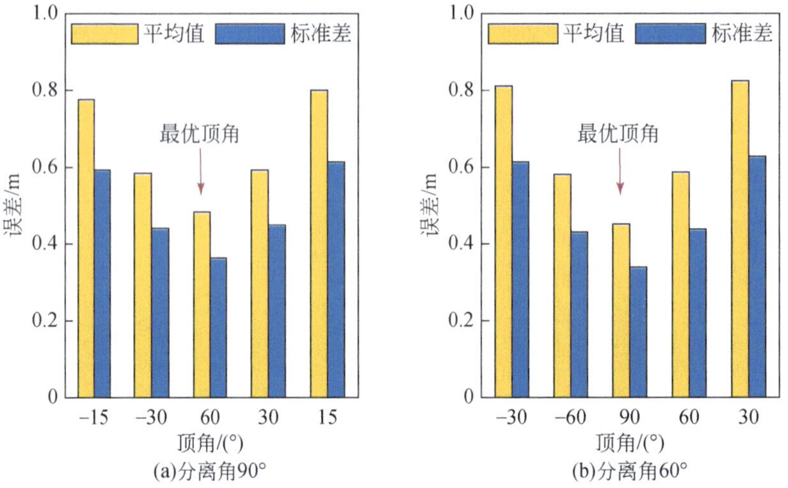

图 8.4　不同椭圆不同顶角下的 UUV 协同定位误差

此外，在第六章第三节中论述了当水声测距误差含有系统误差时，90°不再是 UUV 编队构型的最优分离角，且水声测距误差中系统误差所占比例越小，最优分离角偏离 90°的程度越小。同理，在非对称大编队构型下，依旧满足此规律，即以双主 UUV 为焦点的椭圆簇中，最优椭圆由水声测距误差的比例决定。为进一步分析在同一椭圆下，非对称位置上 UUV 的定位精度，图 8.5 展示了位于同一椭圆在不同水声测距误差下的协同定位误差，椭圆的最大顶角即分离角为 90°，图 8.5(a)～(e)分别表示测距误差中包含相同的 0.5m 的系统误差和 0.1m、0.3m、0.5m、0.7m、1.0m 的随机误差。对于图 8.5(a)测距误差中包含 0.1m 的随机误差和 0.5m 的系统误差， 30°、–60°、90°、60°和 30°顶角下的协同定位误差分别为 2.14m、1.23m、0.97m、1.24m 和 2.15m。对于图 8.5(e)测距误差中包含 1.0m 的随机误差和 0.5m 的系统误差，–30°、–60°、90°、60°和 30°顶角下的协同定位误差分别为 3.22m、2.36m、1.68m、2.38m 和 3.30m。随着水声测距误差的增大，协同定位误差也随之增大。与分离角结论不同的是，在同一椭圆上，系统误差所占的比例并不影响中心顶角最优的结论，即顶角越接近分离角，即越接近对称位置，定位精度越高。

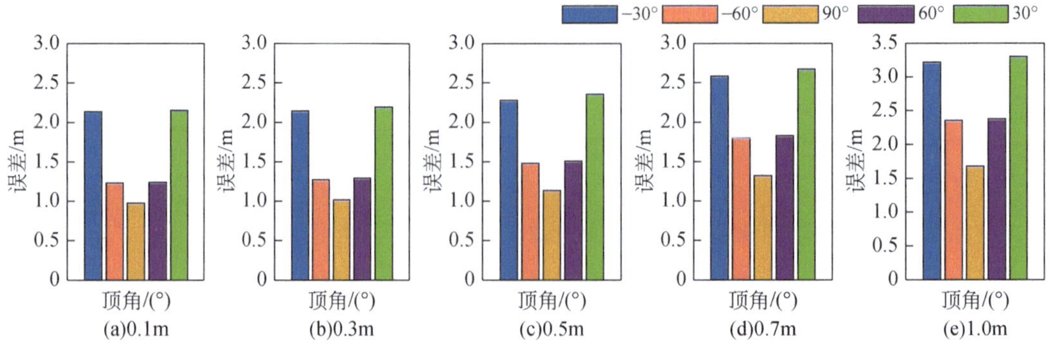

图 8.5　位于同一椭圆在不同水声测距误差下的协同定位误差

三、非对称大编队构型下协同定位方法

基于上述结论，对照图 8.1 可以给出非对称大编队 UUV 集群协同定位构型：领航 UUV 为图 8.6 中黄色 UUV，分别为领航(Master-1)和领航(Master-2)，其皆临近海面，定期接收 GNSS 信号获取自身高精度位置，并通过水声通信设备交替广播至水下。跟随 UUV 分为两类：一类负责粗搜索，如图 8.6 中绿色 UUV，分别为 SCM-1、SCM-2 和 SCM-3；另一类负责精搜索，如图 8.6 中蓝色 UUV，分别为 RI-1、RI-2 和 RI-3。其中 SCM-1 与 RI-1 位于双领航 UUV 的对称位置，两个领航 UUV 与其的夹角(分离角)皆为 90°。两个领航 UUV 之间的距离为单次作业宽度，以 1000 码(914.4m)为例，将其分为三块区域，SCM-2、SCM-3、RI-2 和 RI-3 分别位于以两个领航 UUV 为焦点的椭圆和各自作业区域中线的交点上。

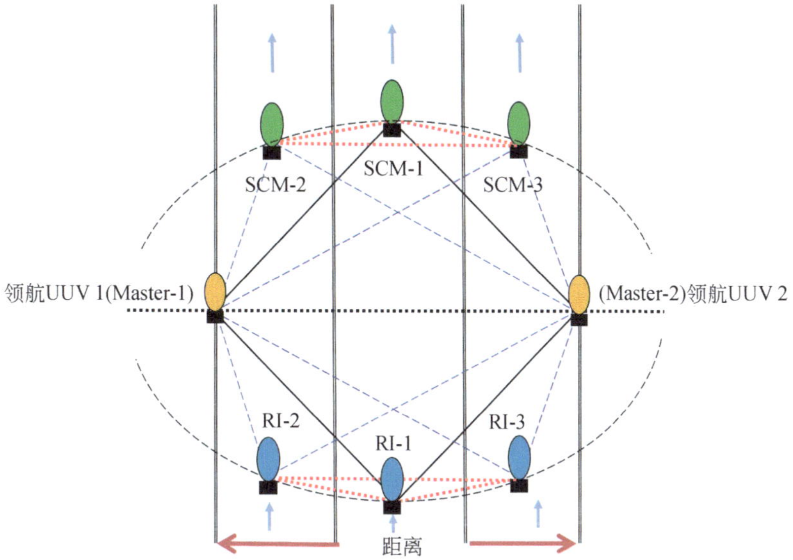

图 8.6　非对称大编队 UUV 集群协同定位构型

此外，由上述可观测性分析理论，SCM-1 和 RI-1 处于以双主 UUV 为焦点的椭圆对称位置上，其与双领航 UUV 的距离相等，可观测性最好；SCM-2、SCM-3、RI-2 和 RI-3 处于非对称位置上，可观测性较弱。为进一步提升整个 UUV 集群的定位精度，提出一种基于非对称的大编队构型的通信策略，如图 8.7 所示。

在 T_1 时刻，领航 UUV1(Master-1)将自身位置广播给 SCM-1、SCM-2 和 SCM-3。在 T_2 时刻 SCM-1 接收到来自主 UUV1 的水声信号，SCM-1 立即将自身位置播发给 SCM-2。令 ΔT_m 为双领航 UUV 交替播发的时间间隔，在 $T_1+\Delta T_m$ 时刻，领航 UUV2(Master-2)将自身位置广播给 SCM-1、SCM-2 和 SCM-3，需要说明的是，由于水声通信具有时延长、频带窄、能量低、干扰强的缺点，目前主要通过空域、时域和多信道三种方式增强水声通信的并行度。由于领航 UUV 临近水面，跟随 UUV 在水下作业，相较于跟随 UUV 之间的深度

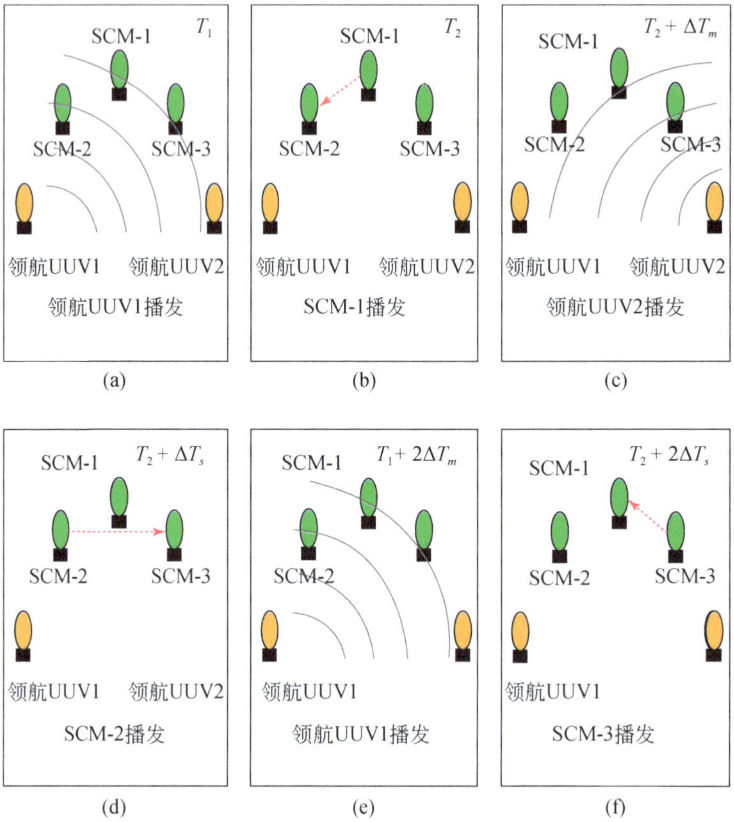

图 8.7　非对称大编队 UUV 集群的通信策略

差，领航 UUV 和跟随 UUV 之间有较大的深度差，则可以采用空域或者多信道的方式区分开领航 UUV 播发的信号与跟随 UUV 播发的信号。令 ΔT_m 为跟随 UUV 交替播发的时间间隔，在 $T_2+\Delta T_s$ 时刻，SCM-2 将其位置播发给 SCM-3。在 $T_1+2\Delta T_m$ 时刻，领航 UUV1(Master-1)再次将自身位置广播给 SCM-1、SCM-2 和 SCM-3。在 $T_2+2\Delta T_s$ 时刻，SCM-3 将其位置播发给 SCM-1。至此，UUV 集群协同定位一个协同周期完成。

相较于传统的通信方式，本书方法实质上是添加了一个基线约束。为清晰对比，图 8.8 展示了传统通信策略与本书通信策略的协同定位结果。图 8.8(a)、(c)表示采用传统通信策略 SCM-2(紫)和 SCM-3(蓝)的协同定位精度，图 8.8(b)、(d)为采用本书通信策略的结果。对于 SCM-1，由于其在跟随 UUV 中位置精度最高，所以采用传统通信策略与本书新策略的定位精度一致，定位误差的 RMS 均为 0.57m。同时，对于 SCM-2，由于增加了 SCM-1 的观测信息，其定位精度从原先的 0.80m 提升至 0.64m，均提升了 20.0%。对于 SCM-3，由于其与 SCM-2 的对称性，其定位精度相较于传统方法也提升了 20.0%。对于 RI-1、RI-2 和 RI-3 情况相同。可见，本书所提出的非对称大编队构型及其通信策略使得整个集群的定位精度显著提升。

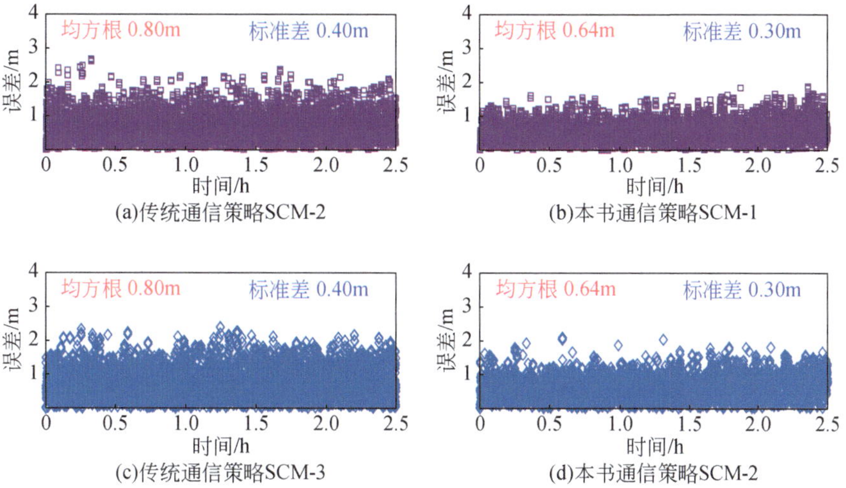

图 8.8　两种策略下 UUV 集群协同定位结果

第二节　水下无人航行器集群弹性协同定位方法

一、弹性因子构建

当观测量无异常时，对于 k 时刻 UUV i，其观测方程可表示为

$$\boldsymbol{L}_k^i=\boldsymbol{H}_k^i\boldsymbol{X}_k^i+\boldsymbol{e}_k^i \tag{8.1}$$

式中，$\boldsymbol{X}_k^i$ 表示 k 时刻 UUV i 的状态参数；$\boldsymbol{H}_k^i$ 为方程设计矩阵；$\boldsymbol{L}_k^i$ 表示 k 时刻 UUV i 的观测向量；$\boldsymbol{e}_k^i$ 表示其观测噪声。

当观测量 $\boldsymbol{L}_k^i$ 没有异常，$\boldsymbol{e}_k^i$ 满足正态分布，其数学期望和协方差矩阵可表示为

$$E(\boldsymbol{e}_k^i)=\kappa_1,\ \boldsymbol{\Sigma}_{\boldsymbol{e}_k^i}=\boldsymbol{\Sigma}_k^i=(\boldsymbol{P}_k^i)^{-1}=E(\boldsymbol{e}_k^i\ (\boldsymbol{e}_k^i)^{\mathrm{T}}) \tag{8.2}$$

式中，$\boldsymbol{P}_k^i$ 表示观测量的权阵。

对于 k 时刻 UUV i，其系统方程可表示为

$$\boldsymbol{X}_k^i=\boldsymbol{\Phi}_{k,k-1}^i\boldsymbol{X}_{k-1}^i+\boldsymbol{W}_k^i \tag{8.3}$$

式中，$\boldsymbol{\Phi}_{k,k-1}^i$ 表示 $k-1$ 时刻到 k 时刻的状态转移矩阵；$\boldsymbol{W}_k^i$ 表示系统模型误差且满足正态分布，其协方差矩阵可表示为

$$E(\boldsymbol{W}_k^i)=\kappa_2,\ \boldsymbol{\Sigma}_{\boldsymbol{W}_k^i}=E(\boldsymbol{W}_k^i\ (\boldsymbol{W}_k^i)^{\mathrm{T}}) \tag{8.4}$$

则当观测量没有异常时，k 时刻 UUV i 的观测向量分布为

$$\boldsymbol{L}_k^i \mid \boldsymbol{X}_k^i \sim N(\kappa_1,\ \boldsymbol{\Sigma}_k^i) \tag{8.5}$$

k 时刻 UUV i 的预测残差和观测残差序列可表示为

$$\begin{cases}\bar{\boldsymbol{V}}_k^i=\boldsymbol{H}_k^i\bar{\boldsymbol{X}}_k^i-\boldsymbol{L}_k^i\\ \boldsymbol{V}_k^i=\boldsymbol{H}_k^i\hat{\boldsymbol{X}}_k^i-\boldsymbol{L}_k^i\end{cases} \tag{8.6}$$

式中，$\hat{\boldsymbol{X}}_k^i$ 和 $\bar{\boldsymbol{X}}_k^i$ 分别表示 k 时刻 UUV i 的状态预测值和状态估计值；$\bar{\boldsymbol{V}}_k^i$ 和 $\boldsymbol{V}_k^i$ 分别表示预测残差和观测残差。

根据最小二乘准则，UUV i 状态参数的目标函数为

$$\boldsymbol{\Omega}=(\boldsymbol{V}_k^i)^{\mathrm{T}}\boldsymbol{P}_k^i\boldsymbol{V}_k^i+(\hat{\boldsymbol{X}}_k^i-\bar{\boldsymbol{X}}_k^i)^{\mathrm{T}}\boldsymbol{\Sigma}_{\bar{\boldsymbol{X}}_k^i}^{-1}(\hat{\boldsymbol{X}}_k^i-\bar{\boldsymbol{X}}_k^i)=\min \tag{8.7}$$

当观测量存在异常时，k 时刻 UUV i 的观测向量分布为

$$\boldsymbol{L}_k^i \mid \boldsymbol{X}_k^i \sim (1-\varepsilon_k^i)N+\varepsilon_k^i h_{\boldsymbol{L}_k^i} \tag{8.8}$$

式中，$\varepsilon_k(0<\varepsilon_k<1)$ 表示污染率；N 表示正态分布；$h_{\boldsymbol{L}_k^i}$ 表示污染源分布。

此时系统模型的状态估计值仍服从正态分布，构建弹性因子 α_k^i 对观测量进行异常探测，并对其权重进行调整，UUV i 状态参数的目标函数变为

$$\boldsymbol{\Omega}=\alpha_k^i\ (\boldsymbol{V}_k^i)^{\mathrm{T}}\boldsymbol{P}_k^i\boldsymbol{V}_k^i+(\hat{\boldsymbol{X}}_k^i-\bar{\boldsymbol{X}}_k^i)^{\mathrm{T}}\boldsymbol{\Sigma}_{\bar{\boldsymbol{X}}_k^i}^{-1}(\hat{\boldsymbol{X}}_k^i-\bar{\boldsymbol{X}}_k^i)=\min \tag{8.9}$$

对于水下 UUV 集群协同定位，其观测信息较少，因此采用预测残差序列构建弹性因子。由于预测残差服从正态分布：

$$\bar{\boldsymbol{V}}_k^i \sim \boldsymbol{N}(\kappa_1+\kappa_2,\ \boldsymbol{H}_k^i\boldsymbol{\Sigma}_{\bar{\boldsymbol{X}}_k^i}(\boldsymbol{H}_k^i)^{\mathrm{T}}+\boldsymbol{\Sigma}_k^i) \tag{8.10}$$

对预测残差进行标准化，即

$$\tilde{\boldsymbol{V}}_{k,j}^i=(\bar{\boldsymbol{V}}_{k,j}^i-\kappa_{1,j}-\kappa_{2,j})/\sigma_{k,j}^i \tag{8.11}$$

式中，$\tilde{\boldsymbol{V}}_{k,j}^i$ 表示标准化预测残差序列中的第 j 个分量；$\bar{\boldsymbol{V}}_{k,j}^i$、$\kappa_{1,j}$ 和 $\kappa_{2,j}$ 分别表示预测残差序列 $\bar{\boldsymbol{V}}_k^i$、观测噪声数学期望 κ_1、系统模型误差数学期望 κ_2 的第 j 个分量；$\sigma_{k,j}^i$ 表示 $\boldsymbol{\Sigma}_{\bar{\boldsymbol{V}}_k^i}$ 对角线上第 j 个分量。

$\tilde{\boldsymbol{V}}_k^i$ 满足标准正态分布，如图 8.9 所示，$f(\tilde{\boldsymbol{V}}_k^{(i)})$ 表示其概率密度函数，$F(\tilde{\boldsymbol{V}}_k^{(i)})$ 表示 $\tilde{\boldsymbol{V}}_k^i$ 落在 $[-c_0,\ c_0]$ 的概率。

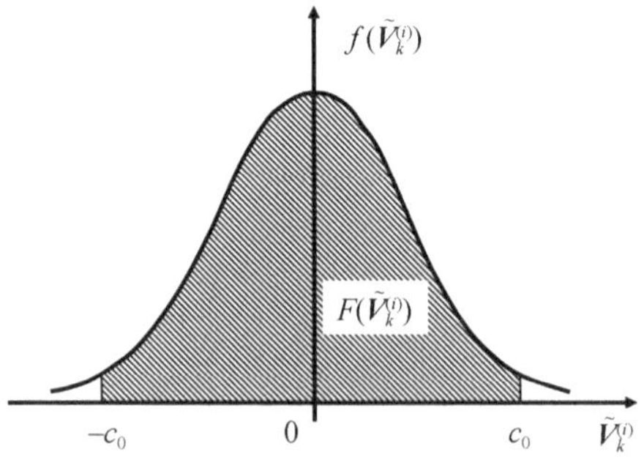

图 8.9　标准化预测残差的分布

表 8.2 统计了 $\tilde{\boldsymbol{V}}_k^i$ 落在 $[-c_0,\ c_0]$ 的概率，可以看出，$\tilde{\boldsymbol{V}}_k^i$ 有 95.45% 的概率落在 $[-2,\ 2]$，有 99.73% 的概率落在 $[-3,\ 3]$。因此，弹性因子可构建为

$$\alpha_k^i=\begin{cases}1 & |\tilde{\boldsymbol{V}}_k^i|_{\max}\leqslant c_0\\ \dfrac{c_0}{|\tilde{\boldsymbol{V}}_k^i|_{\max}} & |\tilde{\boldsymbol{V}}_k^i|_{\max}>c_0\end{cases} \tag{8.12}$$

式中，$|\tilde{\boldsymbol{V}}_k^i|_{\max}$表示标准化预测残差序列中的最大值。

图 8.10 展示了弹性因子的分布，当$|\tilde{\boldsymbol{V}}_k^i|_{\max}$位于$[-c_0, c_0]$区间内，弹性因子 $\alpha_k^i=1$，即认为观测量正常，不做任何处理。当$|\tilde{\boldsymbol{V}}_k^i|_{\max}$位于$[-c_0, c_0]$区间外，弹性因子 $\alpha_k^i=c_0/|\tilde{\boldsymbol{V}}_k^i|_{\max}$，即认为观测量出现异常，且偏离区间的程度越大，弹性因子 α_k^i 越趋近于零，观测量的权重降得越低。

表 8.2　标准化预测残差的概率分布

c_0	$F(\tilde{\boldsymbol{V}}_k^{(i)})/\%$	c_0	$F(\tilde{\boldsymbol{V}}_k^{(i)})/\%$
0.5	38.29	2.5	98.76
1.0	68.27	3.0	99.73
1.5	86.64	3.5	99.95
2.0	95.45	4.0	99.99

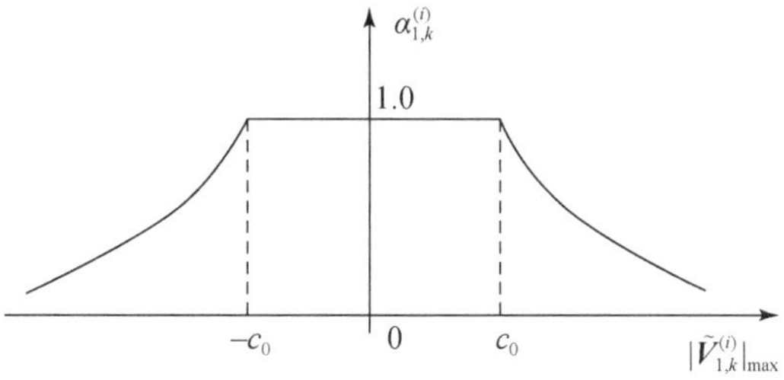

图 8.10　弹性因子的分布图

水声测距噪声呈周期性的变化，因此需要采用滑动窗口进行 κ_1、κ_2 和 $\boldsymbol{\Sigma}_{\bar{V}_k^i}$估值的计算，其表达式为

$$\hat{\kappa}_1+\hat{\kappa}_2=\frac{1}{N}\sum_{j=0}^{N}\bar{\boldsymbol{V}}_{k,j}^i,\quad \hat{\boldsymbol{\Sigma}}_{\bar{V}_k^i}=\frac{1}{N}\sum_{j=0}^{N}(\bar{\boldsymbol{V}}_{k,j}^i(\bar{\boldsymbol{V}}_{k,j}^i)^{\mathrm{T}}) \tag{8.13}$$

式中，N 表示滑动窗口的大小；$\hat{\kappa}_1$、$\hat{\kappa}_2$ 和 $\hat{\boldsymbol{\Sigma}}_{\bar{V}_k^i}$分别表示 κ_1、κ_2 和 $\boldsymbol{\Sigma}_{\bar{V}_k^i}$的估值。

得到弹性因子后，即可解算 UUV 集群协同定位的弹性解，将式(8.9)对 $\boldsymbol{X}_k$ 求极值得

$$\alpha_k^i(\boldsymbol{H}_k^i)^{\mathrm{T}}\boldsymbol{P}_k^i\boldsymbol{H}_k^i+\boldsymbol{\Sigma}_{\bar{X}_k^i}^{-1}(\hat{\boldsymbol{X}}_k^i-\bar{\boldsymbol{X}}_k^i)=0 \tag{8.14}$$

将式(8.6)代入整理得

$$(\alpha_k^i(\boldsymbol{H}_k^i)^{\mathrm{T}}\boldsymbol{P}_k^i\boldsymbol{H}_k^i+\boldsymbol{\Sigma}_{\bar{X}_k^i}^{-1})\hat{\boldsymbol{X}}_k^i-(\alpha_k^i(\boldsymbol{H}_k^i)^{\mathrm{T}}\boldsymbol{P}_k^i\boldsymbol{L}_k^i+\boldsymbol{\Sigma}_{\bar{X}_k^i}^{-1}\bar{\boldsymbol{X}}_k^i)=0 \tag{8.15}$$

UUV 集群协同定位的弹性解为

$$\hat{\boldsymbol{X}}_k^i=(\alpha_k^i(\boldsymbol{H}_k^i)^{\mathrm{T}}\boldsymbol{P}_k^i\boldsymbol{H}_k^i+\boldsymbol{\Sigma}_{\bar{X}_k^i}^{-1})^{-1}(\alpha_k^i(\boldsymbol{H}_k^i)^{\mathrm{T}}\boldsymbol{P}_k^i\boldsymbol{L}_k^i+\boldsymbol{\Sigma}_{\bar{X}_k^i}^{-1}\bar{\boldsymbol{X}}_k^i) \tag{8.16}$$

二、弹性协同定位模型

对于 UUV 集群协同定位的数据融合，为避免采用重复的状态模型信息，且顾及单体

UUV 传感器和集群协同传感器的频率差异，弹性融合模型分为三部分。

(一) 单体 UUV 动态弹性融合

根据 UUV 集群协同定位的系统模型，对于单体 UUV(编号 i)所搭载 1 号传感器，其动态融合解为

$$\hat{\boldsymbol{X}}_{1,k}^{i}=(\alpha_{1,k}^{i}(\boldsymbol{H}_{1,k}^{i})^{\mathrm{T}}\boldsymbol{P}_{1,k}^{i}\boldsymbol{H}_{1,k}^{i}+\boldsymbol{P}_{\bar{\boldsymbol{X}}_k^i})^{-1}(\alpha_{1,k}^{i}(\boldsymbol{H}_{1,k}^{i})^{\mathrm{T}}\boldsymbol{P}_{1,k}^{i}\boldsymbol{L}_{1,k}^{i}+\boldsymbol{P}_{\bar{\boldsymbol{X}}_k^i}\bar{\boldsymbol{X}}_k^i) \tag{8.17}$$

式中，$\bar{\boldsymbol{X}}_k^i$ 表示 UUV(编号 i)的系统模型预测值；$\boldsymbol{P}_{\bar{\boldsymbol{X}}_k^i}$ 表示其权矩阵；$\boldsymbol{L}_{1,k}^{i}$ 表示 1 号传感器的观测值；$\boldsymbol{P}_{1,k}^{i}$ 表示其权矩阵；$\boldsymbol{H}_{1,k}^{i}$ 表示其对应的设计矩阵。

由矩阵恒等变换，式(8.17)可进一步表示为

$$\begin{cases}\hat{\boldsymbol{X}}_{1,k}^{i}=\bar{\boldsymbol{X}}_k^i+\boldsymbol{K}_{1,k}(\boldsymbol{L}_{1,k}^{i}-\boldsymbol{H}_{1,k}^{i}\bar{\boldsymbol{X}}_k^i)\\ \boldsymbol{K}_{1,k}=\boldsymbol{\Sigma}_{\bar{\boldsymbol{X}}_k^i}(\boldsymbol{H}_{1,k}^{i})^{\mathrm{T}}\left((\boldsymbol{H}_{1,k}^{i})^{\mathrm{T}}\boldsymbol{\Sigma}_{\bar{\boldsymbol{X}}_k^i}\boldsymbol{H}_{1,k}^{i}+\dfrac{1}{\alpha_{1,k}^{i}}(\boldsymbol{P}_{1,k}^{i})^{-1}\right)^{-1}\end{cases} \tag{8.18}$$

式中，$\alpha_{1,k}^{i}$ 表示 1 号传感器的弹性因子。

则 $\hat{\boldsymbol{X}}_{1,k}^{i}$ 的验后协方差矩阵可表示为

$$\boldsymbol{\Sigma}_{\hat{\boldsymbol{X}}_{1,k}^{i}}=(\boldsymbol{I}-\boldsymbol{K}_{1,k}\boldsymbol{H}_{1,k}^{i})\boldsymbol{\Sigma}_{\bar{\boldsymbol{X}}_k^i} \tag{8.19}$$

(二) 单体 UUV 静态弹性融合

由于单体 UUV 动态弹性融合中已使用了系统模型，对于单体 UUV 搭载的其余 $r-1$ 个传感器，系统模型预测值直接采用第一步动态弹性融合的结果，即

$$\begin{cases}\bar{\boldsymbol{X}}_k^i-\hat{\boldsymbol{X}}_{1,k}^{i}\\ \boldsymbol{\Sigma}_{\bar{\boldsymbol{X}}_k^i}=\boldsymbol{\Sigma}_{\hat{\boldsymbol{X}}_{1,k}^{i}}\end{cases} \tag{8.20}$$

根据单体 UUV(编号 i)所搭载 2 号传感器的观测值 $\boldsymbol{L}_{2,k}^{i}$，静态融合解 $\hat{\boldsymbol{X}}_{2,k}^{i}$ 可表示为

$$\hat{\boldsymbol{X}}_{2,k}^{i}=(\alpha_{2,k}^{i}(\boldsymbol{H}_{2,k}^{i})^{\mathrm{T}}\boldsymbol{P}_{2,k}^{i}\boldsymbol{H}_{2,k}^{i}+\boldsymbol{P}_{\hat{\boldsymbol{X}}_{1,k}^{i}})^{-1}(\alpha_{2,k}^{i}(\boldsymbol{H}_{2,k}^{i})^{\mathrm{T}}\boldsymbol{P}_{2,k}^{i}\boldsymbol{L}_{2,k}^{i}+\boldsymbol{P}_{\hat{\boldsymbol{X}}_{1,k}^{i}}\hat{\boldsymbol{X}}_{1,k}^{i}) \tag{8.21}$$

式中，$\boldsymbol{P}_{2,k}^{i}$ 表示观测值 $\boldsymbol{L}_{2,k}^{i}$ 的权矩阵；$\boldsymbol{H}_{2,k}^{i}$ 表示相应的设计矩阵。

由矩阵恒等变换，式(8.21)可进一步表示为

$$\begin{cases}\hat{\boldsymbol{X}}_{2,k}^{i}=\hat{\boldsymbol{X}}_{1,k}^{i}+\boldsymbol{K}_{2,k}(\boldsymbol{L}_{2,k}^{i}-\boldsymbol{H}_{2,k}^{i}\hat{\boldsymbol{X}}_{1,k}^{i})\\ \boldsymbol{K}_{2,k}=\boldsymbol{\Sigma}_{\hat{\boldsymbol{X}}_{1,k}^{i}}(\boldsymbol{H}_{2,k}^{i})^{\mathrm{T}}\left((\boldsymbol{H}_{2,k}^{i})^{\mathrm{T}}\boldsymbol{\Sigma}_{\hat{\boldsymbol{X}}_{1,k}^{i}}\boldsymbol{H}_{2,k}^{i}+\dfrac{1}{\alpha_{2,k}^{i}}(\boldsymbol{P}_{2,k}^{i})^{-1}\right)^{-1}\end{cases} \tag{8.22}$$

式中，$\alpha_{2,k}^{i}$ 表示 2 号传感器的弹性因子。

以此类推代入剩余 $r-2$ 个传感器的观测量，则单体 UUV 静态弹性融合解 $\hat{\boldsymbol{X}}_{r,k}^{(i)}$ 可表示为

$$\hat{\boldsymbol{X}}_{r,k}^{i}=\hat{\boldsymbol{X}}_{(r-1),k}^{i}+\boldsymbol{K}_{r,k}(\boldsymbol{L}_{r,k}^{i}-\boldsymbol{H}_{r,k}^{i}\hat{\boldsymbol{X}}_{(r-1),k}^{i}) \tag{8.23}$$

式中，$\boldsymbol{K}_{r,k}$ 表示对第 r 个传感器构造的弹性增益矩阵；$\boldsymbol{L}_{r,k}^{i}$ 和 $\boldsymbol{H}_{r,k}^{i}$ 分别表示其观测值和对应的设计矩阵。

(三) UUV 集群协同静态弹性融合

与单体 UUV 静态弹性融合类似，由于系统模型不再重复使用，对于 UUV 搭载的其余 m 个协同传感器，采用第二步单体 UUV 静态弹性融合的结果，即

$$\begin{cases}\bar{\boldsymbol{X}}_{k}^{i}=\hat{\boldsymbol{X}}_{r,k}^{i}\\ \boldsymbol{\Sigma}_{\bar{X}_{k}^{i}}=\boldsymbol{\Sigma}_{\hat{X}_{r,k}^{i}}\end{cases}\tag{8.24}$$

同理，构造第 1 号协同传感器的自适应因子 $\alpha_{r+1,k}^{i}$，其静态自适应融合解为

$$\begin{cases}\hat{\boldsymbol{X}}_{r+1,k}^{i}=\hat{\boldsymbol{X}}_{r,k}^{i}+\alpha_{r+1,k}^{i}\boldsymbol{K}_{r+1,k}(\boldsymbol{L}_{r+1,k}^{i}-\boldsymbol{H}_{r+1,k}^{i}\hat{\boldsymbol{X}}_{r,k}^{i})\\ \boldsymbol{K}_{r+1,k}=\boldsymbol{\Sigma}_{\hat{X}_{r,k}^{i}}(\boldsymbol{H}_{r+1,k}^{i})^{\mathrm{T}}\left((\boldsymbol{H}_{r+1,k}^{i})^{\mathrm{T}}\boldsymbol{\Sigma}_{\hat{X}_{r,k}^{i}}\boldsymbol{H}_{r+1,k}^{i}+\dfrac{1}{\alpha_{r+1,k}^{i}}(\boldsymbol{P}_{r+1,k}^{i})^{-1}\right)^{-1}\end{cases}\tag{8.25}$$

式中，$\boldsymbol{L}_{r+1,k}^{i}$ 和 $\boldsymbol{H}_{r+1,k}^{i}$ 分别表示 1 号协同传感器的观测值和对应的设计矩阵。

需要注意的是，协同传感器的更新有先后次序之分，如压力深度计测量 UUV 之间的深度差观测量的融合，应当在水声测距观测量更新之前。以此类推代入剩余 $m-1$ 个传感器的观测量，则 UUV 集群协同静态弹性融合解 $\hat{\boldsymbol{X}}_{r+m,k}^{i}$ 可表示为

$$\hat{\boldsymbol{X}}_{r+m,k}^{i}=\hat{\boldsymbol{X}}_{(r+m-1),k}^{i}+\boldsymbol{K}_{r+m,k}(\boldsymbol{L}_{r+m,k}^{i}-\boldsymbol{H}_{r+m,k}^{i}\hat{\boldsymbol{X}}_{(r+m-1),k}^{i})\tag{8.26}$$

式中，$\boldsymbol{K}_{r+m,k}$ 表示对第 $r+m$ 个传感器的弹性增益矩阵；$\boldsymbol{L}_{r+m,k}^{i}$ 和 $\boldsymbol{H}_{r+m,k}^{i}$ 分别表示其观测值和对应的设计矩阵。

UUV 集群协同定位的弹性模型如图 8.11 所示，单体 UUV 基于惯性导航系统完成自身动力学模型的预测，结合自身所搭载的 1 号传感器进行动态弹性融合，所输出结果作为单体 UUV 静态弹性融合的动力学预测值。将单体 UUV 搭载的其余 $r-1$ 个传感器依次进行静

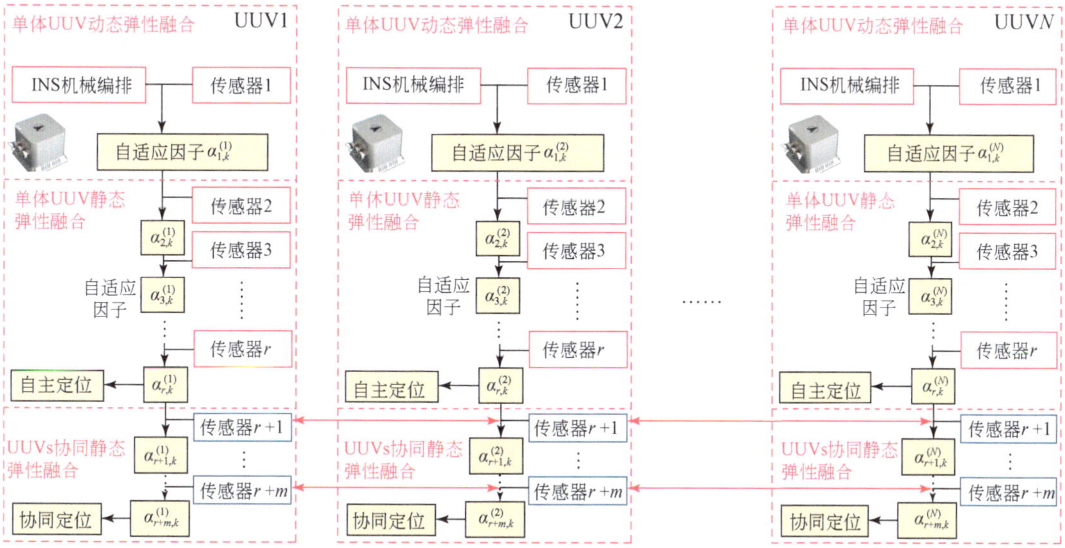

图 8.11　UUV 集群协同定位的弹性模型

态弹性融合，所输出结果作为 UUV 集群协同静态弹性融合的动力学预测值，按照先后次序，对 UUV 集群的 m 个协同传感器依次进行静态弹性融合，最终得到 UUV 集群弹性协同定位结果。

三、UUV 集群弹性协同定位结果与分析

为验证模型的有效性，选取日本南海 TOS2(32.43°N、134.03°E)的实测声速剖面，最大深度为 1405.634m。模拟了水面上两个领航 UUV 和六个水下跟随 UUV，领航 UUV 的平面分布为图 8.12 中橙色方框，分别编号领航 UUV1 和领航 UUV2，其皆临近海面，起始深度为 0.49m；水下跟随 UUV 为图 8.12 中绿色圆圈，跟随 UUV1 到跟随 UUV3 编号为 SCM-1、SCM-2 和 SCM-3，跟随 UUV4 到跟随 UUV6 编号为 RI-1、RI-2 和 RI-3，其起始深度相同。其中跟随 UUV1 和跟随 UUV4 位于领航 UUV 的对称位置上，两个领航 UUV 与其的夹角(分离角)皆为 90°。两个领航 UUV 之间的距离为 3.0 倍的水深，并分为三块作业区域，跟随 UUV SCM-2、SCM-3、RI-2 和 RI-3 分别位于以两个领航 UUV 为焦点的椭圆和各自区域中线的交点上。为验证不同深度下模型的有效性，跟随 UUV 的起始深度分别设定为 96.0m、496.0m 和 1296.0m。

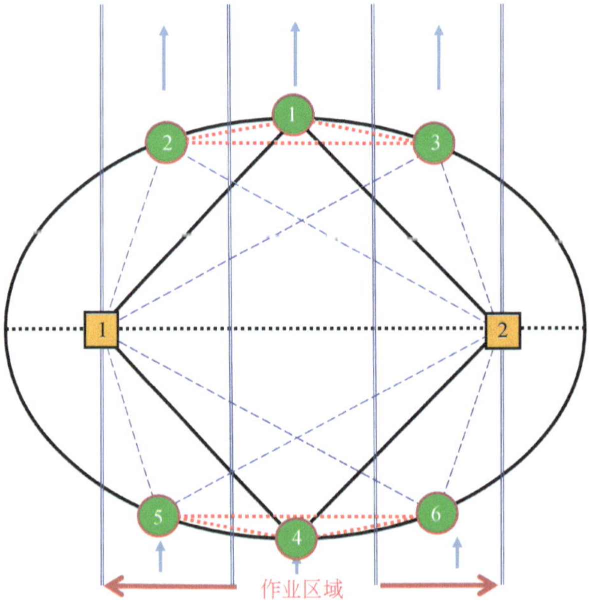

图 8.12　UUV 集群的编队构型

领航 UUV 和跟随 UUV 搭载的传感器参数与表 8.1 中相同。随机对水声通信测距添加均值为 5.0m，标准差为 5.0m 的 50 个随机误差；随机对压力深度计添加均值为 1m，标准差为 3m 的 50 个随机误差；随机对多普勒测速仪添加均值为 1.0m/s，标准差为 1.0m/s 的 50 个随机误差。实验时间为 2.0h，UUV 航行速度均为 4 节。采用四种方案验证本书方法的有效性，如表 8.3 所示。方案 A 为传统的协同定位方法，方案 B、C、D 为本文所提出

的弹性协同模型，弹性因子的阈值分别选择为 4.0、3.0 和 2.0。

表 8.3　四种 UUV 集群协同定位方案

方案	策略
A	不使用弹性模型
B	弹性因子 $c_0=4.0$
C	弹性因子 $c_0=3.0$
D	弹性因子 $c_0=2.0$

图 8.13(a)表示不采用弹性模型的协同定位结果，水声通信设备的异常观测值会使得 UUV 水平定位误差偏至数米甚至十几米，显著影响了 UUV 集群协同定位的精度。图 8.13(b)表示采用方案 B，即 $c_0=4.0$ 的弹性协同定位模型，跟随 UUV SCM-1、SCM-2 和 SCM-3 的协同定位误差，可见其对于绝大部分的粗差都能有效探测。图 8.13(c)表示采用方案 B、方案 C 和方案 D 的协同定位模型，即跟随 UUV SCM-1 的协同定位误差。方案 B 和方案 C 中都有部分异常的定位误差，这是由于弹性因子的检测阈值设定较高，其置信概率较大，一些较小的异常观测值没有被检测出来。对于方案 D，由于降低了弹性因子的检测阈值，因此所有的观测异常都被检测出来。需要注意的是，检测阈值的降低也会引起部分没有异常的观测值被降权，经过测试，本书推荐检测阈值 c_0 取 2.0～3.0。图 8.13(d)表示在不同水深下采用方案 D 的跟随 UUV SCM-1 的协同定位误差，随着水深的增加，协同定位误差不断增大。在三种水深条件下，方案 D 都能很好地探测出异常观测值并对其进行降权处理，显著提升了水声观测异常情况下 UUV 集群协同定位的稳定性。

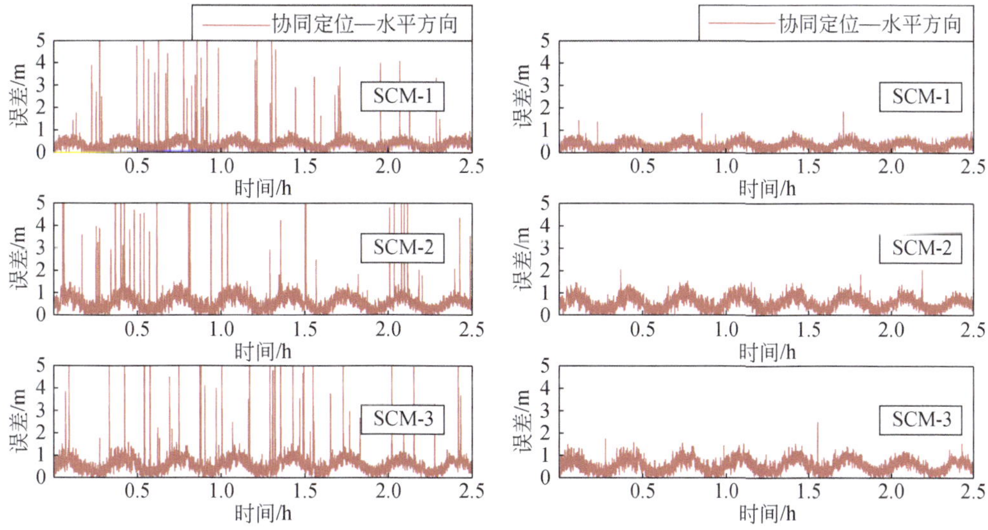

(a)方案A　(b)方案B

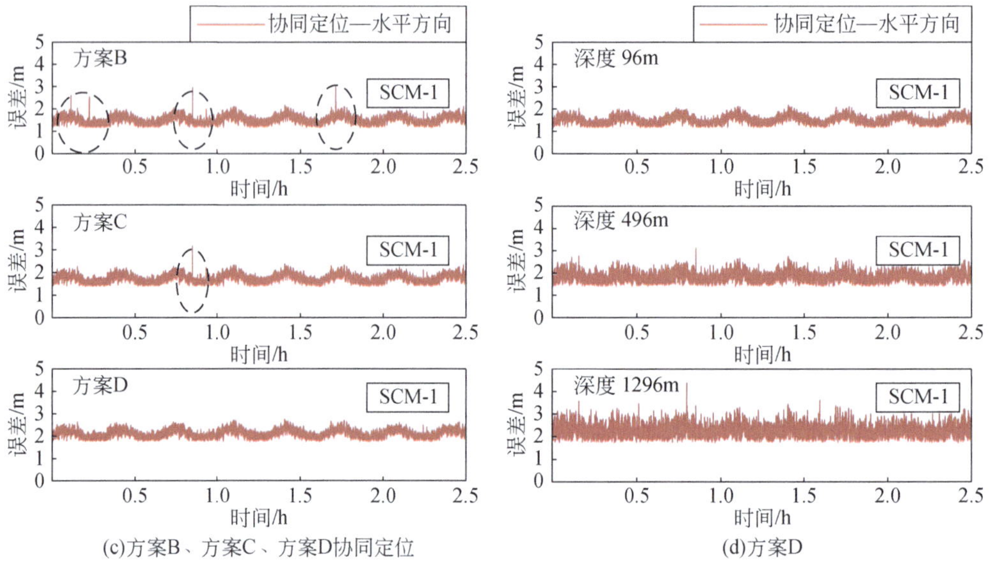

图 8.13　水声测距存在异常时四种方案的协同定位结果

图 8.14 表示在 96.0m、496.0m 和 1296.0m 深度下，采用方案 A、方案 B、方案 C 和方案 D 的 UUV 协同定位在水平方向上的位置误差。对于跟随 UUV SCM-1，其采用方案 A 在 96.0m、496.0m 和 1296.0m 深度下的水平定位误差分别为 0.63m、0.70m 和 0.79m，可见，随着深度的增加，UUV 集群协同定位的水平误差不断增大。跟随 UUV SCM-1 采用方案 B、方案 C 和方案 D 在 96.0m 水深下的协同定位水平误差分别为 0.41m、0.40m 和 0.39m，三种方案都能较好地削弱观测异常的影响。

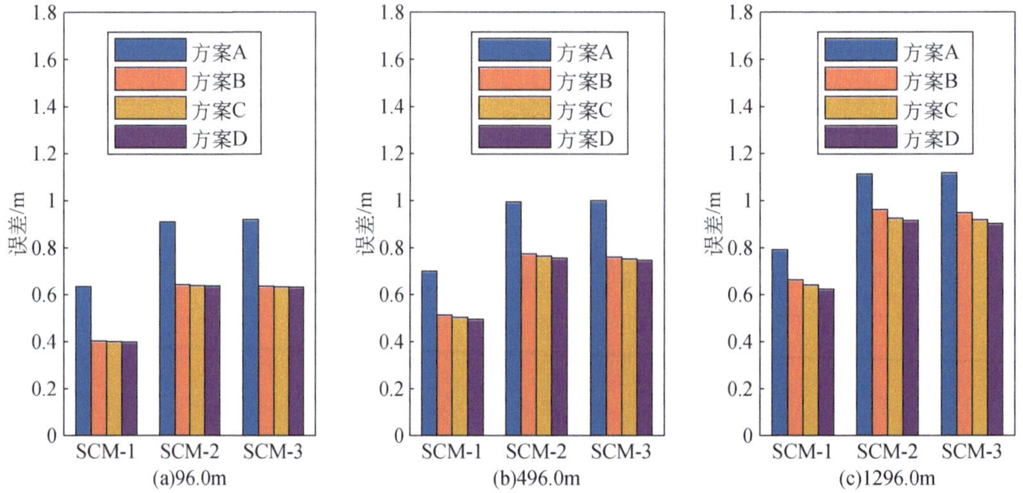

图 8.14　水声测距存在异常时不同水深下的协同定位结果

跟随 UUV SCM-1 在三种深度下方案 D 的水平定位误差分别为 0.39m、0.50m 和

0.62m，较之传统方法平均下降了31.7%。此外，对于跟随UUV SCM-2，其采用方案A在96.0m、496.0m和1296.0m深度下的水平定位误差分别为0.91m、0.99m和1.11m，其较之跟随UUV SCM-2误差显著增大。这是因为跟随UUV SCM-1处于领航UUV1和领航UUV2的对称位置上，而跟随UUV SCM-2和SCM-3处于非对称位置上，其可观性要弱于SCM-1。由于对称性，跟随UUV RI-1、RI-2和RI-3的协同定位结果和结论与SCM-1、SCM-2和SCM-3相同。

图8.15表示当压力深度计存在异常观测值时，四种方案下跟随UUV SCM-1、SCM-2和SCM-3的协同定位结果。图8.15(a)表示不采用弹性模型的协同定位结果，压力深度计的异常观测值会使得UUV垂直定位误差偏至数米，显著影响了UUV集群协同定位的精度，为UUV行驶作业带来明显安全隐患。图8.15(b)表示采用方案B，即$c_0=4.0$的弹性协同定位模型，跟随UUV SCM-1、SCM-2和SCM-3的协同定位误差，可见其对于绝大部分的粗差都能有效探测。

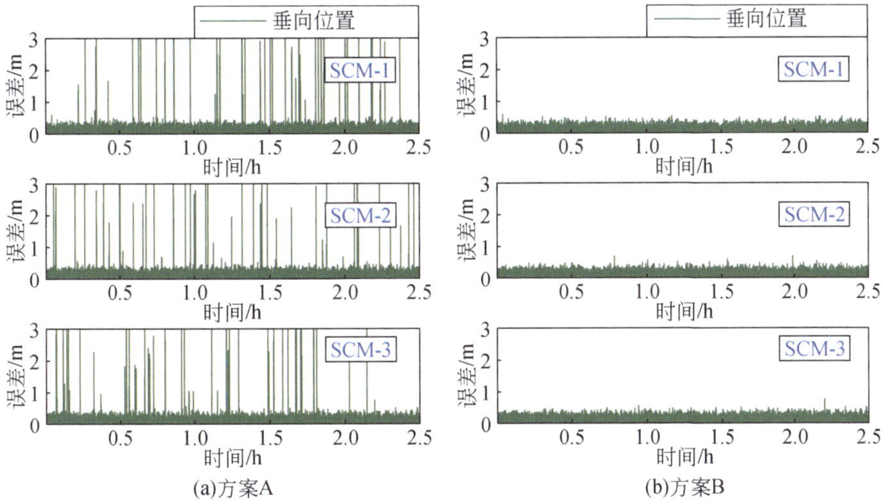

图8.15　压力深度计存在异常时四种方案的协同定位结果

图8.16表示三种深度下，采用传统方法和UUV集群弹性协同定位模型在垂直方向上的位置误差。对于跟随UUV SCM-1，其采用传统方法在96.0m、496.0m和1296.0m深度下的垂直定位误差分别为0.37m、0.39m和0.42m，类似地，随着深度的增加，UUV集群协同定位的垂直误差不断增大。跟随UUV SCM-1采用方案D在三种深度下的水平定位误差分别为0.15m、0.19m和0.23m，较之传统方法平均下降了54.0%，说明在传感器存在观测异常时，所提出的UUV集群弹性协同模型可有效提升协同定位的精度。此外，对于跟随UUV SCM-2，其采用方案D在96.0m、496.0m和1296.0m深度下的水平定位误差分别为0.16m、0.19m和0.23m，与SCM-1基本相同，这是由于UUV集群协同定位中跟随UUV的水平位置误差主要由观测构型和水声测距精度决定，而垂直位置误差主要由跟随UUV搭载的压力深度计决定，与UUV集群构型无关。

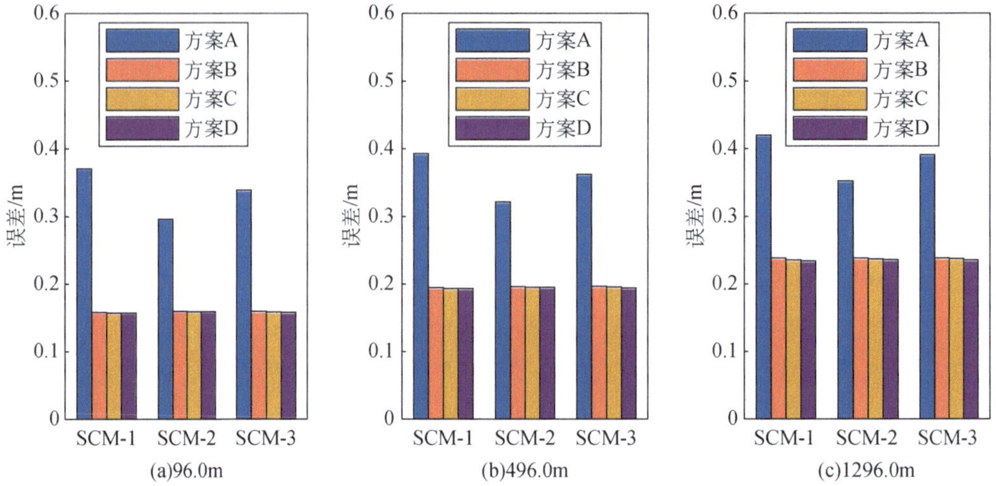

图 8.16　压力深度计存在异常时不同水深的协同定位结果

图 8.17 表示当 DVL 存在异常观测值时，四种方案下跟随 UUV SCM-1、SCM-2 和 SCM-3 的速度误差和协同定位结果。图 8.17(a)表示不采用弹性模型的速度误差，其引起的协同定位水平误差如图 8.17(c)所示。DVL 的异常观测值会使得 UUV 产生显著的速度误差，从而使协同定位的水平定位误差偏至数米甚至十几米。图 8.17(b)表示采用方案 B、方案 C 和方案 D 的弹性协同定位模型，即跟随 UUV SCM-1 的协同定位误差，可见其对于绝大部分的粗差都能有效探测。图 8.17(d)表示采用方案 B、方案 C 和方案 D 的协同定位模型，即跟随 UUV SCM-1 的协同定位误差。尽管在图 8.17(b)中，方案 B 和方案 C 对部分的异常观测值没能检测出来，但这些较小的速度误差反映在协同定位误差上并不明显。因此，本书提出的弹性协同定位模型可较好地探测出异常观测值并对其进行降权处理，显著提升了水声观测异常情况下 UUV 集群协同定位的稳定性。

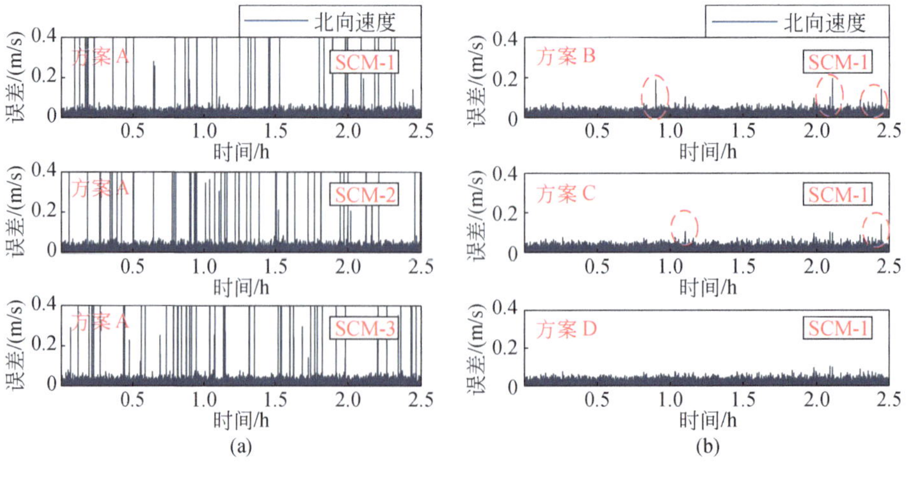

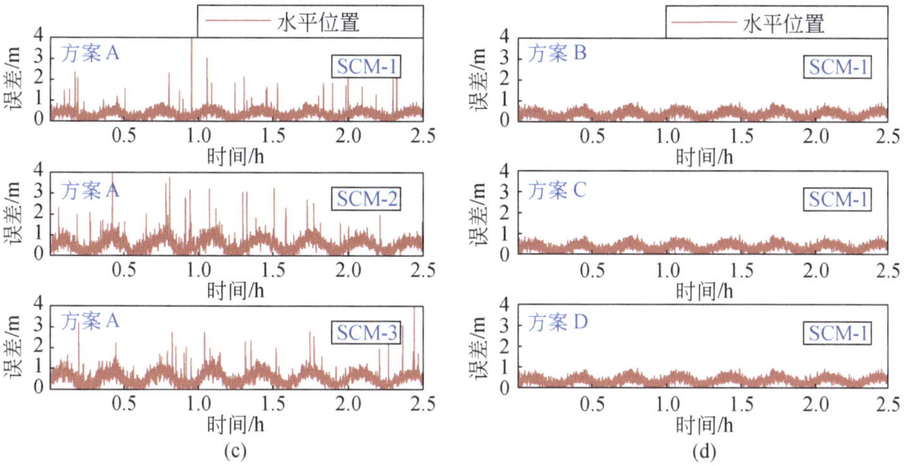

图 8.17　DVL 存在异常时四种方案的速度误差和协同定位结果

第三节　基于置信椭圆的质量控制方法

目前 UUV 集群协同定位的研究大多集中于编队构型设计和滤波模型算法，而 UUV 集群协同定位在水下缺乏外部检核手段，其又易受到复杂海洋环境的干扰，确保 UUV 集群协同定位结果的可靠性尤为重要。因此，提出一种基于置信椭圆的 UUV 集群协同定位方法，在深入分析滤波解算模型的基础上，构建无外部检核的可视化精度评估指标，并可通过调节置信因子适应不同场景的需求。

一、基于置信椭圆的质量控制方法

以 UUV(编号 j)在 k 时刻的真实位置为中心，以 α 和 m_{P_α} 为极坐标所构成的曲线即为点位误差曲线，如图 8.18 中蓝色虚线所示。ξ 和 η 分别表示 m_{P_α} 的最大值和最小值方向。以 UUV(编号 j)坐标点位中误差 m_{P_α} 的最大值为椭圆长半轴 E，最小值为椭圆短半轴 F，在 P-$\xi\eta$ 坐标系构建点位误差椭圆，如图 8.18 中红色椭圆所示。

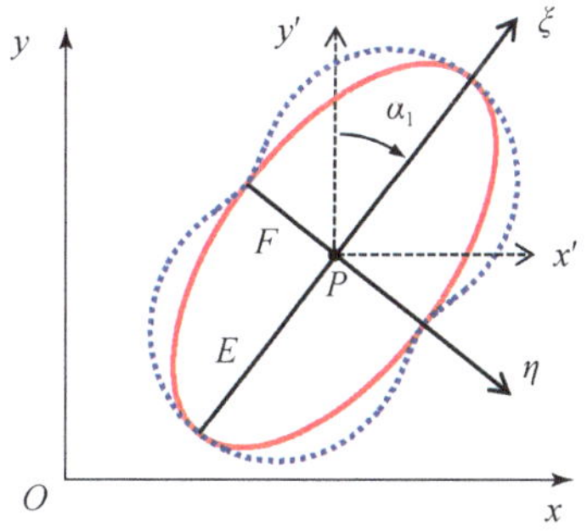

图 8.18　点位误差曲线与误差椭圆

在 $P-\xi\eta$ 坐标系下 UUV(编号 j)坐标点位误差椭圆方程可表示为

$$\frac{\xi^2}{E^2}+\frac{\eta^2}{F^2}=1 \tag{8.27}$$

式中，(ξ,η)表示误差椭圆上的点。

考虑到椭圆长半轴 $E=\mu\sqrt{\lambda_1}$，短半轴 $F=\mu\sqrt{\lambda_2}$，将椭圆方程转换到 $P-xy$ 坐标系下

$$\frac{1}{\mu^2}\boldsymbol{Z}^{\mathrm{T}}\boldsymbol{D}^{-1}\boldsymbol{Z}=1 \tag{8.28}$$

式中，$\boldsymbol{D}=\boldsymbol{s}^{\mathrm{T}}\boldsymbol{Q}_{X_{k+1}^{(j)}}\boldsymbol{s}=\mathrm{diag}\{\lambda_1 \quad \lambda_2\}$，$\boldsymbol{Z}=[\xi \quad \eta]^{\mathrm{T}}$。

顾及几何关系 $\boldsymbol{Z}=\boldsymbol{S}^{\mathrm{T}}(\hat{\boldsymbol{X}}-\boldsymbol{X})$，$\hat{\boldsymbol{X}}_{k+1}^{(j)}$和 $\boldsymbol{X}_{k+1}^{(j)}$分别为 UUV(编号 j)在 k 时刻的平差坐标和真实坐标，则式(8.28)可进一步写为

$$(\hat{\boldsymbol{X}}_{k+1}^{(j)}-\boldsymbol{X}_{k+1}^{(j)})^{\mathrm{T}}\boldsymbol{Q}_{X_{k+1}^{(j)}}(\hat{\boldsymbol{X}}_{k+1}^{(j)}-\boldsymbol{X}_{k+1}^{(j)})=1 \tag{8.29}$$

由于观测值服从正态分布时，经滤波解算后的 UUV(编号 j)坐标点位误差也服从正态分布：

$$f(\hat{x},\ \hat{y})=\frac{1}{2\pi\sqrt{\left|\boldsymbol{Q}_{X_{k+1}^{(j)}}^{-1}\right|}}\exp\left\{-\frac{1}{2}(\hat{\boldsymbol{X}}_{k+1}^{(j)}-\boldsymbol{X}_{k+1}^{(j)})^{\mathrm{T}}\boldsymbol{Q}_{X_{k+1}^{(j)}}(\hat{\boldsymbol{X}}_{k+1}^{(j)}-\boldsymbol{X}_{k+1}^{(j)})\right\} \tag{8.30}$$

式中，$f(\hat{x},\ \hat{y})$表示概率密度函数，如图 8.19 所示。垂直于 xOy 坐标面的平面与 $f(\hat{x},\ \hat{y})$相交的曲线为一维正态分布曲线，平行于 xOy 坐标面的平面与 $f(\hat{x},\ \hat{y})$相交的曲线为一簇同心椭圆。

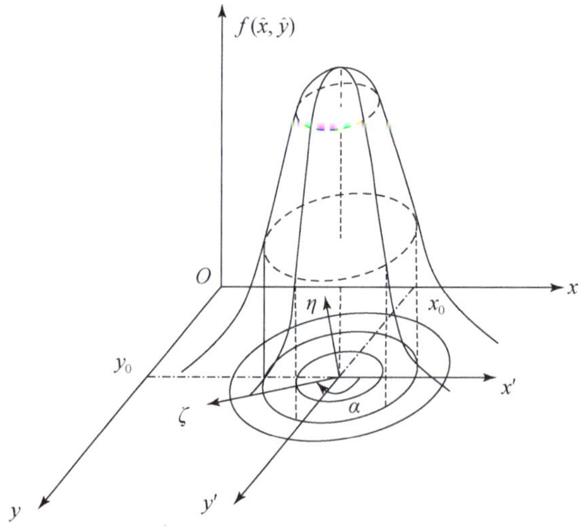

图 8.19 点位误差的概率密度函数

在 $P-\xi\eta$ 坐标系下，$f(\hat{x},\ \hat{y})=k$ 的椭圆方程可表示为

$$\frac{\hat{\xi}^2}{(kE)^2}+\frac{\hat{\eta}^2}{(kF)^2}=1 \tag{8.31}$$

式(8.31)即为 UUV(编号 j)坐标点位置信椭圆，其可根据置信因子 k 对椭圆进行缩放。真值$(\xi,\ \eta)$落入置信椭圆内的概率 P 为

$$P = \int_0^k \frac{1}{2\pi EF} \exp\left\{-\frac{k^2}{2}\right\} \cdot 2\pi EFk\mathrm{d}k$$
$$= \int_0^k \exp\left\{-\frac{k^2}{2}\right\} \cdot k\mathrm{d}k = 1 - \mathrm{e}^{\frac{k^2}{2}} \tag{8.32}$$

由式(8.32)即可计算出不同置信因子 k 所对应置信椭圆包含真值的概率，结果如表8.4所示。当 $k=1.0$ 时，即误差椭圆包含坐标真值的概率为39.35%。随着置信因子 k 的增大，即置信椭圆的放大，其包含真值的概率也越大。当 $k=3.5$，置信椭圆包含真值的概率可达到99.78%。实际使用中，可根据任务的需求调节置信因子的大小。

表8.4　不同置信因子对应的概率

置信因子 k	置信椭圆包含真值的概率/%
0	0
1.0	39.35
1.5	67.54
2.0	86.47
2.5	95.60
3.0	98.89
3.5	99.78
4.0	99.97

二、不同编队构型下的置信椭圆

为验证所提出算法的有效性，即选取本章第二节所述实验中水面两个领航UUV和对称位置上的一个跟随UUV，设定UUV编队的分离角分别为30°、60°、90°、120°和150°，跟随UUV的初始深度设置为96.0m。图8.20表示置信因子 $k=3.0$ 时，在任意时刻，五种编队构型下UUV编队协同定位的置信椭圆。黑色虚线和黑色圆圈表示跟随UUV的真实轨迹和真实坐标，红色虚线和红色圆圈表示协同定位的轨迹和协同定位的结果，红色椭圆表示置信椭圆。由于水下观测信息较少，编队构型会直接影响协同定位的精度，实验中，在90°分离角时UUV编队协同定位精度最高，这与第四章编队构型结论相一致。当编队构型不同时，置信椭圆的角度也不同，说明编队构型对于定位误差的影响可以在置信椭圆上直观显示。由表8.4可知，当 $k=3.0$ 时置信椭圆包含真实坐标点位的概率为98.89%，在五种编队构型下，真实坐标均位于置信椭圆内。

三、不同置信因子下的置信椭圆

图8.21表示在UUV编队分离角为30°时，不同置信因子 k 所对应的置信椭圆。当置信因子 $k=1.0$ 时，由表8.4可知置信椭圆包含真实坐标的概率为39.35%，对应实验中 $k=1.0$ 的置信椭圆则未能包含真实坐标。当置信因子 $k=2.0$ 时，置信椭圆包含真实坐标的

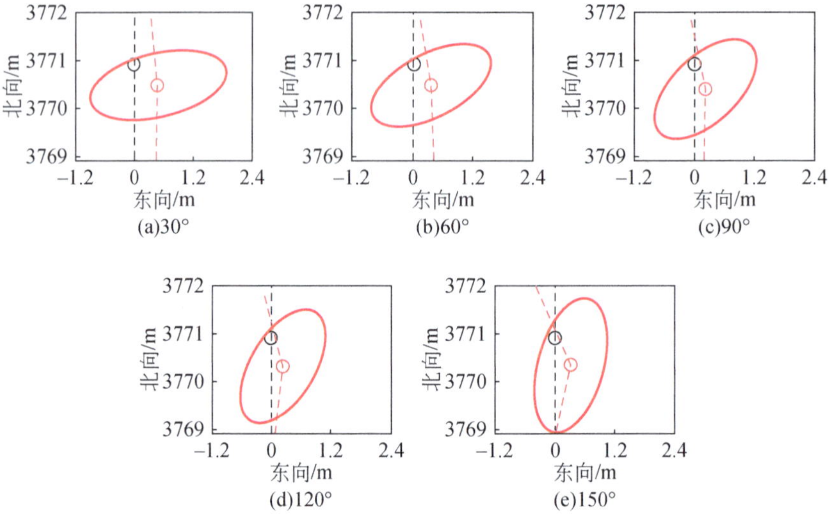

图 8.20　五种 UUV 编队构型下的置信椭圆

概率为 67.54%，对应实验中真实坐标位于 $k=2.0$ 的置信椭圆的边缘处。当置信因子 k 分别为 2.0、2.5、3.0 和 3.5 时，置信椭圆包含真实坐标的概率分别为 86.47%、95.60%、98.89% 和 99.78%，对应实验中的置信椭圆均包含真实坐标。可见，置信因子越大，真实坐标位于置信椭圆内的概率越大，椭圆所反映的协同定位精度越可靠。同时，置信因子也不是越大越好，过大的置信椭圆便失去了精度评定的作用。实际中需要根据任务的不同需求设定不同的置信因子，对 UUV 编队协同定位结果进行质量控制。

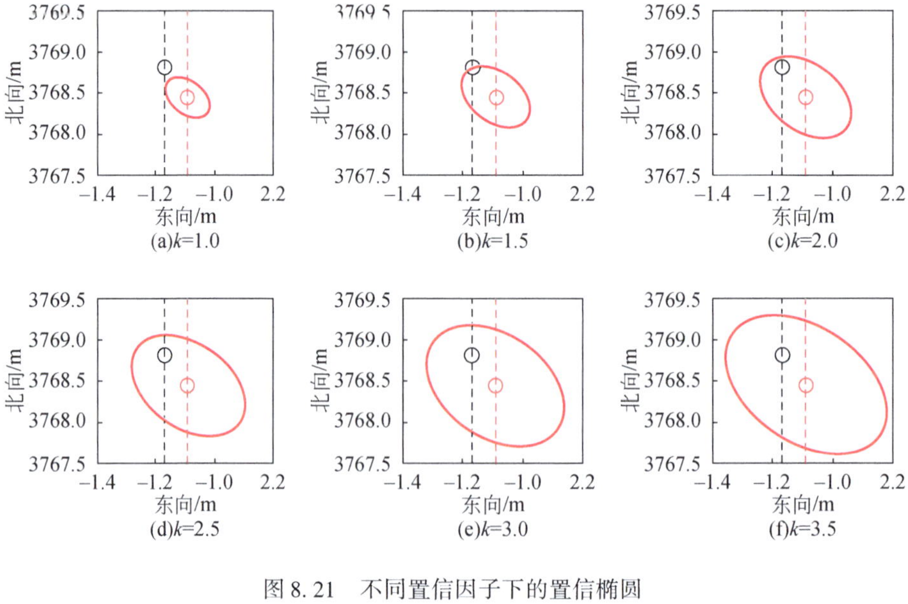

图 8.21　不同置信因子下的置信椭圆

考虑到水下复杂环境会引起水声通信测距观测量异常，随机对水声通信测距添加均值为 10m、标准差为 5m 的随机误差，以验证所提出方法对异常定位结果的质量控制效果。图 8.22 表示水声通信测距存在异常情况下 UUV 编队协同定位结果及相应的置信椭圆，黑色圆点表示跟随 UUV 的真实位置，红色圆点表示协同定位的位置，蓝色圆圈表示置信椭圆。可见水声测距观测量异常会使得 UUV 编队协同定位产生显著偏差，此时对应的置信椭圆也会相应地扩大，表明此时的定位结果已不可信。若水声测距异常不是持续发生，通过协同定位可以逐渐校正跟随 UUV 的位置偏差，对应的置信椭圆也逐渐缩小，说明所提出的置信椭圆能够对 UUV 集群协同定位结果进行质量控制。

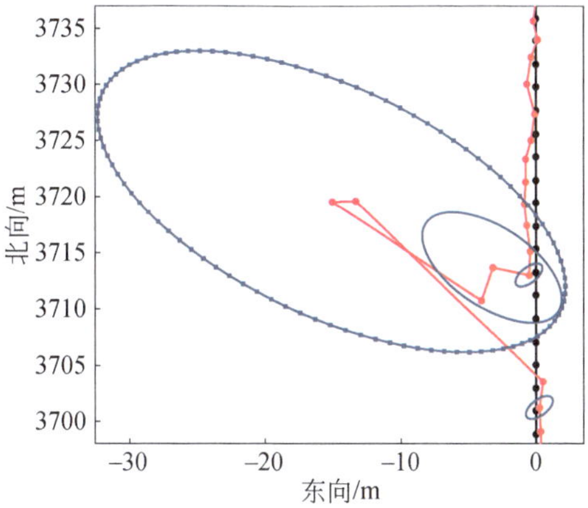

图 8.22　水声通信测距异常下的置信椭圆

第四节　中国南海实测数据验证

在南海海域，远离陆地基准站，同时难以生成大气增强等产品，本节综合以上所论述的方法，给出相应的实际数据处理流程和效果。实验于 2019 年 7 月 14 ~ 16 日在南海开展，实验区域平均水深超过 3000m。测量船搭载 Veripos 公司的 GNSS 测量型天线，iXblue 公司的姿态和航向参考系统，哈尔滨工程大学的声学通信设备，以及 Sea-Bird 公司的温盐深仪。

海底布设有五个应答器，测量船的轨迹和海底控制点的相对位置如图 8.23 所示。测量船按照一定间隔向应答器发送水声信号，应答器接收到信号后可计算出单程传播时间。可将控制点当作跟随 UUV(分别编号为 T1 ~ T5)，将海面测量船作为领航 UUV，海面测量船与水下控制点之间的水声信号传播时间为水声观测量，只需模拟跟随 UUV 搭载的 INS 和 DVL 传感器，其具体参数如第八章第一节所示。为满足双领航需求，选择其部分轨迹(图 8.23 红色虚线所示)并拆分成两个领航 UUV，即图 8.23 中黄色五角星为双领航 UUV 的起始位置，按照图中逆时针顺序进行行驶，双领航交替播发间隔为 1s。由于海底控制点固定，可将 GNSS-A 解算的坐标结果作为参考评估定位结果的精度。

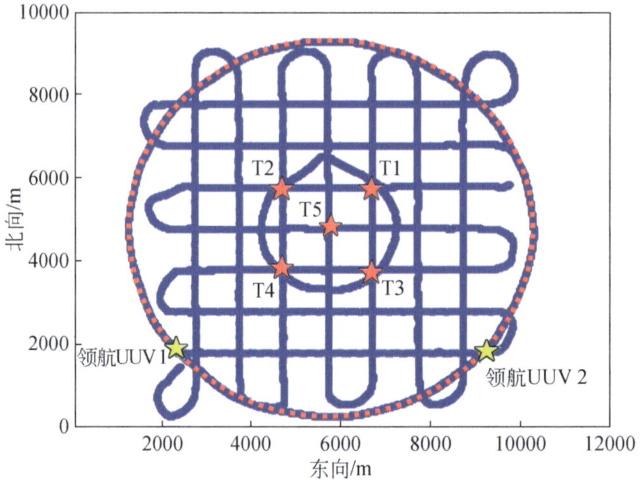

图 8.23　测量船的轨迹和海底控制点的相对位置

一、领航 UUV 位置、速度和姿态

图 8.24(a)表示领航 UUV 实验中观测的卫星星空图，图 8.24(b)表示可见卫星数与 PDOP 值，蓝色表示 GPS 卫星，平均有 12 颗；紫色表示 GLONASS，平均有 7 颗。海上环境开阔，观测卫星数目较多，空间构型较好，平均 PDOP 值为 1.18。

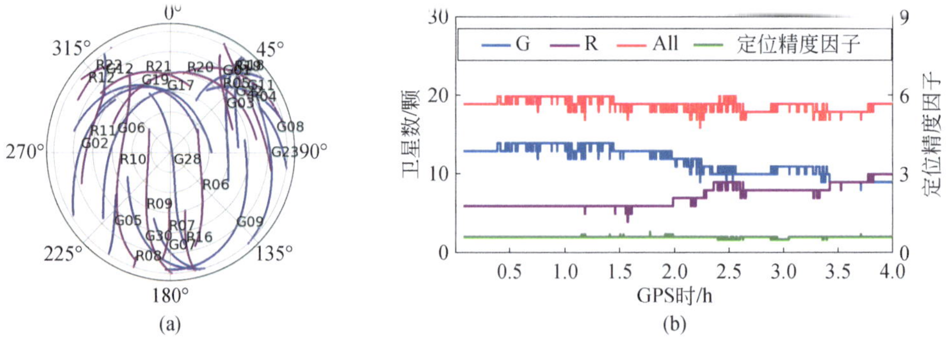

图 8.24　卫星星空图和可见卫星数

信噪比可以很好地反映 GNSS 的卫星信号质量，信噪比越高，信号质量越好。图 8.25(a)表示接收到的 GNSS 卫星信噪比与高度角的关系，卫星信噪比随着高度角增高不断增大，平均信噪比可达到 41.8dBHz。图 8.25(b)表示海上的多路径，平均可达到 0.32m，且高度角越低，多路径越严重。将卫星截止高度角设为 15°，可提高卫星信号质量，削弱多路径效应的影响。

图 8.26(a)表示领航 UUV 在 E、N、U 方向上的速度，三个方向的最大速度分别

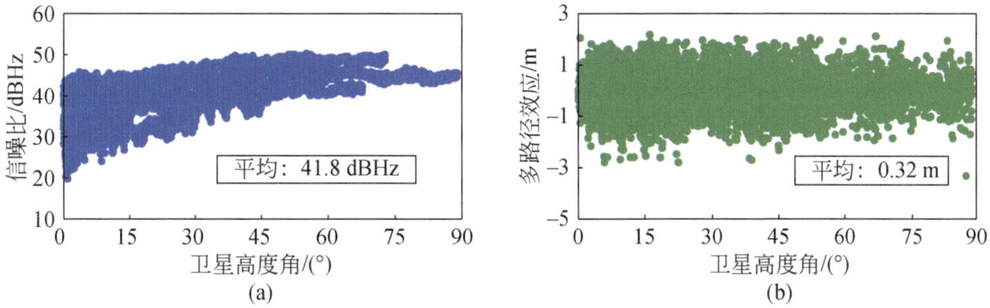

图 8.25　卫星的信噪比和多路径

2.65m/s、2.51m/s 和 0.68m/s。U 方向的平均速度为 0.10m/s，说明海洋测量环境较为平和，风浪较小。图 8.26(b)表示领航 UUV 的姿态角，其中横滚角、俯仰角的最大角度分别为 5.79°和 1.09°，平均为 0.90°和 0.21°，说明船体运动较为稳定。

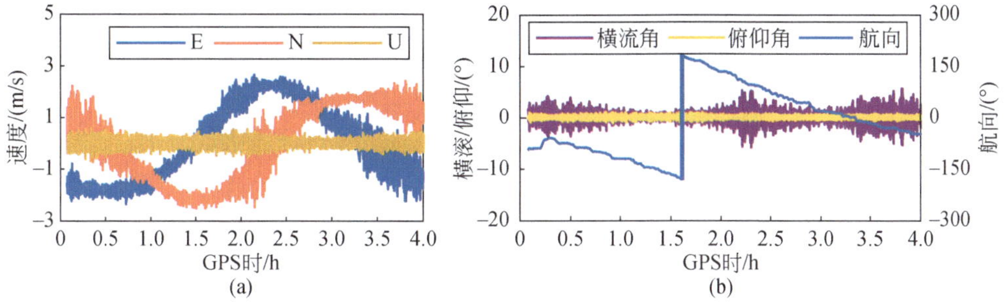

图 8.26　领航 UUV 的速度和姿态

图 8.27 表示领航 UUV 在 E、N、U 三个方向上的位置。由于不同传感器中心位置存在偏差，使用中要统一归算到 INS 中心。E 方向最大值与最小值之差为 9097.32m，N 方向最大值与最小值之差为 9058.15m，行驶半径为 9000m 左右的圆环，航行一周约 4h，U 方向的位置最大值与最小值之差为 12.20m。

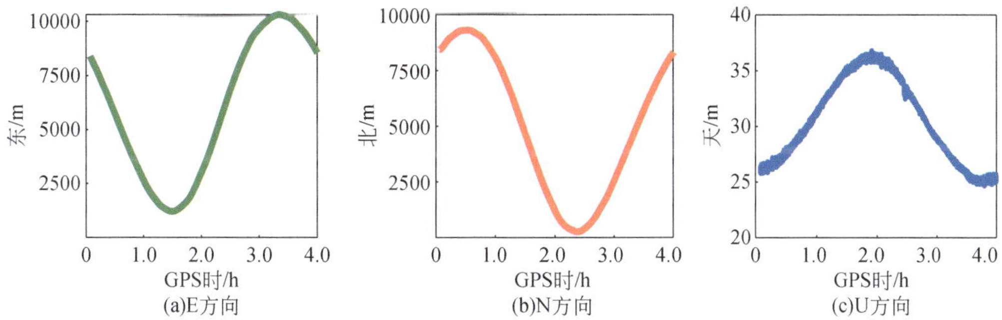

图 8.27　领航 UUV 在 E、N、U 方向的位置

二、UUV 集群弹性协同定位结果

图 8. 28(a)表示采用 5. 1. 2 节提出的协同定位距离修正模型后的水声测距误差，对于跟随 UUV T5，其平均声线入射角为 55. 78°，水声测距误差均值为 0. 19m，RMS 为 1. 33m。可见经过模型修正后，水声测距中大部分的系统性偏差已被扣除，但还是存在较多粗差。图 8. 28(b)表示实测的声速剖面，最小声速为 1485. 34m/s，最大声速为 1544. 90m/s。

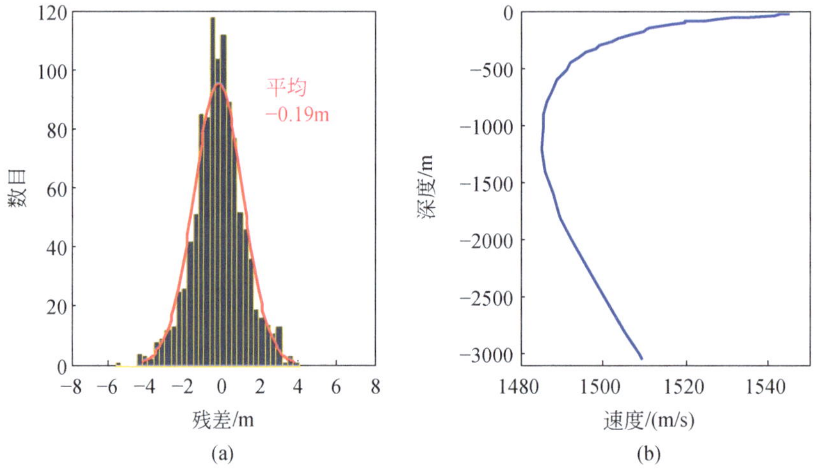

图 8. 28　水声测距误差和声速剖面

图 8. 29 表示采用非弹性模型的跟随 UUV T5 协同定位精度结果，当 UUV 分离角分别为 30°、60°、90°、120°和 150°时，协同定位误差的 RMS 分别为 3. 70m、2. 11m、1. 81m、2. 11m 和 3. 78m。可见，由于水声测距误差中随机误差的比例远高于系统误差，最优分离角依旧在 90°左右，这与第四章的结论一致。图 8. 30 表示采用弹性模型的跟随 UUV T5 协同定位精度，UUV 分离角分别为 30°、60°、90°、120°和 150°时，协同定位误差的 RMS 分别为 2. 98m、1. 73m、1. 50m、1. 73m 和 3. 06m。可见，弹性模型可很好地探测出异常观测值，显著提升协同定位的精度。表 8. 5 展示了采用弹性模型前后协同定位误差的统计值。

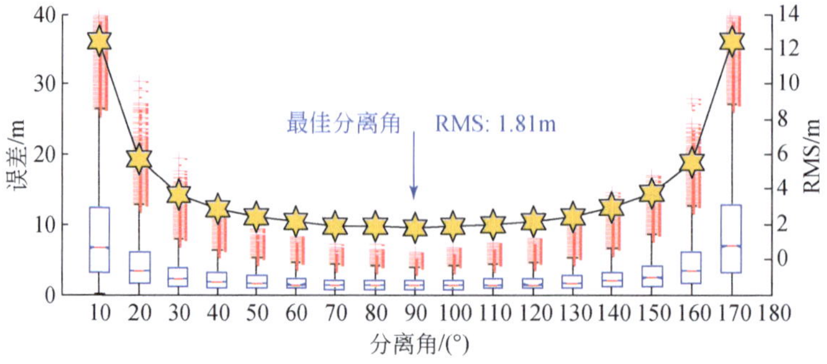

图 8. 29　采用非弹性模型的 UUV 协同定位结果

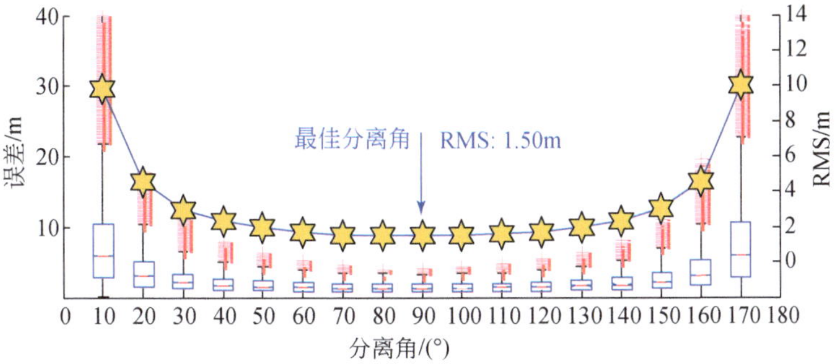

图 8.30 采用弹性模型的 UUV 协同定位结果

表 8.5 不同分离角下弹性模型的协同定位结果

分离角/(°)	不使用弹性模型/m				使用弹性模型/m			
	RMS	STD	中位数	最大值	RMS	STD	中位数	最大值
10	12.46	8.43	6.76	26.37	9.87	6.34	5.89	21.83
20	5.70	3.59	3.43	12.80	4.57	2.74	2.96	10.49
30	3.70	2.24	2.37	8.04	2.98	1.68	2.08	6.54
40	2.86	1.65	1.93	6.30	2.32	1.24	1.72	5.12
50	2.39	1.33	1.68	5.30	1.95	0.99	1.52	4.30
60	2.11	1.14	1.55	4.62	1.73	0.84	1.39	3.83
70	1.93	1.02	1.45	4.25	1.58	0.75	1.31	3.50
80	1.85	0.95	1.42	4.05	1.51	0.70	1.29	3.36
90	1.81	0.93	1.40	4.00	1.50	0.69	1.28	3.31
100	1.85	0.95	1.43	4.05	1.52	0.71	1.31	3.36
110	1.95	1.03	1.50	4.27	1.61	0.76	1.35	3.57
120	2.11	1.14	1.56	4.62	1.73	0.85	1.41	3.83
130	2.41	1.33	1.75	5.27	1.97	1.00	1.57	4.32
140	2.92	1.68	2.03	6.49	2.38	1.27	1.78	5.31
150	3.78	2.25	2.48	8.54	3.06	1.74	2.15	6.93
160	5.60	3.47	3.52	12.67	4.54	2.69	3.06	10.50
170	12.44	8.34	6.95	27.25	10.05	6.55	5.96	22.60

第九章　水下无人航行器协同定位软件平台设计与开发

日前我国水下无人航行器集群协同定位技术的相关研究还处于起步阶段，相关设备还处于研发阶段，国际上还未有成熟的开源代码或商用软件。UUV 集群协同定位理论和算法研究最终要落脚到实际观测数据的处理，一个完善可靠的 UUV 集群协同定位数据处理软件平台是理论算法研究的基础条件。此外，由于海上实验开展难度大、周期长，该软件平台还需兼具 UUV 集群数据的仿真。结合 UUV 集群协同定位数据处理研究工作，作者在学习和借鉴 GPSTk、GARPOS、RTKLIB 和 IGNAV 等开源代码库及软件的基础上，开发研制了一套能够满足 UUV 集群协同定位数据处理与应用的高精度数据处理软件平台，并定名为 UUVs 协同定位系统(UUVs cooperative localization system，UCLS)。

UCLS 集成开发环境采用 VS2019+IVF2020、C 与 FORTRAN 混合编译，Qt 进行二次开发。兼容 Linux 操作系统和 Windows 操作系统，软件操作简单，容易上手，适合科研人员以及从事高精度水下定位的测绘工作人员使用。水下无人平台集群协同定位后处理软件作为水下高精度、高可靠性位置信息解算中心，通过构建水下无人平台的函数模型和随机模型，选取最优的滤波方法及定位结果的质量控制，实现对水下无人集群多源异构传感器数据、集群编队互观测数据和无人平台时间基准数据的处理。最终得到集群中各个平台高精度的位置信息，显著地增强多水下航行器系统的协同作业能力，在海洋自主采样、海底勘探、水下目标探测和识别等方面具有广阔的应用前景。

第一节　水下无人航行器自主定位平台

一、平台设计

UUV 导航解算软件(UUV Navigation Solution，UUV Nav Sol)是由信息工程大学测绘工程教研室独立开发的水下无人平台自主定位数据处理软件。软件基于 C++模块化编程，实现了完全自主的水下惯性基组合导航代码库，算法中嵌入了紧组合、自适应、抗差、状态变换等先进的数据融合算法，可实现传感器误差分析标定、多情况下 SINS 初始对准、GNSS/DVL/SINS/PS 自由组合导航等功能。

UUV Nav Sol 分为两个版本，其中 UUV Nav Sol V1.0 基于 QT5.0 编写可视化界面，是一个轻量、简易的组合导航数据后处理平台，可为使用者提供便捷的组合导航数据处理工具和算法开发。软件界面模块包括主窗口、绘图窗口和选项窗口，其中主窗口包括传感器类型选择、观测文件及输出文件选择；选项窗口包括数据区间选择、算法策略选择和滤波策略选择。UUV Nav Sol 的总体框架如图 9.1 所示。

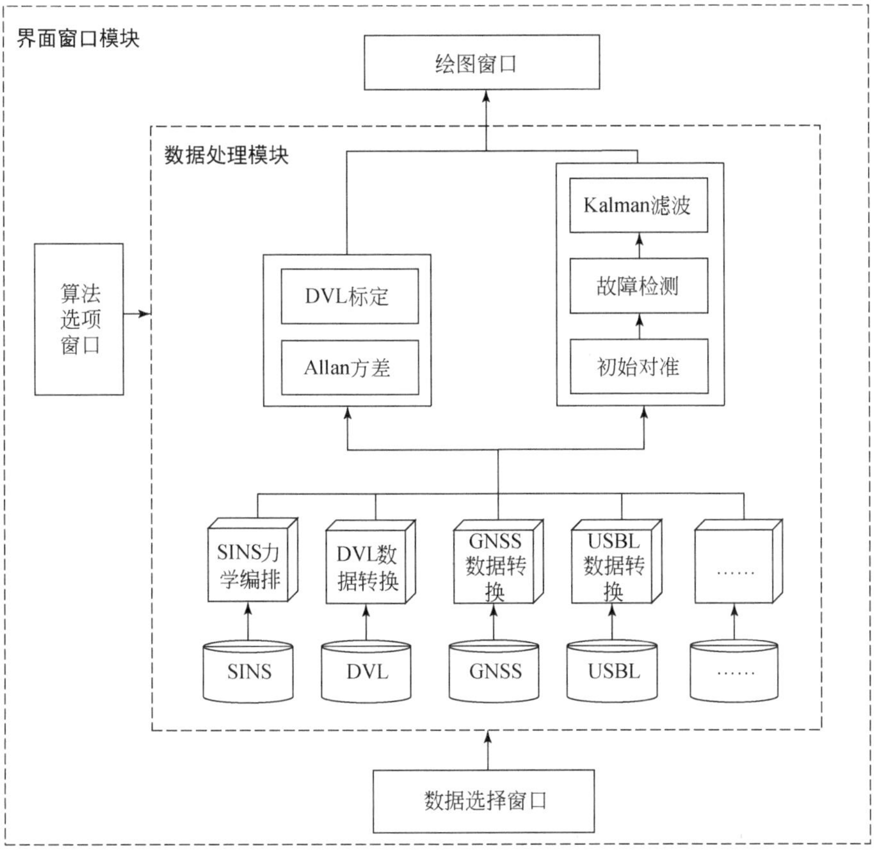

图 9.1　UUV Nav Sol 软件设计总体框架

UUV Nav Sol V2.0 采用先进的虚幻引擎软件实现可视化，借助于虚幻引擎强大的三维可视化渲染能力，建设大范围海域场景，模拟了水面波涛、水中视觉、海底地形植被等效果，通过嵌入真实的 UUV 3D 模型，集成自主研究的导航算法，通过参数配置界面，可以直观形象地了解算法所需要的参数。通过对参数进行实时配置和调整、一键解算、运行，以及根据 UUV 模型的实时运动姿态轨迹和参数图表，实现所见即所得的算法研究效果，可为使用者提供良好的人机交互体验。

二、UUV Nav Sol V1.0 介绍

(一)界面介绍

解压缩包，双击 UUV Nav Sol.exe 进入主界面(图 9.2 和图 9.3)。

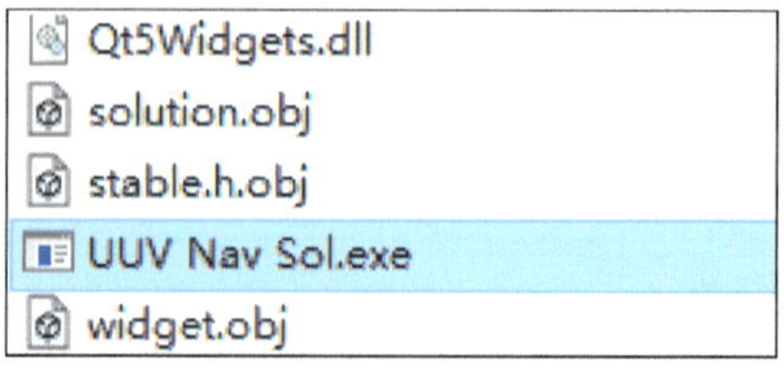

图 9.2　UUV Nav Sol 压缩包文件

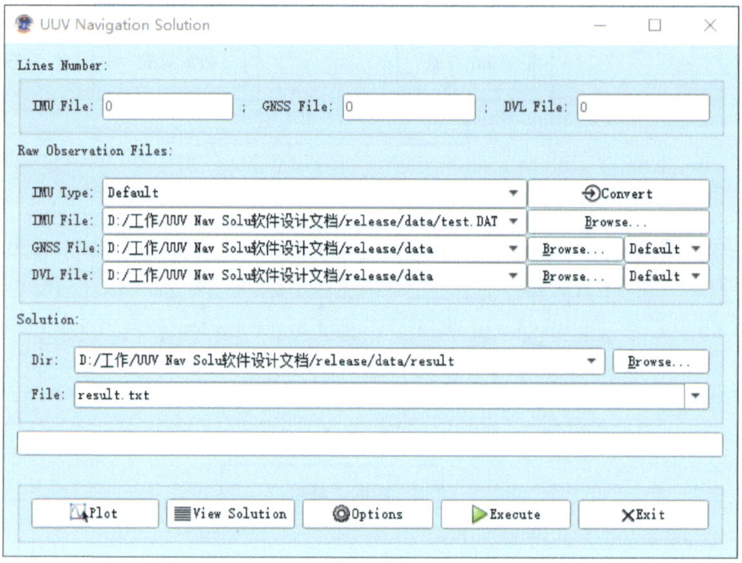

图 9.3　UUV Nav Sol 主界面窗口

主界面窗口控件英文与对照如表 9.1 所示。

表 9.1　主界面窗口控件英文与对照

英文	翻译	英文	翻译
Lines Number	文件行数	IMU File	惯性导航文件
GNSS File	GNSS 文件	DVL File	多普勒测速文件
Raw Observation Files	原始观测文件	IMU Type	惯导类型
Convert	转换	Default	默认
Browser	浏览	Solution	解算结果
Dir	目录	File	文件名
Plot	绘图	View Solution	查看结果文件
Options	选项	Execute	执行
Exit	退出		

压缩包内已有示例数据，进入主界面后示例数据所在目录会自动读取进入各传感器文

件选择框内，您也可以选择自己的数据文件进行：①二进制文件转换；②Allan 方差分析；③GNSS/SINS 组合导航解算；④DVL/SINS 组合导航解算；⑤惯性导航解算。

单击主界面下方 Option 按钮，出现选项窗口，您可以在选项窗口输入起点大地坐标[纬度(deg)/经度(deg)/高程(m)]、数据解算模式、初始对准模型(图 9.4)。

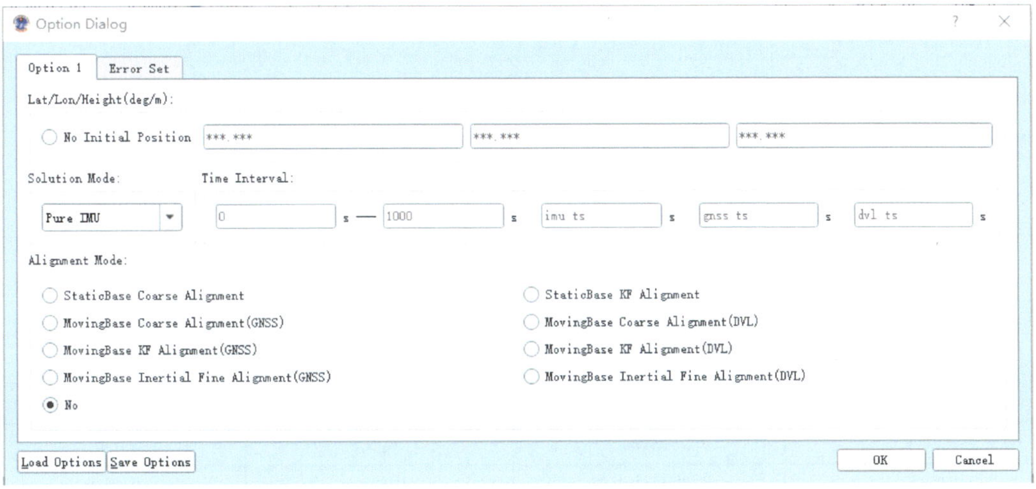

图 9.4　UUV Nav Sol 选项窗口

选项窗口控件英文及翻译如表 9.2 所示。

表 9.2　选项窗口控件英文及翻译

英文	翻译	英文	翻译
Lat/Lon/Height(deg/m)	纬度/经度/高程(度/米)	No initial Position	初始位置未知
Solution Mode	解算模式	Prue IMU	纯惯性导航
Raw Observation Files	原始观测文件	IMU Type	惯导类型
Time Interval	时间间隔	Alignment Mode	对准模式
StaticBase Coarse Alignment	静基座粗对准	StaticBase KF Alignment	静基座 Kalman 对准
MovingBase Coarse Alignment (GNSS)	GNSS 辅助动基座粗对准	MovingBase Coarse Alignment (DVL)	DVL 辅助动基座粗对准
MovingBase KF Alignment (GNSS)	GNSS 辅助动基座精对准	MovingBase KF Alignment (DVL)	DVL 辅助动基座精对准
MovingBase Inertial Fine Alignment(GNSS)	GNSS 辅助动基座惯性系精对准	MovingBase Inertial Fine Alignment(DVL)	DVL 辅助动基座惯性系精对准
Load Options	加载配置文件	Save Options	保存配置文件
OK	确认	Cancel	取消

单击上方 Error Set，设置组合导航卡尔曼滤波参数，包括 IMU 参数、初始参数不确定性、量测噪声(图 9.5)。

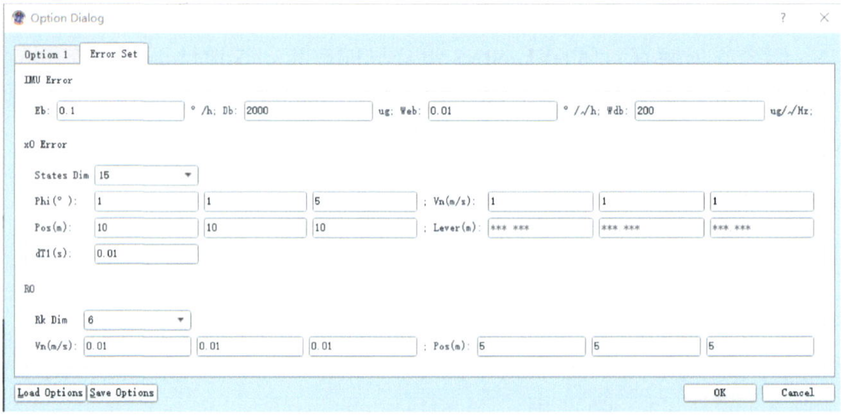

图 9.5　滤波参数窗口

滤波参数窗口英文及翻译如表 9.3 所示。

表 9.3　滤波参数窗口英文及翻译

英文	翻译	英文	翻译
IMU Error	惯性元件误差	x0 Error	x0 误差
States Dim	状态参数维度	Phi(°)	初始姿态误差角(°)
Pos(m)	位置(米)		
Lever(m)	杆臂	dT1(s)	时延(秒)
R0	量测噪声	Rk Dim	量测向量维度
Vn(m/s)	速度(米/秒)		

设置完毕，单击 OK 按钮，可以回到主界面。

您也可以单击 Load Options 按钮，选择已经编写好的配置文件直接导入配置(图 9.6)。

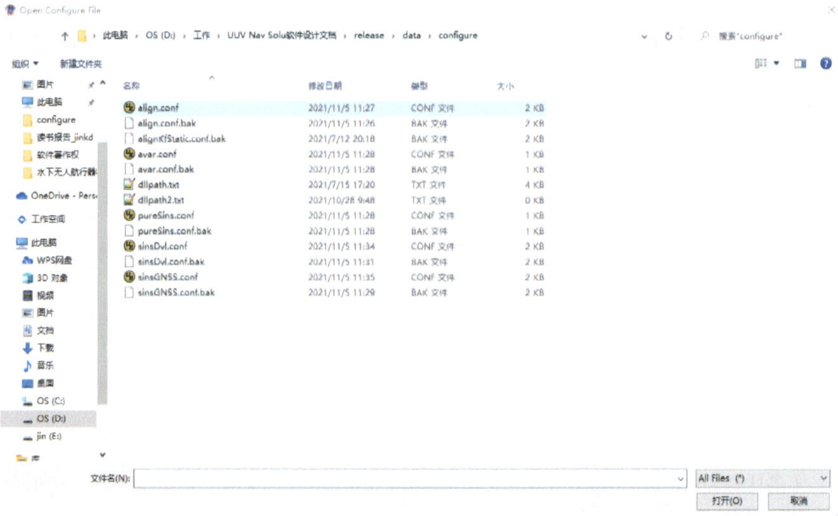

图 9.6　单击 Load Options 后界面显示

(二) IMU 原始数据转换

以 707 所研制的光纤惯导为例，单击 IMU Type 选项下拉框，选择 GC25-7K FOG(707) 选项，此选项针对 707 所研制的光纤惯导原始二进制文件。

单击 IMU File 后的 Browse 按钮，弹出文件资源管理器如图 9.7。

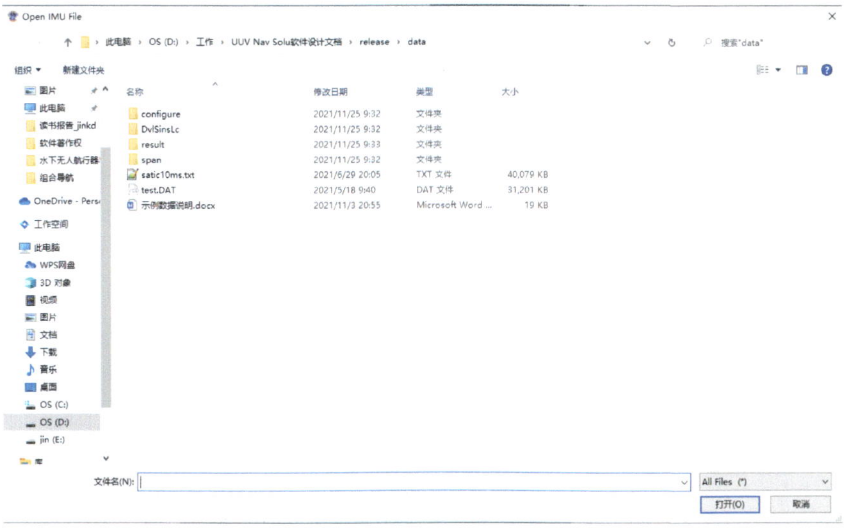

图 9.7　单击 Browse 按钮选择数据文件

资源管理器自动跳转到示例数据所在文件，您也可以选择自己的数据文件。选择示例数据 test. DAT 并点击打开(图 9.8)。

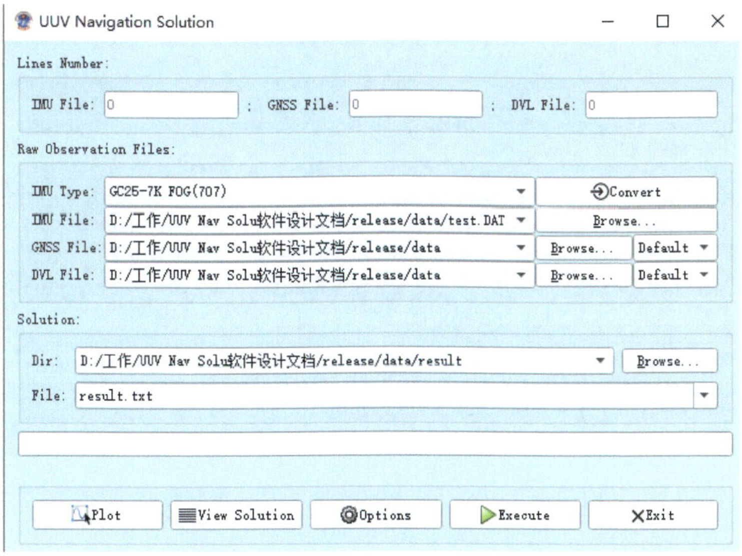

图 9.8　选中数据文件后主窗口显示

单击 Solution Dir 后的 Browse 按钮可以选择输出结果文件的目录；单击 Solution File 后的文本框可以输出输入结果文件名。

单击 Convert 按钮，转换完成软件出现如下界面，如图 9.9 所示。

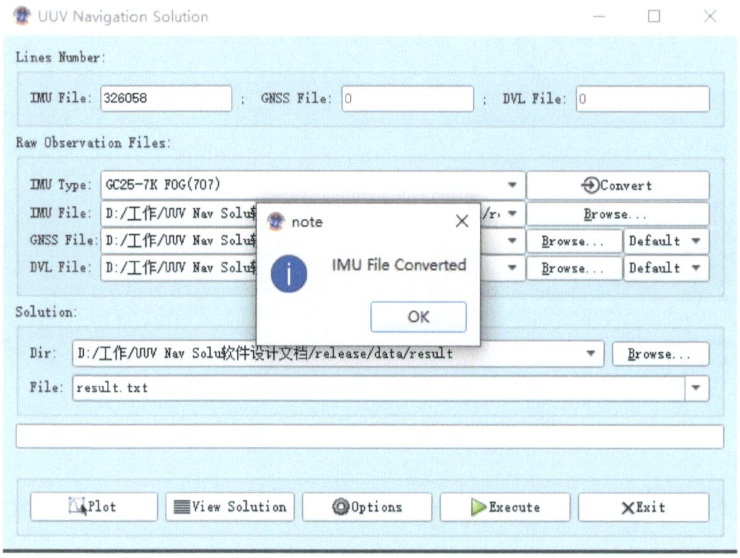

图 9.9　完成 IMU 数据转换后主界面显示

转换前的二进制数据和转换后的十进制数据如图 9.10 和图 9.11 所示。

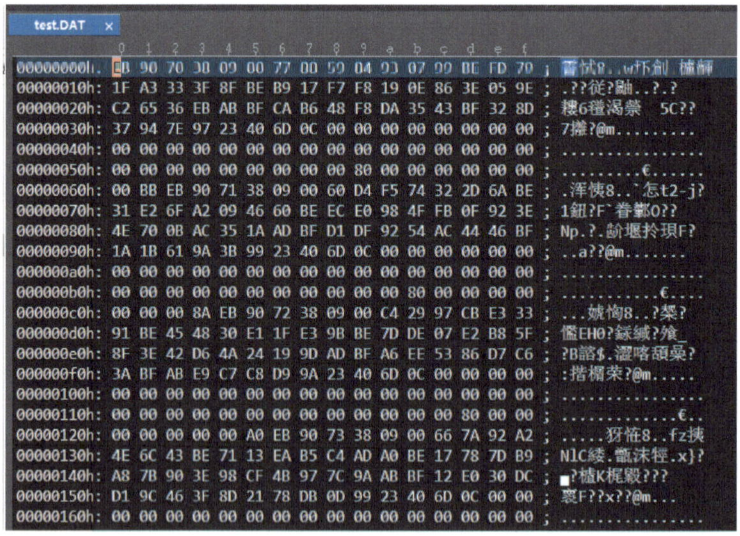

图 9.10　GC25-7K FOG(707)原始二进制数据

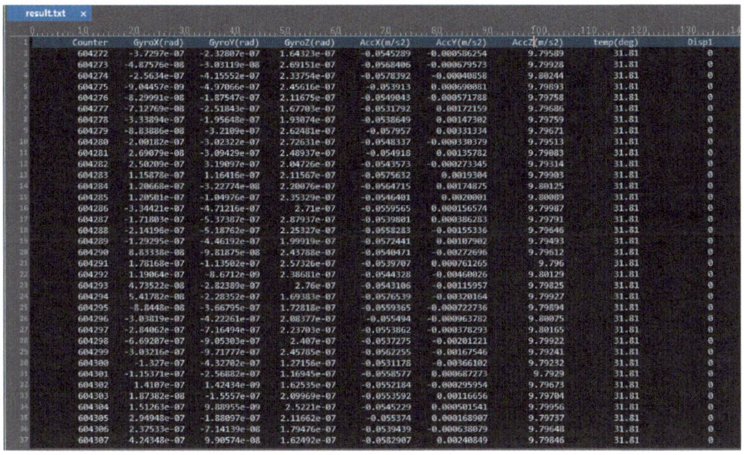

Counter	GyroX(rad)	GyroY(rad)	GyroZ(rad)	AccX(m/s2)	AccY(m/s2)	AccZ(m/s2)	temp(deg)	Displ
604272	-3.7297e-07	-2.32807e-07	1.64323e-07	-0.0545289	-0.000586254	9.79589	31.81	0
604273	-4.87576e-08	-3.03119e-08	2.69151e-07	-0.0568406	-0.000679573	9.79928	31.81	0
604274	-2.5634e-07	-4.15552e-07	2.33754e-07	-0.0578392	-0.00040858	9.80244	31.81	0
604275	-9.04457e-09	-4.97066e-07	2.45616e-07	-0.053913	0.000690081	9.79893	31.81	0
604276	-8.29991e-08	-1.87547e-07	2.11675e-07	-0.0549043	-0.000571788	9.79758	31.81	0
604277	-7.12769e-08	-2.51843e-07	1.67703e-07	-0.0531792	0.00172159	9.79686	31.81	0
604278	-3.33894e-07	-1.95648e-07	1.93074e-07	-0.0538649	0.00147302	9.79759	31.81	0
604279	-8.83886e-08	-3.2109e-07	2.62481e-07	-0.057957	0.00331334	9.79671	31.81	0
604280	-2.00182e-07	-3.02322e-07	2.72631e-07	-0.0548337	-0.000330379	9.79513	31.81	0
604281	2.69079e-08	-3.09429e-07	2.48937e-07	-0.054918	0.00135782	9.79083	31.81	0
604282	2.50209e-07	3.19097e-07	2.04726e-07	-0.0543573	-0.000273345	9.79314	31.81	0
604283	1.15878e-07	1.16416e-07	2.11567e-07	-0.0575632	0.0019304	9.79903	31.81	0
604284	1.20668e-07	-3.22774e-08	2.20076e-07	-0.0564715	0.00174875	9.80125	31.81	0
604285	1.20501e-07	-1.04976e-07	2.35329e-07	-0.0546401	0.0020001	9.80089	31.81	0
604286	-3.34421e-07	-4.71216e-07	2.71e-07	-0.0559565	0.000156574	9.79987	31.81	0
604287	-1.71803e-07	-5.37387e-07	2.87937e-07	-0.0539801	0.000386283	9.79791	31.81	0
604288	-2.14196e-07	-5.18762e-07	2.25327e-07	-0.0558283	-0.00155336	9.79646	31.81	0
604289	-1.29295e-07	-4.46192e-07	1.99919e-07	-0.0572441	0.00107902	9.79493	31.81	0
604290	8.83338e-08	-9.81875e-08	2.43788e-07	-0.0540471	-0.00272696	9.79612	31.81	0
604291	1.78168e-07	-1.13502e-07	2.57326e-07	-0.0539707	0.000761265	9.796	31.81	0
604292	1.19064e-07	-8.6712e-09	2.38681e-07	-0.0544328	-0.00460026	9.80129	31.81	0
604293	4.73522e-08	-2.82389e-07	2.76e-07	-0.0543106	-0.00115957	9.79825	31.81	0
604294	5.41782e-08	-2.28352e-07	1.69383e-07	-0.0576539	-0.00320164	9.79927	31.81	0
604295	-8.8448e-08	-3.66795e-07	1.72818e-07	-0.0559365	-0.000722736	9.79894	31.81	0
604296	-3.03819e-07	-4.22261e-07	2.08377e-07	-0.055494	-0.000963782	9.80075	31.81	0
604297	-2.84062e-07	-7.16494e-07	2.23703e-07	-0.0553862	-0.000378293	9.80165	31.81	0
604298	-6.69207e-07	-9.05303e-07	2.407e-07	-0.0537275	-0.00201221	9.79922	31.81	0
604299	-3.03216e-07	-9.71777e-07	2.45785e-07	-0.0562255	-0.00167546	9.79241	31.81	0
604300	-1.327e-07	-4.32702e-07	1.27156e-07	-0.0531178	-0.00366102	9.79232	31.81	0
604301	-1.15371e-07	-2.56882e-07	1.16945e-07	-0.0558577	0.000687273	9.7929	31.81	0
604302	1.4107e-07	1.42434e-09	1.62535e-07	-0.0552184	-0.000295954	9.79673	31.81	0
604303	1.87382e-08	-1.5557e-07	2.09969e-07	-0.0553592	0.00116656	9.79704	31.81	0
604304	1.51263e-07	9.88955e-09	2.5221e-07	-0.0545229	0.000501541	9.79956	31.81	0
604305	2.94948e-07	-1.88097e-07	2.11662e-07	-0.055374	0.000168907	9.79737	31.81	0
604306	2.37533e-07	-7.14139e-08	1.79476e-07	-0.0539439	-0.000638079	9.79648	31.81	0
604307	4.24348e-07	9.90574e-08	1.62492e-07	-0.0582907	0.00240849	9.79846	31.81	0

图 9.11　GC25-7K FOG(707)十进制数据

(三) IMU 性能分析

进入主界面后单击 IMU File 后面的 Browse 按钮，选择分析的惯导数据。

单击 Solution Dir 和 Solution File，选择输出结果文件的目录和文件名。主界面上方的 Lines Number 框可自动输出输入文件的数据行数，方便使用人员掌握数据时长，如图 9.12 所示。

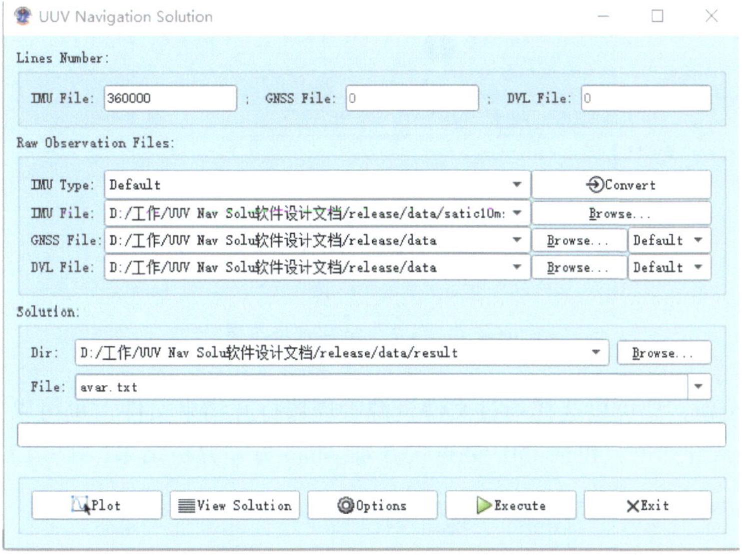

图 9.12　导入 IMU 数据后主窗口显示

单击 Option 按钮，出现选项窗口，单击 Solution Mode，选择 Allan Var 模式，输入解算时间段和采样间隔，单击 OK 按钮回到主界面(图 9.13)。

图 9.13　选项窗口中选择 Allan Var

单击 Execute 按钮，开始进行 Allan 方差分析，解算完毕出现如图 9.14 所示的选项窗口。

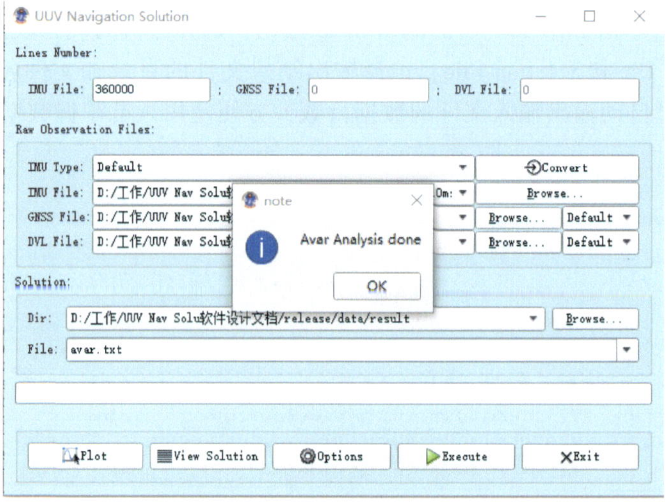

图 9.14　Allan 方差分析完成

单击 OK 按钮，您可以选择通过文件资源管理器打开结果文件，也可以直接单击 View Solution，出现文件如下，包括 IMU 数据的 6 轴 Allan 方差分析结果(图 9.15)。

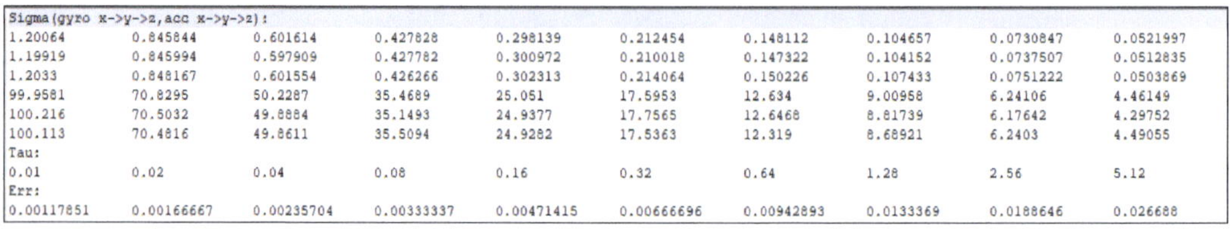

Sigma(gyro x->y->z,acc x->y->z):									
1.20064	0.845844	0.601614	0.427828	0.298139	0.212454	0.148112	0.104657	0.0730847	0.0521997
1.19919	0.845994	0.597909	0.427782	0.300972	0.210018	0.147322	0.104152	0.0737507	0.0512835
1.2033	0.848167	0.601554	0.426266	0.302313	0.214064	0.150226	0.107433	0.0751222	0.0503869
99.9581	70.8295	50.2287	35.4689	25.051	17.5953	12.634	9.00958	6.24106	4.46149
100.216	70.5032	49.8884	35.1493	24.9377	17.7565	12.6468	8.81739	6.17642	4.29752
100.113	70.4816	49.8611	35.5094	24.9282	17.5363	12.319	8.68921	6.2403	4.49055
Tau:									
0.01	0.02	0.04	0.08	0.16	0.32	0.64	1.28	2.56	5.12
Err:									
0.00117851	0.00166667	0.00235704	0.00333337	0.00471415	0.00666696	0.00942893	0.0133369	0.0188646	0.026688

图 9.15　IMU 数据的 6 轴 Allan 方差分析结果

单击 Plot 按钮，绘制 Allan 方差曲线，如图 9.16 所示。

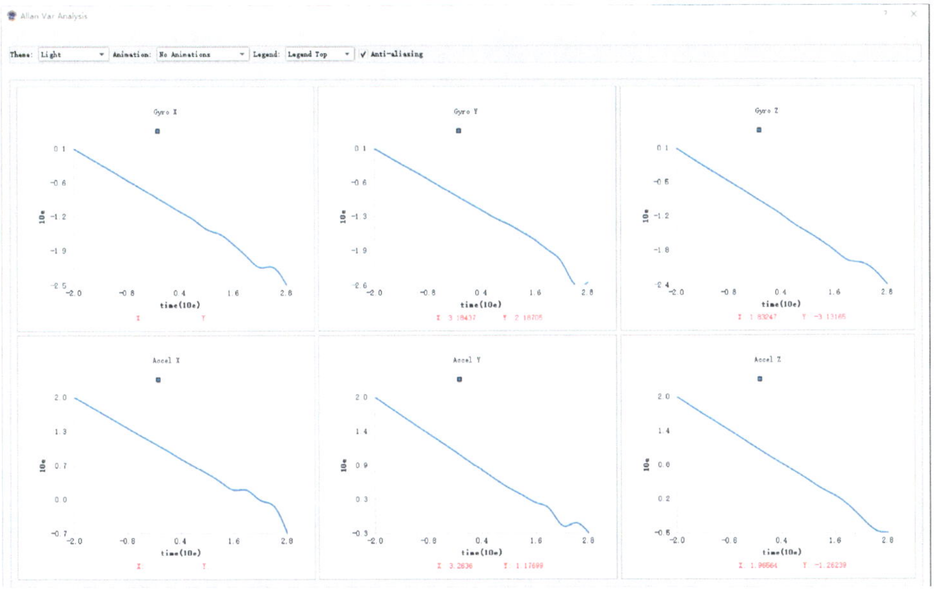

图 9.16　IMU 6 轴原始数据 Allan 方差曲线

(四) GNSS/SINS 组合导航

进入主界面，单击 IMU File 后面的 Browse 按钮，选择惯性导航数据文件。

单击 GNSS File 后面的 Browse 按钮选择 GNSS 数据文件。

单击 Solution Dir 和 Solution File，选择输出结果文件的目录和文件名(图 9.17)。

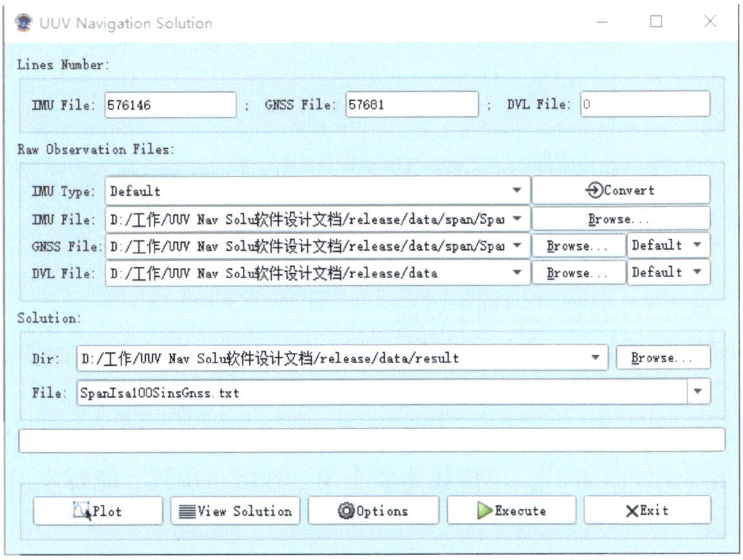

图 9.17　选择 GNSS 数据与 IMU 数据

单击下方 Options 按钮，进入选项窗口。输入起始坐标，单击 Solution Mode，选择 IMU +GNSS(LC)模式，输入解算时间段和采样间隔(图 9.18)。

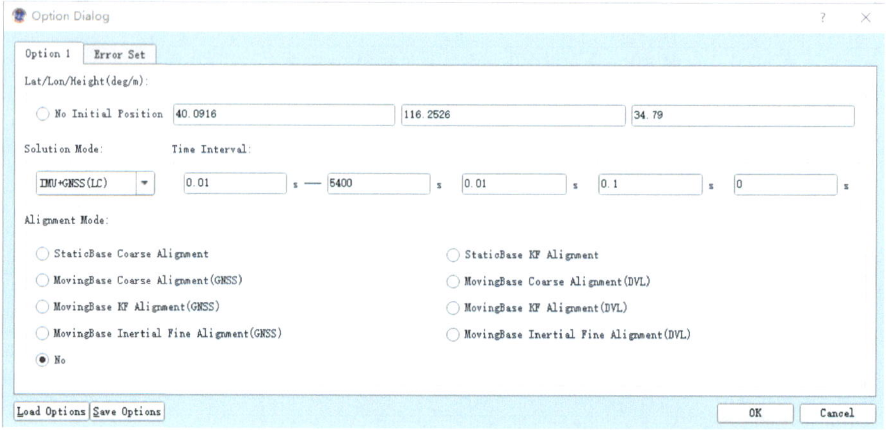

图 9.18　输入 GNSS/SINS 组合导航选项参数

单击上方 Error Set，设置组合导航 Kalman 滤波参数，包括 IMU 参数、初始参数不确定性、量测噪声(图 9.19)。

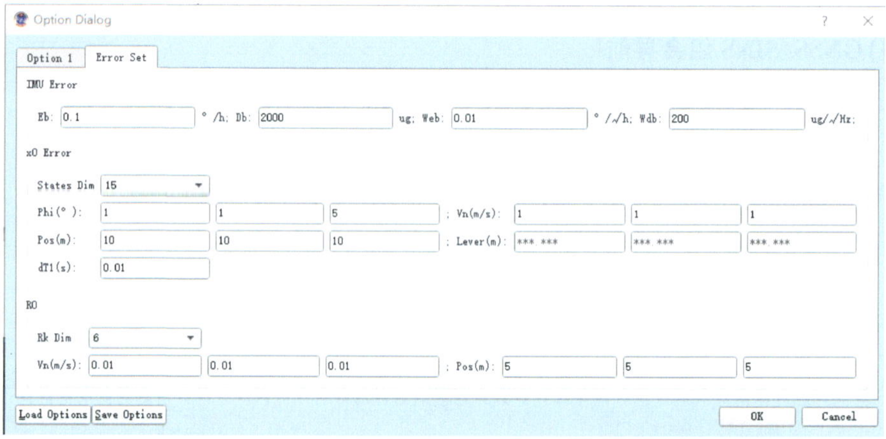

图 9.19　设置 GNSS/SINS 组合导航 Kalman 滤波参数

设置完毕，单击 OK 按钮，回到主界面。

单击主界面下方 Execute 按钮，开始进行 GNSS/SINS 组合导航解算，解算完毕如图 9.20 所示。

单击 OK 按钮，您可以选择通过文件资源管理器打开结果文件，也可以直接单击 View Solution，单击出现文件图 9.21，包括载体姿态角、速度、位置、陀螺零偏、加速度计零偏和时间信息。

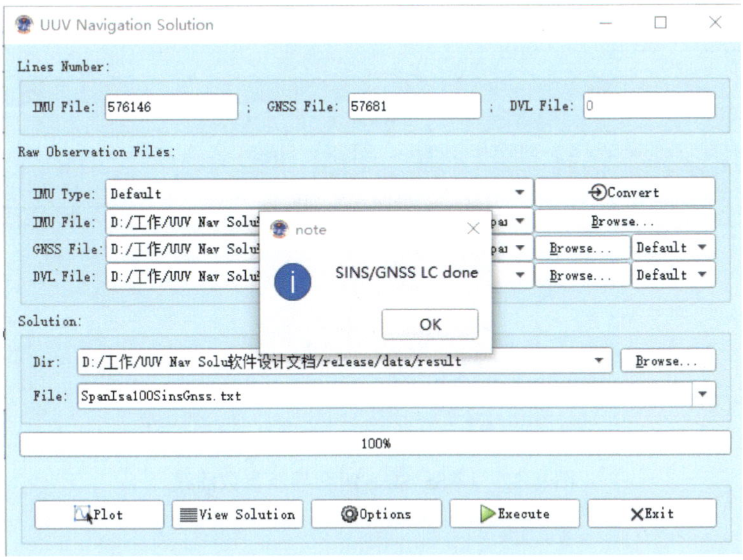

图 9.20　GNSS/SINS 组合导航解算结束

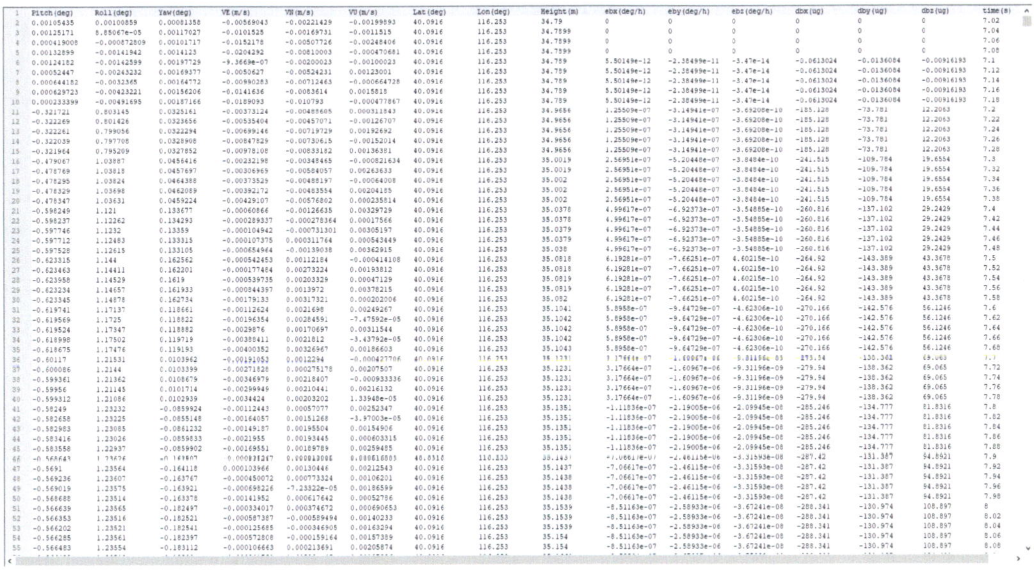

图 9.21　GNSS/SINS 组合导航结果文件

单击 Plot 按钮，绘制 GNSS/SINS 组合导航参数曲线，如图 9.22 所示。

(五) DVL/SINS 组合导航

进入主界面，单击 IMU File 后的 Browse 按钮，选择惯性导航数据文件。
单击 DVL File 后的 Browse 按钮选择 DVL 数据文件。
单击 Solution Dir 和 Solution File，选择输出结果文件的目录和文件名(图 9.23)。

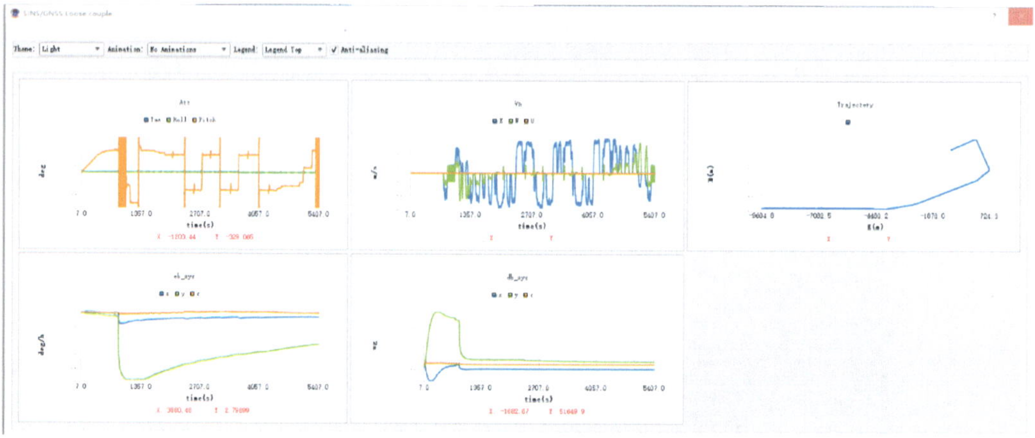

图 9.22　GNSS/SINS 组合导航参数曲线

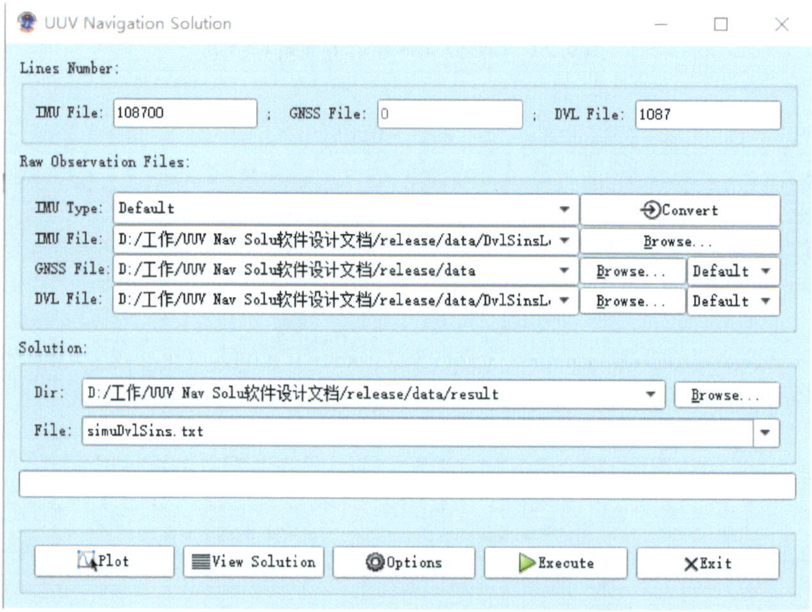

图 9.23　选择 DVL 数据与 IMU 数据

输入起始坐标，单击 Solution Mode，选择 IMU+DVL 模式，输入解算时间段和采样间隔(图 9.24)。

单击上方 Error Set，设置组合导航卡尔曼滤波参数，包括 IMU 参数、初始参数不确定性、量测噪声(图 9.25)。

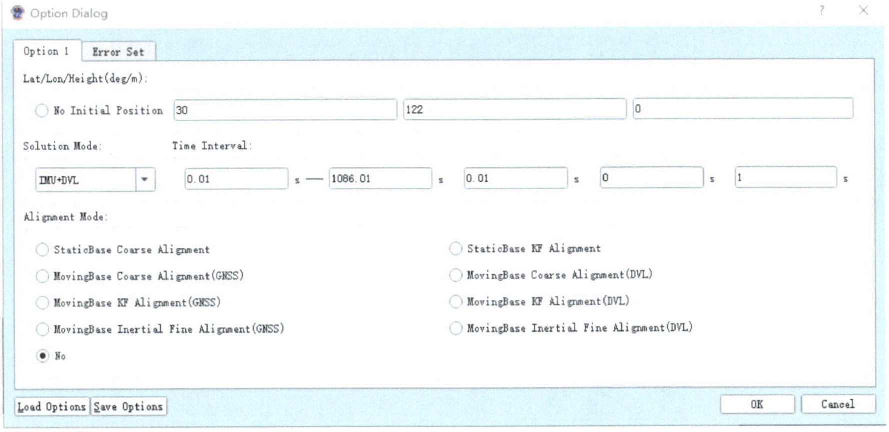

图 9.24　输入 DVL/SINS 组合导航选项参数

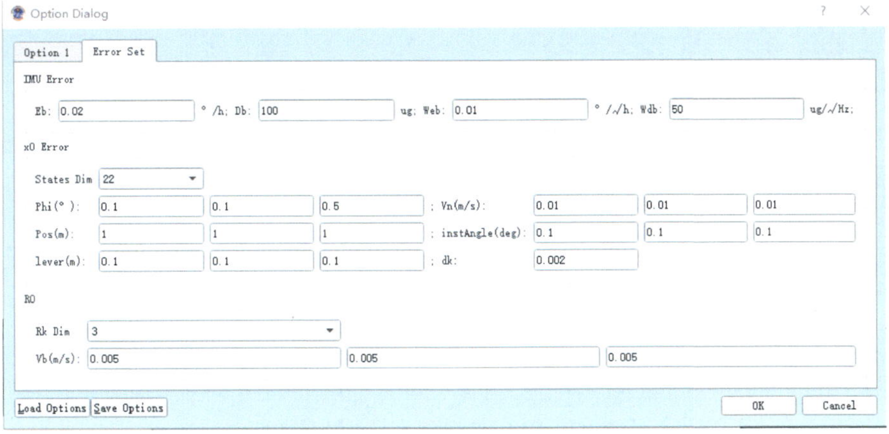

图 9.25　设置 DVL/SINS 组合导航卡尔曼滤波参数

设置完毕，单击 OK 按钮，回到主界面。

单击主界面下方 Execute 按钮，开始进行 DVL/SINS 组合导航解算，解算完毕如图 9.26 所示。

单击 OK 按钮，您可以选择通过文件资源管理器打开结果文件，也可以直接单击 View Solution，单击出现文件内容如图 9.27 所示。

（六）惯性导航解算

进入主界面，单击 IMU File 后的 Browse 按钮，选择惯性导航数据文件（图 9.28）。

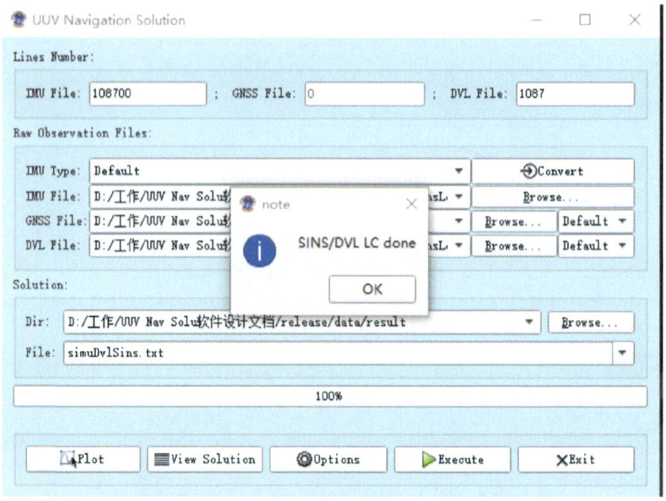

图 9.26　DVL/SINS 组合导航解算结束

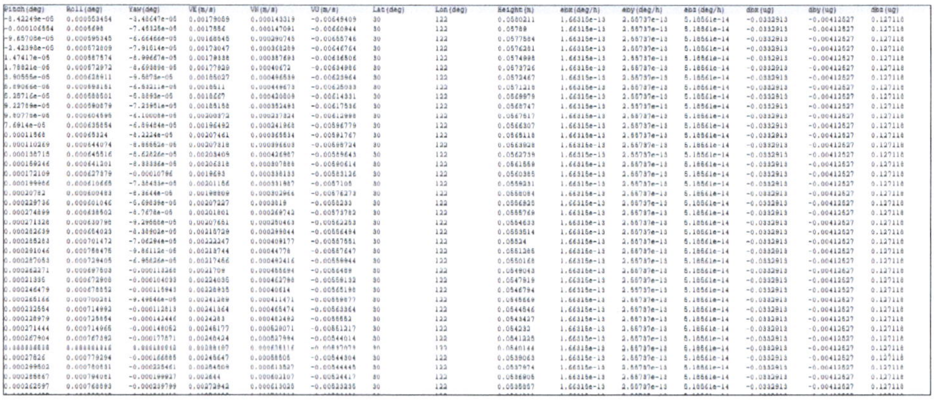

图 9.27　DVL/SINS 组合导航结果文件

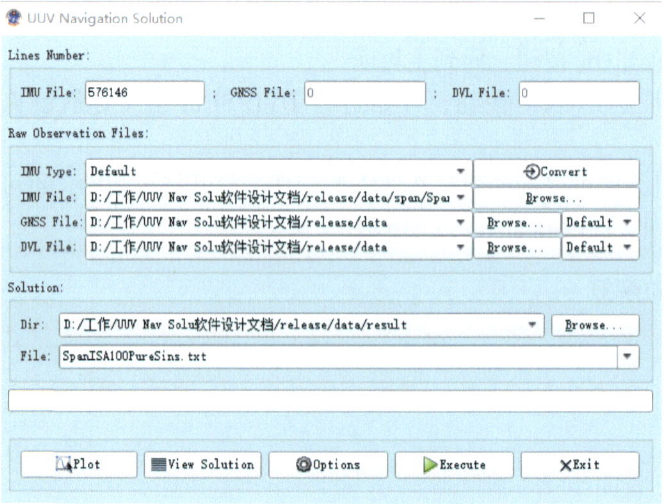

图 9.28　选择 IMU 数据

单击下方 Options 按钮，进入选项窗口。输入起始坐标，单击 Solution Mode，选择 Pure IMU 模式，输入解算时间段和采样间隔(图 9.29)。

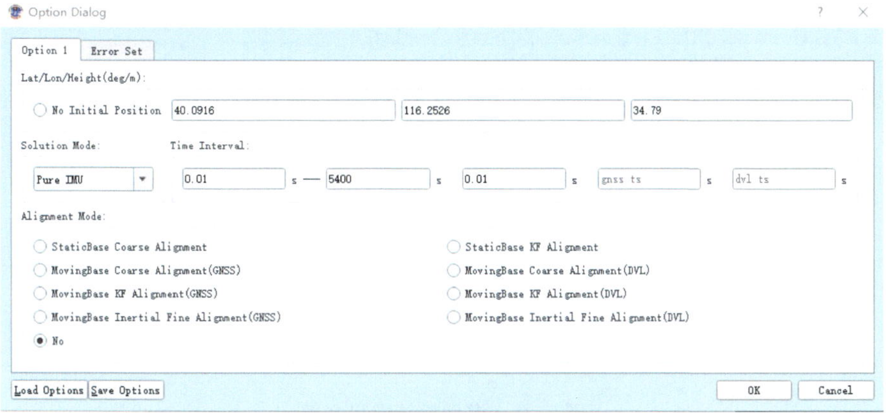

图 9.29　输入惯性导航选项参数

设置完毕，单击 OK 按钮，回到主界面。

单击主界面下方 Execute 按钮，开始进行惯性导航解算，解算完毕如图 9.30 所示。

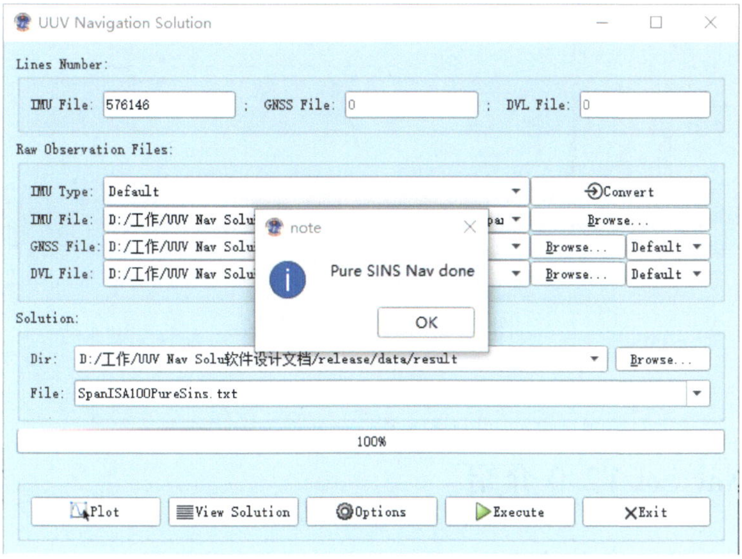

图 9.30　惯性导航解算结束

单击 OK 按钮，您可以选择通过文件资源管理器打开结果文件，也可以直接单击 View Solution，单击出现内容如图 9.31 所示。

单击 Plot 按钮，绘制惯性导航参数曲线，如图 9.32 所示。

Att(Pitch,Roll,Yaw)(deg) Vn(E,N,U)(m/s) BLH(deg,deg,m) time(s):

-0.652463	1.68088	-89.6834	0	0	0	40.0916	116.253	34.79	0.02
-0.247378	1.48785	-64.6093	0	0	0	40.0916	116.253	34.79	0.04
-0.496185	1.48776	61.015	0	0	0	40.0916	116.253	34.79	0.06
-0.590726	1.49201	80.0392	0	0	0	40.0916	116.253	34.79	0.08
-0.423804	1.47211	-64.732	0	0	0	40.0916	116.253	34.79	0.1
-0.511052	1.46925	54.4438	0	0	0	40.0916	116.253	34.79	0.12
-0.517172	1.4623	52.4231	0	0	0	40.0916	116.253	34.79	0.14
-0.496765	1.43158	4.2743	0	0	0	40.0916	116.253	34.79	0.16
-0.521569	1.42717	33.3463	0	0	0	40.0916	116.253	34.79	0.18
-0.524935	1.4133	29.6213	0	0	0	40.0916	116.253	34.79	0.2
-0.498948	1.40059	-6.49799	0	0	0	40.0916	116.253	34.79	0.22
-0.548521	1.38838	41.9717	0	0	0	40.0916	116.253	34.79	0.24
-0.533872	1.37668	24.1736	0	0	0	40.0916	116.253	34.79	0.26
-0.540165	1.36019	24.2219	0	0	0	40.0916	116.253	34.79	0.28
-0.530269	1.33058	9.14703	0	0	0	40.0916	116.253	34.79	0.3
-0.570309	1.32599	34.9583	0	0	0	40.0916	116.253	34.79	0.32
-0.548316	1.32159	19.0268	0	0	0	40.0916	116.253	34.79	0.34
-0.543965	1.30816	12.892	0	0	0	40.0916	116.253	34.79	0.36
-0.555311	1.29979	19.6754	0	0	0	40.0916	116.253	34.79	0.38
-0.561831	1.28749	21.2918	0	0	0	40.0916	116.253	34.79	0.4
-0.550069	1.27751	11.018	0	0	0	40.0916	116.253	34.79	0.42
-0.558234	1.26921	15.434	0	0	0	40.0916	116.253	34.79	0.44
-0.546898	1.2652	6.92792	0	0	0	40.0916	116.253	34.79	0.46
-0.570097	1.26797	23.5277	0	0	0	40.0916	116.253	34.79	0.48
-0.558632	1.27392	16.6266	0	0	0	40.0916	116.253	34.79	0.5

图 9.31　惯性导航结果文件

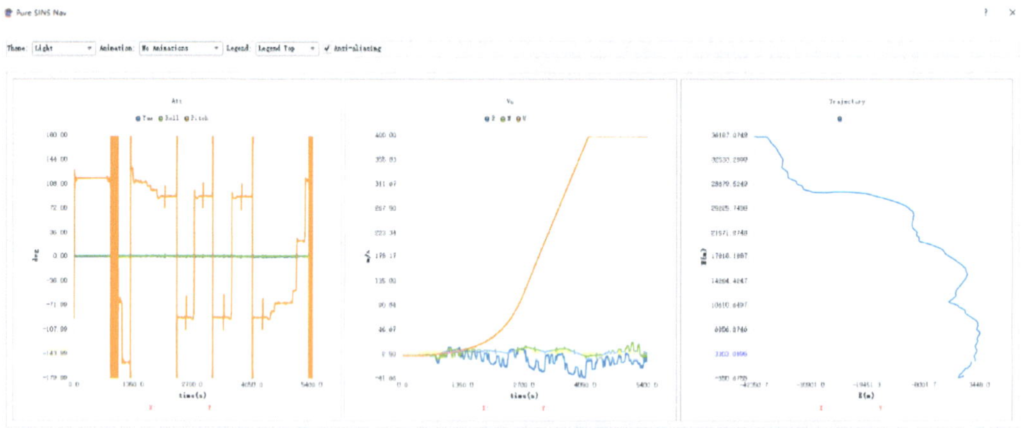

图 9.32　惯性导航参数曲线

三、UUV Nav Sol V2.0 介绍

在 UUV Nav Sol V1.0 的基础上，基于虚幻引擎平台开发了 UUV Nav Sol V2.0 平台，为使用者提供丰富的可视化操作，实现所见即所得的 UUV 导航定位服务。程序开始运行及主界面如图 9.33 所示。

进入主界面后，选择对应模式进入参数设置界面，如图 9.34 所示。

通过选择所需的功能模式，设置对应的滤波参数、数据融合策略等后，即可进入导航解算流程。软件集成了 IMU 误差分析、DVL 误差标定、SINS 静动基座初始对准和 GNSS/DVL/SINS/PS 组合导航等功能，采用了紧组合、多种自适应滤波、抗差滤波和状态变换滤波等先进的数据融合策略，以期为使用者提供准确鲁棒的 UUV 导航解算方案。如图 9.35 ~

图 9.33　UUV Nav Sol V2.0 主界面

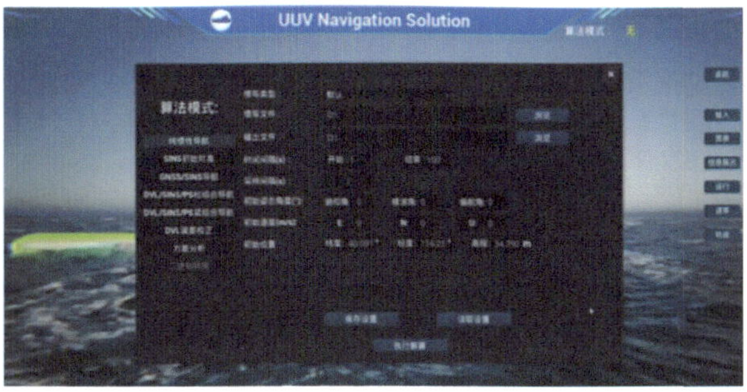

图 9.34　UUV Nav Sol V2.0 后处理参数设置

图 9.37 所示，平台进入功能解算后，可以看到仿真的海洋场景，包括大海波浪、光线、海底地形、植被、鱼群等，以及可以嵌入真实或仿真的 UUV 三维模型，图 9.35 ~ 图 9.37 所示为信息工程大学橙鲨 UUV 真实模型。

图 9.35　进入功能解算

在导航解算过程中，算法解算的姿态、速度和位置将驱动 UUV 模型在仿真海域进行真实的运动，软件为使用者提供了自由视角切换、加速减速、展示导航参数等功能点。如图 9.38 展示了 UUV 的水面航行过程，图 9.39 展示了 UUV 的下潜过程，图 9.40 展示了 UUV 的水下航行过程。

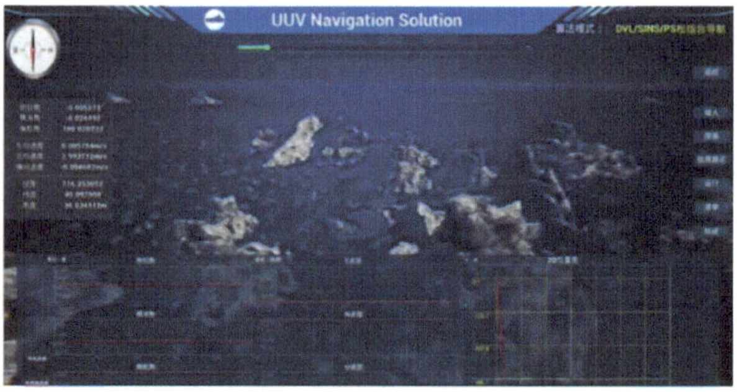

图 9. 36　海底地形和植被

图 9. 37　海洋生物

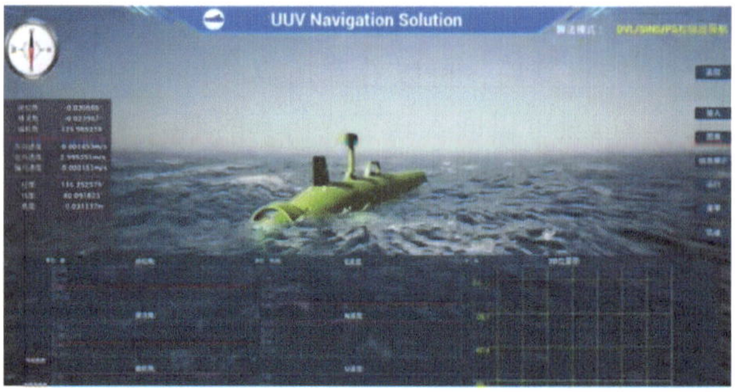

图 9. 38　UUV 水面航行示意图

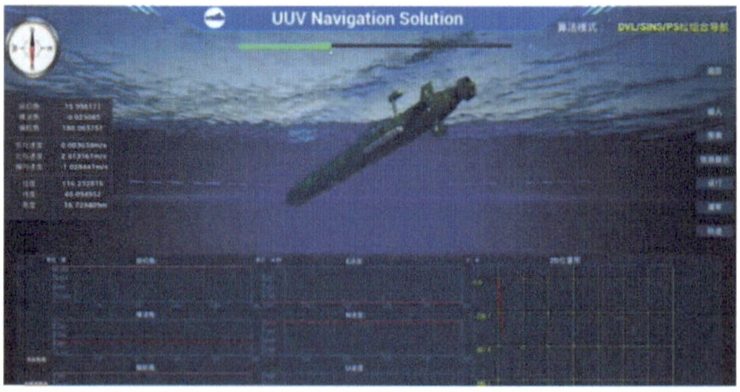

图 9. 39　UUV 下潜示意图

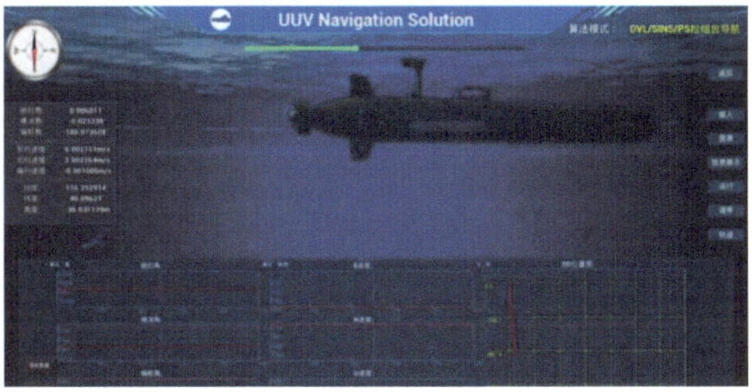

图 9.40　UUV 水下航行示意图

第二节　水下无人航行器协同定位平台

一、软件主要功能概述

UCLS 软件平台的研制计划是能够完成 UUV 集群协同定位数据的处理与可视化展示，能够进行模拟条件下的 GNSS、INS、DVL、压力深度计和水声测距等多源传感器数据的仿真和观测数据的输出，其主界面如图 9.41 所示。

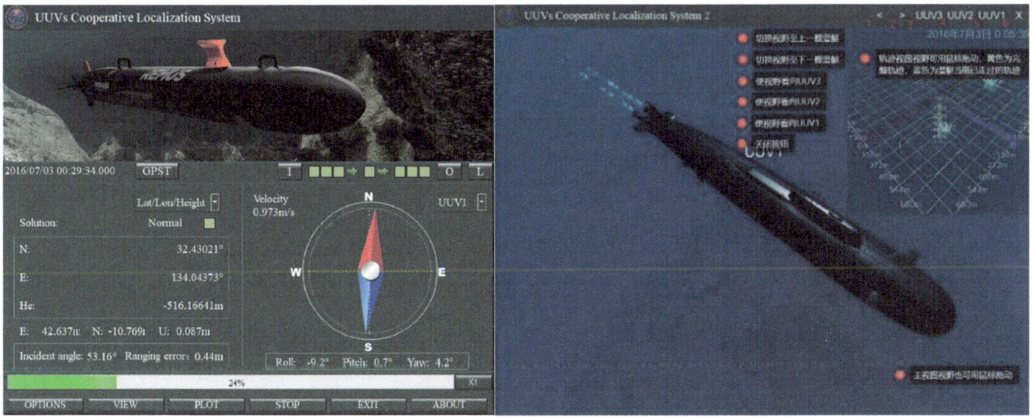

图 9.41　UUV 集群协同定位软件平台 UCLS

目前 UCLS 主要具备以下功能：

（1）UUV 集群编队构型分析，支持单/双领航 UUV 编队构型，具备线性模型、李导数理论、误差椭圆理论的 UUV 集群可观测性分析；

（2）多源传感器数据仿真及误差建模，支持全球导航卫星系统、惯性导航系统、多普勒测速仪、压力深度计、声学同步板、水声换能器、水声应答器等多源传感器数据仿真及误差建模；

（3）海洋误差仿真及水下声线处理，支持海洋中声学测距的长周期、短周期误差和偶然误差仿真，具备加权平均声速法、声线跟踪法、等效声速剖面法等水下声线处理方法；

（4）UUV 集群分散式协同定位框架，支持集中式扩展卡尔曼滤波和“去中心化”分散式增广信息滤波两种滤波框架；

（5）完善的用户交互界面，UCLS 系统使用 C 与 FORTRAN 混合编译，基于 Qt5.13 开发了软件界面，基于 Unity 3D 开发了可视化界面。界面开发过程中力求简洁明快，降低操作和设置的复杂度。

二、软件架构设计及实现方法

（一）软件结构设计

如图 9.42 所示，UCLS 软件平台按照功能结构可以分为数据处理核心、用户操作界面和可视化展示界面三部分。数据处理核心部分负责 UUV 编队数据仿真和实际 UUV 协同定位数据处理，采用 C 语言和 Fortran 语言编写。代码紧凑、灵活高效，便于移植至硬件平台。在编写数据处理核心部分，主要采用了 RTKLIB、GARPOS 和 IGNAV 三个开源代码库。其中，RTKLIB 是 GNSS 精密定位的开源程序包，由日本东京海洋大学的 Tomoji Takasu 开发，由多个应用程序和一个便携式程序库组成；GARPOS 是用于 GNSS 声学海底定位的分析工具，由日本海岸警卫队水文海洋局的 Shun-ichi Watanabe 开发，最新版本是 GARPOS v1.0.0(2021 年 2 月 8 日)；IGNAV 是基于 RTKLIB 二次开发的 GNSS/INS 紧组合算法，由武汉大学的苏景岚开发，目前仅支持在 Linux 环境下编译。此外，数据处理核心部分也支持轨迹生成和传感器数据的仿真，主要参考了英国牛津大学的保罗 D. 格鲁夫(Paul D. Groves)博士撰写的《GNSS 与惯性及多传感器组合导航系统原理》一书中的配套 Matlab 代码。

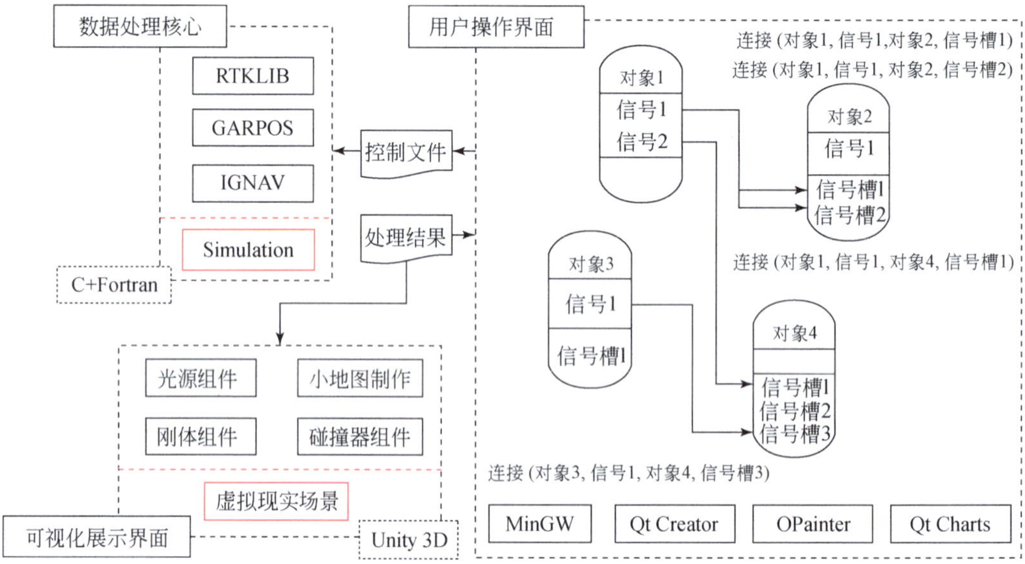

图 9.42　UCLS 软件平台架构

用户操作界面基于 Qt5.13 应用程序开发框架，其具有优良的跨平台特性、良好的封装机制、便捷的模块化。基于信号/槽(signals/slots)机制实现对象之间通信，事件发生时信号发射，此外也可自定义槽实现特定事件的处理。MinGW 可以实现 C++的跨平台开发，其可提供一系列 Windows 的库文件和头文件，同时整合了 GNU 开发工具，如 make、g++、gcc 等，可在 Windows 环境下模拟 Linux 的 GCC 开发，便于熟悉 Windows 的程序员进行 Linux 的 C++工程开发。Qt 是一个跨平台的界面开发 IDE，其支持 Windows、Linux 和 Mac OS X。Qt Creator 集成了图形化的 GDB 调试前端、Qt Assistant、Qt Designer、集成 qmake、Qt Linguist 等工具。QPainter 可以完成大多数绘图工作，包括简单的线条、像素图以及对齐的文本，QChart 通过 QChartView 可以绘制不同类型的图表。可视化展示界面基于 Unity 3D 开发，其由 Unity Technologies 开发，能够让用户方便创建诸如实时三维动画、三维视频游戏、建筑可视化等类型的内容。为了对 UUV 的三维运动进行可视化展示，需要计算其运动的阴影效果，即要添加落在 UUV 上的光的颜色、方向以及强度。此外需要进行 UUV 集群行驶的小地图制作，实现编队运动的可视化展示。

(二)数据组织管理

UUV 集群协同定位数据处理软件平台设计中，数据的管理组织方式决定了数据处理的基本流程和程序组织结构。UUV 集群协同定位数据包括 GNSS、INS、DVL、声学通信测距设备、声速剖面仪、压力深度计等传感器的观测数据。如图 9.43 所示，UCLS 软件平台

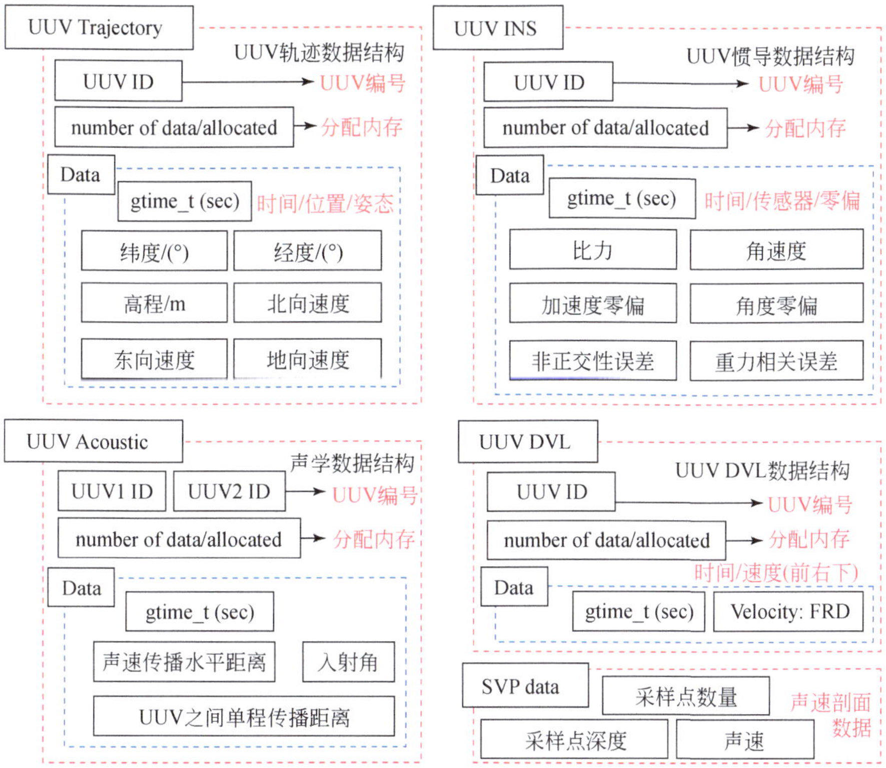

图 9.43　UCLS 软件平台的数据存储结构

的数据组织方式主要参考 RTKLIB 的结构体+动态数组类型，其灵活、方便，有助于有效管理内存。可短时间开辟空间存储一个大数组，然后在不使用这个数组时，可将内存空间释放给系统。为简化架构层次，精简数据类型，将每种类型的传感器定义为一个结构体，原始数据读入后按照 UUV 编号->传感器数据两层存储。如惯性导航系统，首先标记惯导所在 UUV 的编号，开辟动态数组分配内存。其次记录数据观测时间、加速度比力和陀螺角速率，存储惯导的原始观测数据，并计算存储加速度计和陀螺仪的零偏，交叉耦合误差以及 g 相关零偏。此外，UUV 的轨迹信息是重点关注的内容，单独定义一个结构体，同理先标记 UUV 的编号，按照时间索引存储 UUV 的位置信息(纬度、经度、高程)、速度信息(北向、东向、地向)。数据信息可根据用户操作界面的选择，实时转换数据显示格式。

(三)模块功能设计

UCLS 软件平台主要由三个模块构成，分别为以下几点。

1)数据输入、输出模块

该模块主要进行水下无人平台的多源异构传感器数据、声速剖面数据、水下无人平台集群互观测数据的路径选择与输入。若无实测数据时，软件可根据路径按照参数仿真出相应的传感器数据；水下无人平台集群协同定位结果文件、数据处理日志文件的路径选择与输出(图 9.44)。

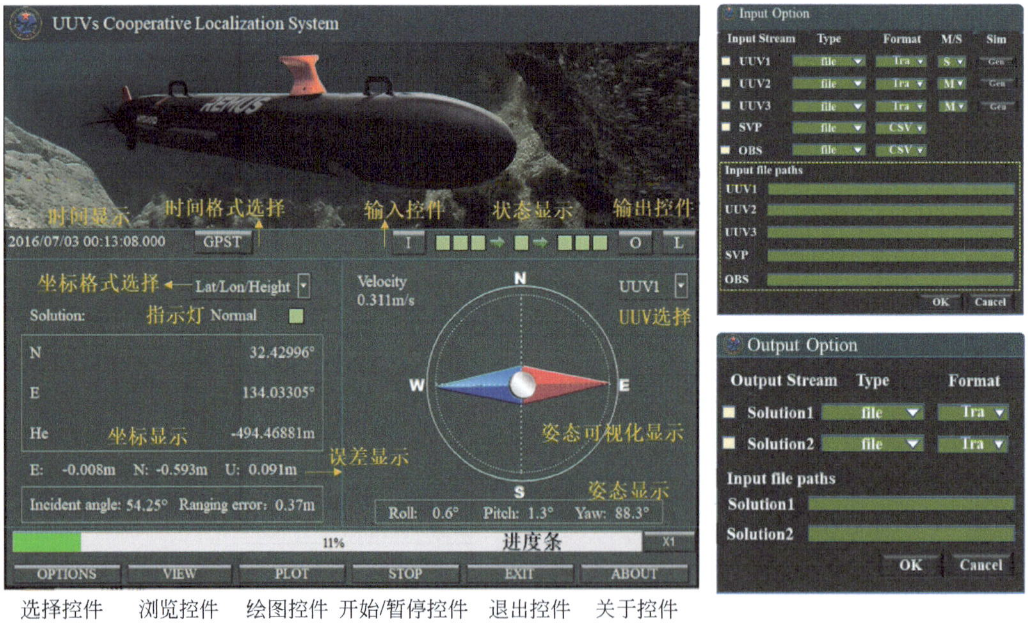

图 9.44　数据输入、输出模块

2)解算参数设置模块

该模块主要进行滤波参数和解算日志输出的级别的选择；多普勒测速仪的精度、压力深度计的精度、声学同步板的精度、声速剖面仪的精度、声学测距的模型、惯导的设备型号、加速度计和陀螺的零偏、比例因子及交叉耦合误差、随机噪声和 g 相关零偏的设置；解算结果的坐标格式、时间格式、空间基准和高程基准的设定(图 9.45)。

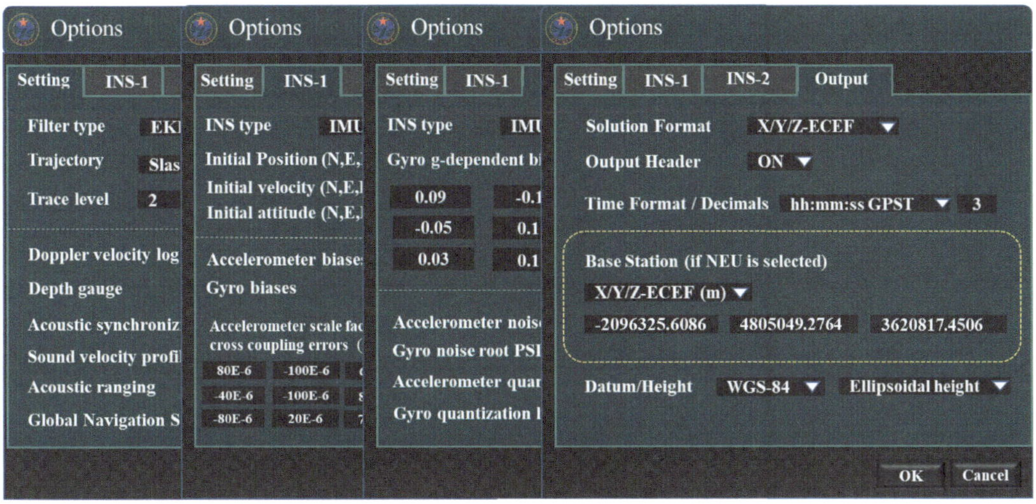

图 9.45　解算参数设置模块

3）可视化展示模块

该模块主要进行水下无人平台集群协同定位结果的可视化展示，包括水下无人平台的运动轨迹显示；水下无人平台的横滚、俯仰、偏航角及运动速度的显示；在 GPST、UTC、CST 三种时间系统的切换显示；在 ECEF、LLH、ENU 三种坐标系的切换显示；滤波结果误差的时间序列及统计分析；声线入射角和测距误差的显示；软件处理进度的显示(图 9.46)。

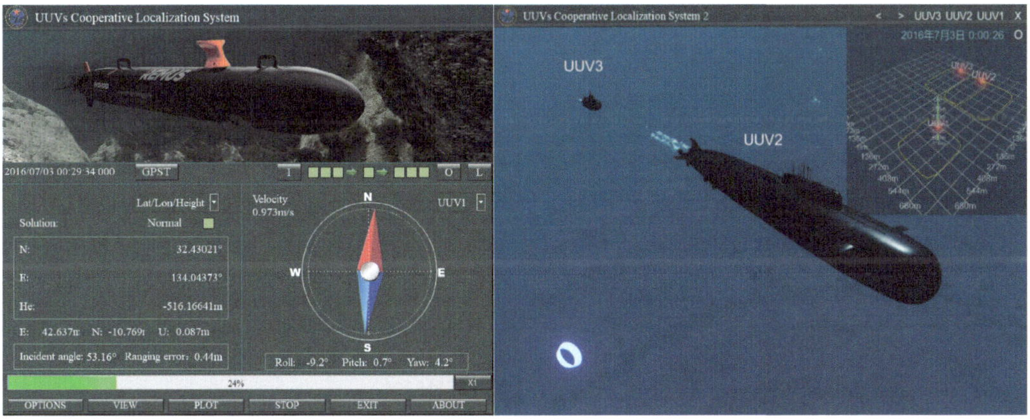

图 9.46　可视化展示模块

三、软件数据处理结果及分析

本软件无需安装，解压 UCLS 压缩包，双击如图 9.47 所示的“UCLS. exe”，即可运行。

图 9.47　UCLS 软件平台的桌面图标

UUV 集群协同定位所需数据种类较多，如 GNSS、INS、DVL 和压力深度计的观测数据、SVP 声速剖面数据、UUV 集群水声测距观测数据、IGS 发布的卫星精密星历和精密钟差数据等。在数据解算之前，需要进行传感器型号的设置，软件预置了几种常见的传感器型号，如 SPAN-ISA-100C 和 SPAN-FSAS 的 INS、NorTek 的 DVL、ImpactSubsea 的压力深度计、守时精度为 24.0×10^{-6}s/24h 的时钟同步板，以及量程为 8 km、传输速度为 6.9 kbit/s 的水声测距模块。若采用其他型号的传感器，可在软件中进行相关参数的配置与保存。图 9.48 表示南海实验中 GNSS 原始观测数据，观测时间为 2019 年 7 月 16 日，第一个历元观测到 GPS 和 GLONASS 共 19 颗卫星的伪距、载波、多普勒观测量。结合 IGS 发布的产品和 INS 输出的数据，按照第三章所述方法进行即可获得 UUV 在海面的精确位置和姿态信息。此外，当系统中无实测数据时，可按照需求生成相应轨迹及多源传感器的仿真数据。

```
VERI197g.19O
     2.10           OBSERVATION DATA    M (MIXED)           RINEX VERSION / TYPE
Verify 1.20                             16-Jul-19 06:00     PGM / RUN BY / DATE
                                                            MARKER NAME
                                                            MARKER NUMBER
                                                            OBSERVER / AGENCY
                                                            REC # / TYPE / VERS
     0                                                      RCV CLOCK OFFS APPL
                                                            ANT # / TYPE
        0.0000        0.0000        0.0000                  ANTENNA: DELTA H/E/N
-2688580.4667  5408397.0915  2042935.7549                   APPROX POSITION XYZ
     1     1     0                                          WAVELENGTH FACT L1/2
     8    C1    L1    D1    S1    P2    L2    D2    S2      # / TYPES OF OBSERV
     1.000                                                  INTERVAL
  2019     7    16     6     0    0.0000000     GPS         TIME OF FIRST OBS
  2019     7    16     6    59   59.0000000     GPS         TIME OF LAST OBS
    22                                                      # OF SATELLITES
                                                            END OF HEADER
 19  7 16  6  0  0.0000000  0 19G02G03G05G06G09G12G17G19G23G28G30R05
                                R06R07R09R10R11R20R21
  23758141.931   124849876.272 0      4716.317         41.000     23758138.900
  97285607.318 0      3675.055         26.500
  24780717.202   130223552.151 0       444.128         33.750     24780717.827
```

图 9.48　南海实验中 GNSS 原始观测数据

图 9.49 表示 UUV 轨迹数据格式，从左到右一共十列，分别表示“时间(s)”、“纬度(°)”、“经度(°)”、“大地高(m)”、“载体向前速度(m/s)”、“载体向右速度(m/s)”、“载体向下速度(m/s)”、“载体横滚角度(°)”、“载体俯仰角度(°)”和“载体偏航角度(°)”。

A	B	C	D	E	F	G	H	I	J
0	32.43	134.03	-496	0	0	0	0	0	0
1	32.43	134.03	-497.285	-0.05252	0.773093	2.570582	-1.4199	-0.31745	90.76331
2	32.43	134.03	-498.453	0.072423	0.775543	-0.23609	0.606669	2.039609	90.11923
3	32.43	134.03	-498.211	-0.07344	0.695859	-0.24636	-0.54447	0.285734	89.97113
4	32.43	134.03	-498.848	0.110826	0.969382	1.520438	3.735472	-1.07757	90.47855
5	32.43	134.03	-499.313	-0.06818	0.515333	-0.5908	0.335075	0.651	90.63211
6	32.43	134.03	-499.327	0.019174	0.529237	0.617709	0.868857	0.138018	88.85971
7	32.43	134.03	-499.848	-0.02244	0.563587	0.424882	-0.79466	0.482824	90.53937
8	32.43	134.0301	-499.537	0.155805	0.569918	-1.04672	-2.11749	-0.25688	89.23361
9	32.43	134.0301	-498.543	0.015785	0.680691	-0.94155	-2.22595	0.855038	91.69048
10	32.43	134.0301	-498.035	0.075548	0.770905	-0.07416	-3.38461	1.838713	89.7837
11	32.43	134.0301	-498.147	-0.00598	0.784092	0.298773	-1.11703	1.57026	88.34598
12	32.43	134.0301	-498.796	0.14714	0.788447	0.997919	-4.45856	-0.59626	89.57236
13	32.43	134.0301	-499.3	-0.03295	0.853562	0.009772	0.65308	1.361099	89.24033
14	32.43	134.0301	-499.298	-0.10068	0.768066	-0.01368	-1.71878	2.106359	90.04608

图 9.49　UUV 的轨迹数据

图 9.50 表示 INS 观测数据文件格式，从左到右一共七列，分别表示“时间(s)”、“比力向前方向(m/s^2)”、“比力向右方向(m/s^2)”、“比力向下方向(m/s^2)”、“角速度向前方向(rad/s)”、“角速度向右方向(rad/s)”和“角速度向下方向(rad/s)”。

Q18

A	B	C	D	E	F	G	H
0	0	0	0	0	0	0	
1	0.09495	0.61705	-10.8473	-0.04213	-0.03724	1.597168	
2	0.18045	0.0007	-9.2565	0.075689	0.006384	-0.004	
3	-0.2676	0.15955	-9.7956	-0.05083	-0.03053	-0.01703	
4	-0.01055	-0.2585	-9.81045	0.098282	0.004247	-0.0143	
5	-0.2098	-0.19205	-7.88575	-0.10077	0.006025	0.024687	
6	0.066	0.43445	-10.3815	-0.01329	0.036817	-0.00349	
7	0.21705	0.01025	-9.38305	0.050308	0.003229	0.017119	
8	0.45755	-0.0929	-11.2647	-0.0056	0.008361	-0.04452	

图 9.50　INS 的观测数据

图 9.51 表示 UCLS 的 SVP(左)和水声测距(右)观测数据格式，对于 SVP 声速剖面文件，从左到右一共两列，分别表示“海水深度”和“声速”。对于 UUV 集群水声测距观测数据文件，从左到右一共五列，分别表示与轨迹时间相对应的“接收信号的 UUV”、“发送信号的 UUV”、“信号传播时间”、“发送信号的 UUV 的海水深度”和“接收信号的 UUV 的海水深度”。

图 9.52 表示 UCLS 的协同定位结果输出文件格式，从左到右一共十五列，分别表示“时间”、“N 方向位置(m)”、“E 方向位置(m)”、“U 方向位置(m)”、“载体向前方向速度(m/s)”、“载体向右方向速度(m/s)”、“载体向下方向速度(m/s)”、“载体向横滚角(°)”、“载体向俯仰角(°)”、“载体向偏航角(°)”、“N 方向坐标误差(m)”、“E 方向坐

	A	B	C
1	depth	speed	
2	0	1510.305	
3	10	1510.308	
4	20	1509.928	
5	30	1509.915	
6	40	1509.886	
7	50	1509.665	
8	60	1509.63	
9	70	1508.66	
10	80	1508.135	
11	90	1507.921	
12	100	1507.83	
13	110	1507.828	
14	120	1507.194	
15	130	1506.555	
16	140	1506.214	
17	150	1504.84	
18	160	1503.925	
19	170	1502.718	
20	180	1501.79	
21	190	1500.91	
22	200	1500.544	

	A	B	C	D	E	F
1	1	2	0.57201	1.85366	496	
2	1	3	0.57188	1.84524	495.4696	
3	1	2	0.57144	1.82063	494.68	
4	1	3	0.57144	1.81334	494.1626	
5	1	2	0.57112	1.80455	493.6408	
6	1	3	0.57149	1.81429	494.069	
7	1	2	0.57181	1.8135	495.1562	
8	1	3	0.57229	1.89162	496.1539	
9	1	2	0.57265	1.78647	496.6202	
10	1	3	0.57256	1.84153	496.6642	
11	1	2	0.57281	1.79075	496.8398	
12	1	3	0.57256	1.84653	496.3531	
13	1	2	0.57252	1.77771	495.9428	
14	1	3	0.57268	1.83928	496.0732	
15	1	2	0.57255	1.74222	495.9617	
16	1	3	0.57273	1.91968	496.3136	
17	1	2	0.57265	1.85341	496.2909	
18	1	3	0.57256	1.8629	495.8257	
19	1	2	0.57273	1.79489	496.1046	
20	1	3	0.57283	1.91117	496.3322	
21	1	2	0.5727	1.76478	495.9261	
22	1	3	0.57226	1.89754	494.6893	
23	1	2	0.57178	1.79469	493.905	
24	1	3	0.57187	1.86294	493.9949	

图 9.51　UCLS 的 SVP 数据和水声测距观测数据

标误差(m)”、“U 方向坐标误差(m)”、“波束入射角(°)”和“水声测距误差(m)”。其中，输出的时间格式和坐标格式皆可在配置文件中进行选择。

	A	B	C	D	E	F	G	H	I	J	K	L	M	N	O
1	2016 07 03 00:00:00.000	0	0	-496	0	0	0	0	0	0	0	0	0	54.27958	0.14202
2	2016 07 03 00:00:01.000	-0.11333	-0.0832	-495.376	-0.05692	0.36949	-1.09695	-0.00353	0	0.00224	-0.30143	-0.0832	0.09391	54.31121	0.16534
3	2016 07 03 00:00:02.000	0.71592	-0.45347	-494.574	0.05367	0.48864	-0.52334	-2.88177	0.22334	91.53125	0.15162	-0.45347	0.10553	54.34376	0.17339
4	2016 07 03 00:00:03.000	1.21916	-0.3878	-494.061	-0.10078	0.26246	-0.52602	1.45334	0.58962	91.29977	0.27866	-0.27691	0.10119	54.38739	0.08723
5	2016 07 03 00:00:04.000	1.17012	-0.36701	-493.543	-0.07883	0.42804	-0.52798	-1.45443	-1.1559	90.32647	-0.14658	-0.14522	0.09767	54.40305	0.18449
6	2016 07 03 00:00:05.000	1.69778	-0.41743	-493.944	-0.06604	0.3227	1.4007	4.19144	-0.88969	89.51551	0.00489	-0.19564	0.12492	54.39789	0.13482
7	2016 07 03 00:00:06.000	2.00048	-0.50884	-495.051	-0.14193	0.30518	0.76853	-1.60087	-0.57319	90.93899	0.02544	-0.17616	0.10479	54.33088	0.16395
8	2016 07 03 00:00:07.000	2.21011	-0.77246	-496.052	0.00004	0.24525	1.198	-2.36431	1.53149	90.66842	-0.04708	-0.32888	0.10144	54.29194	0.11585
9	2016 07 03 00:00:08.000	2.39663	-0.66768	-496.539	0.02355	0.32074	-0.27495	0.54605	1.73544	91.64887	-0.1427	-0.2241	0.0809	54.26895	0.15324
10	2016 07 03 00:00:09.000	2.79889	-0.58326	-496.576	-0.13355	0.35995	0.35236	0.13709	2.2333	89.10168	-0.02259	-0.02879	0.0886	54.26116	0.22239
11	2016 07 03 00:00:10.000	3.31419	-0.92975	-496.743	-0.01897	0.46792	-0.01544	2.21084	-0.02477	90.9793	0.1165	-0.37527	0.09659	54.26111	0.18613
12	2016 07 03 00:00:11.000	3.77221	-0.96027	-496.268	-0.15172	0.33654	-0.97949	-3.6551	0.29255	88.44	0.10428	-0.29491	0.08497	54.28859	0.17796
13	2016 07 03 00:00:12.000	3.97474	-1.11344	-495.85	0.02818	0.44451	0.14288	-1.4938	-0.29611	90.25601	-0.06939	-0.33718	0.09234	54.31495	0.12635
14	2016 07 03 00:00:13.000	4.56749	-0.90599	-495.983	0.00397	0.38001	0.11715	1.80889	0.41543	90.65989	0.14716	-0.12973	0.09046	54.31837	0.20966
15	2016 07 03 00:00:14.000	4.92933	-0.92984	-495.857	-0.03789	0.18924	-0.34286	0.5158	0.06642	90.3202	0.22685	-0.15358	0.10507	54.31156	0.15328
16	2016 07 03 00:00:15.000	4.85236	-1.15599	-496.216	0.0702	0.36204	1.06285	-0.11802	-1.03526	89.06254	-0.13226	-0.37973	0.09784	54.30867	0.22109
17	2016 07 03 00:00:16.000	5.36513	-1.09218	-496.196	-0.09192	0.18783	-1.09143	1.15615	-1.7259	90.52422	0.09836	-0.31592	0.09521	54.30104	0.18303
18	2016 07 03 00:00:17.000	5.43473	-1.29523	-495.719	0.04455	0.30345	0.1524	0.57662	0.29238	88.69141	-0.02014	-0.40807	0.10682	54.33309	0.19227
19	2016 07 03 00:00:18.000	5.74616	-1.1284	-496.009	-0.06263	0.33411	0.39599	0.05532	-1.45542	91.19052	0.00914	-0.24124	0.09572	54.31883	0.14447
20	2016 07 03 00:00:19.000	6.04359	-1.29698	-496.229	0.02908	0.31636	0.05688	0.51221	0.4982	90.66166	-0.06963	-0.40982	0.1028	54.31285	0.22867
21	2016 07 03 00:00:20.000	6.3832	-1.25991	-495.821	0.03659	0.54186	-0.85892	-2.16124	0.41587	86.74283	-0.10622	-0.37275	0.10478	54.32468	0.24784
22	2016 07 03 00:00:21.000	7.10084	-1.16072	-494.589	-0.06415	0.32323	-1.64105	1.7902	1.33841	89.5497	0.14118	-0.27356	0.10046	54.40757	0.15924

图 9.52　UCLS 的解算结果

图 9.53 表示 UCLS 输出结果的分析，图 9.53(左)为跟随 UUV 的航位推算误差(绿色线条)和协同定位误差(红色线条)的对比，从上到下三行分别表示 N 方向、E 方向以及水平方向的位置误差，线条可平移和缩放。图 9.53(右)为跟随 UUV 航位推算误差和协同定位误差统计结果的对比，可见 UUV 集群协同定位可显著提升跟随 UUV 位置精度。

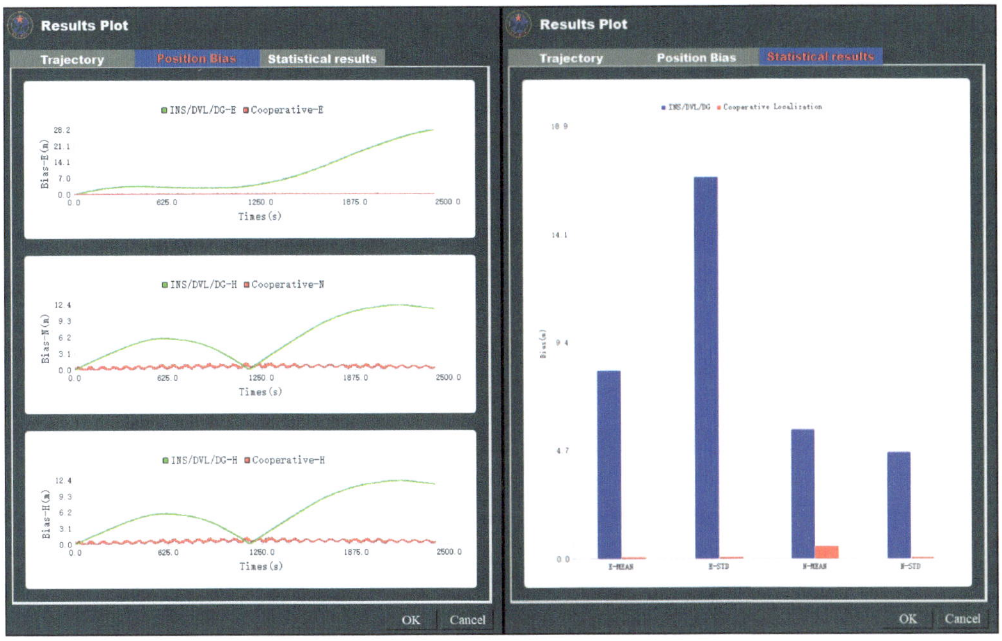

图 9.53　UCLS 解算结果的可视化展示

四、非对称大编队构型下的协同定位结果

随着任务中 UUV 集群作业范围的扩大和效率要求的提升，双领航单跟随 UUV 的对称编队构型已无法满足需求，根据南海实测数据验证第八章第一节所提出的非对称大编队构型，编队分离角设为 90°。将控制点当作跟随 UUV（分别编号为 T1～T5），并分为两组实验，其中 T1-T2-T5 组成一组水下基线，T3-T4-T5 组成另一组水下基线，其相互间的水声通信策略如第一节所述，测距的示意图如图 9.54 所示。

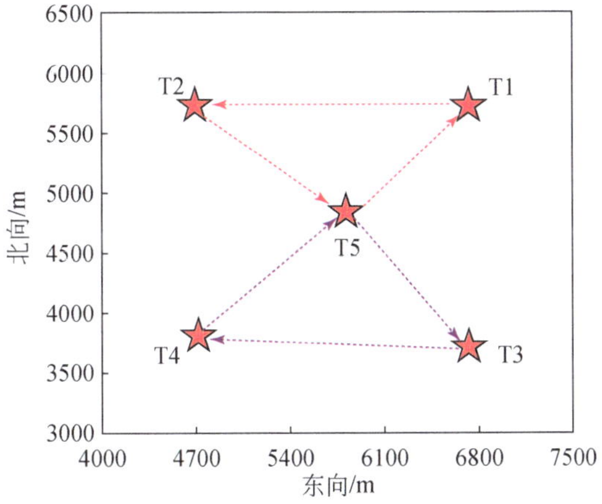

图 9.54　水下 UUV 相互测距示意图

图 9.55 表示采用所提出的非对称大编队构型的协同定位结果，当未采用水下基线约束策略时，跟随 UUV T1 ~ T5 的协同定位精度分别为 1.97m、1.86m、1.85m、1.89m 和 1.50m。当采用水下基线约束策略时，跟随 UUV T1 ~ T5 的协同定位精度分别为 1.58m、1.60m、1.58m、1.54m 和 1.50m。表 9.4 表示采用基线约束方法前后，UUV 集群协同定位结果的统计值，对于跟随 UUV T1 ~ T4，采用基线约束后协同定位结果的 RMS 分别提升了 19.8%、14.0%、14.6% 和 18.5%。可见，所提出的非对称大编队构型及其基线约束策略能显著提高整个集群的协同定位精度。

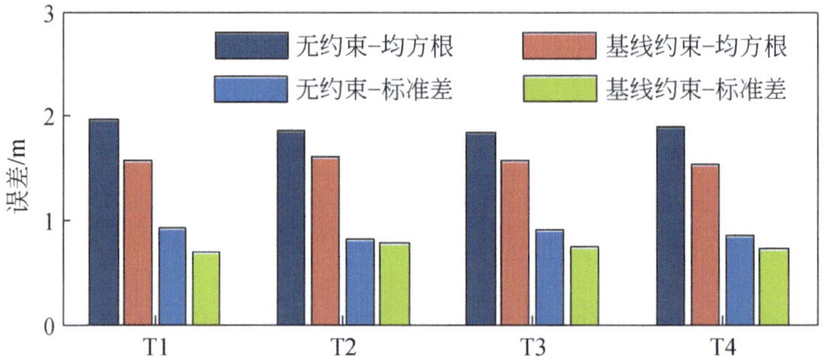

图 9.55　非对称大编队构型的协同定位误差

表 9.4　采用基线约束方法前后的协同定位统计结果

分离角	P1		P2		P3		P4		P5	
	RMS	STD	RMS	STD	RMS	STD	RMS	STD	RMS	STD
无约束/m	1.97	0.93	1.86	0.82	1.85	0.90	1.89	0.85	1.50	0.69
基线约束/m	1.58	0.69	1.60	0.78	1.58	0.74	1.54	0.72	1.50	0.69
提升/%	19.8	25.8	14.0	4.9	14.6	17.8	18.5	15.3	—	—

参考文献

白俊卿，张科，卫育新．2012. 光纤陀螺随机漂移建模与分析．中国惯性技术学报，20(5)：621-624.

白龙，李速，吴爽．2020. 基于目标优化的多普勒计程仪参数离线标定方法．中国舰船研究，15(S1)：180-188.

柴洪洲，潘宗鹏，崔岳．2016. GNSS多系统组合精密定位研究进展．海洋测绘，36(4)：21-26.

柴洪洲，杜祯强，向民志，等．2022. 水下UUV集群协同定位技术发展现状及趋势．测绘通报，(10)：62-67.

杜佳新．2019. 组合导航系统时空配准技术研究．哈尔滨：哈尔滨工程大学．

杜祯强，柴洪洲，向民志，等．2020. 3种PPP模型的统一模糊度固定方法．测绘学报，49(7)：824-832.

杜祯强，柴洪洲，潘宗鹏，等．2021. 针对消电离层组合FCB的非组合PPP部分模糊度固定方法．武汉大学学报(信息科学版)，46(6)：913-919.

杜祯强，柴洪洲，向民志，等．2022. UUVs集群协同定位的分散式增广信息滤波方法．测绘学报，51(2)：182-191.

高伟，刘亚龙，徐博，等．2014. 基于双主交替领航的多AUV协同导航方法．哈尔滨工程大学学报，36(6)：735-740.

郭斐．2013. GPS精密单点定位质量控制与分析的理论和方法．武汉：武汉大学．

郭银景，孔芳，张曼琳，等．2020. 自主水下航行器的组合导航系统综述．导航定位与授时，7(5)：107-119.

韩春好．1994. 相对论天体测量学中的基本概念和定义．测绘科学技术学报，(4)：238-244.

韩春好．2017. 时空测量原理．北京：科学出版社．

黄玉龙，张勇刚，赵玉新．2019. 自主水下航行器导航方法综述．水下无人系统学报，27(3)：232-253.

霍夫曼-韦伦霍夫·伯恩哈德，利希特内格尔·赫伯特，瓦斯勒·埃尔马，等．2009. 全球卫星导航系统GPS，GLONASS，Galileo及其他系统．程鹏飞，蔡艳辉，文汉江等，译．北京：测绘出版社．

靳凯迪，柴洪洲，宿楚涵，等．2022a. DVL/SINS组合导航技术发展现状及趋势．导航定位学报，10(2)：1-12，92.

靳凯迪，柴洪洲，宿楚涵，等．2022b. 顾及有色噪声的光纤陀螺随机噪声自适应滤波方法．测绘学报，51(1)：80-86.

邝英才，吕志平，蔡汶江，等．2018. GNSS/声学系统定位精度影响因素分析．测绘通报，(12)：15-20.

邝英才，吕志平，陈正生，等．2019. 基于方差分量估计的多模GNSS/声学联合定位方法．中国惯性技术学报，27(2)：181-189.

邝英才，吕志平，王方超，等．2020. GNSS/声学联合定位的自适应滤波算法．测绘学报，49(7)：854-864.

李博峰，沈云中，徐培亮．2008. 不同GPS接收机观测值的随机模型评估．科学通报，53(16)：1967-1972.

李家垒，许化龙，何婧．2010. 光纤陀螺随机漂移的实时滤波方法研究．宇航学报，31(12)：2717-2721.

李万里．2013. 惯性/多普勒组合导航回溯算法研究．长沙：国防科学技术大学．

李闻白，刘明雍，雷小康，等．2011．未知洋流干扰下基于单领航者的多自主水下航行器协同导航．兵工学报，32：292-297.
李征航．2009．卫星导航定位新技术及高精度数据处理方法．武汉：武汉大学出版社．
李子申．2012．GNSS/Compass 电离层时延修正及 TEC 监测理论与方法研究．北京：中国科学院测量与地球物理研究所．
刘经南，陈冠旭，赵建虎，等．2019．海洋时空基准网的进展与趋势．武汉大学学报(信息科学版)，44(1)：17-37.
刘明雍．2014．水下航行器协同导航技术．北京：国防工业出版社．
卢健，徐德民，张立川，等．2012．基于移动长基线和误差修正算法的多 UUV 协同导航．控制与决策，27(7)：1052-1056.
陆秀平，边少锋，黄谟涛，等．2012．常梯度声线跟踪中平均声速的改进算法．武汉大学学报(信息科学版)，37(5)：590-593.
吕志平．2016．大地测量学基础．北京：测绘出版社．
马朋，张福斌，田冰，等．2015．一种 NLOS 量测平滑算法在 MAUVs 协同定位中的应用．西北工业大学学报，33(5)：854-859.
孟庆波，王振杰，刘杨范，等．2019．抗差 Helmert 方差分量估计在水下声学定位中的应用．海洋测绘，39(5)：70-74.
秘金钟．2012．GNSS 完备性监测理论与应用．北京：测绘出版社．
潘宗鹏．2018．GNSS 精密单点定位及其质量控制的理论和方法．郑州：战略支援部队信息工程大学．
宋保维，潘光，张立川，等．2022．自主水下航行器发展趋势及关键技术．中国舰船研究，17(5)：1-18.
隋立芬，黄贤源，王冰．2013．处理有色噪声的现代时间序列分析法．测绘科学技术学报，30(5)：443-447.
孙大军，郑翠娥，张居成，等．2019．水声定位导航技术的发展与展望．中国科学院院刊，34(3)：331-338.
孙文舟，殷晓冬，曾安敏，等．2019a．附加深度差和水平距离约束的深海控制点差分定位算法．测绘学报，48(9)：1190-1196.
孙文舟，殷晓冬，暴景阳，等．2019b．海底控制点定位的半参数平差模型法．测绘学报，48(1)：117-123.
王超．2015．光纤陀螺随机漂移的建模、分析和补偿．合肥：中国科学技术大学．
王薪普，薛树强，曲国庆，等．2021．水下定位声线扰动分析与分段指数权函数设计．测绘学报，50(7)：982-989.
辛明真，阳凡林，薛树强，等．2020．顾及波束入射角的常梯度声线跟踪水下定位算法．测绘学报，49(12)：1535-1542.
辛明真，葛茂荣，阳凡林，等．2022．顾及收发分置影响的海洋大地基准声线跟踪定位方法．地球物理学报，65(10)：3809-3817.
熊雪，郭敏华，李伟杰，等．2017．基于有色噪声的改进卡尔曼滤波方法．中国惯性技术学报，25(1)：33-36.
徐博．2019．水下多 AUV 协同定位方法．北京：国防工业出版社．
徐晓苏，潘永飞，邹海军．2015．基于自适应滤波的 SINS/DVL 组合导航系统．华中科技大学学报(自然科学版)，43(3)：95-99.
严恭敏，李四海，秦永元．2012．惯性仪器测试与数据分析．北京：国防工业出版社．
严浙平，王璐．2017．UUV 水下定位方法的研究现状与进展．哈尔滨工程大学学报，38(7)：989-1000.

杨元喜．2006. 自适应动态导航定位．北京：测绘出版社．
杨元喜，徐天河．2003. 基于移动开窗法协方差估计和方差分量估计的自适应滤波．武汉大学学报(信息科学版)，28(6)：714-718.
杨元喜，何海波，徐天河．2001. 论动态自适应滤波．测绘学报，(4)：293-298.
杨元喜，徐天河，薛树强．2017. 我国海洋大地测量基准与海洋导航技术研究进展与展望．测绘学报，46(1)：1-8.
杨元喜，刘焱雄，孙大军，等．2020. 海底大地基准网建设及其关键技术．中国科学：地球科学，50(7)：936-945.
姚宜斌，赵庆志．2022. GNSS 对流层水汽监测研究进展与展望．测绘学报，51(6)：935-952.
袁运斌．2022. 基于 GPS 的电离层监测及延迟改正理论与方法的研究．北京：中国科学院测量与地球物理研究所．
袁运斌，欧吉坤．1999. GPS 观测数据中的仪器偏差对确定电离层延迟的影响及处理方法．测绘学报，28(2)：110-114.
袁运斌，霍星亮，张宝成．2017. 近年来我国 GNSS 电离层延迟精确建模及修正研究进展．测绘学报，46(10)：1364-1378.
袁运斌，李敏，霍星亮，等．2021. 北斗三号全球导航卫星系统全球广播电离层延迟修正模型(BDGIM)应用性能评估．测绘学报，50(4)：436-447.
曾安敏，杨元喜，明锋，等．2021. 海底大地基准点圆走航模式定位模型及分析．测绘学报，50(7)：939-952.
张宝成．2014. GNSS 非差非组合精密单点定位的理论方法与应用研究．测绘学报，43(10)：1099.
张宝成，欧吉坤，袁运斌，等．2010. 基于 GPS 双频原始观测值的精密单点定位算法及应用．测绘学报，39(5)：42-47.
张宝成，欧吉坤，袁运斌，等．2011. 利用非组合精密单点定位技术确定斜向电离层总电子含量和站星差分码偏差．测绘学报，40(4)：447-453.
张福斌，张小龙，马朋．2013. 一种考虑时钟同步问题的多 AUV 协同定位算法．水下无人系统学报，21(5)：355-359.
张宏瀚，郭焱阳，许亚杰，等．2020. 多 UUV 搜索海底声信标任务规划方法．中国舰船研究，15(1)：13-20.
张立川，徐德民，刘明雍．2013. 双伪测量的多水下航行器移动长基线协同导航算法．火力与指挥控制，38(1)：34-36.
张立川，屈俊琪，潘光，等．2020. 基于几何解释的集群 AUV 协同定位误差及编队构型分析．西北工业大学学报，38(4)：755-765.
张伟，王乃新，魏世琳，等．2020. 水下无人潜航器集群发展现状及关键技术综述．哈尔滨工程大学学报，41(2)：289-297.
赵建虎，梁文彪．2019. 海底控制网测量和解算中的几个关键问题．测绘学报，48(9)：1197-1202.
赵建虎，邹亚靖，吴永亭，等．2016. 深度约束的海底控制网点坐标确定方法．哈尔滨工业大学学报，48(10)：137-141.
赵建虎，欧阳永忠，王爱学．2017. 海底地形测量技术现状及发展趋势．测绘学报，46(10)：1786-1794.
赵建虎，陈鑫华，吴永亭，等．2018. 顾及波浪影响和深度约束的水下控制网点绝对坐标的精确确定．测绘学报，47(3)：413-421.
赵爽，王振杰，刘慧敏．2018. 顾及声线入射角的水下定位随机模型．测绘学报，47(9)：1280-1289.
赵爽，王振杰，聂志喜，等．2023. 顾及声速结构时域变化的海底基准站高精度定位方法．测绘学报，

52(1): 41-50.

钟宏伟. 2017. 国外无人水下航行器装备与技术现状及展望. 水下无人系统学报, 25(4): 215-225.

朱奎宝, 张春熹, 宋凝芳. 2006. 光纤陀螺随机漂移模型. 北京航空航天大学学报, 32(11): 1354-1357.

AlahyariI A, RozbahaniO S G, Habibzadeh A, et al. 2011. INS/DVL positioning system using Kalman filter. Australian Journal of Basic and Applied Sciences, 5(6): 1123-1129.

Allen B, Stokey R, Austin T, et al. 1997. REMUS: a small, low cost AUV; system description, field trials and performance results. Oceans' 97. MTS/IEEE Conference Proceedings. IEEE, 2: 994-1000.

Allotta B, Costanzi R, Meli E, et al. 2014. Cooperative localization of a team of AUVs by a tetrahedral configuration. Robotics and Autonomous Systems, 62(8): 1228-1237.

Aparicio J, Álvarez F J, Hernάndez Á, et al. 2022. A survey on acoustic positioning systems for location-based services. IEEE Transactions on Instrumentation and Measurement, 71: 1-36.

Arrichiello F, Antonelli G, Aguiar A P, et al. 2011. Observability metric for the relative localization of AUVs based on range and depth measurements: theory and experiments. San Francisco: 2011 IEEE/RSJ International Conference on Intelligent Robots and Systems.

Bahr A, Walter M R, Leonard J J. 2009. Consistent cooperative localization. Kobe: 2009 IEEE International Conference on Robotics and Automation.

Bai M, Huang Y, Chen B, et al. 2020a. A novel mixture distributions-based robust Kalman filter for cooperative localization. IEEE Sensors Journal, 20(24): 14994-15006.

Bai M, Huang Y, Zhang Y, et al. 2020b. A novel heavy-tailed mixture distribution based robust Kalman filter for cooperative localization. IEEE Transactions on Industrial Informatics, 17(5): 3671-3681.

Bar-Shalom Y, Tse E. 1975. Multitarget tracking in a cluttered environment with probabilistic data association. Automatic, 11(5): 451-460.

Bauk S, Kapidani N, Lukšić Ć Ž, et al. 2020. Review of unmanned aerial systems for the use as maritime surveillance assets. Zabljak, Montenegro: 2020 24th International Conference on Information Technology(IT).

Ben Y Y, Sun Y, Li Q, et al. 2021. A novel cooperative navigation algorithm based on factor graph with cycles for AUVs. Ocean Engineering, 241(7): 110024.

Bianco M, Gerstoft P. 2017. Dictionary learning of sound speed profiles. The Journal of the Acoustical Society of America, 141(3): 1749-1758.

Birk A, Pascoal A, Antonelli G, et al. 2012. Cooperative cognitive control for autonomous underwater vehicles (CO3AUVs): overview and progresses in the 3rd project year. IFAC Proceedings Volumes, 45(5): 361-366.

Bisnath S. 2020. Relative positioning and real- time kinematic (RTK). Position, Navigation, and Timing Technologies in the 21st Century: Integrated Satellite Navigation, Sensor Systems, and Civil Applications, 1: 481-502.

Bo X, Razzaqi A A, Wang X. 2018. Optimal sensor formation for 3D cooperative localization of AUVs using time difference of arrival(TDOA) method. Sensors, 18(12): 4442.

Bo X, Razzaqi A A, Farid G. 2019a. A review on optimal placement of sensors for cooperative localization of AUVs. Journal of Sensors, 2019(3): 1-12.

Bo X, Razzaqi A A, Yalong L. 2019b. Cooperative localization of AUVs based on Huber-based robust algorithm and adaptive noise estimation. The Journal of Navigation, 72(4): 875-893.

Bo X, Razzaqi A A, Wang X, et al. 2020. Optimal geometric configuration of sensors for received signal strength based cooperative localization of submerged AUVs. Ocean Engineering, 214: 107785.

Box G E P, Jenkings G M. 1970. Time Series Analysis: Forecasting and Control. San Francisco: Holden-Day

Press.

Bürgmann R, Chadwell D. 2014. Seafloor geodesy. Annual Review of Earth and Planetary Sciences, 42: 509-534.

Cao X, Sun H, Jan G E. 2018. Multi-AUV cooperative target search and tracking in unknown underwater environment. Ocean Engineering, 150: 1-11.

Chang K C, Saha R K, Bar-Shalom Y. 1997. On optimal track-to-track fusion. IEEE Transactions on Aerospace and Electronic Systems, 33(4): 1271-1276.

Chen G, Liu Y, Liu Y, et al. 2020. Improving GNSS-acoustic positioning by optimizing the ship's track lines and observation combinations. Journal of Geodesy, 94(6): 1-14.

Chen K, Chang G, Chen C. 2021. GINav: A MATLAB-based software for the data processing and analysis of a GNSS/INS integrated navigation system. GPS Solutions, 25(3): 108.

Chu Y, Zhang J, Zou Y. 2016. Power supply monitoring transceiver based on GPRS. Energy and Mechanical Engineering: Proceedings of 2015 International Conference on Energy and Mechanical Engineering, (2016): 1130-1138.

Curcio J, Leonard J, Vaganay J, et al. 2005. Experiments in moving baseline navigation using autonomous surface craft//Proceedings of OCEANS 2005 MTS/IEEE. IEEE, 2005: 730-735.

Cruz J. 1978. Leader-follower strategies for multilevel systems. IEEE Transactions on Automatic Control, 23(2): 244-255.

Cui R, Li Y, Yan W. 2015. Mutual information-based multi-AUV path planning for scalar field sampling using multidimensional RRT. IEEE Transactions on Systems, Man, and Cybernetics: Systems, 46(7): 993-1004.

Daum F. 1996. Multitarget-multisensor tracking: principles and techniques [Book Review]. IEEE Aerospace and Electronic Systems Magazine, 11(2): 39.

Du S, Gao Y. 2010. Integration of PPP GPS and low cost IMU. Canadian Geomatics Conference.

Du Z, Chai H, Xiao G, et al. 2020a. A method for undifferenced and uncombined PPP ambiguity resolution based on IF FCB. Advances in Space Research, 66(12): 2888-2899.

Du Z, Chai H, Xiao G, et al. 2020b. The realization and evaluation of PPP ambiguity resolution with INS aiding in marine survey. Marine Geodesy, 44(2): 136-156.

Du Z, Chai H, Xiao G, et al. 2021. Analyzing the contributions of multi-GNSS and INS to the PPP-AR outage re-fixing. GPS Solutions, 25(2): 1-12.

Du Z, Chai H, Li Z, et al. 2022a. Acoustic ray-trace correction for UUVs cooperative localization in deep ocean applications. Marine Geodesy, 45(6): 595-614.

Du Z, Wang W, Chai H, et al. 2022b. Configuration analysis method and geometric interpretation of UUVs cooperative localization based on error ellipse. Ocean Engineering, 244(8): 110299.

Durbin J, Watson G S. 1971. Testing for serial correlation in least squares regression Ⅲ. Biometrika, 58(1): 1-19.

Dushaw B, Colosi J A. 1998. Ray tracing for ocean acoustic tomography. Washington: Washington Univ Seattle Applied Physics Lab.

Dyer S A, He X. 2001. Least-squares fitting of data by polynomials. IEEE Instrumentation and Measurement Magazine, 4(4): 46-51.

Eustice R M, Whitcomb L L, Singh H, et al. 2006. Recent advances in synchronous-clock one-way-travel-time acoustic navigation. OCEANS 2006: 1-6.

Fallon M F, Papadopoulos G, Leonard J J, et al. 2010a. Cooperative AUV navigation using a single maneuvering surface craft. The International Journal of Robotics Research, 29(12): 1461-1474.

Fallon M F, Papadopoulos G, Leonard J J. 2010b. A measurement distribution framework for cooperative navigation using multiple AUVs. Anchorage: 2010 IEEE International Conference on Robotics and Automation.

Fan S W, Zhang Y, Yu C Y, et al. 2019. An advanced cooperative positioning algorithm based on improved factor graph and sum-product theory for multiple AUVs. IEEE Access, 7: 67006-67017.

Fang X, Yan W. 2012. Formation optimization for cooperative localization based on moving long baseline with two leader AUVs. Acta Armamentarii, 33(8): 1020-1024.

Fang X, Yan W, Zhang F, et al. 2014. Formation geometry of underwater positioning based on multiple USV/AUV. Systems Engineering and Electronics, 36(5): 947-951.

Feng S, Ochieng W, Moore T, et al. 2009. Carrier phase-based integrity monitoring for high-accuracy positioning. GPS solutions, 13(1): 13-22.

Fiorelli E, Leonard N E, Bhatta P, et al. 2006. Multi-AUV control and adaptive sampling in Monterey Bay. IEEE Journal of Oceanic Engineering, 31(4): 935-948.

Gallimore E, Stokey R, Terrill E. 2018. Robot operating system(ROS) on the Remus AUV using recon. Porto, Portugal: 2018 IEEE/OES Autonomous Underwater Vehicle Workshop(AUV).

Gao W, Liu Y, Xu B. 2014. Robust Huber-based iterated divided difference filtering with application to cooperative localization of autonomous underwater vehicles. Sensors, 14(12): 24523-24542.

Gao Z. 2018. Kalman filters for continuous-time fractional-order systems involving fractional-order colored noises using Tustin generating function. International Journal of Control, Automation and Systems, 3(16): 1049-1059.

Gao Z, Shen W, Zhang H, et al. 2016. Real-time kinematic positioning of INS tightly aided multi-GNSS ionospheric constrained PPP. Scientific Reports, 6(1): 1-16.

Gao Z, Ge M, Shen W, et al. 2017. Ionospheric and receiver DCB-constrained multi-GNSS single-frequency PPP integrated with MEMS inertial measurements. Journal of Geodesy, 91(11): 1351-1366.

Ge M, Gendt G, Rothacher M, et al. 2008. Resolution of GPS carrier-phase ambiguities in precise point positioning(PPP) with daily observations. Journal of Geodesy, 82(7): 389-399.

Gebre E D, Hayward R C, Powell J D. 2004. Design of multi-sensor attitude determination systems. IEEE Transactions on Aerospace and Electronic System, 40(2): 627-649.

Geng J, Teferle F N, Shi C, et al. 2009. Ambiguity resolution in precise point positioning with hourly data. GPS Solutions, 13: 263-270.

Geng J, Chen X, Pan Y, et al. 2019a. PRIDE PPP-AR: an open-source software for GPS PPP ambiguity resolution. GPS Solutions, 23(4): 1-10.

Geng J, Guo J, Chang H, et al. 2019b. Toward global instantaneous decimeter-level positioning using tightly coupled multi-constellation and multi-frequency GNSS. Journal of Geodesy, 93(7): 977-991.

Glenn S M, Schofield O M E. 2002. The new jersey shelf observing system. OCEANS'02 MTS/IEEE. IEEE, 3: 1680-1687.

Groves P D. 2015. Principles of GNSS, inertial, and multisensor integrated navigation systems [Book review]. IEEE Aerospace and Electronic Systems Magazine, 30(2): 26-27.

Grund M, Freitag L, Preisig J, et al. 2006. The PLUSNet underwater communications system: Acoustic telemetry for undersea surveillance. Boston: OCEANS 2006.

Gu S, Dai C, Fang W, et al. 2021. Multi-GNSS PPP/INS tightly coupled integration with atmospheric augmentation and its application in urban vehicle navigation. Journal of Geodesy, 95(6): 64.

Haji M N, Tran J, Norheim J, et al. 2020. Design and testing of AUV docking modules for a renewably powered offshore AUV servicing platform. International Conference on Offshore Mechanics and Arctic Engineering.

Harris Z J, Whitcomb L L. 2018. Preliminary evaluation of cooperative navigation of underwater vehicles without a DVL utilizing a dynamic process model. Brisbane, Australia: 2018 IEEE International Conference on Robotics and Automation(ICRA).

Helmick R E, Rice T R. 2002. Removal of alignment errors in an integrated system of two 3D sensors. Journal of the Korean Physical Society, 29(4): 1333-1343.

Herman L K. 1995. The history, definition and peculiarities of the Earth centered inertial(ECI) coordinate frame and the scales that measure time. 1995 IEEE Aerospace Applications Conference. Proceedings. IEEE, 2: 233-263.

Huang Y, Zhang Y, Xu B, et al. 2017a. A new outlier-robust Student's t based Gaussian approximate filter for cooperative localization. IEEE/ASME Transactions on Mechatronics, 22(5): 2380-2386.

Huang Y, Zhang Y, Wu Z, et al. 2017b. A novel adaptive Kalman filter with inaccurate process and measurement noise covariance matrices. IEEE Transactions on Automatic Control, 63(2): 594-601.

Huang Y, Bai M, Li Y, et al. 2021. An improved variational adaptive Kalman filter for cooperative localization. IEEE Sensors Journal, 21(9): 10775-10786.

Huang Z, Zhu D, Sun B. 2016. A multi-AUV cooperative hunting method in 3-D underwater environment with obstacle. Engineering Applications of Artificial Intelligence, 50: 192-200.

Ishikawa T, Yokota Y, Watanabe S, et al. 2020. History of on-board equipment improvement for GNSS-A observation with focus on observation frequency. Frontiers in Earth Science, 8: 150.

Jin K, Chai H, Su C, et al. 2022a. An optimization-based in-motion fine alignment and positioning algorithm for underwater vehicles. Measurement, 202: 111746.

Jin K D, Chai H Z, Su C H, et al. 2022b. A compensation algorithm with motion constraint in DVL-SINS tightly coupled positioning. Marine Geodesy, 45(4): 380-406.

Jokinen A, Feng S, Ochieng W, et al. 2012. Fixed ambiguity precise point positioning (PPP) with FDE RAIM. Myrtle: Proceedings of the 2012 IEEE/ION Position, Location and Navigation Symposium.

Joseph A, Desa E, VijayKumar K, et al. 2004. Pressure gauge experiments in India. UNESCO.

Kalwa J. 2009. The GREX-Project: Coordination and control of cooperating heterogeneous unmanned systems in uncertain environments. Bremen: Oceans.

Kang T, Fang J, Wang W. 2013. Quaternion optimization based in flight alignment approach for airborne POS. IEEE Transactions on Instrumentation and Measurement, 61(11): 2916-2923.

Kemp M, Bertozzi A L, Marthaler D. 2004. Multi-UUV perimeter surveillance. Proceedings of GNSS: 102-107.

Kinsey J C, Eustice R M, Whitcomb L L. 2006. A survey of underwater vehicle navigation: Recent advances and new challenges. IFAC Conference of Maneuvering and Control of Marine Craft, 88: 1-12.

Kominis I K, Kornack T W, Allred J C, et al. 2003. A subfemtotesla multichannel atomic magnetometer. Nature, 422(6932): 596-599.

Kouba J. 2009. A guide to using International GNSS Service(IGS) product.

Kubo Y, Muto Y, Kitao S, et al. 2004. Ambiguity resolution for dual frequency carrier phase kinematic GPS. Chiang Mai: 2004 IEEE Region 10 Conference TENCON 2004.

Landau H, Vollath U, Chen X. 2003. Virtual reference stations versus broadcast solutions in network RTK-advantages and limitations. Proceedings of GNSS, 22-25.

LeHardy P K, Moore C. 2014. Deep ocean search for Malaysia airlines flight 370. St. John's: 2014 Oceans.

Leonard J J, Bahr A. 2016. Autonomous underwater vehicle navigation. Springer Handbook of Ocean Engineering, 35(3): 341-358.

Li P, Zhang X, Ge M, et al. 2018. Three-frequency BDS precise point positioning ambiguity resolution based on raw observables. Journal of Geodesy, 92(12): 1357-1369.

Li Q, Naqvi S M, Neasham J, et al. 2017. Robust Cooperative Navigation for AUVs Using the Student's T Distribution. London: 2017 Sensor Signal Processing for Defence Conference(SSPD).

Li W L, Zhang L D, Sun F P, et al. 2015. Alignment calibration of IMU and Doppler sensors for precision INS/DVL integrated navigation. Optik, 126: 3872-3876.

Li X, Zhang X, Ge M. 2011. Regional reference network augmented precise point positioning for instantaneous ambiguity resolution. Journal of Geodesy, 85(3): 151-158.

Li X, Li X, Yuan Y, et al. 2018. Multi-GNSS phase delay estimation and PPP ambiguity resolution: GPS, BDS, GLONASS, Galileo. Journal of Geodesy, 92(6): 579-608.

Li X, Li X, Huang J, et al. 2021a. Improving PPP-RTK in urban environment by tightly coupled integration of GNSS and IN. Journal of Geodesy, 95(12): 1-18.

Li X, Huang J, Li X, et al. 2022. Review of PPP-RTK: achievements, challenges, and opportunities. Satellite Navigation, 3(1): 28.

Li Y, Li B, Yu W, et al. 2021b. Cooperative localization based multi-AUV trajectory planning for target approaching in anchor-free environments. IEEE Transactions on Vehicular Technology, 71(3): 3092-3107.

Littlejohn R G, Mitchell K A, Aquilanti V, et al. 1998. Body frames and frame singularities for three-atom systems. Physical Review A, 58(5): 3705.

Liu S, Sun F, Zhang L, et al. 2016. Tight integration of ambiguity-fixed PPP and INS: model description and initial results. GPS Solutions, 20(1): 39-49.

Liu T, Yuan Y, Zhang B, et al. 2017. Multi-GNSS precise point positioning(MGPPP) using raw observations. Journal of Geodesy, 91(3): 253-268.

Liu T, Zhang B, Yuan Y, et al. 2019. Multi-GNSS triple-frequency differential code bias(DCB) determination with precise point positioning(PPP). Journal of Geodesy, 93(5): 765-784.

Liu Y, Xue S, Qu G, et al. 2020. Influence of the ray elevation angle on seafloor positioning precision in the context of acoustic ray tracing algorithm. Applied Ocean Research, 105: 102403.

Lohrasbipeydeh H, Gulliver T A, Amindavar H. 2014. A minimax SDP method for energy-based source localization with unknown transmit power. IEEE Wireless Communications Letters, 3(4): 433-436.

Lu F, Mirza D, Schurgers C. 2010. D-sync: Doppler-based time synchronization for mobile underwater sensor networks. Proceedings of the Fifth ACM International Workshop on Underwater Networks, 3: 1-8.

Lu J, Chen X, Luo M, et al. 2020. Cooperative localization for multiple AUVs based on the rough estimation of the measurements. Applied Soft Computing, 91: 106197.

Madrid P F, Fernández L M, López M A, et al. 2016. PPP Integrity for Advanced Applications, Including Field Trials with Galileo, Geodetic and Low-Cost Receivers, and a Preliminary Safety Analysis. Proceedings of the 29th International Technical Meeting of The Satellite Division of the Institute of Navigation(ION GNSS+2016): 3332-3354.

Mandić F, Rendulić I, Mišković N, et al. 2016. Underwater object tracking using sonar and USBL measurements. Journal of Sensors, (6): 1-10.

Maybeck P S. 1982. Stochastic models, estimation, and control. New York: Academic Press.

Melo J, Matos A. 2017. Survey on advances on terrain-based navigation for autonomous underwater vehicles.

Ocean Engineering, 139: 250-264.

Montenbruck O, Rizos C, Weber R, et al. 2013. Getting a grip on multi-GNSS: The international GNSS service MGEX campaign. GPS World, 24(7): 44-49.

Moreno-Salinas D, Pascoal A, Aranda J. 2013. Sensor networks for optimal target localization with bearings-only measurements in constrained three-dimensional scenarios. Sensors, 13(8): 10386-10417.

Munk W H. 1974. Sound channel in an exponentially stratified ocean, with application to SOFAR. The Journal of the Acoustical Society of America, 55(2): 220-226.

Nassar S. 2003. Improving the inertial navigation system(INS) error model for INS and INS/DGPS applications. Calgary, AB, Canada: University of Calgary, Department of Geomatics Engineering.

Nebot E, Sukkarieh S, Durrant-Whyte H. 1997. Inertial navigation aided with GPS information. Toowoomba: Proceedings Fourth Annual Conference on Mechatronics and Machine Vision in Practice.

Oran C. 1973. Tangent stiffness in plane frames. Journal of the Structural Division, 99(6): 973-985.

Osada Y, Fujimoto H, Miura S, et al. 2003. Estimation and correction for the effect of sound velocity variation on GPS/Acoustic seafloor positioning: An experiment off Hawaii Island. Earth, Planets and Space, 55(10): 17-20.

Pan L, Zhang X, Guo F, et al. 2019. GPS inter-frequency clock bias estimation for both uncombined and ionospheric-free combined triple-frequency precise point positioning. Journal of Geodesy, 93: 473-487.

Paull L, Saeedi S, Seto M, et al. 2014. AUV navigation and localization: a review. IEEE Journal of Oceanic Engineering, 39(1): 131-149.

Peng C, Shen G, Zhang Y, et al. 2007. Beepbeep: a high accuracy acoustic ranging system using cots mobile devices. Sensys: Proceedings of the 5th international conference on Embedded networked sensor systems.

Petit G, Luzum B. 2013. The 2010 reference edition of the IERS conventions. Berlin, Heidelberg: Reference Frames for Applications in Geosciences.

Prestero T. 2001. Development of a six-degree of freedom simulation model for the REMUS autonomous underwater vehicle. MTS/IEEE Oceans 2001. An Ocean Odyssey. Conference Proceedings(IEEE Cat. No. 01CH37295). IEEE, 1: 450-455.

Rabbou M A, El-Rabbany A. 2015. Tightly coupled integration of GPS precise point positioning and MEMS-based inertial systems. GPS Solutions, 19(4): 601-609.

Ren R, Zhang L, Liu L, et al. 2022. Multi-AUV Cooperative Navigation Algorithm Based on Temporal Difference Method. Journal of Marine Science and Engineering, 10(7): 955.

Ren X, Chen J, Li X, et al. 2019. Performance evaluation of real-time global ionospheric maps provided by different IGS analysis centers. GPS Solutions, 23: 1-17.

Rentschler M E. 2003. Dynamic simulation modeling and control of the Odyssey Ⅲ autonomous underwater vehicle. Massachusetts Institute of Technology.

Rentschler M E, Hover F S, Chryssostomidis C. 2006. System identification of open-loop maneuvers leads to improved AUV flight performance. IEEE Journal of Oceanic Engineering, 31(1): 200-208.

Roecker J A, Mcgillem C D. 1988. Comparison of two-sensor tracking methods based on state vector fusion and measurement fusion. IEEE Transactions on Aerospace & Electronic Systems, 24(4): 447-449.

Ryan P. 2003. Mine countermeasures a success. Proceedings-United States Naval Institute, 129(5; ISSU 1203): 52.

Sahoo A, Dwivedy S K, Robi P S. 2019. Advancements in the field of autonomous underwater vehicle. Ocean Engineering, 181: 145-160.

Sands T. 2020. Development of deterministic artificial intelligence for unmanned underwater vehicles (UUV). Journal of Marine Science and Engineering, 8(8): 578.

Sanz Subirana J, Juan Zornoza J M, Hernández- Pajares M. 2013. GNSS Date Processing, Volume I: Fundamentals and Algorithms. ESA. Noordwijk, The Netherlands.

Schmickl T, Thenius R, Moslinger C, et al. 2011. CoCoRo——The self-aware underwater swarm. 2011 Fifth IEEE Conference on Self-Adaptive and Self-Organizing Systems Workshops. IEEE, 120-126.

Schmidt H. 2001. GOATS'2000 Multi- AUV Cooperative Behavior Multi- scale Environmental Assessment. Massachusetts Institute of Technology Cambridge Department of Ocean Engineering.

Schofield O, Chant R, Kohut J, et al. 2004. The growth of the New Jersey Shelf Observing System for monitoring plumes and blooms on the Mid- Atlantic continental shelf. Kobe: Oceans' 04 MTS/IEEE Techno- Ocean'04 (IEEE Cat. No. 04CH37600): 127-132.

Schulz B, Hobson B, Kemp M, et al. 2003. Field results of multi- UUVmissions using ranger micro- UUVs. Oceans 2003. Celebrating the Past. Teaming Toward the Future(IEEE Cat. No. 03CH37492): 956-961.

Seepersad G, Bisnath S. 2013. Integrity monitoring in precise point positioning. Proceedings of the 26th International Technical Meeting of the Satellite Division of The Institute of Navigation(ION GNSS+ 2013), (16-20): 1164-1175.

Sharif B S, Neasham J, Hinton O R, et al. 2000. A computationally efficient Doppler compensation system for underwater acoustic communications. IEEE Journal of Oceanic Engineering, 25(1): 52-61.

Simetti E, Indiveri G, Pascoal A M. 2021. WiMUST: A cooperative marine robotic system for autonomous geotechnical surveys. Journal of Field Robotics, 38(2): 268-288.

Spiess F N, Chadwell C D, Hildebrand J A, et al. 1998. Precise GPS/Acoustic positioning of seafloor reference points for tectonic studies. Physics of the Earth and Planetary Interiors, 108(2): 101-112.

Sun C, Zhang Y, Wang G, et al. 2018. A maximum correntropy divided difference filter for cooperative localization. IEEE Access, 6: 41720-41727.

Syed A A, Heidemann J. 2006. Time synchronization for high latency acoustic networks. Proceedings IEEE INFOCOM 2006. 25th IEEE International Conference on Computer Communications. IEEE, 2006: 1-12.

Tal A, Klein I, Katz R. 2017. Inertial navigation system/Doppler velocity log(INS/DVL) fusion with partial DVL measurements. Sensors, 17(2): 415.

Tanakitkorn K. 2019. A review of unmanned surface vehicle development. Maritime Technology and Research, 1(1): 2-8.

Tao J, Chen G, Guo J, et al. 2022. Toward BDS/Galileo/GPS/QZSS triple-frequency PPP instantaneous integer ambiguity resolutions without atmosphere corrections. GPS Solutions, 26(4): 1-14.

Teunissen P J G. 1990. Quality control in integrated navigation systems. IEEE Aerospace and Electronic Systems Magazine, 5(7): 35-41.

Thomson D J M, Dosso S E, Barclay D R. 2017. Modeling AUV localization error in a long baseline acoustic positioning system. IEEE Journal of Oceanic Engineering, 43(4): 955-968.

Titterton D, Weston J L, Weston J. 2004. Strapdown inertial navigation technology. IET.

Tomita F, Kido M, Honsho C, et al. 2019. Development of a kinematic GNSS- Acoustic positioning method based on a state-space model. Earth, Planets and Space, 71(1): 1-24.

Tucker M J, Bowers R, Pierce F E, et al. 1963. An acoustically telemetering depth gauge. Deep Sea Research and Oceanographic Abstracts. Elsevier, 10(4): 471-478.

Vaganay J, Leonard J J, Curcio J A, et al. 2004. Experimental validation of the moving long base- line navigation concept. 2004 IEEE/OES Autonomous Underwater Vehicles(IEEE Cat. No. 04CH37578): 59-65.

Wabbena G, Schmitz M, Bagge A. 2005. PPP-RTK: precise point positioning using state-space representation in RTK networks. Proceedings of the 18th International Technical Meeting of the Satellite Division of the Institute of Navigation(ION GNSS 2005): 2584-2594.

Wang J, Huang G, Yang Y, et al. 2019a. FCB estimation with three different PPP models: Equivalence analysis and experiment tests. GPS Solutions, 23: 1-14.

Wang P K C. 1991. Navigation strategies for multiple autonomous mobile robots moving in formation. Journal of Robotic Systems, 8(2): 177-195.

Wang Z, Zhao S, Ji S, et al. 2019b. Real-time stochastic model for precise underwater positioning. Applied Acoustics, 150: 36-43.

Willcox S, Goldberg D, Vaganay J, et al. 2006. Multi-vehicle cooperative navigation and autonomy with the bluefin CADRE system. Proceedings of IFAC (International Federation of Automatic Control) Conference: 20-22.

Wu Y, Pan X. 2011a. Velocity/position integration formula(Ⅰ): application to in-flight coarse alignment. IEEE Transactions on Aerospace and Electronic Systems, 49(2): 1006-1023.

Wu Y, Pan X. 2011b. Velocity/Position Integration Formula(Ⅱ): application to inertial navigation computation. IEEE Transactions on Aerospace and Electronic Systems, 49(2): 1024-1034.

Wu J T, Wu S C, Hajj G A, et al. 1993. Effects of antenna orientation on GPS carrier phase. Manuscripta Geodaetic, (18): 91-98.

Xin B, Zhang J, Chen J, et al. 2021. Overview of research on transformation of multi-AUV formations. Complex System Modeling and Simulation, 1(1): 1-14.

Xiong Z, Wu M, Cao J, et al. 2020. An underwater gravimetry method using inertial navigation system and depth gauge based on trajectory constraint. IEEE Geoscience and Remote Sensing Letters, 18(9): 1510-1514.

Xu B, Guo Y, Wang L, et al. 2020. A novel robust Gaussian approximate smoother based on EM for cooperative localization with sensor fault and outliers. IEEE Transactions on Instrumentation and Measurement, 70: 1-14.

Xu B, Li S, Razzaqi A A, et al. 2021. A novel measurement information anomaly detection method for cooperative localization. IEEE Transactions on Instrumentation and Measurement, 70: 1-18.

Xu B, Wang X, Zhang J, et al. 2022. A novel adaptive filtering for cooperative localization under compass failure and non-Gaussian noise. IEEE Transactions on Vehicular Technology, 71(4): 3737-3749.

Xu P, Ando M, Tadokoro K. 2005. Precise, three-dimensional seafloor geodetic deformation measurements using difference techniques. Earth, Planets and Space, 57(9): 795-808.

Xue S, Yang Y, Yang W. 2022. Single-differenced models for GNSS-acoustic seafloor point positioning. Journal of Geodesy, 96(5): 1-22.

Yan Z, Wang L, Wang T, et al. 2018. Polar cooperative navigation algorithm for multi-unmanned underwater vehicles considering communication delays. Sensors, 18(4): 1044.

Yang Y, Liu Y, Sun D, et al. 2020. Seafloor geodetic network establishment and key technologies. Science China Earth Sciences, 63(8): 1188-1198.

Yuyi Z, Zhenbang G, Lei W, et al. 2009. Study of underwater positioning based on short baseline sonar system. 2009 International Conference on Artificial Intelligence and Computational Intelligence. IEEE, 2: 343-346.

Zhang D, Pan G, Shi Y, et al. 2019a. Investigation of the resistance characteristics of a multi-AUV system. Applied Ocean Research, 89: 59-70.

Zhang X, Li P, Guo F. 2013. Ambiguity resolution in precise point positioning with hourly data for global single receiver. Advances in Space Research, 51(1): 153-161.

Zhang X, Zhu F, Zhang Y, et al. 2019b. The improvement in integer ambiguity resolution with INS aiding for kinematic precise point positioning. Journal of Geodesy, 93(7): 993-1010.

Zhang Y, Gao Y. 2008. Integration of INS and un-differenced GPS measurements for precise position and attitude determination. The Journal of Navigation, 61(1): 87-97.

Zhao S, Wang Z, He K, et al. 2018. Investigation on underwater positioning stochastic model based on acoustic ray incidence angle. Applied Ocean Research, 77: 69-77.

Zhou Y F, Henry L. 1997. An exact maximum likelihood registration algorithm for data fusion. IEEE Trans. Signal Processing, 45(6): 1560-1572.

Zhou Y, Leung H, Blanchette M. 1999. Sensor alignment with earth-centered earth-fixed (ECEF) coordinate system. IEEE Transactions on Aerospace and Electronic Systems, 35(2): 410-418.

Zhu N, Marais J, Bétaille D, et al. 2018. GNSS position integrity in urban environments: A review of literature. IEEE Transactions on Intelligent Transportation Systems, 19(9): 2762-2778.

Zielinski X G A. 1999. Precise multibeam acoustic bathymetry. Marine Geodesy, 22(3): 157-167.

Zumberge J F, Heflin M B, Jefferson D C, et al. 1997. Precise point positioning for the efficient and robust analysis of GPS data from large networks. Journal of Geophysical Research: Solid Earth, 102 (B3): 5005-5017.